Das kleine Handbuch kognitiver Irrtümer

Guido Wenski

Das kleine Handbuch kognitiver Irrtümer

Denkfehler vermeiden – mit Psychologie & Verhaltensökonomik

Guido Wenski
Guido Wenski Consulting
Burghausen, Bayern, Deutschland

ISBN 978-3-662-64775-2   ISBN 978-3-662-64776-9 (eBook)
https://doi.org/10.1007/978-3-662-64776-9

Die Deutsche Nationalbibliothek verzeichnet diese Publikation in der Deutschen Nationalbibliografie; detaillierte bibliografische Daten sind im Internet über http://dnb.d-nb.de abrufbar.

© Der/die Herausgeber bzw. der/die Autor(en), exklusiv lizenziert durch Springer-Verlag GmbH, DE, ein Teil von Springer Nature 2022
Das Werk einschließlich aller seiner Teile ist urheberrechtlich geschützt. Jede Verwertung, die nicht ausdrücklich vom Urheberrechtsgesetz zugelassen ist, bedarf der vorherigen Zustimmung des Verlags. Das gilt insbesondere für Vervielfältigungen, Bearbeitungen, Übersetzungen, Mikroverfilmungen und die Einspeicherung und Verarbeitung in elektronischen Systemen.
Die Wiedergabe von Gebrauchsnamen, Handelsnamen, Warenbezeichnungen usw. in diesem Werk berechtigt auch ohne besondere Kennzeichnung nicht zu der Annahme, dass solche Namen im Sinne der Warenzeichen- und Markenschutz-Gesetzgebung als frei zu betrachten wären und daher von jedermann benutzt werden dürften.
Der Verlag, die Autoren und die Herausgeber gehen davon aus, dass die Angaben und Informationen in diesem Werk zum Zeitpunkt der Veröffentlichung vollständig und korrekt sind. Weder der Verlag, noch die Autoren oder die Herausgeber übernehmen, ausdrücklich oder implizit, Gewähr für den Inhalt des Werkes, etwaige Fehler oder Äußerungen. Der Verlag bleibt im Hinblick auf geografische Zuordnungen und Gebietsbezeichnungen in veröffentlichten Karten und Institutionsadressen neutral.

Einbandabbildung: © ferkelraggae/stock.adobe.com

Planung/Lektorat: Joachim Coch
Springer ist ein Imprint der eingetragenen Gesellschaft Springer-Verlag GmbH, DE und ist ein Teil von Springer Nature.
Die Anschrift der Gesellschaft ist: Heidelberger Platz 3, 14197 Berlin, Germany

*Für meine Großeltern Karl und Gudula
Gundlach – sie waren leidgeprüft vom Krieg und
den Folgen und hätten den Unterschied zwischen
Demokratie und Diktatur, zwischen Freiheit und
Faschismus sehr anschaulich erklären können.*

Vorwort

Einen Zugang zum Verständnis kognitiver Irrtümer findet man über das Bild vom Wald und den Bäumen – im übertragenen (psychologischen) wie auch im letzten Kapitel wörtlichen (ökologischen) Sinn. Beides ist wichtig, und das eine hat ohne das andere kaum eine Existenzberechtigung. Manche Zeitgenossen sehen den Wald vor lauter Bäumen nicht, das heißt sie kommen vom Hölzchen aufs Stöckchen, verzetteln sich in Details und verlieren die größeren Zusammenhänge, das *Big Picture* sozusagen, aus den Augen. Oder merken nicht, dass etwas im Busch ist. Doch Holzauge sei wachsam: Vielfach sägt man sich den Ast ab, auf dem man sitzt, wenn man es mit den Einzelheiten nicht genau genug nimmt. Falls Ihnen dies passiert, kann es peinlich, teuer oder sonst wie nachteilig werden, und andere lachen sich möglicherweise einen Ast.

Von der Forstwirtschaft aufs Alltagsleben außerhalb des Waldes übertragen bedeutet dies: Der Wald steht für die Intuition, das Bauchgefühl, das es dem Menschen ermöglicht, in kürzester Zeit Entscheidungen zu treffen, indem sein Gehirn Abkürzungen nimmt, Heuristiken genannt. Darunter versteht man die Kunst, mit begrenztem Wissen und wenig Zeit dennoch zu wahrscheinlichen Aussagen oder praktikablen Lösungen zu kommen – letztendlich ist dies ebenso wie im Tierreich eine Grundvoraussetzung zur Erhaltung der Art gewesen. Die Lösungen, die über solche Schnellschüsse und Faustregeln zustande kommen, sind angesichts der Umstände meist erstaunlich gut – jedoch nicht immer, und sie sind keineswegs optimal. Oft unterliegen wir Gegenwartsmenschen dabei kognitiven Irrtümern und Verzerrungen: teilweise vorhersagbaren Fehlschlüssen, die bestimmten Regeln folgen.

Dies betrifft die intuitive Einordnung vor allem quantitativer Sachverhalte: Wahrscheinlichkeiten, Bewertungen oder Erinnerungen beispielsweise. Während Intuition und Bauchgefühl sehr gute Dienste leisten können, wenn es sich um die Einschätzung nicht so richtig greifbarer Umstände und Szenarien handelt, sieht es im mathematischen oder monetären Bereich schon ganz anders aus. Wir sind wieder bei den Bäumen: handfeste Hölzer, die standorttreu sowie real fühl- und messbar sind, Struktur und Orientierung bieten und in ihrer komplexen Gesamtheit den Wald erst bilden.

In diesem Buch soll es darum gehen, den Unterschied zwischen den hier allegorisch verwendeten Begriffen *Wald* und *Baum* mit Blick auf Entscheidungsfindungen im täglichen Leben zu verdeutlichen. Damit werden wir uns auf den Nahtstellen verschiedener wissenschaftlicher Disziplinen bewegen, etwa der erwähnten Mathematik (z. B. mit Prozent- und Zinsrechnung bzw. Spieltheorie), der Volks- und Betriebswirtschaftslehre (über Betrachtungen zum Aktienmarkt und zum eigenen Portemonnaie), Kognitionspsychologie und Sozialwissenschaften. Dabei steht eine relativ neue Kombinationsdisziplin im Mittelpunkt, die *Verhaltensökonomik*, die die Themenfelder zwei und drei mit mathematischer Unterstützung elegant kombiniert. Sie demonstriert auf Basis vieler experimenteller Studien eindrucksvoll, dass der Mensch keineswegs nur als kompromissloser „Wirtschaftsmensch" und Nutzenmaximierer, als *Homo oeconomicus*, gesehen werden kann, sondern sein Handeln ebenso von Emotionen und der Bereitschaft zu Kooperation oder Ablehnung bestimmt ist.

Die Verhaltensökonomik bietet wertvolle Hinweise und gibt Hilfestellung, wie Sie mit kognitiven Irrtümern aller Art (auch nicht unmittelbar monetärer Natur) sinnvoll umgehen können. An Wissenschaftler aus diesem Fachbereich, die sich (in der übertragenen Bedeutung) mit Wald und Bäumen auseinandergesetzt haben, wurden bereits mehrere „Wirtschaftsnobelpreise" vergeben. Daniel Kahneman (2002 ausgezeichnet) nennt das für das intuitive Denken verantwortliche Organ des Menschen modellhaft „System 1" und das für rationale Entscheidungen verantwortliche „System 2". Er hatte in den 1970er-Jahren mit dem verstorbenen Amos Tversky das *Heuristics-and-biases*-Konzept („Heuristiken und Verzerrungen") und die *Prospect Theory* („Neue Erwartungstheorie") entwickelt. Für Richard Thaler (Preisträger 2017) sind intuitiv veranlagte Menschen *Humans* und das wirtschaftlich geprägte Gegenstück *Econs*. Weitere Preisträger aus dem Gebiet der Verhaltensökonomik sind Herbert Simon (1978), Maurice Allais (1988), Reinhard Selten (1994), George Akerlof (2001), Peter Diamond (2010) und Robert Shiller (2013), wobei nur die Preise an Simon, Kahneman und Thaler explizit zur Würdigung ihrer verhaltensökonomischen Forschungsbeiträge vergeben wurden.

Was kann System 1 bzw. der *Human*-Ansatz leisten, und wann ist es ratsam, System 2 (den streng rationalen Verstand der *Econs*) einzuschalten? Letzteres ist aufwendiger und anstrengender und liegt nicht jedem. Wenn Sie im Leben bestehen und erfolgreich sein wollen, kommen Sie nicht umhin, sich dieser Herausforderung zu stellen. Mit rationalem Denken und Handeln sowie Verzicht auf intuitiv nur scheinbar sinnvolles, jedoch überhastetes Agieren lässt sich eine Menge Boden gutmachen. Die typischen Trugschlüsse und Irrtümer werden gewöhnlich neutral als „Effekte" bezeichnet, und ich habe über 300 davon anhand zahlreicher lebensnaher Praxisbeispiele erläutert. Ihre Kenntnis hilft Ihnen, sich im täglichen Gestrüpp der verschiedensten Herausforderungen zurechtzufinden.

Zum Themenbereich Kognitionswissenschaft und Verhaltensökonomik existiert eine sehr umfangreiche Literatur, wovon Sie sich leicht selbst überzeugen können. Dazu müssen Sie nur einige der zitierten Referenzen studieren oder – sofern vorhanden – die oft anschaulicheren Beiträge zu den entsprechenden Effekten im freien Internetlexikon Wikipedia lesen. Die Hälfte ist in der deutschsprachigen Version beschrieben. Zu mehr als 30 der diskutierten Effekte lassen sich auch außerhalb von Wikipedia bisher überhaupt keine deutschsprachigen Beschreibungen finden, und oft gibt es nicht einmal einen etablierten Begriff in unserer Sprache. Die Lücke soll hier zumindest teilweise gefüllt werden; in der Liste in Abschn. 13.1 sind diesbezügliche Vertreter markiert.

Die erläuterten kognitiven Effekte erscheinen beim ersten Auftreten in Fettdruck, und die Liste am Ende enthält Verweise auf die betreffenden Abschnitte. Neben der bevorzugten Benennung in Deutsch (was nicht in allen Fällen Sinn macht) sind die englischsprachigen Namen dort ebenfalls einmalig angegeben, nach denen im Anhang alphabetisch sortiert ist und was die elektronische Suche erleichtert. Es hat sich der Übersichtlichkeit halber als sinnvoll erwiesen, den zentralen Begriff *Bias* (= Verzerrung) auch im Deutschen zu verwenden. Falls die Auswahl besteht, ist die amerikanische Schreibweise (z. B. *Labeling*, *Polarization*) der britischen vorgezogen. Am Ende der Kapitel finden Sie eine Zusammenfassung der wichtigsten Vertreter. Darüber hinaus sind an 16 Stellen im Text kurze Rückblicke auf bereits zuvor behandelte Effekte eingebaut, die für das jeweils nachfolgende Thema relevant sind und den Überblick erleichtern sollen. Ein Tipp für Leser des E-Books: Sie finden diese Wiederholungen ab Kap. 3 durch Textsuche nach „*Biases(+Leertaste)*".

Soweit eindeutig zuordbar, habe ich die ursprünglichen Quellen zu den beschriebenen kognitiven Effekten angegeben. Davon sind einige auch ohne fundiertes mathematisches, psychologisches oder volkswirtschaftliches Wissen durchaus verständlich und lesenswert, um ein Gefühl für die beschriebenen Ideen, Studienansätze und Ergebnisse zu entwickeln. Allerdings möchte ich darauf hinweisen, dass es sich beim vorliegenden Werk nicht um eine wissenschaftliche Darstellung mit strenger Befolgung der Zitiervorschriften handelt, sondern um ein Sachbuch mit dem Anspruch, leicht lesbar und auch für den Laien geeignet zu sein.

Selbst wenn nicht immer der Spruch „Gefahr erkannt, Gefahr gebannt" zutreffend sein wird – Kenntnisnahme und Analyse eines Problems (hier: Opfer eines Denkfehlers oder einer kognitiven Verzerrung zu werden) sind die ersten und wichtigsten Schritte zu dessen Lösung. Ein Problem zu formulieren hilft, es zu verstehen – es umzuformulieren und bestimmten Prototypen von Effekten zuzuordnen dient der für Gegenmaßnahmen notwendigen Akzeptanz. Sie halten somit gleichzeitig ein Handbuch und einen Ratgeber mit einem Baukasten an verhaltensökonomischen Effekten für den täglichen Gebrauch in den Händen. Das Motto lautet entsprechend der Zielsetzung: *Vertrauen Sie Ihrer Intuition, nachdem Sie sich mit den Fakten vertraut gemacht haben.*

Wie bin ich zu dieser Aufgabenstellung gekommen? Nun, oft sucht sich das Thema den Autor aus und nicht umgekehrt, und so war es auch hier. Als professioneller Einkäufer hatte ich bereits Kontakt zur Verhaltensökonomik durch Nutzung der entsprechenden Anomalien am Verhandlungstisch. Dieses Wissen konnte ich später als Verhandlungstrainer ausbauen. Um es gleich vorwegzunehmen: Ohne die Vorteile des Internets wäre es mir als Quereinsteiger außerhalb des universitären Betriebs nicht möglich gewesen, die kognitive Thematik in der notwendigen Tiefe zu durchdringen und zu erläutern. Das intensive Quellenstudium hat mir viel Freude und Erfüllung bereitet, und mein Anspruch besteht darin, einerseits eine einigermaßen vollständige Liste relevanter kognitiver Effekte vorzustellen. Deren Kenntnis kann dafür sorgen, dass man ihnen nicht so leicht auf den Leim geht. Andererseits würde es das Buch überfrachten, falls ich zu sehr in psychologische, mathematische oder volkswirtschaftliche Details gehe.

Der Text ist in zwölf Kapitel unterschiedlicher Länge gegliedert. Letzteres liegt daran, dass sich etwa das Thema Selbstüberschätzung viel prägnanter darstellen lässt als die Grundlagen der Verhaltensökonomik oder die Problematik der Diskriminierung. Die Inhalte lassen sich in drei Hauptbereiche unterteilen. In Kap. 1 bis 5 gehe ich den täglichen Irrungen und Wirrungen auf den Grund und analysiere die zugrunde liegenden Fehleinschätzungen und Trugschlüsse, die einer nicht immer korrekten Intuition geschuldet sind. An einem ausführlichen praktischen Beispiel wird in Kap. 1 gezeigt, wie stark der Mensch psychologisch beeinflusst wird und mit wie vielen Fehleinschätzungen er ständig konfrontiert ist. Kap. 2 vermittelt einen Überblick über die vielfältige Welt der kognitiven Effekte. Den Themenkomplexen fehlerhafte Erinnerung (Kap. 3), Einfluss von Emotionen (Kap. 4) und Selbstüberschätzung (Kap. 5) sind weitere Betrachtungen gewidmet.

Kap. 6 bis 10 befassen sich mit quantitativen Daten und den entsprechenden Verzerrungen. Kap. 6 führt zunächst in die Grundlagen der Verhaltensökonomik *(Behavioral Economics)* ein, Kap. 7 in die verhaltensorientierte Finanzierungslehre *(Behavioral Finance)*. Sie erfahren, wie Sie die entsprechenden Erkenntnisse persönlich nutzen können, speziell im Konsumentenbereich und bei Anlagegeschäften. Doch die Welt der Zahlen, Fakten und des Geldes rechtfertigt ebenfalls einen Blick auf die typische Arbeitswelt (Kap. 8), und ich habe weitere Effekte und Fehleinschätzungen unter den Schlagwörtern Wahrscheinlichkeit (Kap. 9) und Entscheidungsfindung (Kap. 10) gruppiert.

In Kap. 11 und 12 ist dargelegt, dass die Gesetzmäßigkeiten der Verhaltensökonomik nicht nur auf unmittelbare wirtschaftliche Fragestellungen anwendbar sind, sondern bei der Beurteilung zahlreicher weiterer Lebensbereiche wertvolle Hilfestellung leisten können. Dies trifft vor allem auf die wirklich wichtigen Themen des gesellschaftspolitischen Lebens zu, deren Fehlentwicklungen auf einer Reihe klassischer Denkfehler basieren. Und dazu zählen heute leider immer noch oder schon wieder die Ausgrenzung und Anfeindung bestimmter Gruppen sowie aktive Bestrebungen von Kreisen mit kruden Philosophien, die Demokratie zu beschädigen (Kap. 11).

Unter dem Eindruck der Corona-Pandemie mit weltweit bisher rund 6 Mio. Covid-19-Todesfällen und den immensen ökonomischen und gesellschaftlichen Schäden und Verwerfungen darf die Problematik von Übernutzung der Erde, Umweltzerstörung und Klimawandel unter anderem als Treiber für Zoonosen natürlich nicht unter den Tisch fallen (Abschn. 12). Die Unfähigkeit zu wirksamem globalem Umwelt-, Arten- und Klimaschutz ist das Paradebeispiel für die *Tragik der Allmende*. Meine Abschlussbetrachtung gilt dementsprechend den verzwickten und manchmal nahezu aussichtslosen Situationen, in denen sich Individuen und Gruppen wiederfinden können und verzweifelt nach Lösungen suchen.

Es gibt also viel zu tun, um den alten Werbespruch nochmals zu bemühen, wenn die Menschheit eine bessere, nachhaltigere und damit zukunftsfähige Welt schaffen will. Ihnen, liebe Leserin und lieber Leser, ist es zwar in den meisten Fällen verwehrt, das große Rad der Politik und Wirtschaft zu drehen, doch auch in Ihrem unmittelbaren Umfeld können Sie etwas bewirken. Lassen Sie sich nicht für dumm verkaufen und erkennen Sie, wie andere mit Ihnen spielen, Sie manipulieren und Ihre typischen, vielfach vorhersagbaren kognitiven Fehleinschätzungen und Aussetzer für ihre Zwecke ausnutzen. Und doch nur „Ihr Bestes" wollen: Ihr Geld. Machen Sie nicht weiter mit bei schädlichem Verhalten, weil man es auch bisher so gemacht hat. Und schauen Sie optimistisch in die Zukunft und gestalten diese mit – ganz gleich in welchem Alter und Lebensabschnitt Sie sich gerade befinden. Dafür versorgt Sie das Buch mit zahlreichen Einsichten und Tipps, mit denen sich die typischen Rückschläge und Fehler vermeiden oder zumindest reduzieren lassen. Der Wald als Ökosystem ist wichtig, aber er besteht letztlich dennoch aus einzelnen Bäumen.

So spannend das hier beschriebene Thema auch sein mag: Der sinnvolle Umfang einer gedruckten Darstellung ist begrenzt. Als kleine Zugabe finden Sie auf meiner Homepage Bonusmaterial, das in ersten Entwürfen enthalten war und dem Rotstift zum Opfer gefallen ist oder sich erst später dazugesellte. Schauen Sie mal rein.

Ein Wort noch zur sprachlichen Gestaltung des Texts: Mit Blick auf die Übersichtlichkeit der Ausführungen verzichte ich in gewohnter Weise auf die gleichzeitige Verwendung geschlechtsspezifischer Sprachformen. Sämtliche Personenbezeichnungen beziehen sich auf alle Geschlechter.

Dezember 2021   Guido Wenski

Inhaltsverzeichnis

1 Unbemerkte kognitive Beeinflussungen – ein Beispiel 1
   1.1 Ein Pendler im Stau 2
   1.2 Zu spät aus dem Büro 5
   1.3 Wellerman und Werbung 7
   1.4 Gedanken zur Geldanlage 12
   1.5 Auf sportlichen Pfaden 16
   1.6 Potz Blitz! 18
   Literatur 22

2 Fehleinschätzungen im Alltag 25
   2.1 Übersicht über menschliche Irrungen 26
   2.2 Von Tieren, Toren und Türen 30
   2.3 Prominente Effektpaten 35
   2.4 Das Alphabet weiterer Namensgeber 39
   Literatur 43

3 Trügerische Erinnerung 47
   3.1 Was die Erinnerung mit uns anstellt 48
   3.2 Erinnerungsverfälschung 51
   3.3 Zeitinkonsistenz bei Erinnerungen 57
   3.4 Wie Sie sich Dinge besser merken können 59
   Literatur 63

4 Beeinflussung durch Emotionen 65
   4.1 Einfluss von Gefühlen auf Entscheidungsprozesse 66
   4.2 Weitere emotional bedingte kognitive Effekte 69
   4.3 Personenbeurteilungen 72
   Literatur 78

5 Selbstüberschätzung 81
   5.1 Eine Verzerrung vorwiegend bei Männern 81
   5.2 Der Overconfidence-Effekt 84

	5.3 Der Above-Average-Effekt	87
	Literatur	91
6	**Behavioral Economics – Psychologie und Wirtschaft spannend kombiniert**	**93**
	6.1 Die Entstehung der Verhaltensökonomik	94
	6.2 Versunkene Kosten und der Reiz des Besitzes	100
	6.3 Homo oeconomicus, Intuition und Rationalität	102
	6.4 Zeitpräferenz und Hyperbolische Abzinsung	107
	6.5 Weniger ist oft mehr	109
	6.6 Verhaltensökonomik und Konsumenten	113
	Literatur	119
7	**Behavioral Finance – Investieren am Aktienmarkt**	**123**
	7.1 Die Welt der Geldanlagen	124
	7.2 Schwierige Prognosen bei der Aktienanlage	129
	7.3 Irrationale Finanzmärkte	132
	7.4 Wie man Aktien auswählt und sein Portfolio strukturiert	135
	7.5 Psychologische Fallen beim Trading vermeiden	139
	7.6 Was tun, wenn die Krise kommt?	143
	Literatur	146
8	**Kognitive Irrtümer in der Arbeitswelt**	**149**
	8.1 Arbeiten im Kollektiv	150
	8.2 Probleme und Lösungen	156
	8.3 Verhandlungen 1: Effekte, Stile und Tricks	160
	8.4 Verhandlungen 2: Informationsmanagement	164
	Literatur	167
9	**Umgang mit Zahlen und Wahrscheinlichkeiten**	**169**
	9.1 Wahrscheinlichkeiten und Ambiguität	169
	9.2 Statistik und Basisratenfehler	174
	9.3 Läufer und statistische Fallen	177
	9.4 Kleine, große und falsche Zahlen	181
	9.5 Technik, Flughäfen und Schiffe	186
	Literatur	190
10	**Einflüsse auf Entscheidungsfindungen**	**193**
	10.1 Intuitive Entscheidungen	194
	10.2 Kognitive Effekte bei Entscheidungsfindungen	198
	10.3 Problematik von Prognosen	201
	10.4 Schwierigkeiten bei Studien	206
	Literatur	209

11	**Diskriminierung und Demokratiegefährdung**	213
	11.1 Gruppeneffekte und kognitive Irrtümer	213
	11.2 Fremdenfeindlichkeit und Minderheiten	218
	11.3 Rassismus früher und heute	223
	11.4 Fake News 1: Basis für Propaganda	228
	11.5 Fake News 2: Kognitive Analyse	233
	11.6 Gefahren für die Demokratie	236
	Literatur	242
12	**Ein Blick voraus**	247
	12.1 Umweltzerstörung und Klimawandel	248
	12.2 Catch-22	255
	12.3 Ein Schlusswort	262
	Literatur	265
13	**Anhang**	267
	13.1 Übersicht kognitive Irrtümer und Verzerrungen	267
	Weitere Leseempfehlungen	305

Über den Autor

Guido Wenski, promovierter Chemiker, wagte nach technologisch und kaufmännisch geprägten Funktionen in der Industrie 2015 als Verhandlungstrainer, Berater und Autor den Sprung in die Selbstständigkeit. Mit den Erkenntnissen der Verhaltensökonomik machte er bereits als aktiver Verhandler erste Erfahrungen, indem er erkannte und nutzte, wie sich Ankereffekt, Verlustangst und versunkene Kosten auf einen Geschäftsabschluss auswirken können. Dabei half ihm Daniel Kahnemans Buch *Schnelles Denken, langsames Denken*.

Seine Seminare in den Bereichen Selbstmanagement und Kommunikation sowie zu verschiedenen Verhandlungsthemen finden in deutscher und in englischer Sprache statt. Neben mehreren Werken zum Verhandeln in Vertrieb und Einkauf ist ebenfalls bei Springer das Sachbuch *Selbstmanagement im Beruf* (2021) erschienen. Er wohnt in Burghausen.

Kontakt:
guido@wenski-consulting.com
www.wenski-consulting.com

Unbemerkte kognitive Beeinflussungen – ein Beispiel

Die dem Menschen gewöhnlich zugeschriebene Rationalität impliziert ein vernunftgeleitetes Denken und Handeln. Es ist an Zwecken und Zielen ausgerichtet. Gründe, die als vernünftig gelten, werden demnach absichtlich ausgewählt. Der Ausdruck ist abgeleitet vom lateinischen *ratio,* was sich mit Berechnung, Vernunft, Verstand, aber auch Begründung, Verhältnis, logischer oder Rechtfertigungsgrund übersetzen lässt. Rationalität kann je nach Anwendungsbereich unterschiedliche Bedeutungen haben.

Das *reale* Verhalten von Menschen ist jedoch bestenfalls von begrenzter Rationalität geprägt, es basiert auf Intuition und führt zu Trugschlüssen. Das liegt daran, dass durch kognitive Schnellschüsse und Verzerrungen bestimmte Einschränkungen beispielsweise bei der Nutzenmaximierung auftreten und reproduzierbar nachgewiesen werden können. Und dies bietet die Grundlage für eine spannende Übersicht über derartige Beispiele, in denen Menschen eben nicht vernünftig, irrational also, agieren. Bevor wir uns ab Kap. 6 und 7 in ökonomische und statistische Bereiche und in Kap. 11 und 12 auf gesellschaftlich-politisches Terrain begeben, soll es dabei zunächst um eine phänomenologische Beschreibung einer ganzen Reihe von Verhaltenseffekten und kognitiven Irrtümern gehen, die den meisten von uns tagtäglich widerfahren können.

Als Einführung in die Begriffe „Rationalität" und „Begrenzte Rationalität" eignen sich z. B. die entsprechenden Beiträge im freien Onlinelexikon Wikipedia (2021a, 2021b). Beginnen wir mit einem Test, um den Aspekt der Begrenzung zu verdeutlichen. Falls Sie diesen Test nicht bestehen, sollten Sie unbedingt weiterlesen. (Wenn Sie die richtigen Antworten erraten, ebenfalls – entweder kannten Sie die Fragen bereits aus anderem Zusammenhang, oder Sie besitzen ein gutes Gespür für die Problematik fehlerhafter Heuristiken und falscher Einschätzungen und können Ihre Fähigkeiten sicherlich noch weiter ausbauen.)

Zum Test: Es handelt sich um einen Klassiker aus der verhaltensökonomischen Forschung, der von Shane Frederick (2005) entwickelt wurde (vgl. auch Kahneman 2012, S. 61–66, 88–89).

> **Beispiel: *Cognitive Reflection Test* (CRT)**
>
> Beantworten Sie die folgenden drei Fragen spontan und geben Sie ohne längeres Nachdenken eine intuitive Antwort. Schreiben Sie diese auf, bevor Sie weiterlesen.
>
> **Frage 1:** Ein Schläger und ein Ball kosten zusammen $1,10. Der Schläger kostet $1 mehr als der Ball. Wie viel kostet der Ball?
>
> **Frage 2:** Wenn fünf Maschinen in fünf Minuten fünf Teile produzieren, wie lange benötigen 100 Maschinen für die Produktion von 100 Teilen?
>
> **Frage 3:** In einem See breitet sich ein kleines Feld von Seerosen aus. Jeden Tag verdoppelt sich die Größe des Feldes. Wenn es 48 Tage dauert, bis die Seerosen den ganzen See bedecken, wie lange dauert es dann, bis sie die Hälfte des Sees bedecken?
>
>

Seien Sie beruhigt: Das ist kein IQ-Test. Viele Tausend Studenten haben diese Fragen beantwortet, und die Fehlerquote von weit über 50 % ist erschreckend. Viele Befragte antworten auf die Frage 1 intuitiv mit „10 Cents", auf Frage 2 mit „100 min" und auf Frage 3 mit „24 Tage". Dies sind jedoch keineswegs die korrekten Antworten, wovon Sie sich durch Nachdenken überzeugen können.

Ich gebe Ihnen noch eine Chance. Frage 4: Wie viele Tiere jeder Art nahm Moses mit in die Arche? (Kahneman 2012, S. 99). Hierbei ist im Prinzip egal, was Sie schätzen – die Zahl der Personen, denen auffällt, was an dieser Frage nicht stimmt, ist so gering, dass sie **Moses-Illusion** *(Moses Illusion)* genannt wird: das Phänomen, dass Menschen beim Lesen oder Hören eine kleine Ungenauigkeit nicht wahrnehmen (Erickson und Mattson 1981), und der erste der über 300 im Text gewürdigten individuellen Effekte. – Der Stammvater mit der Arche hieß übrigens Noah, nicht Moses. Die richtigen Antworten beim CRT lauten fünf – fünf – siebenundvierzig.

1.1 Ein Pendler im Stau

Nach diesem *Eye Opener* möchte ich Ihnen als Einführung eine kleine Geschichte erzählen, die Modellcharakter für die im Buch behandelten Themen hat.

> **Beispiel: Heinz-Walter Nelles**
>
> [1] Heinz-Walter Nelles ist als technischer Angestellter in der chemischen Industrie beschäftigt. Als Leiter eines kleinen Instandhaltungsteams besitzt er mit Ende vierzig einen nahezu krisensicheren Job und strebt nicht nach beruflichen Veränderungen. Momentan befindet er sich am späten Mittwochnachmittag auf dem Heimweg und

1.1 Ein Pendler im Stau

steht (wie um diese Uhrzeit üblich) auf dem völlig verstopften Kölner Autobahnring vor der Rheinbrücke im Stau. Bereits mehrfach hat er ohne den erhofften Erfolg die Fahrspur gewechselt. Nelles beginnt seinen Arbeitstag gewöhnlich sehr früh, um vor dem Feierabendverkehr wieder nach Hause zu kommen, was am heutigen Tag arbeitsbedingt nicht möglich gewesen ist. Es dauerte alles länger als gedacht, weil er (vergeblich) versucht hatte, Kollegen anderer Standorte des Unternehmens von seinen Ideen zu überzeugen. Dabei drängt es ihn, denn er muss den Lottoschein noch abgeben, bevor die Annahmestelle schließt – zumal er bei der letzten Ziehung drei Richtige hatte.

[2] Das Autoradio dudelt vor sich hin, und WDR2 spielt das Lied vom *Wellerman*. Dieses neuseeländische Shanty aus dem 19. Jahrhundert hat es über Neuauflagen durch britische Künstler als Internethit ganz nach vorne in die Charts geschafft, und Nelles gefällt es (und er wird die Melodie den ganzen Abend nicht mehr aus dem Ohr herausbekommen). Allerdings kommt er partout nicht darauf, wie der schottische Postbote heißt, der das Lied aktuell populär gemacht hat. Immerhin, er liebt Schottland und wäre momentan am liebsten dort im Urlaub, und außerdem erscheint es ihm wünschenswert, dass Schottland nach dem Brexit in der EU verbleiben würde. – Leider werden seine schönen Gedanken jäh vom Werbeblock im Radio unterbrochen, der vor den Nachrichten geschaltet ist. Besonders nerven ihn die gereimten Werbesprüche. Glücklicherweise ist Heinz-Walter Nelles einigermaßen immun gegen diese Art von Einflussnahme: Weder lässt er sich nach eigener Einschätzung von den schönen Geschichten um die beworbenen Produkte einlullen noch von den angegebenen Fantasiepreisen als Grundlage einer Rabattaktion beeinflussen.

[3] Ihm fällt während der Radionachrichten ein, dass der für ihn zuständige Bankmitarbeiter telefonisch wegen eines Beratungstermins nachfragte, denn es hat sich Geld auf dem Girokonto angesammelt. Bei negativen Umlaufzinsen ist es gar nicht so einfach, mit der Kapitalanlage wenigstens die Verluste durch Inflation wieder hereinzubekommen, die in letzter Zeit deutlich gestiegen ist. Nelles kann sich noch gut an die Zeiten erinnern, als mit Bundesanleihen problemlos 5 % zu verdienen waren – *Cash in the Pocket*. Allerdings wollen die Banken seiner Meinung nach heute nur noch ihre Fonds für teures Geld verkaufen. Auch mit dem Erwerb von Einzelaktien hat er so sein Problem: Zwar wird überall behauptet, man solle sein Geld arbeiten lassen und in Unternehmensanteile investieren; die Angst vor dem befürchteten nächsten Aktiencrash hat ihn bisher davon abgehalten.

[4] Und so schweifen seine Gedanken weiter umher, da sich der Verkehr immer noch kaum bewegt, und er sinniert über seinen Lebenswandel. Der ehemalige Fußballspieler hatte zum Ende des dritten Lebensjahrzehnts mit dem Sport aufgehört und seitdem kontinuierlich zugenommen. Doch das Essen schmeckte ihm, und er brachte es selten fertig, etwas übrigzulassen, selbst wenn er im Prinzip satt war. Diäten halfen nichts, sondern führten paradoxerweise eher zu einer Gewichtszunahme. Auch war er (mäßiger) Raucher gewesen. Diese Risikofaktoren wischte er seinerzeit mit Bemerkungen weg wie „andere Übergewichtige im Bekanntenkreis sind ja auch gesund" oder „Helmut Schmidt ist als Raucher fast hundert geworden".

Vor Jahren riet ihm sein Hausarzt allerdings dringend, mit dem Tabakgenuss aufzuhören und regelmäßig eine Ausdauersportart zu betreiben: Gewicht und Blutwerte boten nicht gerade einen Anlass für Luftsprünge. Mehrmaliges freundliches Zusprechen und Ins-Gewissen-Reden seitens des Mediziners halfen schließlich, und Nelles begann langsam, aber zielstrebig mit dem Lauftraining – in einer Sportgruppe und auch individuell – und steigerte sein Pensum peu à peu. Inzwischen bewältigt er mehrmals pro Woche etwa 10 km, und es geht ihm richtig gut dabei. Gestern Abend erst lief er eine neue Strecke am Rhein entlang und hatte das Gefühl, deutlich weiter unterwegs gewesen zu sein als geplant.

[5] Endlich ist die Autobahn wieder frei, und Nelles tritt aufs Gas seines SUV. Schließlich ist die Lottoannahmestelle nur noch eine gute Viertelstunde geöffnet. Er fährt schon immer Autos aus Wolfsburg („Die anderen Autohersteller bescheißen ihre Kunden doch genauso") und legt Wert auf eine starke Motorisierung („Wir in Deutschland allein können die Welt auch nicht retten"). Die Pkw auf der Überholspur vor ihm beschleunigen, und so kann auch er sich nach fast einer halben Stunde Stop-and-go nicht mehr zurückhalten, das Gaspedal durchzutreten. Nun versteht die Kölner Polizei in den Tempo-100-Bereichen auf dem Ring allerdings keinen Spaß und kontrolliert neben den ortsfesten Radarfallen auch dazwischen mit mobilen Messeinrichtungen. Heinz-Walter Nelles sieht den Blitzer erst zu spät und wird die nächsten vier Wochen darüber grübeln, ob er seinen Führerschein abgeben muss oder nicht. ◄

Eine halbe Stunde aus dem Leben des Pendlers Heinz-Walter Nelles: alltäglich, wenig spektakulär und vielen von uns sehr bekannt vorkommend. Der Protagonist schaffte es noch pünktlich in die Lottostelle, um seinen Systemtipp abzugeben, was ihn das Vierfache des zuvor erhaltenen Gewinns kostete. (Er gewann jedoch auf diesen Schein – nichts.) Nach drei Wochen kam der Bußgeldbescheid der Kölner Polizei: „Überschreitung der zulässigen Höchstgeschwindigkeit um 20 km/h" mit Foto. Damit schrammte er haarscharf an höheren Beträgen und einem Strafpunkt vorbei, von einem Fahrverbot nicht zu reden. Nach den ausgestandenen Ängsten war er nach dem Erhalt der Amtspost richtig happy und zahlte die 60 € Bußgeld umgehend. Mit dem ÖPNV zur Arbeit wäre es sehr aufwendig gewesen – nicht nur wegen der Maskenpflicht –, und Nelles nahm sich vor, ab jetzt wieder verstärkt auf die Verkehrsregeln zu achten.

Aber dies nur nebenbei. Vielmehr soll die kleine Geschichte den Weg bereiten zum Baukasten der kognitiven Irrtümer und psychologischen Phänomene, die den modernen Menschen tagtäglich betreffen. Wenn Sie sich mit der Materie bereits auseinandergesetzt haben, werden Sie das eine oder andere Element zwischen den Zeilen erkannt haben. Allerdings lassen sich bei genauem Hinsehen über 40 psychologische und verhaltensökonomische Effekte erkennen, mit denen Nelles im Stau auf dem Kölner Autobahnring befasst bzw. konfrontiert war. Diese werden – gemäß den Absätzen [1] bis [5] im Beispiel – in den nachfolgenden Abschnitten aufgespürt und charakterisiert.

1.2 Zu spät aus dem Büro

Zu [1]: Vielen Menschen geht es so wie Heinz-Walter Nelles: Mit 48 Jahren und einem sicheren Job bei einem DAX-Unternehmen denkt er, dass er zwar bis zum aktuellen Zeitpunkt eine Entwicklung mitgemacht hat, sich jedoch ab jetzt nicht mehr entscheidend verändert, andere Präferenzen ausbildet und in seiner Persönlichkeit noch weiter reifen kann. Dieses psychologische Irrlicht („Das war's") leuchtet für Menschen jeglichen Alters und wird nach der englischsprachigen Bezeichnung *End-of-history Illusion* auch im Deutschen **End-of-history-Illusion** genannt (Quoidbach et al. 2013). Es folgt der erste von zahlreichen Tipps im Buch, die Sie unterstützen sollen, kognitiven Fehleinschätzungen zu begegnen.

▶ **Tipp** Mit der End-of-history-Illusion sollten Sie sich keineswegs abfinden: nicht als Rentner mit TV und Kreuzworträtsel, mit längerer professioneller Erfahrung in sicheren Gefilden wie Nelles, und schon gar nicht als Berufsanfänger auf einer neuen Stelle.

Das Arbeits- und insbesondere Büroumfeld ist ein exzellenter Bereich, in dem sich psychologische Studien anstellen lassen. Eine sinnstiftende Tätigkeit, die Berufung zugleich ist, und ein ausreichendes Maß an Selbstbestimmung sind dabei Voraussetzungen für ein gelungenes Selbstmanagement und somit Freude an der Arbeit (Wenski 2021). Wenn nicht die lieben Kollegen wären. Dass Nelles jetzt im Stau steht, hat er ihnen zu verdanken (und letztlich auch sich selbst) – und zwar der Tendenz zu unterschätzen, wie viel Zeit man zur Vollendung einer Aufgabe benötigen: der **Planungsfehlschluss** *(Planning Fallacy)* (Kahneman und Tversky 1977; Buehler et al. 1994). Das Hauptproblem in der Videokonferenz mit anderen Produktionsstandorten ist das **Not-invented-here-Syndrom** *(Not-invented-here Syndrome)* aufseiten der Kollegen gewesen, die dem Zukauf einer Auswertesoftware entschieden widersprachen. Man kennt diese Art einer ablehnenden Haltung ebenfalls unter dem Begriff „reaktive Abwertung" (Kap. 8) sowie im übertragenen Sinn auch als **IKEA-Effekt** *(IKEA Effect;* benannt nach dem multinationalen Einrichtungskonzern) (Norton et al. 2012). Der IKEA-Effekt bezeichnet die Neigung, selbst zusammengebauten Gegenständen im Vergleich zu fertig gekauften Produkten, hier der Software, mehr Wertschätzung entgegenzubringen.

▶ **Tipp** Schätzen Sie den zur Erledigung Ihrer Projekte und Vorhaben notwendigen Aufwand realistisch ein und planen Sie für Unvorhergesehenes stets einen Puffer an Zeit, Geld und sonstigen Ressourcen ein.

Kommen wir zum zweiten angerissenen Themenfeld. In Deutschland spielt mehr als die Hälfte der Bürger zumindest gelegentlich Lotto oder Toto, und Lotterien sind ein gefundenes Fressen für die Betrachtung von Wahrscheinlichkeiten und psychologischen

Effekten. Die Chance auf drei Richtige beim Lotto 6 aus 49, wie sie Nelles in der Vorwoche geglückt waren, beträgt 1:63 und wird mit durchschnittlich 10 € belohnt. Sechs Richtige entsprechen einer von etwa 15,5 Mio. Zahlenkombinationen, mit Superzahl beträgt die Trefferchance rund 1:140 Mio. Im letzteren Fall winken sehr hohe Gewinne, deren Anlage auch wieder Kopfzerbrechen bereiten kann. Wobei das nun wieder ein Klagen auf hohem Niveau wäre.

▷ Im Deutschen Lotto- und Totoblock werden 50 % der eingezahlten Summe wieder ausgeschüttet; außerdem entfällt auf jeden abgegebenen Spielschein eine Bearbeitungsgebühr. Das heißt im Klartext: Im Durchschnitt über alle Spieler und Scheine verliert man mehr als die Hälfte seines Einsatzes.

Durch die Medien geistert immer wieder der Vergleich, dass es wahrscheinlicher sei, von einem Blitz getroffen zu werden, als im Lotto eine Million. zu gewinnen. Allerdings haben findige Autoren nachgerechnet und sind darauf gekommen, dass diese Aussage zwar im Kern stimmt, jedoch Äpfel mit Birnen verglichen werden. Die nackten Zahlen besagen: Pro Jahr werden in Deutschland im Schnitt ca. 100 Menschen vom Blitz getroffen, 5–10 dieser Blitzschläge enden dabei tödlich. Auf der anderen Seite gibt es im Jahr rund 100 neue Lottomillionäre. Diese Zahlen deuten also darauf hin, dass die beiden Ereignisse in der Tat ungefähr gleich wahrscheinlich sind. Doch der Vergleich hinkt: Im Prinzip kann jeder vom Blitz getroffen werden, allerdings spielen bei Weitem nicht alle Bürger Lotto (Christensen und Christensen 2015, S. 56). Auch dies ist ein Beweis dafür, dass Menschen vielfach ein gestörtes Verhältnis zu Chancen und Risiken besitzen, was zum Effekt der mangelnden **Empfindlichkeit für Wahrscheinlichkeiten** *([Inadequate] Sensitivity to Probability)* führt.

Beispiel: 13 und 8

Zwar ist die Wahrscheinlichkeit eines Gewinns nicht beeinflussbar, doch sehr wohl seine Höhe. Denn die Zahlen werden zwar zufällig gezogen, nicht aber zufällig angekreuzt. Es gibt Spieler, die fest daran glauben, dass Zahlen, die länger nicht kamen, einen „Nachholbedarf" haben. So wurde über viele Jahrzehnte im Samstagslotto die häufigste Zahl (die 49) 1,4-mal so oft gezogen wie die seltenste (die 13) – ohne erkennbaren Grund und dass dies irgendeinen Effekt für die Zukunft gehabt hätte.

Während das Manuskript für dieses Buch Gestalt annahm, fiel mir auf, dass die 8 nie als Superzahl gezogen wurde. Auch dies vermutlich ein Effekt subjektiver Wahrnehmung, die 8 war früher meine Rückennummer im Handball und ist eine asiatische Glückszahl. Ein Blick ins Lotto-Archiv belegt: Die 8 ist die drittseltenste Zahl bei Lotto 6 aus 49 und gleichzeitig die bisher am wenigsten gezogene Superzahl. Von Juli bis Dezember 2021 kam sie überhaupt nicht – allerdings bei den normalen Zahlen in neun Ziehungen im Juli 2021 gleich sechsmal. (Solche Statistiken sind nett und interessant, jedoch haben die Zahlenkugeln definitiv kein Gedächtnis und kennen keinen Nachholeffekt.) ◂

Weitere typische psychologische und statistische Fehlschlüsse im Umfeld mit Lotto sind die folgenden:

- **Hot-Hand-Phänomen** *(Hot Hand Fallacy):* Die drei Richtigen der Vorwoche könnten der Beginn einer Glückssträhne sein. Doch auch dabei gilt: „Der Zufall hat kein Gedächtnis."
- **Spielerfehlschluss** *(Gambler's Fallacy):* Dahinter verbirgt sich die Fehleinschätzung eines Spielers hinsichtlich seiner Gewinnchancen. Zum einen betrifft dies eine unlogische Zahlenauswahl (wie die Bevorzugung der 13 mit ihrem scheinbaren Nachholbedarf, die Verwendung häufiger Tippzahlen wie Geburtstage oder das Ankreuzen symmetrischer Muster auf dem Tippschein), da die Quote durch die vielen Gewinner deutlich sinkt.[1] Zum anderen gilt es zu bedenken, dass, wie erwähnt, nur die Hälfte der Tippeinnahmen wieder ausgeschüttet wird.
- **Vernachlässigung von Wahrscheinlichkeiten** *(Neglect of Probability)* (Sunstein 2001): Weil vielen Menschen ein intuitives Gefühl für Wahrscheinlichkeiten fehlt, schätzen sie vor allem sehr hohe oder (wie beim Lotto) sehr niedrige Eintrittswahrscheinlichkeiten für mögliche Ereignisse regelmäßig falsch ein.
- **Überoptimismus** *(Optimism Bias, Wishful Thinking):* Das Wunschdenken ist der Gegenspieler des Überpessimismus (Abschn. 9.5). Man versteht darunter die Tendenz, die Wahrscheinlichkeit unerwünschter Entwicklungen zu unterschätzen und die positiver, erwünschter Resultate zu hoch zu bewerten. In anderen Worten ausgedrückt steht der Effekt für den gängigen Irrtum, dass es ohne Blick auf die tatsächlichen Erfolgschancen für einen selbst leicht sein wird, Erfolg zu haben (mehr zu derartiger Selbstüberschätzung in Kap. 5).

▷ **Tipp** Gehen Sie von der Arbeitshypothese aus, dass Sie bei Glücksspielen keinen Hauptgewinn erzielen – die Hoffnung stirbt zuletzt – und ebenso nicht vom Blitz erschlagen werden – was nicht zu Leichtsinn verleiten soll. Wenn Sie Geld übrighaben, spenden Sie es für einen wohltätigen Zweck.

1.3 Wellerman und Werbung

Zu [2]: Im Gegensatz zum Walfang im Atlantik und im nördlichen Pazifik praktizierten die Jäger in Neuseeland einen landgestützten Walfang. Dabei wurden sie seit 1829 über Stationen und Schiffe der Weller-Brüder versorgt. Deren Angestellten waren als „Wellermen" bekannt. Das Lied vom Wellerman, das seit Anfang 2021 ständig im Radio

---

[1] Für die Ziehung am 18. Juni 1977 übernahmen 205 Spielteilnehmer die Gewinnzahlen der niederländischen Lotterie aus der Vorwoche. Für sechs Richtige gab es lächerliche 30.787 DM.

läuft („*Soon may the Wellerman come to bring us sugar and tea and rum ...*"), kann sich zu einem typischen Ohrwurm entwickeln. Und derartige Ohrwürmer haben es manchmal in sich – glücklicherweise betreffen vier Fünftel der Fälle Melodien, die man im Prinzip mag. Und damit sind wir bereits wieder mittendrin in der Welt der psychologischen Effekte.

Zum einen kommt etwas zum Tragen, das man auf Deutsch als den **Effekt der bloßen Darbietung** bezeichnet (*Mere Exposure Effect* bzw. *Familiarity Principle*) (Zajonk 1968). Hierbei handelt es sich um den psychologischen Befund, dass allein die wiederholte Wahrnehmung einer anfangs neutral beurteilten Sache ihre positivere Bewertung zur Folge hat. So lässt sich zwanglos erklären, dass Stücke, die oft im Radio gespielt werden, eine gute Chance haben, dass wir sie mögen werden. Vor allem in vergangenen Zeiten besaßen die Radiostationen also eine gewisse Macht über die Plattenverlage, denn sie haben letztlich durch ihre Programmauswahl darüber entschieden, was in die Charts kam und somit in den Plattenläden bevorzugt verkauft wurde.

▶ **Tipp** Der Effekt der bloßen Darbietung bedingt, dass Sie sich mit einem Thema, Sachverhalt usw. erst intensiv befassen müssen, um Freude daran zu empfinden. Dies betrifft nicht nur Musikstücke und Hobbys, sondern auch Aufgabenstellungen im Arbeitsumfeld.

Heute läuft die Verbreitung der Stücke – wie letztlich das Lied vom Wellerman gezeigt hat – über das Internet, in diesem Fall über die Plattform TikTok. So erleidet die konventionelle Musikindustrie herbe Umsatzeinbrüche und muss sich nach alternativen Einnahmequellen umsehen, während theoretisch auch unbekannte Künstler wie der Postbote Nathan Evans auf Platz eins der Hitparade kommen können. Was wiederum statistisch sehr unwahrscheinlich ist. Andererseits können wird, da Nelles der Name des Sängers nicht einfiel, gleich einen weiteren Befund abhandeln: das **Zungenspitzenphänomen** (*Tip-of-the-tongue Phenomenon;* „Es liegt mir auf der Zunge ..."), der Zustand, in dem ein eigentlich geläufiges Wort zu einem bestimmten Zeitpunkt im mentalen Lexikon nicht oder nur teilweise verfügbar ist (Brown und McNeill 1966). Dies ist bei den meisten Menschen ein völlig normaler Sachverhalt und muss nicht das erste Anzeichen für eine Demenz sein.

Das Baader-Meinhof-Phänomen – ein irreführender Begriff
In der Kognitionspsychologie beschreibt die **Frequenzillusion** (*Frequency Illusion*) den Irrtum, dass, nachdem ein Sachverhalt zum ersten Mal bemerkt wurde, man diesen nun öfter bewusst wahrnimmt. Das führt zur Einschätzung, dass dessen subjektive Frequenz des Auftretens höher ist, als der Realität entspricht. Sicherlich trifft dies auch bei Nelles und dem Wellerman zu.
  Im Englischen existiert für die Frequenzillusion der Ausdruck *Baader-Meinhof Phenomenon.* Deutsche vor allem meiner Generation wissen: Die aus der 1970

1.3 Wellerman und Werbung

gegründeten „Baader-Meinhof-Bande" hervorgegangene Rote Armee Fraktion (RAF) war eine linksextremistische terroristische Vereinigung, die für über 30 Morde, mehrere Geiselnahmen, Banküberfälle und Sprengstoffattentate mit mehr als 200 Verletzten verantwortlich war. Dadurch forderte die RAF den Staat heraus, und ihre Taten hatten erhebliche gesellschaftliche und gesetzgeberische Auswirkungen. Im Jahr 1991 verübte sie ihren letzten Mord, 1993 den letzten Anschlag.

Allerdings hat die hier beschriebene Verzerrung mit dieser blutigen Zeitgeschichte meiner Jugend nur sehr wenig zu tun. Dieser Begriff zur Kennzeichnung selektiver Aufmerksamkeit fand erstmals 1994 in einer Onlinediskussion Verwendung, als ein Teilnehmer den Namen der Terrorgruppe innerhalb von 24 Stunden gleich zweimal vernahm (Pacific Standard 2017). Seitdem hält sich die Bezeichnung in den Medien – zu meinem Bedauern, denn so wird dem Eindruck Vorschub geleistet, es war damals in den 1970er-Jahren alles gar nicht so schlimm, und die Angst vor dem Terror basierte lediglich auf dem Frequenzeffekt.

Vergleichbar sieht es bei der statistisch völlig überbewerteten Häufigkeit von Flugzeugabstürzen (Abschn. 8.1), Haiangriffen (Abschn. 9.4) und Ähnlichem aus. Die Überbewertung der Frequenz, mit der bestimmte Vorkommnisse auftreten, lässt sich in einigen Fällen auch auf die flächendeckendere Beobachtung derartiger Effekte zurückführen. So scheint sich das Auftreten von Tornados in Deutschland in den letzten Jahren zu häufen; der Grund dieses Eindrucks liegt hingegen vielmehr darin, dass Hobbytornadosichter *(Storm Chaser)* zu einer Verringerung der Dunkelziffer geführt haben.

Unser Gehirn ist eine „Verknüpfungsmaschine": Der Mensch denkt meist assoziativ, und Gedanken werden über den **Kontexteffekt** *(Context Effect)* erzeugt und gesteuert. Außerhalb des Kontextes liegende Erinnerungen sind oft nur bei Vorliegen von Hinweisen *(Cues)* abrufbar, wie es in unserem Fall beim Wellerman und der Sehnsucht nach Schottland der Fall ist. Allerdings fällt Heinz-Walter Nelles auf den **Assoziationstrugschluss** *(Association Fallacy)* herein und verknüpft fälschlicherweise zwei Dinge miteinander, die überhaupt nichts miteinander zu tun haben: seine positive Einstellung zu Schottland und die Frage, ob es sinnvoll ist, dass sich das Land vom Vereinigten Königreich abspaltet und der EU anschließt. Jedoch hat er in diesem speziellen Fall kein Mitspracherecht und keine Wählerstimme.

Beim Thema Werbung glaubt nicht nur Nelles, dagegen weitgehend immun zu sein, sondern ein Großteil der Bevölkerung – ein typischer Fall von Selbstüberschätzung durch den **Overconfidence-Effekt** *(Overconfidence Effect;* auch als Kompetenzillusion bezeichnet) (Moore und Healy 2008) und/oder von **Verzerrungsblindheit** *(Blind Spot Bias)* (Pronin et al. 2002). Beides sind weit verbreitete kognitive Phänomene, denen wir im weiteren Text noch mehrfach begegnen werden.

▶ **Tipp** Der Overconfidence-Effekt ist vermutlich diejenige unter den hier vorgestellten Fehleinschätzungen, Irrtümern und Verzerrungen, die Sie am schnellsten in Teufels Küche bringen kann. Die Möglichkeiten dafür sind vielfältig – erkennen Sie dies und schaffen Sie Abhilfe.

Werbung basiert heute auf psychologischen Erkenntnissen und ist so manipulativ und raffiniert gemacht, dass die Zielpersonen die Beeinflussung gar nicht in letzter Konsequenz mitbekommen. Es geht oft nicht mehr darum, die Qualität eines Produkts oder einer Leistung objektiv herauszustellen, sondern primär um das Bekanntmachen mittels Redundanz und emotionaler Belegung durch Framing („Einrahmen"). Dies führt zum **Framing-Effekt** *(Framing Effect),* dem Präsentationseffekt, der mittels sprachlicher Bilder – die man „Narrative" nennt – eine Handlungsempfehlung (den Kauf) fördert. Die Tatsache, dass die alleinige Veränderung der Formulierungsweise von Optionen deren Präferenzordnung beeinflussen kann, widerspricht laut Tversky und Kahneman (1981) dem Rationalitätskriterium der Invarianz. Demnach ist die Veränderung der Zugänglichkeit eines Reizes ein grundlegender Mechanismus bei Folgen des Framing.

Daneben nutzt die Werbung noch eine umfangreiche Reihe weiterer psychologischer und verhaltensökonomischer Phänomene, von denen nachfolgend exemplarisch eine kleine Auswahl mit Bezug zum Beispiel in Abschn. 1.1 genannt werden soll.

- **Priming-Effekt** oder Bahnungseffekt *(Priming Effect):* Für das Verb *to prime* existiert eine Fülle deutscher Übersetzungen aus dem technischen Bereich, etwa grundieren, schärfen oder ansaugen. Mit dem vielfach beschriebenen Priming im psychologischen Sinn werden Menschen vorbereitet und konditioniert, in eine bestimmte Richtung zu denken und zu handeln, z. B. durch Körpersprache, Schlüsselwörter oder Framing. Diese Verknüpfung des Reizes mit speziellen Assoziationen im Gedächtnis aufgrund von Vorerfahrungen geschieht häufig und zum allergrößten Teil unbewusst. Das klassische Experiment der Nennung altersbezogener Wörter führte dazu, dass sich die so geprimten Versuchsteilnehmer langsamer fortbewegten als die Vergleichsgruppe (**Florida-Effekt,** *Florida Effect;* Bargh et al. 1996). Allerdings konnte die Beobachtung in einer neuen Studie nicht reproduziert werden, was zu einer Kontroverse über den Priming-Effekt geführt hat (Doyen et al. 2012).
- **Kognitive Leichtigkeit** *(Cognitive Ease):* Dies ist ein verhaltensökonomisches Phänomen, wonach Bekanntes, Gewohntes, Klares oder durch Priming Verankertes am ehesten als wahr und authentisch akzeptiert wird – was natürlich manch unrealistische oder gar falsche Denkweisen fördern kann.

Beispiel: Fluency-Heuristik

Der Verhaltensökonom Daniel Kahneman sieht die Ursache der Kognitiven Leichtigkeit in der **Fluency-Heuristik** *(Fluency Heuristic,* „Verarbeitungsflüssigkeit") (Kahneman 2012, S. 81–95, 167–168). Man bezeichnet damit eine mentale Strategie, bei der, falls eine Sache flüssiger, schneller oder glatter als eine andere abläuft, bearbeitet werden kann oder kommuniziert wird, man dieser einen höheren Wert bei der aktuellen Fragestellung zumisst. Kommt Ihnen dies in Zusammenhang mit Werbung bekannt vor?

Beim Thema Musik habe ich angedeutet, dass diese heute völlig anders vermarktet wird als früher. Damals musste sie auffallen, damit die Leute die Platten kauften – die Hits hatten oft eine Länge von vier oder fünf Minuten. Inzwischen sollen sie gerade *nicht* auffallen: Je glatter und gefälliger ein Stück klingt, desto öfter wird es angeklickt und von Streamingdiensten ausgewählt (wie der Wellerman). Und entsprechend bemessen sich die Werbeeinnahmen. Während zu Zeiten des *Progressive Rock* komplizierte Songstrukturen mit sinfonischen Elementen geboten waren, ist ein Stück der Gegenwart simpel gestrickt und maximal zweieinhalb Minuten lang, um möglichst viele Klicks zu generieren.

Beim CRT war die Fehlerquote bei den befragten Studenten größer für den Fall, dass sie die Fragen gut lesbar in hoher Druckqualität ausgehändigt bekamen: 90 % machten bei mindestens einer Frage einen Fehler. Die andere Hälfte der Testpersonen, die Unterlagen mit kleiner Schrift und schlechtem Druckbild erhielten, lag „nur" zu 35 % verkehrt. Die Ursache lässt sich in der höheren kognitiven Beanspruchung der zweiten Gruppe finden, die sich wegen der schlechten Lesbarkeit gleichzeitig intensiver auch mit den Inhalten auseinandersetzte (Kahneman 2012, S. 88–89). ◄

- **Rhyme-as-reason-Effekt** *(Rhyme-as-reason Effect):* Eine griffige deutschsprachige Übersetzung fehlt bisher, „Reimungseffekt" klingt nicht sehr überzeugend. Nach dieser verzerrten Wahrnehmung werden Aussagen, insbesondere Aphorismen, als eher zutreffend und wahr betrachtet, wenn diese gereimt sind (Kitz und Tusch 2014). Ihnen fallen dazu sicherlich gleich mehrere entsprechende Werbeslogans ein. Aus meiner Kindheit ist mir beispielsweise noch der Werbespruch ab 1970 der Leibbrand-Gruppe aus Bad Homburg in Erinnerung (heute Teil des REWE-Konzerns): „Otto Mess mit zwei S, mit zwei O, macht uns froh." Zu einem ähnlichen Werbeerfolg führen durch ihren Wiedererkennungswert griffige Slogans und kurze, prägnante Tonsequenzen *(Jingles)* – was elegant zum nächsten Effekt überleitet.
- **Wiedererkennungsheuristik** *(Recognition Heuristic):* Diese Urteilsheuristik der Kognitionspsychologie besagt, dass bei der Beurteilung von mehreren Objekten hinsichtlich eines Kriteriums unter gewissen Umständen deren Wiedererkennung als alleinige Entscheidungshilfe genutzt wird. Stellen Sie sich hierzu vor, Sie stehen vor einem Supermarktregal mit 26 verschiedenen Sorten an Marmelade oder vegetarischem Brotaufstrich (oder … oder …), und eine bestimmte Sorte trägt statt der weißen leuchtend rote Preisschilder – Sie greifen statistisch deutlich häufiger zu dieser Marke.

▷ Der Psychologe Gerd Gigerenzer erklärt die Wiedererkennungsheuristik wie folgt: „Stellen Sie sich vor, Sie sollen das wertvollere von zwei Objekten bestimmen – Sie werden dem Objekt den höheren Wert zuschreiben, das Sie wiedererkennen" (Goldstein und Gigerenzer 1999; frei vom Autor übersetzt).

- **Swimmer's Body Illusion:** Diese Illusion, bei der Selektionskriterium und Ergebnis vertauscht werden, wird vom Schweizer Schriftsteller und Unternehmer Rolf Dobelli (2014, S. 8–11, 2015) näher erläutert: Professionelle Schwimmer haben ihren athletischen Körperbau nicht deshalb erlangt, weil sie so viel trainieren, sondern sie sind primär aufgrund ihrer körperlichen Voraussetzungen so gute Schwimmer. Ohne dieses Wunschdenken würde Werbung nicht funktionieren – der Handel redet uns ein, dass wir uns durch die angebotenen Produkte verbessern können (obwohl die Voraussetzungen fehlen). Doch dies ist in den meisten Fällen ebenso ein Irrglaube wie die Annahme, mit relativ geringer Körpergröße ein Basketballstar oder ein guter Rückraumspieler im Handball werden zu können.
- Der **Ankereffekt** *(Anchoring Bias)* gehört zur verhaltensökonomischen Grundausstattung und bezeichnet die in Studien immer wieder nachgewiesene Tatsache, dass Menschen bei bewusst gewählten Zahlenwerten von momentan vorhandenen (auch irrelevanten) Umgebungsinformationen und Suggestionen beeinflusst werden. Dies führt zu einer systematischen Verzerrung von Annahmen und Schätzungen in Richtung des Ankers (Tversky und Kahneman 1974). Stehen wenige Informationen zur Entscheidungsfindung zur Verfügung, wird die Schätzung numerischer Größen selbst durch zusammenhanglose Ankerzahlen beeinflusst. Beliebt in Ladengeschäften sind Fantasiepreise, die angeblich drastisch auf den aktuellen Preis gesenkt wurden, die man jedoch trotzdem automatisch als Referenzniveau zum Vergleich heranzieht. Dan Ariely nennt diese Schieflage „Willkürliche Kohärenz" *(Arbitrary Coherence)* (Ariely 2008, S. 26–48).

▷
- Niemand ist gegen Beeinflussung durch Werbung gefeit, auch wenn er oder sie dies noch so sehr betont. Und auch mit den besten Produkten und Selbsthilfebüchern werden Sie nicht zwingend einen *Swimmer's Body* bekommen.
- Ebenso wenig ist man gegen die unterbewusst wirkenden Manipulationen in einem Ladengeschäft immun. Gehen Sie mit einer möglichst präzisen Einkaufsliste los und reduzieren Sie den Umfang von Spontankäufen.

1.4 Gedanken zur Geldanlage

Zu [3]: Mit diesem Thema werden wir uns in Kap. 7 noch intensiv beschäftigen, und so kann hier die Diskussion der *Biases* (dem gängigen englischsprachigen Pendant zu „Verzerrungen") relativ knapp ausfallen. „Nelles kann sich noch gut an die Zeiten erinnern, als mit Bundesanleihen 5 % Zinsen zu verdienen waren", heißt es im Beispiel. Doch der Mensch, insbesondere der ältere, neigt gelegentlich zur Verklärung der Vergangenheit („Die gute alte Zeit …"). Psychologen kennen diesen Effekt unter der Bezeichnung **Rosige-Vergangenheit-Verzerrung** *(Rosy Retrospection Bias)*, ein Phänomen, wonach

1.4 Gedanken zur Geldanlage

jemand die Vergangenheit unverhältnismäßig positiver beurteilt als die Gegenwart. Ein anderer in diesem Zusammenhang gerne gebrauchter Begriff ist *Nostalgie*.

▶ **Nostalgie** bezeichnet eine sehnsuchtsvolle Hinwendung zu vergangenen Gegenständen oder Praktiken. Die Nostalgie kann sich sowohl auf das eigene Leben beziehen als auch auf nicht selbst erlebte Zeiten.

Der Duden spricht „vom Unbehagen an der Gegenwart ausgelöster, von unbestimmter Sehnsucht erfüllter Gestimmtheit, die sich in der Rückwendung zu einer vergangenen, in der Vorstellung verklärten Zeit äußert, deren Mode, Kunst, Musik oder Ähnliches man wieder belebt" (Duden 2021). Nostalgie ist manchmal ein schönes Gefühl, um mit den harten Realitäten der Gegenwart besser zurecht zu kommen, jedoch kann der Schuss auch nach hinten losgehen, indem eine Art von Geschichtsverfälschung betrieben wird. Dies kann schlimmstenfalls von einer Idealisierung des DDR-Staats bis zum zu einer Relativierung des Nazi-Unrechts gehen (vgl. Abschn. 3.2 und 11.6).

▶ **Tipp** Die in nostalgischen Rückblicken verklärte „gute alte Zeit" hat es in den meisten Fällen nie gegeben, und die Gegenwart offenbart trotz anspruchsvoller Rahmenbedingungen viele Vorteile und Chancen. Nutzen Sie diese und schauen Sie eher in die Zukunft als in die Vergangenheit.

Nostalgie und Rosige-Vergangenheit-Verzerrung bieten gleich wieder eine Steilvorlage zur nächsten Fehleinschätzung unseres Helden: Früher gab es zwar deutlich höhere (positive!) Zinsen auf Spareinlagen und sichere Rentenpapiere, jedoch wird bei dieser Betrachtung gerne vergessen, dass der Kaufkraftverlust ebenfalls deutlich über den Werten der letzten Jahre lag.

Zinsen, Steuern und Inflation in früheren Zeiten
Bankkunden, die ihr Geld auf Sparbüchern oder Tagesgeldkonten geparkt haben, sind seit jeher mit niedrigeren Zinsen abgespeist worden, als durch Anlegen in höherverzinsliche Wertpapiere beispielsweise des Bundes erreichbar gewesen wären. Ein Maß für deren mittlere Ertragsleistung ist die Umlaufrendite: Dabei handelt es sich um die durchschnittliche Rendite festverzinslicher Wertpapiere mit einer ursprünglichen Laufzeit von mindestens vier Jahren und einer mittleren Restlaufzeit von mehr als drei Jahren. In den Jahren 1974 und 1981 lag die Umlaufrendite bei sagenhaften 10 % (mit einem Höchststand von 11,3 % im August 1981), 1992 immerhin noch bei 8 % (und in den Jahren dazwischen und danach niedriger).
  Dies klingt aus dem historischen Blickwinkel des Anlegers erst einmal gut. Doch gilt es zu berücksichtigen, dass die Inflationsrate in den drei genannten Jahren rund 7, 6 bzw. 5 % betrug (siehe Abb. 1.1). In anderen Worten, die Bruttoverzinsung lag zu den genannten Spitzenzeiten bei gerade einmal 3–4 %. Aber nur

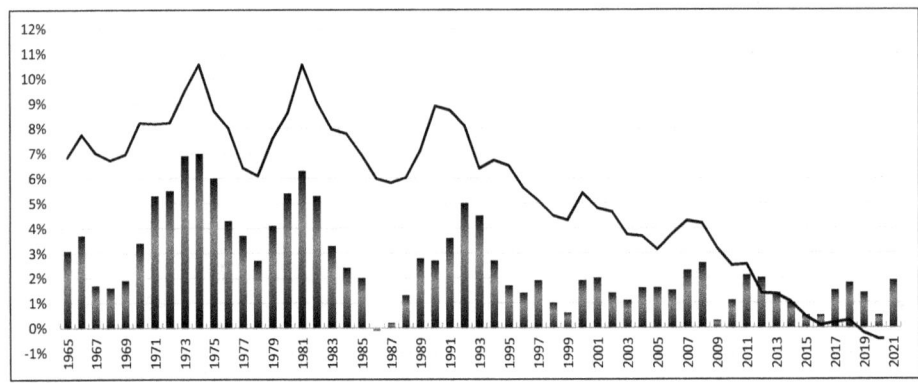

Abb. 1.1 Historische Umlaufrenditen von Bundesanleihen (Linie) und Inflationsraten (Säulen); Jahresmittelwerte in %

> dann, wenn die Einkünfte den Sparerfreibetrag von 300 DM (1975–1989) bzw. 600 DM (1990–1992) zzgl. 100 DM Werbungskostenpauschale nicht überstiegen – oder man den darüber liegenden Betrag bei der Einkommensteuererklärung nicht angab (was mangels Quellensteuer und Kontrollmitteilungen damals üblich war). Bei höherem Einkommen und korrekter Versteuerung (der Spitzensteuersatz rangierte zwischen 53 und 56 %) war vom Zinsertrag möglicherweise die Hälfte als Kapitalertragssteuer abzuführen, womit im genannten Beispiel ein Netto*verlust* von 1–2 % zu verbuchen wäre. Kommt Ihnen dies bekannt vor? (Deutlich positiver sah es für die Sparer in Jahren mit niedrigem Kaufkraftverlust aus, etwa 1986–1988.)

Im Januar 1969 führte der Bund die Bundesschatzbriefe als kursrisikofreie Alternative zu Bundesanleihen ein, die die Vermögensbildung der Bevölkerung stärken sollten. Doch im Juni 2016 fiel die Rendite der zehnjährigen deutschen Bundesanleihen erstmals unter null, Schatzbriefe gab es nicht mehr, und viele Sparer sahen sich plötzlich mit Nettoverlusten konfrontiert, selbst wenn ihre Geldinstitute noch keine Negativzinsen verlangten. Mit diesem Problem sah und sieht sich auch Heinz-Walter Nelles konfrontiert, hat aber gleichzeitig Hemmungen, in Aktien und weitere Formen von Produktivvermögensanteilen zu investieren. Wie viele andere wird er ein Opfer von drei grundlegenden kognitiven Fehleinschätzungen – obwohl er gar nicht so unrecht damit hat, dass Banken und Emittenten an Fonds sehr gut verdienen:

1. Das **Aktienprämienrätsel** *(Equity Premium Puzzle)*: Dieses auf der Verlustaversion (2.) basierende Paradox an Finanzmärkten beschreibt den ungenutzten, übermäßig hohen Unterschied zwischen den Renditen aus risikobehafteten Wertpapieren (vor

allem Aktien) und solchen, die als relativ sicher gelten (z. B. Staatsanleihen). Verhaltensökonomen sehen den Grund darin, dass Investoren nicht risikoavers im Hinblick auf variable Renditen sind (und daher aktuell sogar reale Wertverluste in Kauf nehmen), jedoch angesichts drohender Verluste (Mehra und Prescott 1985).
2. Bei der **Verlustaversion** *(Loss Aversion)* und im Falle der Investition in Aktien und andere risikobehaftete Papiere der „Totalverlust-Aversion" *(Dead Loss Aversion)* handelt es sich um ein weiteres Kernelement der Verhaltensökonomik (Kahneman und Tversky 1979; vgl. Abschn. 6.1). Die Tendenz steht in engem Zusammenhang mit einem weiteren hier relevanten Effekt, der **Status-quo-Verzerrung** *(Status quo Bias)*. Danach haben Menschen (und auch Organisationen) eine starke Neigung, den gegenwärtigen Zustand jeglicher Veränderung vorzuziehen, und stehen sich damit hinsichtlich notwendiger Weiterentwicklungen selbst im Weg (Kahneman et al. 1991). Die Verlustaversion besagt, dass – ausgehend von einem bestimmten individuellen Referenzpunkt – Verluste höher (meist um einen Faktor von ca. 2) zu gewichten sind als Gewinne. Wir gewinnen gerne, verlieren aber *sehr* ungern. Den Referenzpunkt stellt entweder ein Istzustand (der Status quo) oder ein Sollzustand *(Aspiration Level)* dar. Der Effekt an sich ist sehr lange bekannt und wurde bereits im 18. Jahrhunderts von Adam Smith, dem Begründer der klassischen Nationalökonomie, beschrieben (Beck 2014, S. 10; Latzel 2020, S. 50–51).
3. Fehlt noch die **Verfügbarkeitsverzerrung** *(Availability Bias)* (Tversky und Kahneman 1972; Kahneman 2012, S. 164–172). Nelles' „Angst vor dem befürchteten Aktiencrash", die ihn bisher von der Investition in Unternehmensanteile abgehalten hat, basiert wiederum auf einer klassischen „schiefen Sichtweise". Er denkt intuitiv an die Dotcomkrise 2001, die Finanzkrise 2008/2009 und den Beginn der Corona-Pandemie 2020, als die Aktienindizes jeweils massiv eingebrochen waren. Die zugrunde liegende Verfügbarkeitsverzerrung ist ein systematischer Urteilsfehler, der entsteht, wenn die Bewertung der Wahrscheinlichkeit (oder Häufigkeit) eines Ereignisses von den leicht verfügbaren Beispielen oder von der Anzahl der verfügbaren Beispiele in unserem Gedächtnis geprägt ist. Ein Ereignis, zu dem uns viele Beispiele einfallen, erscheint wahrscheinlicher; die Einschätzung dieser Wahrscheinlichkeiten ist aus den genannten Gründen verzerrt.

Unser Pendler vergisst dabei jedoch, dass die Kurse gesunder Unternehmen in den beiden erstgenannten Fällen langsam und 2020 bereits innerhalb weniger Wochen das ursprüngliche Niveau wieder erreichten und kurze Zeit später in allen Fällen sogar deutlich übertrafen. Auch übersieht er die historische Tatsache, dass Aktien (und Immobilien) in der Weltwirtschaftskrise 1929 sowie bei den Geldentwertungen 1923 und 1948 einen wesentlich besseren Schutz vor Vermögensverlusten und Verarmung geboten hatten als die Reichsmark.

▶ **Tipps**

- Die Renditen festverzinslicher Wertpapiere werden auf absehbare Zeit nicht steigen. Im Rahmen einer sinnvollen Vermögensanlage werden Sie nicht um den Erwerb von Fonds mit Aktienanteil bzw. Einzelaktien herumkommen, um mittelfristig keinen Verlust zu machen.
- Die bekannten Pleiten von Prokon, Wirecard und Greensill sind Ausnahmen am Finanzmarkt, nicht die Regel. Wenn man eine gewisse Anzahl an Titeln oder gut gemanagte Fonds besitzt, ist die Angst vor dem Totalverlust durch die Insolvenz einzelner Unternehmen unbegründet. Informieren Sie sich objektiv über die Materie und sammeln Sie mit der Zeit eigene Anlageerfahrungen.

Hoffen wir für Heinz-Walter Nelles, dass er seine Geldgeschäfte bei einer seriösen Bank oder Sparkasse tätigt und der zuständige Berater seine (Nelles'!) Interessen berücksichtigt. Dennoch wird es ihm nicht erspart bleiben, sich mit den Details auseinanderzusetzen.

1.5 Auf sportlichen Pfaden

Zu [4]: Ein Resümee des Lebenswandels ist sicherlich von Zeit zu Zeit sinnvoll, wenn auch der Feierabendverkehr auf dem Kölner Ring nicht unbedingt das geeignete Forum dafür zu sein scheint. Wie wir in Abschn. 1.1 erfahren haben, kehrte Nelles vor Jahren dem Sport den Rücken und legte an Gewicht und Risikofaktoren deutlich zu. Dies bietet wiederum die Gelegenheit, einige kognitive Verzerrungen aufzugreifen und zu diskutieren, die in der Geschichte verborgen sind:

- Eine recht verbreitete, grundlegende Fehleinschätzung basiert auf der **Projektionsverzerrung** *(Projection Bias)*, der falschen Einschätzung, was ein Gut später wert sein wird (Loewenstein et al. 2003). Dieser Irrtum lässt sich auf eine ganze Palette von Szenarien des privaten und beruflichen Lebens übertragen, nicht nur auf den Handelspreis von Aktien. Im Beispiel ist die Gesundheit als wertvolles Gut gemeint: Was schert es mich heute (da Essen, Alkohol und Zigaretten schmecken), was in 20 oder 30 Jahren sein wird?
- Das immer wieder gerne angeführte lange Leben des Kettenrauchers Helmut Schmidt hinkt; der Grund: das **Gesetz der kleinen Zahlen** *(Law of Small Numbers)*. Ein Einzelbeispiel wird verallgemeinert, da viele Menschen eine falsche Vorstellung vom Zufall haben und auch kleinen Stichprobenumfängen eine hohe Repräsentativität beimessen: die Vernachlässigung der Stichprobengröße *(Insensitivity to Sample Size)*, die zu falschen Schnellschüssen und Schlussfolgerungen führt *(Hasty Generalization)*. (Kahneman 2012, S. 142–144) Fakt ist: Raucher sterben im Schnitt zehn Jahre früher

als Nichtraucher. Es wäre somit vernünftig, *jetzt* auf seine Gesundheit zu achten, um *später* davon zu profitieren. Nicht jeder hat die Gene und Widerstandskraft des ehemaligen Bundeskanzlers.
- Doch neben dem wirtschaftlichen Kalkül spielen auch Umgebungseffekte eine Rolle, etwa bei den angesprochenen Rauchern oder dem regelmäßigen gemeinsamen Alkoholkonsum in bedenklichen Mengen. Dabei sind zuvorderst gesellschaftliche Aspekte und Vorbildfunktionen relevant. Diese manifestieren sich im **Social Proof** („Sozialer Beweis": Ich verhalte mich richtig, wenn ich mich wie andere verhalte) ebenso wie im **Mitläufereffekt** oder „Herdentrieb" (*Bandwagon Effect*) – bei Letzterem ist der Name Programm.
- Die Fehleinschätzung der Portionsgröße ist als **Unit Bias** (*Unit Bias*) bekannt: Wir sehen die im Alltag üblicherweise angebotene Portionsgrößen (z. B. bei Speisen) als angemessen an. Eine Person wird daher gewöhnlich die gesamte vor ihr stehende Portion konsumieren, obwohl diese im Einzelfall objektiv betrachtet zu groß ist. Und bei über die Jahre und Jahrzehnte kontinuierlich größer werdenden Standardportionen sind die negativen Auswirkungen auf das Körpergewicht und damit die Volksgesundheit nachvollziehbar (Geier et al. 2006; vgl. Wenski 2021, S. 189–202).

▷ Trotz aller psychologischen und verhaltensökonomischen Erklärungsversuche darf eines nicht außer Acht gelassen werden: *Suchtverhalten* jeglicher Art – bei Genussmitteln und Drogen, Essen und Spielen, Arbeit und Macht u. v. m. – steht Versuchen zu „vernünftigem" Handeln massiv im Weg.

▷ **Tipps**

- Rauchen Sie nicht (oder hören Sie als Raucher auf), treiben Sie Sport, ernähren Sie sich ausgewogen und leben Sie gesund. Nicht weil Sie müssen, sondern aus intrinsischer Motivation. Ihr jetziges Wohlbefinden und Ihre spätere Gesundheit werden es Ihnen danken.
- Vermeiden Sie jegliche Art von Suchtverhalten, oder holen Sie sich als Betroffener Hilfe.

Heinz-Walter Nelles musste feststellen, dass seine Diäten zur Gewichtsreduktion nichts brachten, sondern vielmehr einen **Bumerang-Effekt** (*Boomerang Effect*) bewirkten: Eine Maßnahme scheint zunächst Erfolg zu haben, dieser Erfolg wird aber nach einiger Zeit wieder zunichtegemacht oder verkehrt sich sogar ins Gegenteil. Und so nahm er dadurch eher zu als ab; man kennt das auch als *Jo-Jo-Effekt*. Erst das gute Zureden seines Hausarztes brachte ihn zurück auf die Spur. Derartiges **Nudging** („Anstubsen") ist eine von Cass Sunstein und Richard Thaler insbesondere für die Öffentliche Hand entwickelte Methode, dirigierend auf das Verhalten von Menschen einzuwirken und ihr Verhalten zu beeinflussen, ohne auf Verbote und Gebote zurückgreifen oder ökonomische Anreize verändern zu müssen (Sunstein und Thaler 2003; Thaler und

Sunstein 2011; Latzel 2020). Hierzu zählen beispielsweise der (in Deutschland freiwillige) *Nutri-Score* zur Nährwertkennzeichnung von Lebensmittel, Schockbilder auf Zigarettenverpackungen und Geschwindigkeitsanzeigen in Tempozonen jeweils mit Lenkungscharakter. Die Autoren haben dazu die an sich paradoxe Begriffskombination „Liberaler Paternalismus" *(Liberal Paternalism)* geprägt, ein sogenanntes Oxymoron.[2]

Wir freuen uns mit für Nelles, dass er die Kurve gekriegt und sein Verhalten geändert hat, gesünder lebt und regelmäßig Ausdauersport betreibt. Dass er auf „einer neuen Strecke am Rhein" das Gefühl hatte, deutlich weiter unterwegs gewesen zu sein, bietet das Stichwort zu einer letzten Verzerrung in diesem Zusammenhang: dem **Well-traveled-Road-Effekt** (*Well-traveled Road Effect,* „Effekt der vielbenutzten Straße"). Dies ist ein weiterer, meist relativ harmloser kognitiver Irrtum, wonach Reisende die Zeit in Abhängigkeit von der Streckenkenntnis unterschiedlich einschätzen, die sie für einen Weg benötigt haben: Häufig benutzte Strecken erscheinen kürzer. Der Mensch ist eben doch ein Gewohnheitstier.

1.6 Potz Blitz!

Zu [5]: Der Rest ist mit Blick auf unser Thema schnell erzählt. Sie warten vermutlich bereits auf das bevorstehende *Bashing* der Autoindustrie, wenn Sie von einem Pendler in einem *Sports Utility Vehicle* lesen, einem „Hausfrauenpanzer" möglicherweise sogar mit Dieselaggregat. (Während der eine Teil der Bevölkerung – wie unser Pendler – den Gebrauch derartiger Luxusgüter vehement verteidigt, stellen sie für andere ein klar definiertes Feindbild dar.) Insbesondere die deutsche Automobilindustrie, der wichtigste Wirtschaftszweig und einer der größten Arbeitgeber, möge mir verzeihen, dass ich über Abgasbetrügereien, unzureichende Kundenentschädigungen sowie üppige Dividendenzahlungen trotz massiver Staatshilfen nur den Kopf schütteln kann. Aber unter ökonomischen Gesichtspunkten geht ein Unternehmen eben bis an die Grenzen dessen (und teilweise darüber hinaus), was der Staat und die Gesetzgebung zulassen.

Heinz-Walter Nelles fährt schon immer Autos von Volkswagen. „Die sind gut und zuverlässig", sagt er zu seinen Freunden, „und die anderen bescheißen doch alle genauso." (Das lasen Sie ja bereits, ohne dass es den zweiten Teil dieser Behauptung richtiger macht.) Auch erscheint es ihm nicht ungewöhnlich, wie der Text des Beispiels offenbart, ein großes, teures und durstiges Modell zu besitzen, das tagsüber vor dem Werktor und nachts in der Garage steht. Es sei ihm noch zugestanden, mit dem Pkw zur Arbeit zu fahren – mit den „Öffentlichen" würde er für seinen Arbeitsweg auf die andere Rheinseite über eine Stunde benötigen. Dabei scheint die Nutzung eines

---

[2] Formulierung aus zwei gegensätzlichen, einander widersprechenden oder sich gegenseitig ausschließenden Begriffen.

überdimensionierten Modells („So bin ich besser geschützt, wenn's mal kracht") von einem unehrlichen Anbieter einer klassischen kognitiven Verzerrung zu folgen, dem **Konservatismusfehlschluss** *(Conservatism Bias)* (Edwards 1968, S. 17–52). Dies ist die Tendenz, bei Vorliegen neuer Erkenntnisse die eigene Position und Sichtweise nur unzureichend daran anzupassen. Hier trifft der Effekt auf den ökologischen Schaden des Autoverkehrs ebenso zu wie auf die Abgasmogeleien, von denen inzwischen auch der letzte halbwegs interessierte Zeitungsleser Kenntnis haben sollte.

Der nun folgende Tipp Nr. 13 ist einer der wichtigsten im ganzen Buch und wird vor allem in Kap. 11 und 12 noch eine große Bedeutung erhalten. Die Zahl 13 (die wie gehört beim Samstagslotto seltener gezogen wurde als andere Zahlen) gilt in westlichen Kulturen als Unglückszahl, doch genau diese Art von Aberglauben führt mitten hinein in die Welt der Denkfehler, mit denen ich aufräumen will.

▶ **Tipp** Überwinden Sie Ihren Konservatismus und passen Sie Ihr individuelles Verhalten an die Anforderungen der Zeit und die Erwartungen in die Zukunft an. Dies betrifft alle Bereiche des privaten, gesellschaftlichen und professionellen Lebens, wie wir noch sehen werden.

Mit Blick auf das Verkehrsgeschehen auf dem Kölner Ring und allen anderen Autobahnen des Landes sei noch nachgetragen: Fahrspurwechsel im zähflüssigen Verkehr erhöhen das statistische Unfallrisiko und helfen meist herzlich wenig, sofern nicht ein Fahrstreifen komplett versperrt ist – durch Lkw-Kolonne, Baustelle etc. Dass der Autofahrer es trotzdem immer wieder versucht, ist auf eine **Kontrollillusion** *(Illusion of Control)* zurückzuführen: der auf dem erwähnten Overconfidence-Effekt beruhenden falschen Annahme, zufällige Ereignisse durch eigenes Verhalten kontrollieren zu können (Langer 1975; Langer und Roth 1975). Im Beispiel wird die erratische Konstellation eines Staugeschehens vernachlässigt und der Verkehrsfluss durch die Wechsel noch weiter behindert. Gleiches trifft auf starke Beschleunigungs- und Abbremsvorgänge zu, die durch Aufschaukelung ebenfalls zur Staubildung beitragen – neben Sicherheitsgründen und Umweltschutz ein weiteres Argument für ein allgemeines Tempolimit auch auf deutschen Autobahnen (dem wiederum der Konservatismusfehlschluss im Weg steht).

Der „Mitzieheffekt" beim Beschleunigen lässt sich neben der offensichtlichen Ungeduld mit Social Proof und Mitläufereffekt zwanglos erklären. Was auf Autobahnen und mehrspurigen Schnellstraßen noch wenig aufregend erscheint, kann sich beim Überholversuch auf zweispurigen Landstraßen allerdings schnell als tödliches Risiko erweisen und geht öfters ins Auge. Da tun konsequente Kontrollen von Überholverboten und Tempolimits not – was Heinz-Walter Nelles offensichtlich unterschätzte, weil er durch die schnellen vorausfahrenden Fahrzeuge abgelenkt war. Man nennt dies **Attentional Bias,** etwa „Fehlgeleitete Aufmerksamkeit" (siehe auch Abschn. 4.1).

Erfahrungsgemäß dauert es mehrere Wochen, bis die Ordnungsbehörden einen Anhörungsbogen zu einer Ordnungswidrigkeit im Straßenverkehr zusenden. Und so lebte der Raser einen Monat lang mit der Angst vor den Konsequenzen. Wie schnell war er wirklich in der Hunderterzone? Bei geschätzten 130–140 km/h auf dem Tacho könnte es schon teuer werden und neben Punkten ein Fahrverbot drohen. Für viele Autofahrer ist diese **Furchtaversion** *(Dread Aversion)* (Dawson und de Mesa 2018) eine schlimmere Strafe als das Bußgeld an sich: Analog zur Verlustaversion schlägt die Furcht von einem negativen Resultat emotional rund doppelt so stark zu Buche wie das Genießen eines positiven Ergebnisses.

Haben Sie mitgezählt? 42 kognitive Verzerrungen lassen sich aus dem überschaubaren Beispiel in Abschn. 1.1 herauslesen. Die Palette reicht von amüsant über interessant bis tiefgreifend, von reiner Psychologie bis hin zu angewandter Finanzökonomik, von wichtig und relevant über wissenswert bis unterhaltsam und kurzweilig. Doch es soll nicht nur darum gehen, Effekte aufzuzählen und systematisch abzuarbeiten. Mein Bestreben ist ebenso darzulegen, wie man mit den wissenschaftlichen Erkenntnissen umgehen und diese adaptieren und Gegenmaßnahmen ins reale Leben integrieren kann, wie Sie als Leser also unmittelbar davon profitieren.

Letztlich lassen sich bereits aus unserem Modellfall einige Lehren ziehen. Dazu ist es zunächst von Bedeutung, sich darüber klar zu werden, was sich in kognitiver Hinsicht im eigenen Kopf oder im Dialog mit anderen oder in Wechselwirkung mit den Umständen abspielt. Auf einer derartigen analytischen Basis können Sie Verbesserungen vornehmen – oder auch nicht. Dazu noch zwei Tipps zum Einstieg.

▶ **Tipps**

- Setzen Sie sich – unabhängig vom Lebensalter – anspruchsvolle berufliche und private Ziele und streben Sie danach, sich weiterzuentwickeln und Erfüllung in Arbeit, Hobbys, Familie und Freundeskreis zu finden.
- Durch eine angepasste Lebens- und Verhaltensweise sparen Sie bares Geld, etwa indem Sie sich ein kleineres Auto zulegen und die Verkehrsregeln beachten (oder gleich mit Fahrrad oder ÖPNV zur Arbeit fahren) – was zudem Ihr Unfallrisiko und das anderer Verkehrsteilnehmer reduziert.

Die wichtigsten kognitiven Effekte in Kap. 1
Sie haben in diesem Kapitel bereits eine Fülle von Irrtümern und Verzerrungen aus unterschiedlichen Bereichen des täglichen Lebens kennengelernt, denen wir gerne zum Opfer fallen. Um zu vermeiden, dass Sie den Wald vor lauter Bäumen nicht mehr sehen (Abb. 1.2; siehe Vorwort), hier (und jeweils am Ende aller weiteren Kapitel) eine subjektive Auswahl der für mich bedeutendsten Vertreter.

Planungsfehlschluss: Vieles kommt anders, als man denkt und plant. Oft liegt das daran, dass der Plan zu optimistisch war und eventuelle Unwägbarkeiten nicht berücksichtigt wurden.

Abb. 1.2 Wald oder Bäume? Lernen Sie, beides gleichzeitig zu sehen

Empfindlichkeit für und *Vernachlässigung von Wahrscheinlichkeiten:* Viele Menschen besitzen kein gesundes Gefühl für Zahlen. Unwahrscheinliche Geschehnisse werden überbewertet und Einzelfälle verallgemeinert.

Overconfidence-Effekt und *Kontrollillusion:* Während mancher an mangelndem Selbstbewusstsein leidet, überschätzen andere in verschiedensten Lebenslagen ihre Fähigkeiten und unterliegen dem manchmal fatalen Irrtum, dass sie Situation und Umstände unter Kontrolle haben.

Framing, Priming und *Nudging:* Narrative können Referenzpunkte verschieben und ein hohes Maß an Beeinflussung erzeugen. Wir lassen uns gerne unbewusst von anderen durch emotionale Belegung, Wortwahl und Anstupsen fremdbestimmen.

Ankereffekt: Der Mensch ist stets auf der Suche nach Referenzpunkten, an denen er eine aktuelle Bewertung festmachen kann. Dabei nimmt er an Daten alles her, was gerade zur Hand ist.

Konservatismusfehlschluss, Verlustaversion und *Status-quo-Verzerrung:* Diese drei Effekte bilden ein *Trio infernal,* das vielen notwendigen Weiterentwicklungen und Weichenstellungen im Weg steht, die im Buch noch beleuchtet werden. Weil wir Verluste gefühlsmäßig doppelt so stark bewerten wie Gewinne, gehen wir ungerne mit neuen Wegen ins Risiko und verteidigen lieber den gegenwärtigen Zustand.

Literatur

Ariely D (2008) Predictably irrational. HarperCollins, New York. http://radio.shabanali.com/predictable.pdf. Zugegriffen: 30. Apr. 2021

Bargh JA, Chen M, Burrows L (1996) Automaticity of social behavior: direct effects of trait construct and stereotype activation on action. J Pers Soc Psychol 71–72:230–244. https://doi.org/10.1037/0022-3514.71.2.230

Beck H (2014) Behavioral Economics. Eine Einführung. Springer Gabler, Wiesbaden. https://doi.org/10.1007/978-3-658-03367-5

Brown R, McNeill D (1966) The "tip of the tongue" phenomenon. J Verbal Learn Verbal Behav 5-4:325–337. https://doi.org/10.1016/S0022-5371(66)80040-3

Buehler R, Griffin D, Ross M (1994) Exploring the "planning fallacy": why people underestimate their task completion times. J Pers Soc Psychol 67-3:366–381. https://doi.org/10.1037/0022-3514.67.3.366

Christensen B, Christensen S (2015) Achtung: Statistik. Springer Spektrum, Berlin. https://doi.org/10.1007/978-3-662-45468-8

Dawson C, de Meza D (2018) Wishful thinking, prudent behavior: the evolutionary origin of optimism, loss aversion and disappointment aversion. Internet-Veröffentlichung 24. Januar. https://doi.org/10.2139/ssrn.3108432

Dobelli R (2014) Die Kunst des klaren Denkens. dtv, München

Dobelli R (2015) The swimmer's body illusion. In: Dobelli R (Hrsg) Klar denken, klug handeln. Hanser, München, S 8–11. https://doi.org/10.3139/9783446445147.002

Doyen S, Klein O, Pichon C-L, Cleeremans A (2012) Behavioral priming: it's all in the mind, but whose mind? PLoS ONE 7-1. https://doi.org/10.1371/journal.pone.0029081

Duden (2021) Nostalgie. Duden-Onlinewörterbuch. Bibliographisches Institut GmbH. https://www.duden.de/rechtschreibung/Nostalgie. Zugegriffen: 7. Apr. 2021

Edwards W (1968) Conservatism in human information processing. In: Kleinmuntz B (Hrsg) Formal representation of human judgment. Wiley, New York

Erickson TD, Mattson ME (1981) From words to meaning: a semantic illusion. J Verbal Learn Verbal Behav 20-5:540–551. https://doi.org/10.1111/j.1467-9280.2006.01738.x

Frederick S (2005) Cognitive reflection and decision making. J Econ Perspect 19-4:25–42. http://www.jstor.org/stable/4134953

Geier AB, Rozin P, Doros G (2006) Unit bias: a new heuristic that helps explain the effect of portion size on food intake. J Psychol Sci 17-6:521–525. https://doi.org/10.1111/j.1467-9280.2006.01738.x

Goldstein D, Gigerenzer G (1999) The recognition heuristic: how ignorance makes us smart. In: Gigerenzer G, Todd PM, ABC Research Group (Hrsg) Simple heuristics that make us smart. Oxford University Press, New York. S 38–58. http://hdl.handle.net/11858/00-001M-0000-0025-9F13-9. Zugegriffen: 15. Apr. 2021

Kahneman D, Tversky A (1977) Intuitive prediction: biases and corrective procedures. Decision Research Technical Report PTR-1042-77-6. In: Kahneman D Tversky A (Hrsg) Intuitive prediction: Biases and corrective procedures. https://doi.org/10.1017/CBO9780511809477.031. In: Kahneman D, Slovic P, Tversky A (Hrsg) Judgment Under Uncertainty: Heuristics and Biases. Science. 185. Cambridge, Cambridge University Press, 414–421. https://doi.org/10.1017/CBO9780511809477

Kahneman D, Tversky A (1979) Prospect theory: an analysis of decision under risk. Econometrica 47-2:263–292. https://doi.org/10.2307/1914185

Kahneman D, Knetsch JL, Thaler RH (1991) Anomalies: the endowment effect, loss aversion, and status quo bias. J Econ Perspect 5-1:193–206. https://doi.org/10.1257/jep.5.1.193

Kahneman D (2012) Schnelles Denken, langsames Denken. Penguin, München

Kitz V, Tusch M (2014) Büropsychologie: So stellen Sie Schwätzer und Lästerer ruhig. Spiegel online, Internet-Veröffentlichung 23. März. https://www.spiegel.de/karriere/volker-kitz-schwaetzer-und-laesterer-ruhigstellen-a-959394.html. Zugegriffen: 13. Aug. 2021

Langer E (1975) The illusion of control. J Pers Soc Psychol 32-2:311–328. https://doi.org/10.1037/0022-3514.32.2.311

Langer EJ, Roth J (1975) Heads I win, tails it's chance: the illusion of control as a function of the sequence of outcomes in a purely chance task. J Pers Soc Psychol 34-6:191–198. https://doi.org/10.1037/0022-3514.32.6.951

Latzel C (2020) Verhaltenssteuerung, Recht und Privatautonomie. Springer, Berlin. https://doi.org/10.1007/978-3-662-60315-4

Loewenstein G, O'Donoghue T, Rabin M (2003) Projection bias in predicting future utility. Q J Econ 118-4:1209–1248. https://doi.org/10.1162/003355303322552784

Mehra R, Prescott EC (1985) The equity premium: a puzzle. J Monetary Econ 15:145–161. https://doi.org/10.1016/0304-3932(85)90061-3

Moore DA, Healy PJ (2008) The trouble with overconfidence. Psychol Rev 115-2:502–517. https://doi.org/10.1037/0033-295X.115.2.502

Norton MI, Mochon D, Ariely D (2012) The "IKEA Effect": when labor leads to love. J Consum Psychol 22:453–460. https://doi.org/10.1016/j.jcps.2011.08.002

Pacific Standard (2017) There's a name for that: the Baader-Meinhof Phenomenon. Internet-Veröffentlichung 22.07.2013, aktualisiert 14.06.2017. https://psmag.com/social-justice/theres-a-name-for-that-the-baader-meinhof-phenomenon-59670. Zugegriffen: 5. Apr. 2021

Pronin E, Lin DY, Ross L (2002) The bias blind spot: perceptions of bias in self versus others. Pers Soc Psychol Bull 28-3:369–381. https://doi.org/10.1177/0146167202286008

Quoidbach J, Gilbert DT, Wilson TD (2013) The end of history illusion. Science 339(6115):96–98. https://doi.org/10.1126/science.1229294

Sunstein CR (2001) Probability neglect: emotions, worst cases, and law. November. Available at SSRN. https://doi.org/10.2139/ssrn.292149

Sunstein CR, Thaler RH (2003) Libertarian paternalism is not an oxymoron. The University of Chicago Law Review 70–4, 1159–1202. https://doi.org/10.2139/ssrn.405940

Thaler RH, Sunstein CR (2011) Nudge: Wie man kluge Entscheidungen anstößt. Ullstein, Berlin

Tversky A, Kahneman D (1972) Availability: A heuristic for judging frequency and probability. Cogn Psychol 5-2:207–232. https://doi.org/10.1016/0010-0285(73)90033-9

Tversky A, Kahneman D (1974) Judgment under uncertainty: heuristics and biases. Science, New Series 185 (4157), 27. September, 1124–1131. https://www.jstor.org/stable/1738360 (Deutsche Übersetzung des Artikels in Kahneman 2012, 521–544)

Tversky A, Kahneman D (1981) The framing of decisions and the psychology of choice. Science 211:453–458. https://doi.org/10.1126/science.7455683

Wenski G (2021) Selbstmanagement im Beruf. Springer, Wiesbaden. https://doi.org/10.1007/978-3-658-33249-5

Wikipedia (2021a) Begrenzte Rationalität. https://de.wikipedia.org/wiki/Begrenzte_Rationalität. Zugegriffen: 14. Juni 2021

Wikipedia (2021b) Rationalität. https://de.wikipedia.org/wiki/Rationalität. Zugegriffen: 14. Juni 2021

Zajonk RB (1968) Attitudinal effects of mere exposure. J Pers Soc Psychol Monograph Suppl 9–2(Pt. 2):1–27. https://doi.org/10.1037/h0025848

2 Fehleinschätzungen im Alltag

Das menschliche Gehirn als identitätsstiftendes Zentrum unserer Persönlichkeit fasziniert den wissenschaftlichen Laien und stellt den Experten in Medizin, Biologie, Psychologie und Psychiatrie, Paläontologie, Informationstechnologie u. v. m. trotz umfangreichen Kenntnisstands nach wie vor viele Rätsel. Unter den Primaten verfügt der Mensch in Relation zu seinem Körper über das größte Gehirn. Zwar macht das Organ bei erwachsenen Menschen nur 2 % des Körpergewichts aus, verbraucht aber normalerweise 25 % der Energieressourcen. Dies ermöglicht ihm seine typisch menschlichen Kompetenzen, wie ausgeprägte Lernfähigkeit, den Gebrauch der Vernunft, komplexes Sozialverhalten und die Kommunikation durch Sprache.

Der entscheidende Entwicklungssprung fand vor gut 70.000 Jahren statt, als das Gehirn des *Homo sapiens* zu wachsen begann. Yuval Noah Harari nennt diesen Umbruch „kognitive Revolution"[1] (Harari 2013, S. 11–98). Er verschaffte unserer Spezies die Möglichkeit, sich vor etwa 10.000 Jahren als alleinige Menschenart durchzusetzen, nachdem zuvor für eine Dauer von 2 Mio. Jahren mehrere Arten der Gattung Homo gleichzeitig existierten. In diesem Zeitraum wäre der Homo sapiens, bedingt durch Eiszeiten und andere Katastrophen, mehrmals fast ausgestorben; zuletzt lebten vor 40.000 Jahren nur noch geschätzte 1500 Vertreter in West- und Mitteleuropa.

Wissenschaftler gehen inzwischen davon aus, dass neben Werkzeuggebrauch, Nahrungssuche und Sozialverhalten auch die effiziente Versorgung mit Energie eine wesentliche Rolle bei der Evolution unseres Denkorgans gespielt hat. Denn Bildung und Unterhalt seines Gewebes sind energetisch betrachtet sehr aufwendig – es kommt mit

---

[1] Der Begriff wird – im Deutschen unter der Bezeichnung „kognitive Wende" – ebenfalls für eine Entwicklung in der Wissenschaft vom Behaviorismus hin zum Kognitivismus ab den 1950er-Jahren gebraucht.

Blick auf die Intelligenz also nicht nur auf die schiere Größe an. Während der menschlichen Evolution wuchs das Durchschnittsvolumen von 440 cm^3 beim Australopithecus africanus auf 1230 cm^3 beim Homo sapiens. Doch scheint ungefähr im Laufe der letzten 20.000–30.000 Jahre das Gehirnvolumen im europäischen Raum wieder abgenommen zu haben (Martin 1995; Johnson-Ulrich 2018).

Die Entwicklung des menschlichen Gehirns und die damit in Zusammenhang stehende Evolution der Kognition versetzt den Menschen offensichtlich keineswegs in die Lage, bei allen Fragestellungen und in jeder Lebenslage rational und bewusst zu entscheiden und zu agieren. Bestimmte Verhaltensmuster als Relikte aus unserer prähistorischen Vergangenheit, die ursprünglich der Erhaltung der Art dienten und sehr sinnvoll waren, sind bis heute erhalten. Dies betrifft z. B. das Risikoverhalten mit einer blitzschnell geforderten Entscheidung *Fight or Flight* oder die (ebenso intuitive) Anwendung von Heuristiken als effiziente, aber fehlerbehaftete Faustregeln. Vieles ist in unserer modernen Welt nicht mehr zeitgemäß und stellt vor allem bei rationaler, quantitativ-mathematischer und ökonomischer Betrachtung gravierende Nachteile dar. Da die damit verbundenen Fehler und Verzerrungen gewissen Regeln gehorchen, lassen sich die negativen Konsequenzen mit etwas Einsicht und gutem Willen vielfach abstellen.

In Vertriebs- und Beschaffungsgeschäften und insbesondere in Verhandlungen werden zahlreiche Phänomene, Irrtümer und Täuschungen teils intuitiv, teils systematisch verwendet, um die Position des jeweils eigenen Unternehmens und Auftraggebers zu verbessern (Abschn. 8.3). Doch auch private Verbraucher (Abschn. 6.6), Autofahrer (die an unterschiedlichen Stellen im Text vorkommen), Kapitalanleger (Kap. 7) und Wähler (Kap. 11) können von entsprechenden Kenntnissen profitieren. Ich möchte Sie daher auf eine äußerst interessante Reise durch die verschiedenen Themen und Auswirkungen der Alltagspsychologie und der Verhaltensökonomik mitnehmen – ohne die mathematischen und wirtschaftlichen Hintergründe zu tief zu diskutieren. Dazu soll an dieser Stelle nochmals an das Motto des Buchs erinnert werden:

▶ **Tipp** Vertrauen Sie Ihrer Intuition, nachdem Sie sich mit den Fakten vertraut gemacht haben.

2.1 Übersicht über menschliche Irrungen

In Kap. 1 haben wir bereits einige Biases kennengelernt: Denkfehler, Paradoxe, Irrungen und Wirrungen. Von den teuren Folgen des Planungsfehlschlusses kann man immer wieder lesen. Schillernde Beispiele sind große öffentliche Bauvorhaben wie die Oper von Sydney, die Elbphilharmonie (deren Planungskosten sich mehr als verzehnfacht hatten), der Flughafen BER und der Bahnhof Stuttgart 21 – oder die jüngst für 135 Mio. € abgeschlossene Sanierung des Segelschulschiffs *Gorch Fock* (geplante Kosten: 10 Mio. €). Der Grund für die Kostenexplosionen bei derartigen Leuchtturmprojekten liegt unter anderem darin, dass man mit dem Bauen begonnen hat, während noch Pläne erstellt wurden. Auch Sie konnten dieses Phänomen sicherlich des Öfteren bereits beobachten; denken Sie an ablehnende und teils unternehmensschädliche Haltungen mancher Kollegen gegenüber Ihren Vorschlägen. Kap. 8 beschäftigt sich detaillierter mit dem Arbeitsumfeld.

Überoptimismus und Vernachlässigung von Wahrscheinlichkeiten (siehe Kap. 9) kennen Sie vermutlich ebenso gut wie die psychologischen Fallstricke rund um die Geldanlage (Kap. 7). Doch gegen viele dieser potenziellen Fehler gibt es einfach umzusetzende Gegenmaßnahmen, sofern man erst einmal das Prinzip dahinter verstanden hat. Wir werden uns fachübergreifend vor allem in den Disziplinen Psychologie und Wirtschaftswissenschaften bewegen, wobei ich auf die *Verhaltensökonomik* als Kombination in Kap. 6 näher eingehe. Denn die volks- und betriebswirtschaftlich getriebenen Erkenntnisse dieser relativ neuen Fachrichtung lassen sich problemlos auch auf weniger monetär geprägte Felder wie Erinnerungen (Kap. 3), Emotionen (Kap. 4) oder die kleine und große Politik (Kap. 11 und 12) übertragen. Wir sehen uns zwar den im Vorwort erwähnten Wald als Ganzes an, verlieren jedoch gleichzeitig den Blick auf die einzelnen Bäume nicht aus dem Auge.

Zu kognitiven Irrtümern, ihrer Ausprägung und ihren Hintergründen existiert fachübergreifend ein sehr umfangreiches Informationsangebot in Gestalt von Originalartikeln, Monografien, Fach- und Lehrbüchern, populärwissenschaftlichen Beiträgen, Internetbeiträgen sowie den Artikeln im ständig wachsenden Onlinelexikon Wikipedia. Es würde den Umfang dieses Buchs sprengen, die Fülle an Publikationen auch nur annähernd zu skizzieren, und so sind die Quellenangaben auf das Notwendigste beschränkt; weiterführende Leseempfehlungen finden Sie in Abschn. 13.1. Zum Einstieg in die Vielfalt der psychologischen Effekte bieten sich die Internetseiten Garbarino (2013), Blawatt (2016), Benson (2016), Manoogian (2016), Christen (2018), ICHI. PRO (2019), BE (2021), BF (2021), Curtis (2021), PSY-FI (2021), Wikipedia (2021b), (2021c), (2021d), (2021e), (2021f) und (2021g) mit der dort zitierten bzw. verlinkten Originalliteratur an.

In den Quellen finden sich viele hundert Phänomene, die sich mit menschlichem Verhalten und gedanklichen Fehlern befassen, und unterschiedliche Verfasser haben bei der Auswahl individuelle Schwerpunkte gesetzt. Es handelt sich oft nicht um allgemeingültige Gesetze, sondern eher um *Präferenzen* im Denken und Agieren, die wir Menschen besitzen oder zeigen. Derartige Anomalien sind vielfach nicht digitaler Art und von Individuum zu Individuum verschieden stark ausgeprägt: Während der eine anscheinend weitgehend immun gegen gewisse Verlockungen ist, fällt der andere regelmäßig darauf herein. Erfahrungsgemäß gibt es dabei kein reines Schwarz und Weiß. Die den meisten Effekten zugrunde liegenden verhaltenswissenschaftlichen Studien weisen ihre Ergebnisse in prozentualen Verteilungen aus: Wenn sich deutlich mehr als 50 % der Probanden in einer bestimmten Richtung orientieren und sich dies auch in Folgestudien bestätigen lässt (was keineswegs immer der Fall ist), so wird der Sachverhalt als verhaltensökonomischer Effekt bzw. kognitiver Irrtum verbucht.

▶ Einige der Trugschlüsse und Beobachtungen bewirken eine recht starke und reproduzierbare Bewusstseinsbeeinflussung und -lenkung; hierzu zählen beispielsweise die Verlustaversion sowie die Fehlbeurteilung von Wahrscheinlichkeiten und Risiken.

In anderen Fällen steht einem literaturbekannten Effekt (z. B. Positivitätseffekt, Überoptimismus, Primacy Effect, Sunk Cost Fallacy) gleichzeitig ein Gegenspieler gegenüber, der das genau konträre Verhalten beschreibt (entsprechend Negativitätsverzerrung, Überpessimismus, Recency-Effekt, Prospective Cost Fallacy). Näheres dazu erfahren Sie an entsprechender Stelle im Text.

Wo ist in dieser Darstellung die Grenze hin zu rein psychologischen Phänomenen einerseits und spieltheoretischen Offensichtlichkeiten *(No-brainer)* andererseits zu ziehen? Zu bewährten Volksweisheiten und traditionellen Ratschlägen, rein finanz- oder verhandlungstechnischen Erkenntnissen? Ich habe die zu besprechenden Effekte danach ausgewählt, ob

a) die Originalbezeichnung *Cognitive Bias* zumindest einigermaßen zutrifft,
b) sie im Kontext der Verhaltensökonomik diskutiert werden und wissenschaftlich erforscht und begründet sind,
c) eine nachvollziehbare Definition oder Beschreibung gegeben werden kann und möglichst
d) Sie als Leser durch Kenntnis des Effekts in die Lage versetzt werden (können), die meist negativen Folgen dieser Fehlschlüsse zu vermeiden oder zumindest abzuschwächen bzw. zu verringern.

Grenzfälle aus der Psychiatrie sind sicherlich Krankheiten wie Apophänie (bei einer Schizophrenie die Erfahrung, scheinbare Muster und Beziehungen in zufälligen, bedeutungslosen Einzelheiten der Umwelt wahrzunehmen) und Pareidolie (das Phänomen, in Dingen und Mustern vermeintliche Gesichter und vertraute Wesen oder Gegenstände zu erkennen). Beide werden in der Literatur in Zusammenhang mit kognitiven Irrtümern, im ersten Fall sogar als Typenbezeichnung, geführt. Ich habe mich für eine Aufnahme entschieden, weil eine deutliche inhaltliche Nähe zur Clustering-Illusion aus der Kognitionsforschung besteht, der Neigung, in Datenströmen Muster zu sehen, selbst wenn gar keine vorhanden sind (Abschn. 9.2). Gleiches gilt z. B. für Berksons Paradox, der falschen statistischen Einschätzung, dass Vorgänge und Ergebnisse negativ korrelieren (Abschn. 10.4).

Mit dem Sparsamkeitsprinzip *Occam's Razor* aus der Scholastik oder dem Pygmalion-Effekt verhält es sich ähnlich. Auch bei den humoristisch gemeinten Spezialfällen Murphys Gesetz, Travis-Syndrom, Klaus-Faktor und *Truthiness* zögerte ich zunächst, habe sie jedoch der Vollständigkeit halber dennoch aufgeführt.

2.1 Übersicht über menschliche Irrungen

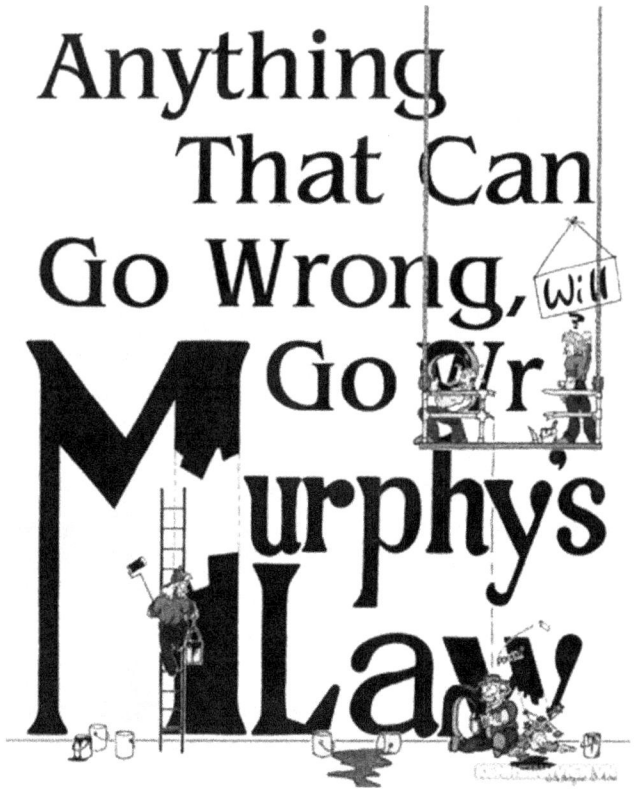

Abb. 2.1 Murphys Gesetz: Alles, was schiefgehen kann, geht schief. (K.anh.eya.191, CC BY-SA 4.0. Wikipedia 2021h)

▶ **Murphys Gesetz** *(Murphy's Law):* „Falls es mehrere Möglichkeiten gibt, eine Aufgabe zu erledigen, und eine davon in einer Katastrophe endet oder sonst wie unerwünschte Konsequenzen nach sich zieht, dann wird es jemand genau so machen" (Abb. 2.1).

Insgesamt habe ich mehr als 300 individuelle Effekte ausgewählt, die neben geläufigen Synonymen in Abschn. 13.1 in alphabetischer Anordnung (gemäß dem englischsprachigen Originalbegriff) zusammen mit einer knappen Definition enthalten und in den Kapiteln unter der passenden Thematik besprochen sind. Manche dieser Einzelpunkte zeigen Ähnlichkeiten untereinander, was gegebenenfalls erwähnt ist.

Bezeichnung kognitiver Verzerrungen
Als „kognitive Verzerrungen" werden systematische Irrtümer und Schieflagen, meist unbewusste fehlerhafte Neigungen und Tendenzen beim Wahrnehmen,

Erinnern, Denken und Urteilen, verstanden. Sie basieren auf Heuristiken (siehe vor allem Abschn. 10.1): dem analytischen Vorgehen, mit unvollständigen Informationen und wenig Zeit über Faustregeln, mentale Abkürzungen und mutmaßende Schlussfolgerungen dennoch zu wahrscheinlichen Aussagen oder Beobachtungen zu gelangen.

Die Benennung derartiger Effekte erfolgt in der Literatur nahezu durchgehend auf Englisch. Dabei findet man neben den Klassifizierungen *Bias* (= Verzerrung) und *Effect* auch die damit teils austauschbaren Genrebezeichnungen *Error, Fallacy, Heuristic, Neglect* und *Illusion* ebenso wie *Anomaly, Aversion, Paradox(on)* und *Syndrome*. In den verfügbaren deutschsprachigen Übersetzungen spricht man auch von systematischem (Denk-)Fehler, Rätsel, Befangenheit, Voreingenommenheit, Missachtung, Irrtum, Täuschung und Trug- oder Fehlschluss. Die Begriffe Anomalie, Aversion, Effekt, Heuristik, Illusion, Paradox(on) und Syndrom sind in beiden Sprachen bekannt.

Bestimmte Phänomene – wie Nudging oder Apophänie – kommen aus der Natur des Effekts heraus ohne Zusatz von „*Bias & Co.*" aus. Erwähnenswert scheint weiterhin, dass die jeweiligen Bezeichnungen Informationen über Ursache und Wirkung beinhalten können: Ein Effekt, Bias oder Fehler bezeichnet die Folge einer Heuristik, Fehleinschätzung oder Voreingenommenheit.

Etwa vier Fünftel der erwähnten Effekte sind zusammen mit umfangreichen Quellenangaben in teilweise lesenswerten Beiträgen im englischsprachigen Wikipedia beschrieben. (In der deutschen Version findet sich gerade einmal die Hälfte der Stichworte mit oft verkürzten Darstellungen.) In einigen Fällen konnte ich keine deutschsprachigen Referenzen finden; für diese Verzerrungen sind prägnante deutschsprachige Begriffe und Definitionen hier nachgeliefert. Zahlreiche der relevanten und lesenswerten Originalartikel aus der verhaltensökonomischen Forschung sind als PDF kostenlos im Internet verfügbar.

> **Tipp** Geben Sie in eine Internetsuchmaschine (möglichst eine, die Ihre Daten *nicht* sammelt, z. B. *Startpage*) „*Titel der Veröffentlichung*" *Filetype:pdf* ein, und Sie werden vielfach fündig.

2.2 Von Tieren, Toren und Türen

Die Namen vieler kognitiver Irrtümer und Verzerrungen erscheinen selbsterklärlich. Planungsfehlschluss, Verlustaversion oder Ankereffekt sind sachliche Bezeichnungen, bei denen der Name Programm ist. Doch es geht auch anders: Manchmal muss man etwas um die Ecke denken, um die Namensgebung zu verstehen.

Ein Beispiel ist der **Romeo-und-Julia-Effekt** (*Romeo and Juliet Effect;* auch als Knappheitsirrtum bezeichnet): im engeren Sinn die Intensivierung der Liebesgefühle bei einem Verbot einer Beziehung. Der Verstand setzt teilweise aus, wenn es sich um ein knappes Gut handelt, das zu verteilen ist (Driscoll et al. 1972; Dobelli 2014, S. 113–115). „*Rara sunt cara*", sagten die alten Römer, „Seltenes ist wertvoll". Die Begründung für diesen Effekt lässt sich im Knappheitsprinzip finden: Danach zeigen Menschen eine Vorliebe für quantitativ begrenzte Güter, unabhängig von deren Produktqualität. Dies kann damit erklärt werden, dass ein geringes Angebot mit Exklusivität und hoher Qualität assoziiert wird.

Beispiele gibt es zur Genüge. Denken Sie nur mal an das unselige Gerangel am Wühltisch mit realen (oder auch nur scheinbaren) Sonderangeboten. Oder die Hektik am Buffet, wenn Shrimps oder Entenbrust zur Neige gehen. Ich habe selbst erlebt, wie sich erwachsene Menschen bei der kostenlosen Verteilung geringwertiger Souvenirartikel wie Kaffeetassen, Maskottchen oder Plastikbälle fast geprügelt hätten. Auch bei Versteigerungen kann der Knappheitsirrtum zuschlagen und gerade unerfahrene Bieter zu unüberlegt hohen Angeboten verleiten. Dies ist der **Fluch des Gewinners** *(Winner's Curse),* ein Klassiker aus der Auktionstheorie: Der Gewinner einer Auktion entpuppt sich als Verlierer, weil er überboten hat (Thaler 1988, 1992).

▶ **Tipp** Knappheit führt vielfach zum Verlust des klaren Denkens. Lassen Sie sich vor allem als Verbraucher nicht ködern bzw. unter Zeitdruck setzen von „Nur"-Aussagen wie „Nur solange der Vorrat reicht", „Abgabe nur in Haushaltsmengen", „Nur noch wenige Zimmer in dieser Kategorie" oder „Nur noch Restexemplare verfügbar".

Doch andere Vertreter schmücken sich mit teils kuriosen Bezeichnungen, von denen aus man nur bedingt auf die Bedeutung schließen kann. Eine Quelle sind dabei Anleihen aus der Tierwelt, und als Auftakt bietet sich die **Truthahnillusion** *(Turkey Illusion)* an. Dieser Begriff der „Risikointelligenz" wurde von Gerd Gigerenzer (2014) geprägt und beschreibt die Neigung, einen Trend zu extrapolieren, ohne ihn zu hinterfragen. Bis zu seiner Schlachtung wird der Truthahn jeden Tag gefüttert und umsorgt. Nun ist ausgerechnet am Abend vor seinem Tod die Wahrscheinlichkeit, dass er am nächsten Tag auch wieder gefüttert und umsorgt wird, aus der Sicht des Truthahns am größten, denn mit jeder Fütterung stieg seine Gewissheit bzw. sein Vertrauen darauf, dass ihm nichts passiert. Trotzdem wird er am Tag vor Thanksgiving geschlachtet, genau von jener Person, die ihn zuvor umsorgte. Ein derartiger Induktionsfehlschluss war allerdings schon lange vorher als eines der großen Themen der Erkenntnisphilosophie bekannt (Dobelli 2014, S. 129–131, 235).

Abstrakter ausgedrückt: Die Sicherheit wächst permanent mit dem Trend. Daher ist zum Zeitpunkt des Trendbruchs die Sicherheit am größten, ebenso wie der Schock darüber. Die Überraschung des Truthahns ist übertragbar auf das unerwartete Eintreffen eines Börsencrashs. Die Anleger sind sich zwar der Möglichkeit einer Spekulationsblase mit folgendem Zusammenbruch der Kurse bewusst, lassen sich aber von der allgemeinen Euphorie mitreißen und blenden. Selbiges gilt für Kernreaktorunfälle und sonstige nicht oder nur sehr bedingt vorhersehbare Katastrophen. (Die Besprechung weiteren Geflügels – die dazu passenden Schwarzen Schwäne – hebe ich mir für Abschn. 10.3 auf.)

Man könnte mit Gigerenzer formulieren, die Schlachtung kommt für den Truthahn völlig überraschend, da dieser nur einen Trend extrapoliert und den bevorstehenden Trendbruch nicht erkennt. Nun werden Sie in diesem Fall zu Recht einwenden, dass sich Haustiere gewöhnlich nicht mit ihren Zukunftschancen auseinandersetzen (was mit Blick auf die Optionen andererseits auch wieder gut ist). Eine derartige Sichtweise nennt man **Anthropomorphismus** *(Anthropomorphism)* bzw. Personifizierung *(Personification)*: das Zuschreiben menschlicher Eigenschaften und Denkweisen gegenüber Tieren, Göttern, Naturgewalten und Ähnlichem – also deren Vermenschlichung (Willard und Norenzayan 2013). Die menschlichen Eigenschaften werden dabei sowohl in der Gestalt als auch im Verhalten erkannt oder angenommen. Letztlich handelt es sich hierbei immer um ein Zerrbild.

Auch wer keine näheren Kenntnisse im Bereich der Psychologie und Verhaltensökonomik besitzt, kann sich unter dem **Vogel-Strauß-Effekt** *(Ostrich Effect)* etwas vorstellen (Galai und Sade 2006; Karlsson et al. 2009). Die damit verbundene Fehleinschätzung beruht auf der Redewendung „Den Kopf in den Sand stecken" und heißt so viel wie

- eine drohende Gefahr nicht sehen wollen,
- die Augen vor unangenehmen Realitäten verschließen,
- bestimmte Tatsachen einfach nicht zur Kenntnis nehmen wollen oder
- eine bevorstehende körperliche oder geistige unangenehme Arbeit glatt ignorieren.

▶ **Tipp** Die wenigsten vor allem gravierenderen Schwierigkeiten verschwinden von allein. Gehen Sie sowohl im beruflichen als auch im privaten Umfeld proaktiv mit derartigen Herausforderungen um und versuchen Sie konsequent, bestehende Probleme zu lösen.

Trotz der Bedeutung des Vogel-Strauß-Effekts stimmt das Bild nicht, was ich hier keinesfalls unterschlagen möchte. Bereits im Altertum sagte man dem Strauß fälschlicherweise nach, dass er bei Gefahr seinen Kopf unter die Flügel oder in den Sand stecke, um so einer Gefahr zu entgehen. Dieses sich hartnäckig haltende Gerücht geht darauf zurück, dass, wenn Strauße in ihrer natürlichen Umgebung etwas vom Boden aufheben, ihr Kopf durch eine Luftspiegelung nicht zu sehen ist, gänzlich hinter dem niedrigen Gras verschwindet oder dass sie sich in Gefahrensituationen flach auf ihr Nest legen, um es zu tarnen. Aus gewisser Entfernung sieht es dann so aus, als stecke der Strauß seinen Kopf in den Sand.

Strauße sind als Reittiere eher weniger geeignet, Pferde dagegen umso mehr. Doch wird letzteren neben Feinfühligkeit ebenso Klugheit nachgesagt, womit ich erneut anthropomorphisch unterwegs bin. Dabei wurden einem speziellen Exemplar ganz besondere Fähigkeiten nachgesagt: dem Klugen Hans, einem um 1895 geborenen Pferd der Rasse Orlow-Traber. Dieses Tier konnte angeblich rechnen und zählen. In den Jahren vor dem Ersten Weltkrieg erregte der Schulmeister und Mathematiklehrer Wilhelm von Osten mit Hans' einzigartigem Können erhebliches Aufsehen. Hans beantwortete die Aufgaben seines „Lehrers" mit dem Klopfen eines Hufes oder durch Nicken bzw. Schütteln des Kopfes. Es handelte sich wohl nicht um einen Betrugsversuch am Publikum; von Osten war von seinem pädagogischen Talent und den Fähigkeiten seines Schützlings durchaus überzeugt.

Allerdings führte eine formale Untersuchung 1907 zum Ergebnis, dass das Pferd keineswegs über arithmetische Kenntnisse verfügte. Vielmehr verfolgte es sehr aufmerksam die Hinweise seines Besitzers, konnte feinste Nuancen in Gesichtsausdruck und Körpersprache seines menschlichen Gegenübers deuten. Unwillkürlich nahmen die Fragesteller vor dem entscheidenden „korrekten" Hufklopfen des Pferdes eine gespannte Haltung ein. Nach der „richtigen Antwort" drückten sie mit ihrer Körpersprache unbeabsichtigt Signale der Erleichterung aus, die „der Kluge Hans" in etwa 90 % aller Fälle wahrnahm und in das gewünschte Verhalten umsetzte.

Der sogenannte **Kluger-Hans-Effekt** *(Clever Hans Effect)* verhalf der experimentellen Psychologie zum Durchbruch. Er basiert auf der **Antwortverzerrung** *(Response Bias;* auch als Interviewereffekt bezeichnet). Die Folge lässt sich im Tierreich auch bei Drogenhunden beobachten. Man versteht darunter im übertragenen Sinn eine systematische Abweichung der in Befragungen, Interviews, Meinungsumfragen und weiteren sozialwissenschaftlichen Erhebungen, psychologischen Tests und mittels Fragebögen erhaltenen Reaktionen. Dies kann sich negativ auf die Aussagekraft von Studien auswirken (vgl. Abschn. 10.4).

> **Scheunentore**
> Vom Klugen Hans ist der Schwenk zu diesem Themenfeld nicht mehr sehr weit. Scheunentore können nach allgemeinem Dafürhalten *groß* und/oder *offen* sein, und es kann auch schon einmal ein Ochse davorstehen oder man einen Wink damit bekommen. Dass diesem landwirtschaftlichen Gebäudeteil ebenso eine Bedeutung bei kognitiven Verzerrungen zukommt, ist dagegen – zumindest im deutschen Sprachraum – weitgehend unbekannt. Dabei spielt die mit diesen beiden Effekten verbundene Symbolik eine wesentliche Rolle:
>
> - Unter **Barn Door Closing** („Schließen des Scheunentores", um seine Pferde im Stall zu halten) versteht man die Tendenz vor allem von Finanzinvestoren, auch heute noch in einer Weise zu agieren, die in der Vergangenheit profitabel gewesen wären. Die Broker (und auch Privatanleger) versuchen also, Anlagestrategien der Vergangenheit fortzuführen, obwohl dies aufgrund der Änderung

> von Markttendenzen vielfach kontraproduktiv ist (Zeckhauser et al. 1991). Mehr zu den *Dos and Don'ts* der Kapitalanlage erfahren Sie in Kap. 7.
> - Wir verweilen noch kurz auf dem Bauernhof, diesmal einer Farm im größten US-Bundesstaat, und stellen uns eine ungeübte Person vor, die ihre Schusswaffe zufällig auf besagtes Scheunentor abfeuert – um dann um die größte Trefferhäufung eine Zielscheibe zu malen. Man nennt diese Fehleinschätzung der Treffsicherheit **Zielscheibenfehler** *(Texas Sharpshooter Fallacy)*: der Irrtum, aus einer Häufung von Ereignissen auf einen kausalen Zusammenhang rückzuschließen (Grufferman 1977). Dieser Denkfehler steht in inhaltlicher Verbindung mit dem Hot-Hand-Phänomen, der Frequenzillusion und der Clustering-Illusion.

Bleiben wir noch einen Moment beim Thema Tür und Tor, diesmal wieder in Verbindung mit einem Tier. Es geht dabei um eine Aufgabe zur Wahrscheinlichkeitstheorie: die Frage, ob eine Wahl, die zunächst zufällig unter drei *a priori* gleich wahrscheinlichen Möglichkeiten getroffen wurde, geändert werden sollte, wenn zusätzliche Informationen gegeben werden. Die Fragestellung entwickelte der kanadische Showmaster und Fernsehproduzenten Monty Hall in den 1960er-Jahren und wird im Deutschen als **Ziegenproblem,** Drei-Türen-Problem oder auch Monty-Hall-Dilemma *(Monty Hall Problem)* bezeichnet. Das Problem war die Attraktion in seiner Spielshow *Let's Make a Deal* – ein klassisches Beispiel dafür, dass der menschliche Verstand beim Bestimmen von Wahrscheinlichkeiten zu Trugschlüssen neigt (siehe Wikipedia 2021i und dort zitierte Quellen). In der einfachsten Version – ohne Zusatzregeln – läuft das Spiel z. B. wir folgt ab:

Beispiel: Monty-Hall-Dilemma

Nehmen Sie an, Sie wären in einer Spielshow und hätten die Wahl zwischen drei auf dem Tisch stehenden verschlossenen Behältern, nennen wir sie Boxen. In einer Box befindet sich ein Barscheck für den Hauptgewinn von $100.000, den Sie nach Erraten des richtigen Behälters behalten dürfen. Die anderen beiden Boxen sind leer; der Showmaster weiß, in welcher Box der Scheck liegt. Sie wählen eine Box aus, sagen wir, Box 1 – die zunächst geschlossen bleibt. Der Showmaster öffnet nun eine andere – leere – Box, sagen wir, Box 3. Er fragt Sie nun: „Bleiben Sie bei Ihrer ersten Wahl – Box 1 – oder möchten Sie zu Box 2 wechseln?" Ist es von Vorteil, die Wahl der Box zu ändern? ◄

Viele Menschen neigen zu der Annahme, dass ein Wechsel der Wahl von Box 1 auf Box 2 keinen Vorteil bringt, da – nachdem die leere Box 3 aus dem Rennen ist – die Wahrscheinlichkeit für beide noch geschlossenen Boxen gleich hoch sei und 1/2 betrage. Dies ist jedoch bei Einhaltung der beschriebenen Spielregeln nachgewiesenermaßen falsch: Die Erfolgswahrscheinlichkeit für Box 1 beträgt 1/3, diejenige für Box 2 allerdings 2/3 (nämlich die Summe der ursprünglichen Wahrscheinlichkeiten für die Boxen 2 und 3 (1/3 + 1/3), nachdem Box 3 entfallen ist. Wechsel Ihrer Wahl zu Box 2 verdoppelt also Ihre Gewinnaussicht.

Wenn Sie sich immer noch nicht mit dieser statistischen Tatsache anfreunden können, führen Sie am besten folgendes Gedankenexperiment durch: Statt drei hat der Showmaster 100.000 Boxen aufgestellt. (Der Sender würde sich bedanken ...) Sie wählen eine Box aus – sagen wir, Nummer 26.429. Der Showmaster öffnet nun nacheinander alle übrigen – leeren – Boxen bis auf Nummer 78.566 und fragt Sie, ob Sie bei Ihrer ersten Wahl (Nummer 26.429) bleiben wollen oder auf Nummer 78.566 wechseln wollen. Klar? Im Falle Ihrer ersten Wahl ist die Erfolgswahrscheinlichkeit 1/100.000, bei einem Wechsel 99.999/100.000 (so wie sie bei drei Boxen 1/3 bzw. 2/3 war).

▶ **Tipp** Lassen Sie sich nie zu Hütchenspielen mit Geldeinsatz überreden – Geschwindigkeit ist zwar keine Hexerei, jedoch können Sie gegen Profis und vor allem Betrüger nicht gewinnen.

Den Bezug zu Ziegen bin ich Ihnen abschließend noch schuldig. Im deutschen Sprachraum wurde das Monty-Hall-Problem in der Variante *Geh aufs Ganze!* bekannt. Hinter zwei von drei Türen (anstelle der Boxen) befanden sich leibhaftige Ziegen jeweils als Trostpreis, während hinter der dritten Tür der Hauptpreis – ein Auto – stand. (Auf Wahrscheinlichkeiten werden wir in Kap. 9 nochmals zu sprechen kommen und dabei auch den Ziegen in Abschn. 9.4 erneut begegnen, ebenso weiteren Tieren an unterschiedlichen Stellen im Text.)

2.3 Prominente Effektpaten

Abschn. 6.1 ist der klassischen Aufteilung kognitiver Effekte in der Verhaltensökonomik gewidmet. Allerdings hat Abschn. 2.2 mit einem Augenzwinkern angedeutet, dass in diesem Buch auch alternative innere Zusammenhänge zwischen den vielfältigen Verzerrungen dargestellt werden sollen. Solche Themenkreise sind etwa Erinnerungen, Emotionen und Selbstüberschätzung, die sich auch ohne wirtschaftliche und psychologische Basiskenntnisse anschaulich darstellen lassen. Ab Kap. 6 werden wir uns dann wieder der Lehrbuchmaterie nähern. Doch bevor dieser Tourenplan umgesetzt wird, möchte ich einen Ausflug in die jüngere und auch ältere Geschichte machen und Ihnen einige – reale und fiktive – Personen vorstellen, die es zu Namensgebern für entsprechende psychologische Phänomene gebracht haben.

Weber, Fechner, Barnum und Forer

Die Geschichte der kognitiven Irrtümer beginnt im Prinzip mit Adam Smith, der die Irrationalitäten menschlichen Verhaltens bereits 1759 in seiner *Theorie der ethischen Gefühle (The Theory of Moral Sentiments)* thematisierte und sich unter anderem mit den bei der Entscheidungsfindung zum Tragen kommenden Emotionen auseinandersetzte (Smith 1790; Latzel 2020, S. 50). Auf der Suche nach psychologischen Effekten mit bekannten Namensgebern stoßen wir auf den ebenfalls im 18. Jahrhundert geborenen deutschen Anatomen und Physiologen Ernst Heinrich Weber. Die nach ihm benannte Webersche Beziehung besagt, dass der für einen gerade noch wahrnehmbare Unterschied der Intensität von Reizen hinreichende Differenzbetrag in einem konstanten Verhältnis zur Reizstärke steht.

Der deutsche Mediziner, Physiker und Naturphilosoph Gustav Theodor Fechner erweiterte 1860 die Webersche Beziehung zum **Weber-Fechner-Gesetz** *(Weber-Fechner Law)*, das besagt, dass ein linearer Zuwachs der (psychisch) subjektiv empfundenen Stärke von Sinneseindrücken dem Logarithmus des Zuwachses der (physikalisch) objektiv messbaren Intensität des Reizes entspricht. Dieser Effekt findet bei Erdbeben- und Schallskalen sowie der Helligkeitsmessung von Sternen Anwendung.

▶ Einfacher ausgedrückt: Man hat Schwierigkeiten, kleine Differenzen in großen Mengen zu erkennen.

Der **Barnum-Effekt** *(Barnum Effect;* auch: „Täuschung durch persönliche Validierung", *Personal Validation Fallacy)* ist nach dem US-amerikanischen Zirkusgründer und Politiker Phineas Taylor Barnum benannt, der ein großes Kuriositätenkabinett unterhielt (Meehl 1956). Er wird auch als Forer-Effekt oder Barnum-Forer-Effekt bezeichnet, da er auf Experimente des US-Psychologen Bertram R. Forer zurückgeht. Dieser psychologische Begriff beschreibt die Neigung von Menschen, vage und allgemeingültige Aussagen über die eigene Person so zu interpretieren, dass sie als zutreffende Charakterisierung empfunden werden. Allen Barnum-Aussagen ist gemeinsam, dass es ihnen an Objektivität und Widerlegbarkeit mangelt. Sie betonen vor allem Aspekte, die allen Menschen gemeinsam sind, oder Eigenschaften, die alle Menschen gerne besitzen würden (vgl. Abb. 2.2).

Der Barnum-Effekt wird gerne ausgenutzt z. B. bei paranormalen Phänomenen sowie der Erstellung von psychologischen Tests und Horoskopen. Über die Existenz und Fähigkeiten von Hellsehern kann man geteilter Meinung sein, doch machen die oft sehr unspezifischen, interpretationsbedürftigen Aussagen eine Validierung der Prognosen schwierig. Seien Sie skeptisch, wenn Sie Sprüche wie diesen hören: „Es wird schlimmer, bevor es besser wird." *(Das passt nahezu immer.)* Auch die Werbung machte sich den Barnum-Effekt zunutze: Slogans werden so formuliert, dass sich der Verbraucher darin wiederfindet und so Interesse an den beworbenen Leistungen geweckt wird.

Ebenso dient der Barnum-Effekt leider als wirkungsvolle Grundlage für bestimmte Betrugsmaschen, wozu der *Enkeltrick* zählt. Dabei melden sich Betrüger über das Telefon und geben sich vielfach gegenüber älteren und/oder hilflosen Personen als deren nahe Verwandte aus, um unter Vorspiegelung falscher Tatsachen an Bargeld oder Wertgegenstände zu gelangen. Die Anrufer operieren meist im Auftrag organisierter Banden

2.3 Prominente Effektpaten

Abb. 2.2 Auch eine Täuschung: Bemalte Hausfassade in Oldenburg

aus ausländischen Callcentern und schaffen es aufgrund psychologischer Schulung, durch geschickte Gesprächsführung mit Allgemeinplätzen oder Schockanrufen die Aufmerksamkeit und das Vertrauen einer gewissen (kleinen) Quote unter den Opfern zu gewinnen, die erschlichenes Geld und Wertsachen dann einem Boten übergeben.

> **Tipp** Betrachten Sie – auch als jüngerer Mensch – Ihnen fremde Leute, die sich als Bekannte oder als Vertreter von Dienstleistern (wie Microsoft oder der Telekom) ausgeben, mit Skepsis. Beenden Sie das Telefonat umgehend bzw. schließen Sie die Wohnungstür, um nicht in ungewollte Verträge gelockt zu werden, Ihren Rechner gekapert zu bekommen oder Teile Ihres Vermögens zu verlieren. (Glauben Sie bitte nicht: „Würde *mir* nie passieren.")

In enger Beziehung zum Barnum-Effekt stehen zwei weitere Phänomene, die zwar keinen berühmten Namensgeber besitzen, aber dennoch recht gut an diese Stelle passen:

- **Subjektive Validierung** (*Subjective Validation;* „Gültigkeitsprüfung") beschreibt eine kognitive Verzerrung, bei der eine Person eine Aussage oder eine andere Information als korrekt annimmt, wenn sie irgendeine persönliche Bedeutung oder Signifikanz hat. Mit anderen Worten, eine Person, deren Meinung von subjektiver Validierung betroffen ist, wird beispielsweise zwei Ereignisse ohne Bezug, also einen Zufall, als abhängig voneinander auffassen, weil ihre persönliche Überzeugung fordert, *dass* sie abhängig sind. Dieser Effekt wurde bereits in den 1940er-Jahren von Forer (1949) untersucht.
- Als **Bestätigungsfehler** *(Confirmation Bias)* bezeichnet man die Neigung, Informationen so auszuwählen, zu ermitteln und zu interpretieren, dass diese die eigenen Erwartungen erfüllen bzw. diese bestätigen. Der tiefere Grund ist, dass Menschen gezielt Belege für bestehende Hypothesen suchen (Wason 1968). Allgemein liegt ein Bestätigungsfehler vor, wenn Hypothesen unabhängig von ihrem Wahrheitsgehalt durch die Auswahl, das Erinnern und das Interpretieren von Informationen verifiziert werden.

Fantasiebezeichnungen
Pollyanna ist der Titel eines Kinderbuchs von Eleanor Hodgman Porter aus dem Jahr 1913. Pollyanna wollte immer nur die positiven Seiten von Ereignissen sehen, erinnerte sich ausschließlich an glückliche Ereignisse und hielt die Welt für einen Platz, der gut ist. Das **Pollyanna-Prinzip** *(Pollyanna Principle;* auch „Positivitätsverzerrung") geht auf eine Untersuchung von Matlin und Stang (1978, S. 260) zurück (siehe auch Wordpress 2020). Man versteht darunter das Prinzip, das Menschen üblicherweise angenehme Dinge und Ereignisse effizienter und richtiger verarbeiten als unangenehme oder neutrale. Mit dem Pollyanna-Prinzip hat der Umstand zu tun, dass es in jeder Sprache der Welt mehr positive Adjektive gibt als negative.

Das Pollyanna-Prinzip ist mit dem **Lake-Wobegon-Effekt** *(Lake Wobegon Effect)* verwandt (Wikipedia 2021a). Dieser Begriff geht wiederum auf eine von Garrison Keillor geschaffene Radio- und Fernsehserie aus den 1980er-Jahren zurück, die in dem gleichnamigen, fiktiven Dorf im ebenso fiktiven Mist County in Minnesota spielte. Dort waren alle Männer gutaussehend, alle Frauen stark und alle Kinder über dem Durchschnitt. Der Lake-Wobegon-Effekt besagt, dass die meisten Menschen sich als überdurchschnittlich einschätzen. Das ist natürlich nicht möglich, da per Definition nur die Hälfte der Bevölkerung überdurchschnittlich sein kann. Beim Lake-Wobegon-Effekt handelt es sich um eine selbstwertdienliche Verzerrung, die der Aufrechterhaltung eines positiven konsistenten Selbstbilds dient; mehr dazu in Abschn. 5.3.

▶ **Tipp** Seien Sie nicht so überheblich zu denken, dass Sie in einer bestimmten Disziplin besser sind als das Gros Ihrer Mitmenschen – auch wenn es Ihnen subjektiv so erscheinen mag. Sie machen beim Autofahren, beim Aktienkauf oder in Teamaktivitäten Fehler wie jeder andere. Auch ist keineswegs sichergestellt, dass Ihre Tochter oder Ihr Sohn ein Genie ist oder wird.

Zum Abschluss noch zwei weitere Effekte, deren Namensgebung sich fiktiver Personen bedient.

- Der **Pygmalion-Effekt** *(Pygmalion Effect)* ist ein psychologisches Phänomen, bei dem eine vorweggenommene Einschätzung einer Zielperson (etwa eines Schülers oder Mitarbeiters) sich derart auf seine Leistungen auswirkt, dass sie sich bestätigt. Er ist nach der mythologischen Figur Pygmalion benannt.
- Aus dem gleichnamigen Märchen der Brüder Grimm kennen wir das Rumpelstilzchen. Der **Rumpelstilzchen-Effekt** *(Rumpelstiltskin Effect)* bezeichnet zum einen den bereits erwähnten Planungsfehlschluss. Andererseits versteht man darunter aber auch die Feststellung, dass die Parteien den richtigen Namen des Konflikts nennen müssen, um diesen loszuwerden: Die Macht des Bedrohlichen geht oft verloren, nachdem die Bedrohung erkannt ist (McLaren 2012; Jung und Krebs 2016, S. 336). In der Finanzwirtschaft kennt auch den Gegenspieler, den „umgekehrten Rumpelstilzchen-Effekt": *Gold zu Stroh spinnen.*

2.4 Das Alphabet weiterer Namensgeber

Nachfolgend eine alphabetische Übersicht von kognitiven Phänomenen mit „echten" Namensgebern:

Beispiel: Allais-Paradox

Das **Allais-Paradox** *(Allais Paradox;* nach Nobelpreisträger Maurice Allais) ist ein experimentell beobachtbarer Verstoß gegen die Nutzentheorie – die Änderung der Präferenz des Entscheiders durch Hinzu- oder Wegnahme von gemeinsamen Folgen einer Entscheidung. Das klassische Beispiel war so formuliert (Allais 1953; Kahneman 2012, S. 384–386):

„Für welche der beiden Optionen bei den Problemen A und B würden Sie sich entscheiden?

- A: Eine 61-%ige Chance, $520.000 zu gewinnen, ODER eine 63-%ige Chance, $500.000 zu gewinnen.
- B: Eine 98-%ige Chance, $520.000 zu gewinnen, ODER eine 100-%ige Chance, $500.000 zu gewinnen."

Die meisten Menschen würden bei Problem A die erste und bei Problem B die zweite Option vorziehen. Dies ist statistisch betrachtet bei Problem B unvernünftig, jedoch psychologisch mit dem Certainty-Effekt (Abschn. 6.1) zu erklären. ◄

Der US-Amerikaner George Herman „Babe" Ruth galt im ersten Drittel des 20. Jahrhunderts als einer der bedeutendsten professionellen Baseballspieler – obwohl er sehr oft dreimal hintereinander am Ball vorbeigeschlagen hatte und dadurch ausschied *(Strikeout)*. Aber *wenn* er traf, dann richtig, und der Ball flog in Richtung Tribüne. Davon leitet sich der **Babe-Ruth-Effekt** *(Babe Ruth Effect)* ab, der vor allem in der Finanzwirtschaft eine Rolle spielt: Gelegentliche höhere Gewinne erbringen insgesamt mehr Profit als häufigere niedrigere Gewinne. (Mauboussin und Bartholdson 2002).

▶ Doch Vorsicht: Die bedenkenlose Nutzung des Babe-Ruth-Effekts könnte insbesondere bei Kapitalanlagen der Zockerei Tür und Tor öffnen. Eine situationsbedingte Anwendung ist daher auf jeden Fall vorzuziehen; „Kleinvieh macht auch Mist", heißt es manchmal nicht ohne Grund.

Der **Benjamin-Franklin-Effekt** *(Ben Franklin Effect;* mit dem US-Politiker als Namensgeber) ist ein psychologisches Phänomen, nach dem eine Person, die jemand anderem einen Gefallen getan hat, eher zur Gewährung eines weiteren Gefallens bereit ist, falls sie inzwischen von besagter Person selbst einen Gefallen erhalten hat (McRaney 2011).

Den **Dunning-Kruger-Effekt** *(Dunning-Kruger Effect;* benannt nach den US-Sozialpsychologen David Dunning und Justin Kruger; siehe Kruger und Dunning 1999) habe ich an anderer Stelle bereits kommentiert (Wenski 2021, S. 118–120): die Tendenz von wenig kompetenten Menschen, das eigene Können zu überschätzen und die Kompetenz anderer zu unterschätzen. Credo: „Wenn jemand inkompetent ist, dann kann er nicht wissen, dass er inkompetent ist." Die Begründung dafür lässt sich zwanglos im Overconfidence-Effekt finden.

Kommen wir zum **Hawthorne-Effekt** *(Hawthorne Effect),* der nach der Hawthorne-Fabrik der Western Electric Company in Cicero (USA) benannt ist. Er besagt für dort in den 1920er-Jahren durchgeführte gruppenbasierte Studien, dass Teilnehmer ihr natürliches Verhalten ändern, weil sie wissen, dass sie an einer Studie teilnehmen und unter Beobachtung stehen, was zu einer falschen Einschätzung der Ergebnisse führen kann. (Die Auswertung der Originaldaten wurde von Levitt und List 2011 in Zweifel gezogen; zu weiteren Problemen bei Studien siehe auch Abschn. 10.4.)

Das **Jevons-Paradox** *(Jevons Paradox)* trägt den Namen des Ökonoms William Stanley Jevons. Dieser stellte 1866 fest, dass technischer Fortschritt, der die effizientere Nutzung eines Rohstoffs erlaubt, letztlich zu einer erhöhten Nutzung dieses Rohstoffs führt, anstatt sie zu senken. Damals ging es um den Kohleverbrauch in England, heute um den weltweiten Verbrauch an fossilen Brennstoffen – das Thema ist also nach wie vor brandaktuell (siehe Abschn. 12.1).

2.4 Das Alphabet weiterer Namensgeber

Der Kobraeffekt

Das Jevons-Paradox lässt sich als fehlgeleitete Belohnung begreifen, die zu unerwünschten Konsequenzen führt *(Perverse Incentive)*. Das bekannteste Beispiel dafür hätte thematisch auch in Abschn. 2.2 gepasst und nennt sich **Kobraeffekt** *(Cobra Effect)*. Darunter versteht man nach Siebert (2001) das Phänomen, dass Maßnahmen, die getroffen werden, um ein bestimmtes Problem zu lösen, dieses auch verschärfen können. Die Namensgebung hat folgenden Hintergrund:

Ein britischer Gouverneur wollte einer Kobraplage in Indien Einhalt gebieten, indem er ein Kopfgeld auf jedes erlegte Exemplar aussetzte. Scheinbar funktionierte das Konzept zunächst gut: Immer mehr tote Schlangen wurden abgeliefert. Jedoch minderte dies deren Anzahl keineswegs: Die Bevölkerung ging nämlich dazu über, Kobras zu züchten und zu töten, um weiterhin von der Prämie zu profitieren. Als das Kopfgeld nach einem gewissen Zeitraum wieder aufgehoben wurde, ließen die Züchter die Tiere frei, da sie keine Verwendung mehr für sie hatten – wodurch sich die Zahl der Kobras gegenüber dem Ausgangszustand vervielfachte.

Auf Englisch heißt sie *Magic Number 7 ± 2:* die **Millersche Zahl.** Dahinter verbirgt sich die vom US-Psychologen George Armitage Miller ermittelte Tatsache, dass ein Mensch trotz Training gleichzeitig nur 7 plus/minus 2 Informationseinheiten *(Chunks)* im Kurzzeitgedächtnis präsent halten kann. Die Größe des Kurzzeitgedächtnisses ist genetisch festgelegt und kann auch durch Übung nicht gesteigert werden (Miller 1956). Mehr Informationen zum Merken und Behalten sind in Abschn. 3.4 zusammengefasst.

Der **Peltzman-Effekt** (*Peltzman Effect;* benannt nach dem US-Ökonomen Samuel Peltzman) betrifft die Risikobewertung und wurde zuerst anhand der Sicherheit im Straßenverkehr nachgewiesen: Maßnahmen zur Erhöhung der Verkehrssicherheit (durch Sicherheitsgurte, ABS usw.) könnten ganz oder teilweise unwirksam sein oder sogar in ihr Gegenteil verkehrt werden, weil sich die Verkehrsteilnehmer dadurch sicherer fühlten (Peltzman 1975). Dasselbe trifft auf Arbeitnehmer, Extremsportler und weitere Gefährdungsgruppen zu, die wegen der **Risikokompensation** *(Risk Compensation)* größere Risiken eingehen, wenn die gefühlte Sicherheit steigt.

▷ **Tipp** *Safety first!* Halten Sie sich konsequent an die Verkehrsregeln und Arbeitsschutzvorschriften (diese wurden nicht ohne Grund erlassen).

Der **Restorff-Effekt** (englisch *von Restorff Effect;* auch „Isolationseffekt") betrifft die Tatsache, dass man sich an die sich von der Umgebung unterscheidenden Inhalte besser erinnern wird (benannt nach der deutschen Psychiaterin und Kinderärztin Hedwig von Restorff (Restorff 1933). Eine Folge ist, dass Minderheiten auffallen und deshalb besser im Gedächtnis bleiben.

Der Chirurg und Geburtshelfer Ignaz Semmelweis gilt als „Retter der Mütter" durch Einführung von Hygienevorschriften zur Eindämmung des Kindbettfiebers. Zu seinen Lebzeiten wurden seine Erkenntnisse zu Infektion und Hygiene nicht anerkannt und von Kollegen als „spekulativer Unfug" abgelehnt. (In Zeiten von SARS-CoV-2 ist das Thema aktueller denn je.) Er starb unter mysteriösen Umständen in einer psychiatrischen Klinik und wurde viel später Namensgeber für den **Semmelweis-Reflex** *(Semmelweis Reflex)*. Damit wird das Vorgehen des wissenschaftlichen Establishments bezeichnet, eine neue Entdeckung quasi „reflexhaft" ohne ausreichende Überprüfung erst einmal abzulehnen und den Urheber eher zu bekämpfen als zu unterstützen, wenn sie weit verbreiteten Normen oder Überzeugungen widerspricht. Als weiteres Beispiel bietet sich die Theorie der Kontinentalverschiebung von Alfred Wegener an.

Für den **Zeigarnik-Effekt** *(Zeigarnik Effect)* ist die russische Psychologin Bljuma Wulfowna Zeigarnik Namenspatin. Man versteht darunter einen psychologischen Effekt über die Erinnerung an abgeschlossene im Gegensatz zu unterbrochenen Aufgaben, der besagt, dass man sich an unterbrochene, unerledigte Aufgaben besser erinnert als an abgeschlossene, erledigte Aufgaben (Zeigarnik 1927).

▶ **Tipp** Lassen Sie sich von der Auflistung der Namenseffekte nicht verwirren. Behalten Sie jedoch den einen oder anderen Punkt im Hinterkopf, falls Ihnen die Information behilflich sein könnte. Und schätzen Sie Ihre Kompetenzen realistisch ein – bitten Sie eventuell Vertraute um diesbezügliches Feedback.

Die wichtigsten kognitiven Effekte in Kap. 2
Vor allem in Zusammenhang mit Tieren und berühmten Leuten haben Sie – neben dem bekannten Murphys Gesetz – zahlreiche weitere Irrtümer und Fehlschlüsse kennengelernt.

Truthahnillusion und *Vogel-Strauß-Effekt:* Wir tun so, als gäbe es keine Trendbrüche, und wir extrapolieren das Bestehende in die Zukunft – und weigern uns, die Gefahren zu sehen.

Weber-Fechner-Gesetz: Wenn Sinnesreize linear stärker werden, nehmen wir die Unterschiede in der Regel nur in reduziertem Umfang – logarithmisch – wahr.

Dunning-Kruger-Effekt: Wegen dieser gefährlichen kognitiven Verzerrung im Selbstverständnis inkompetenter Menschen, das eigene Wissen und Können zu überschätzen, werden immer wieder gravierende teure und gefährliche Fehler gemacht.

Peltzman-Effekt und *Risikokompensation:* Sicherheitsfördernde Maßnahmen zur Erhöhung in Verkehr oder Arbeitsumfeld könnten unwirksam werden oder sogar die Gefahren erhöhen, weil sich die Verkehrsteilnehmer bzw. Arbeitnehmer sicherer fühlten.

Jevons-Paradox (und *Kobraeffekt*): Auch hier verkehrt sich ein Effekt ins Gegenteil des Erwarteten. Effizienter eingesetzte Rohstoffe werden billiger und damit paradoxerweise in größeren Mengen verbraucht.

Literatur

Allais M (1953) Le comportement de l'homme rationnel devant le risque: critique des postulats et axiomes de l'école Américaine. Econometrica 21-4:503–546. https://doi.org/10.2307/1907921
BE (2021) Behavioral science concepts. Behavioral Economics, Behavioral Science Solutions Ltd., Internet-Veröffentlichung. https://www.behavioraleconomics.com/resources/mini-encyclopedia-of-be/. Zugegriffen: 2. März 2021
Benson B (2016) Cognitive bias cheat sheet. Because thinking is hard. Internet-Veröffentlichung 01. September. https://betterhumans.pub/cognitive-bias-cheat-sheet-55a472476b18. Zugegriffen: 2. März 2021
BF (2021) Behavioural Finance. Internet-Stichwortverzeichnis. http://www.behaviouralfinance.net/. Zugegriffen: 5. Mai 2021
Blawatt KR (2016) Appendix A: List of Cognitive Biases. Marconomics, Emerald Group Publishing Limited, Bingley, S 325–336. https://doi.org/10.1108/978-1-78635-566-920161032
Christen S (2018) Persönlichkeitsentwicklung 031 – Kognitive Verzerrungen und Heuristik. Internet-Veröffentlichung 5. Oktober. https://steemit.com/deutsch/@saamychristen/persoenlichkeitsentwicklung-031-kognitive-verzerrungen-und-heuristik. Zugegriffen: 2. März 2021
Curtis GN (2021) Fallacy files. Internet-Plattform. http://www.fallacyfiles.org/. Zugegriffen: 5. Mai 2021
Dobelli R (2014) Die Kunst des klaren Denkens. dtv, München
Driscoll R, Davis KE, Lipetz ME (1972) Parental interference and romantic love: the Romeo and Juliet effect. J Pers Soc Psychol 24-1:1–10. https://doi.org/10.1037/h0033373
Forer BR (1949) The fallacy of personal validation: a classroom demonstration of gullibility. J Abnorm Psychol 44:118–121. https://doi.org/10.1037/h0059240
Galai D, Sade O (2006) The "Ostrich Effect" and the relationship between the liquidity and the yields of financial assets". J Bus 79-5:2741–2759. https://doi.org/10.1086/505250
Garbarino E (2013) Kurzbeschreibung der kognitiven Effekte in Dobelli R (2013) The art of thinking clearly: better thinking, better decisions. Hodder Stoughton, London. Internet-Veröffentlichung 01. Januar. https://garba.org/references/dobelli2013.html. Zugegriffen: 30. Aug. 2021
Gigerenzer G (2014) Risiko: Wie man die richtigen Entscheidungen trifft. btb, München
Grufferman S (1977) Clustering and aggregation of exposures in Hodgkin's disease. ACS Journals, Cancer 39–S4, 1829–1833. https://doi.org/10.1002/1097-0142(197704)39:4+%3C1829::AID-CNCR2820390815%3E3.0.CO;2-A
Harari YN (2013) Eine kurze Geschichte der Menschheit. Pantheon, München
ICHI.PRO (2019) Cognitive Bias Spickzettel – Weil das Denken schwer ist. Internet-Veröffentlichung. https://ichi.pro/de/cognitive-bias-spickzettel-94164780280600. Zugegriffen: 24. Juni 2021
Johnson-Ulrich L (2018) The social intelligence hypothesis. In: Encyclopedia of evolutionary psychological science. Springer, Cham. https://doi.org/10.1007/978-3-319-16999-6_3100-1

Jung S, Krebs P (2016). Die Vertragsverhandlung: Taktische, strategische und rechtliche Elemente. Springer Gabler, Wiesbaden. https://doi.org/10.1007/978-3-658-11204-2

Kahneman D (2012) Schnelles Denken, langsames Denken. Penguin, München

Karlsson N, Loewenstein G, Seppi D (2009) The ostrich effect: selective attention to information. J Risk Uncertainty 38-2:95–115. https://doi.org/10.1007/s11166-009-9060-6

Kruger J, Dunning D (1999) Unskilled and unaware of it. How difficulties in recognizing one's own incompetence lead to inflated self-assessments. J Pers Soc Psychol 77-6:1121–1134. https://doi.org/10.1037/0022-3514.77.6.1121

Latzel C (2020) Verhaltenssteuerung, Recht und Privatautonomie. Springer, Berlin. https://doi.org/10.1007/978-3-662-60315-4

Levitt SD, List JA (2011) Was there really a Hawthorne effect at the Hawthorne plant? An analysis of the original illumination experiments. American Econ J App Econ 3:224–238. https://doi.org/10.1257/app.3.1.224

Manoogian III J (2016) The cognitive bias codex – 180+ biases. Wikipedia's complete list of cognitive biases. Internet-Veröffentlichung 05. September. https://commons.wikimedia.org/wiki/File:The_Cognitive_Bias_Codex_-_180%2B_biases,_designed_by_John_Manoogian_III_(jm3).png. Zugegriffen: 2. März 2021. Deutschsprachige Version: Niebert K, Geuchen A (2018) Infografik „Verzerrte Welt". movum, Debattenmagazin der Umweltbewegung 22 (Dezember). http://www.movum.info/images/ausgaben/heft22/heft22-infografik.pdf. Zugegriffen: 9. Sept. 2021, nicht mehr aufrufbar

Martin RD (1995) Hirngröße und menschliche Evolution. Spektrum der Wissenschaft 9, 48 ff. https://www.spektrum.de/magazin/hirngroesse-und-menschliche-evolution/822523. Zugegriffen: 20. Mai 2021

Matlin MW, Stang DJ (1978) The pollyanna principle: selectivity in language, memory, and thought. Schenkman, Cambridge

Mauboussin MJ, Bartholdson C (2002) the babe ruth effect: frequency versus magnitude. The Consilient Observer 1–2, Internet-Veröffentlichung 29. Januar. http://turtletrader.com/pdfs/babe-ruth.pdf. Zugegriffen: 5. Mai 2021

McLaren D (2012) The Rumpelstiltskin effect: the consequences of spinning straw into gold. Internet-Veröffentlichung 16. Juni. https://jdavidmclaren.wordpress.com/2012/06/16/the-rumpelstiltskin-effect-the-consequences-of-spinning-straw-into-gold/. Zugegriffen: 13. Aug 2021

McRaney D (2011) The Benjamin Franklin effect. Internet-Veröffentlichung 5. Oktober. https://youarenotsosmart.com/2011/10/05/the-benjamin-franklin-effect/. Zugegriffen: 5. Mai 2021

Meehl PE (1956) Wanted – a good cookbook. Am Psychol 11-6:263–272. https://doi.org/10.1037/h0044164

Miller GA (1956) The magical number seven, plus or minus two: some limits on our capacity for processing information. Psychol Rev 63:81–97. https://doi.org/10.1037/h0043158

Peltzman S (1975) The Effects of Automobile Safety Regulation. J. Political Economy 83-4, 677–726. https://www.jstor.org/stable/1830396

PSY-FI (2021) The big list of behavioral biases. Internet blog. http://www.psyfitec.com/p/the-big-list-of-behavioral-biases.html. Zugegriffen: 29. Apr. 2021

Hv R (1933) Über die Wirkung von Bereichsbildungen im Spurenfeld. Psychol Forsch 18:299–334. https://doi.org/10.1007/BF02409636

Siebert H (2001) Der Kobra-Effekt. Wie man Irrwege der Wirtschaftspolitik vermeidet. DVA, Stuttgart

Smith A (1790) The theory of moral sentiments, 6. Aufl. Internet-Veröffentlichung, MetaLibri, Sao Paulo, Brasilien. https://www.ibiblio.org/ml/libri/s/SmithA_MoralSentiments_p.pdf Zugegriffen: 26. Juni 2021

Thaler R (1988) Anomalies: the winner's curse. J Econ Perspect 2-1:191–202. https://doi.org/10.1257/jep.2.1.191

Thaler RH (1992) The winner's curse: paradoxes and anomalies of economic life. Princeton University Press

Wason P (1968) Reasoning about a rule. Quart J Exp Psychol 20:273–281. https://doi.org/10.1080/14640746808400161

Wenski G (2021). Selbstmanagement im Beruf. Gestalten Sie Ihr Arbeitsleben selbst – sonst tun es andere. Springer, Wiesbaden. https://doi.org/10.1007/978-3-658-33249-5

Wikipedia (2021a) Lake Wobegon. https://en.wikipedia.org/wiki/Lake_Wobegon. Zugegriffen: 25. Mai 2021

Wikipedia (2021b) Liste kognitiver Verzerrungen. https://de.wikipedia.org/wiki/Liste_kognitiver_Verzerrungen. Zugegriffen: 2. März 2021

Wikipedia (2021c) List of cognitive biases. https://en.wikipedia.org/wiki/List_of_cognitive_biases. Zugegriffen: 2. März 2021

Wikipedia (2021d) List of common misconceptions. https://en.wikipedia.org/wiki/List_of_common_misconceptions. Zugegriffen: 2. März 2021

Wikipedia (2021e) List of fallacies. https://en.wikipedia.org/wiki/List_of_fallacies. Zugegriffen: 2. März 2021

Wikipedia (2021f) List of memory biases. https://en.wikipedia.org/wiki/List_of_memory_biases. Zugegriffen: 2. März 2021

Wikipedia (2021g) List of psychological effects. https://en.wikipedia.org/wiki/List_of_psychological_effects. Zugegriffen: 2. März 2021

Wikipedia (2021h) Media in category „Murphy's Law". https://commons.wikimedia.org/wiki/Category:Murphy's_Law#/media/File:Murphys-law.jpg. Zugegriffen: 9. September 2021

Wikipedia (2021i) Ziegenproblem. https://de.wikipedia.org/wiki/Ziegenproblem. Zugegriffen: 22. Mai 2021

Willard AK, Norenzayan A (2013) Cognitive biases explain religious belief, paranormal belief, and belief in life's purpose. Cognition 129-2:379–391. https://doi.org/10.1016/j.cognition.2013.07.016

Wordpress (2020) Das Pollyanna-Prinzip. Internet-Veröffentlichung 21. Mai. https://verhalten.wordpress.com/2020/05/21/1395/. Zugegriffen: 24. Mai 2021

Zeckhauser R, Patel J, Hendricks D (1991) Nonrational actors and financial market behavior. Theor Decis 31:257–287. https://doi.org/10.1007/BF00132995

Zeigarnik B (1927) Das Behalten erledigter und unerledigter Handlungen. Psychol Forsch 9, 1–85. http://interruptions.net/literature/Zeigarnik-PsychologischeForschung27.pdf. Zugegriffen: 5. Mai 2021

Trügerische Erinnerung 3

Nun wollen wir uns dem Thema „Erinnerung" zuwenden und die damit verbundenen kognitiven Schwachstellen betrachten. Vorweg dazu gleich eine ernüchternde Feststellung:

▷ Menschliche Erinnerung ist immer subjektiv und nie in der Lage, die Vergangenheit korrekt abzubilden.

Von einigen trügerischen Erinnerungen haben Sie bereits gelesen: etwa dem Pollyanna-Prinzip, wonach Menschen üblicherweise angenehme Dinge und Ereignisse effizienter und richtiger verarbeiten als unangenehme oder neutrale. Die Rosige-Vergangenheit-Verzerrung, die diese unverhältnismäßig positiver beurteilt als die Gegenwart, lässt sich teilweise auf das Phänomen des **Declinism** zurückführen (in freier Übersetzung „Auf dem absteigenden Ast"): Darunter versteht man den Glauben, dass es mit einer Gesellschaft oder Institution abwärts geht. Die so Denkenden sehen dementsprechend die Vergangenheit positiver und die Zukunft negativer als angebracht. Declinism wird in Zusammenhang mit vielen Zivilisationen in fortgeschrittenem Entwicklungszustand diskutiert, vom Zerfall des Römischen Reichs über Oswald Spenglers Hauptwerk *Der Untergang des Abendlandes* bis hin zur Spaltung der US-amerikanischen Gesellschaft (Wikipedia 2021a).

Zunächst soll die Aufmerksamkeit einem in seiner Bedeutung oft verkannten Satzzeichen gelten.

Beispiel: Intention und Ausrufezeichen

Den **Intentionality-Bias** *(Intentionality Bias)* genannten Trugschluss könnte man mit „Irrtum über zugrunde liegende Absicht" übersetzen. Darunter wird die Tendenz verstanden, menschliche Aktionen so zu beurteilen, als ob sie bewusst und nicht zufällig erfolgen (Moore und Pope 2014). Die Wirklichkeit sieht in vielen Fällen allerdings anders aus, und wir befinden uns auf der falschen Spur, wenn wir die Motivation unserer Mitmenschen einzuschätzen versuchen. Als Verhandler wird man diesen Effekt bewusst auszunutzen versuchen. Eine wichtige Regel in professionellen Verhandlungen (vgl. Abschn. 8.3) lautet daher: „Lassen Sie Ihr Gegenüber solange wie möglich über Ihre wahren Ziele im Unklaren."

Doch auch zufällig ausgesandte Signale können in die Irre leiten. Dies lässt mich unwillkürlich an die Verwendung von *Ausrufezeichen* denken. Ich habe vor langer Zeit gelesen, dass ein guter Roman mit nur wenigen dieser Satzzeichen auskommt. Viele Texte – und dabei sind vor allem individuelle Nachrichten wie E-Mails, Blogs usw. zu nennen – sind leider von einer Häufung geziert. Dabei wird meist der Sinn der Übung verkannt, und die Motivation des Schreibers lässt sich leicht fehldeuten.

Wofür steht das Ausrufezeichen? Es wird korrekterweise verwendet, wenn der Absender zeigen will: Achtung, hier kommt etwas Unerwartetes. Wie das StVO-Warnschild 101 *Achtung, Gefahrenstelle* (Abb. 3.1). Falls also der Chef auf einen Vorschlag per E-Mail mit „Gut!" antwortet, bedeutet das genau genommen, dass er eigentlich nichts Gutes erwartet hat – und jetzt überrascht ist, dass sein Mitarbeiter einen brauchbaren Input geliefert hat. ◄

3.1 Was die Erinnerung mit uns anstellt

Menschen sind zwar in der Lage, sich an Begebenheiten bis in ein Alter von drei bis vier Jahren zurückzuerinnern, doch sind Kindheits- und Jugenderinnerungen immer so korrekt, wie wir sie vor Augen zu sehen glauben? Konstruieren wir uns vielleicht aus später gesehenen Fotos oder gehörten Erzählungen ein Narrativ, das mit einer echten Situation gleichgesetzt wird? Waren einzelne Phasen – oder sogar die Gesamtsituation – wirklich so gut (oder so schlecht), wie wir das heute sehen? Inzwischen hat die Wissenschaft nachgewiesen, dass man sich etwa an das Verhältnis zu den Eltern retrospektiv nur recht verzerrt erinnert. Es sind vielmehr die aktuellen Befindlichkeiten und Zustände, die die Interpretation der Vergangenheit maßgeblich prägen. Depressive bzw. euphorische Gegenwartsphasen haben einen sehr prägnanten Einfluss auf die Interpretation der Vergangenheit.

Ein anderes Beispiel ist durch die in Abschn. 1.4 beschriebene Verfügbarkeitsverzerrung bedingt. Wir denken bei „Winter" und „Weihnachten" automatisch an „Schnee" und schreiben die im Flachland oft ausbleibende weiße Pracht der Klimaerwärmung zu. Die ist zwar Fakt, jedoch nicht der einzige Grund für Heiligabend im leichten Pullover: Vielmehr wird unser Gedächtnis Opfer leicht verfügbarer Beispiele, nämlich den auch früher seltenen Christfesten mit geschlossener Schneedecke.

Warum gibt es andererseits keine langen warmen, trockenen Sommer mehr wie damals? Die gab es früher noch seltener. Manch Älterer erinnert sich an Rudi Carrells Schlager *Wann wird's mal wieder richtig Sommer?*, der 1975 erschien und in den

3.1 Was die Erinnerung mit uns anstellt

Abb. 3.1 Hier können Überraschungen lauern!

Folgejahren bei jedem verregneten Sommer wieder gespielt wurde. Bei anderen Wetterphänomene wie den *Eisheiligen* verhält es sich ähnlich: Eine statistische Häufung von Kältewellen vor und um den 15. Mai wurde und wird von Meteorologen nicht beobachtet. Vielmehr nimmt man das Auftreten von Tageskälte oder Frostnächten an Kalter Sophie & Co. meist bewusst wahr, während bei sommerlichen Temperaturen in dieser Woche kaum ein Mensch an die Eisheiligen denkt. Vor der gregorianischen Kalenderreform im Jahre 1582 lagen die Eisheiligen übrigens erst Ende Mai. Man geht heute davon aus, dass der Effekt primär dazu diente, die Bauern daran zu erinnern, dass bis Ende Mai – also zur Blütezeit vor allem vieler Obstgehölze – noch schädliche Nachtfröste möglich sind.

▶ **Tipp** Klimaerwärmung hin oder her – rechnen Sie auch als Hobbygärtner bis Anfang Juni mit der Möglichkeit von Nachfrösten.

Man unterscheidet in Zusammenhang mit inkorrekter Erinnerung zwei verschiedene Phänomene:

- *Erinnerungsverfälschung* bedeutet unabsichtliches Verfälschen *bestehender* eigener Gedächtnisinhalte. Sie kann als Folge einer Suggestion oder Hypnose wie auch spontan (ohne äußere Beeinflussung) unter Stress oder bei Erschöpfungszuständen auftreten. Ein Beispiel für erinnerungsverfälschende Effekte in Psychotherapien ist das Priming (Wikipedia 2021c).
- *Falsche Erinnerung* (Pseudoerinnerung) bezeichnet die fantasierende Einbildung *neuer* eigener Gedächtnisinhalte, persönliche Erinnerungen, die nicht auf ein real erlebtes Ereignis zurückgeführt werden können. Es handelt sich dabei also um Erinnerungsfälschung und nicht um Erinnerungs*ver*fälschung: meist um erfolgreich eingeredete, aber nicht erlebte Ereignisse (Wikipedia 2021d).

Beide Vorgänge sind Selbsttäuschungen und keine bewussten Lügen bzw. Falschaussagen, da die sich erinnernde Person selbst ihre Aussage für richtig hält. Sie sind Gegenstand psychologischer und neurophysiologischer Forschung und haben große Bedeutung in der Psychiatrie und vor Gericht, wo Aussagen auf Erinnerungsverfälschung oder falsche Erinnerung überprüft werden.

Für Erinnerungsverfälschungen lässt sich eine ganze Reihe kognitiver Effekte als mögliche Begründung anführen, wie in Abschn. 3.2 gezeigt wird. Innerhalb der zweiten Kategorie „falsche Erinnerung" kennt man hingegen im Wesentlichen nur ein Phänomen: das **False-Memory-Syndrom** (*False Memory Syndrome,* kurz FMS), das „Syndrom falschen Erinnerns". Etwas muss nicht zwingend auch wahr sein, selbst wenn man davon zutiefst überzeugt ist. Ein Beispiel dafür ist das Phänomen von Déjà-vu-Erlebnissen, die durch eine vermeintliche Vertrautheit oder Wiedererkennung von Personen oder Situationen gekennzeichnet sind. Im Deutschen wird dieser Effekt inkorrekt als „Erinnerungsverfälschung" bezeichnet. Allerdings wird unter Letzterem in der Fachsprache wiederum **Memory Implantation** verstanden: eine Technik zur Untersuchung menschlichen Erinnerungsvermögens, bei der suggeriert wird, dass sich die Betreffenden an ein Ereignis erinnern, das nie stattgefunden hat (Loftus und Pickrell 1995).

> **Beispiel: Unglaubwürdige Zeugen**
>
> FMS ist untrennbar mit der US-amerikanischen Kognitionspsychologin Elizabeth Loftus verbunden, die Mitglied der *False Memory Syndrome Foundation* ist. Sie beschäftigte sich mit dem menschlichen Gedächtnis und stellte in den 1970er-Jahren fest, dass sich Augenzeugen oft falsch erinnern, was deren Glaubwürdigkeit vor Gericht zweifelhaft erscheinen lässt (Wikipedia 2021b und dort aufgeführte Quellen).
>
> In einem trotz der geringen Anzahl an Teilnehmern (45) viel zitierten Versuch (Loftus und Palmer 1974) zeigte sie ihren Probanden einen Film von einem Autounfall. Danach fragte sie, wie schnell die Wagen wohl gewesen seien, als sie einander

„touchierten", „kollidierten" oder „ineinander krachten". Ihre exakte Wortwahl beeinflusste durch das bewirkte Priming den mittleren Schätzwert für die Geschwindigkeit in statistisch eindeutiger Weise: je martialischer der Ausdruck, desto höher das geschätzte Tempo.[1]

- *Smashed* („zertrümmert") → 40,8 mph (Meilen pro Stunde)
- *Collided* („aufeinandergeprallt") → 39,3 mph
- *Bumped* („zusammengestoßen") → 38,1 mph
- *Hit* („angestoßen") → 34,0 mph
- *Contacted* („berührt") → 31,8 mph

Von Elizabeth Loftus sind einige Zitate überliefert, die FMS auf den Punkt bringen:
„*Die menschliche Erinnerung arbeitet nicht wie ein Videogerät oder eine Filmkamera.*"
„*Im wirklichen Leben genauso wie in Versuchen glauben Menschen manchmal Dinge, die nie passiert sind.*" ◄

Während FMS nicht als psychiatrische Krankheit aufgefasst wird, verhält sich dies anders bei der **Paramnesie** *(Paramnesia)*, einem Sammelbegriff für mehrere darunter aufgeführte Leiden. Paramnesie bezeichnet eine Gedächtnisstörung, bei der die betroffene Person Erinnerungen an Ereignisse hat, die nicht stattgefunden haben. Im Extremfall spricht man von Wahn *(Delusion)* als Name für einen seelischen Zustand, der von starker Ichbezogenheit und falschen Urteilen über die Realität geprägt ist und so zu unkorrigierbaren Überzeugungen führt, die das Leben der betroffenen Person vollständig bestimmen können.

3.2 Erinnerungsverfälschung

Viel häufiger als mit komplett falscher Erinnerung sehen wir uns mit einer teilweise verzerrten „verfälschten" Erinnerung konfrontiert. Gab es die besonders von Älteren oft erwähnte „gute alte Zeit" wirklich? Dies ist in der Psychologie bekannt als **Positivitätseffekt** *(Positivity Effect):* Ältere Personen bevorzugen positive Erinnerungen in ihrem Gedächtnis. (Wikipedia 2021g und dort zitierte Quellen) Doch die **Negativitätsverzerrung** *(Negativity Bias)* ist ebenfalls erforscht: Negative Erinnerungen fallen jemandem leichter wieder ein als positive.

Und je älter Menschen werden – ab einem Lebensalter von etwa 40 –, desto mehr erinnern sie sich an Begebenheiten aus Jugend und jungem Erwachsenenleben

---

[1] Meine deutschen Übersetzungen sollen ein Gefühl für die englischsprachige Abstufung geben.

(**Reminiscence Bump,** „Erinnerungsbuckel"). Der Begriff *Bump* („Erhebung" oder auch „Bodenwelle") bezieht sich auf ein lokales Maximum bei 15–25 Jahren in einer Auftragung der Anzahl der Erinnerungen als Funktion des Alters, in dem sie erlebt wurden (Abb. 3.2) (Jansari und Parkin 1996). Doch waren unsere Jugendjahre wirklich so schön (oder so schlecht), wie wir sie in Erinnerung haben? Hat mich mein letzter Vorgesetzter bewusst unter Druck gesetzt und anschließend hängen lassen? War ich bei meinen Mitarbeitern und Kollegen oder in der Freizeitmannschaft so beliebt, wie ich es in Erinnerung habe? Die passende Antwort auf all diese Fragen könnte lauten: *bedingt*.

Die Erinnerung ordnet viele im Gedächtnis abgelegte Erfahrungen um und interpretiert sie in einer spezifischen Art und Weise. Dabei spielen die Emotionen, mit denen bestimmte Informationen abgelegt werden, eine große Rolle:

▶ Anders als die Memory-Einheit eines streng logisch operierenden Rechners merken wir uns Sachverhalte gerne zusammen mit verknüpften Emotionen.

Der US-amerikanische Psychologe Gordon H. Bower fand in den 1970er- Jahren heraus, dass Ereignisse und Gefühle gemeinsam im Gedächtnis gespeichert werden. Bemerkenswert ist, dass Menschen stärker auf Informationen achten, die ihrer jeweiligen Laune entsprechen. In Abschn. 3.1 wurde bereits angedeutet, dass die Stimmungslage die Art der Erinnerung beeinflusst: Gut gelaunte Menschen merken sich nach Bower glückliche

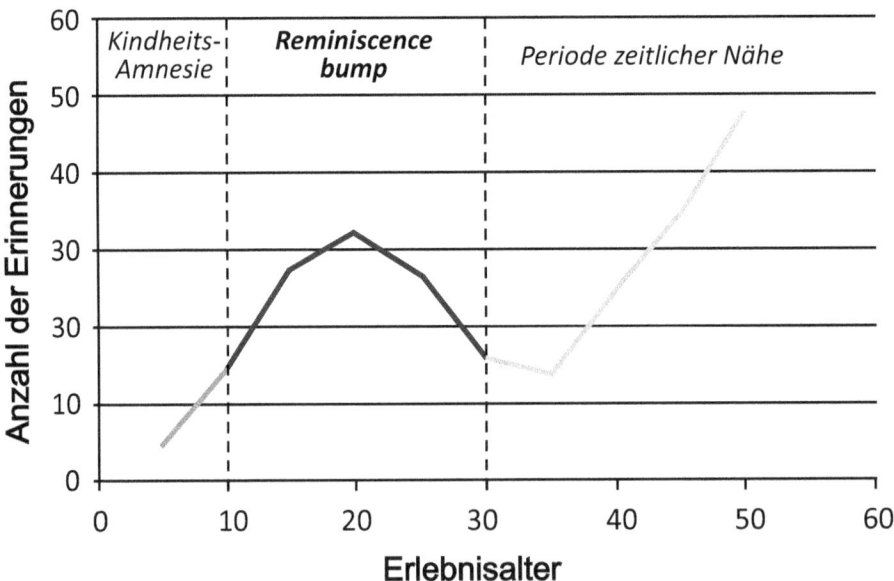

Abb. 3.2 Anzahl der Erinnerungen älterer Menschen in Abhängigkeit vom Erlebnisalter *(Lifetime Retrieval Curve)*. (Eigene Darstellung in Anlehnung an Psyc3330 w11, Wikipedia 2021f)

3.2 Erinnerungsverfälschung

Momente besser. Wütenden Menschen bleiben vor allem Dinge im Gedächtnis, die geeignet sind, Ärger hervorzurufen.

Mit der Zeit werden diese Gemütsregungen schwächer; man spricht vom **Fading-Affect-Bias** (*Fading Affect Bias*, FAB; vgl. Walker und Skowronski 2009). Wörtlich übersetzt hieße dieser kognitive Irrtum „Verzerrung wegen verblassender Gemütsregung", aber mit Blick auf die Präzision gebe ich auch hier der englischsprachigen Bezeichnung den Vorzug. Mit negativen Emotionen beladene Erinnerungen verblassen schneller als solche mit positiven Eindrücken – die Nähe zum Positivitätseffekt ist deutlich. Das Phänomen scheint dem Zweck zu dienen, Traumata aus der Vergangenheit in den Hintergrund zu rücken, um damit abschließen zu können. Allerdings führt es nicht immer dazu, den Weg in eine bessere Zukunft zu unterstützen, wie das folgende Beispiel illustriert.

Beispiel: Ostalgie

Die Deutsche Demokratische Republik (DDR) war bekanntlich ein diktatorisch geführter deutscher Teilstaat,[2] der von 1949 bis 1990 existierte. Rechtstaatliche Prinzipien wie freie Wahlen fehlten weitgehend. Das Ministerium für Staatssicherheit (kurz MfS oder umgangssprachlich „Stasi") war ein die ganze Gesellschaft durchdringendes Organ der Überwachung und gezielten Zersetzung oppositioneller Aktivitäten und Gruppierungen. Der Volkszorn gegen dieses Regime brach sich vor November 1989 nur einmal Bann, beim Aufstand am 17. Juni 1953. Allerdings stimmten die Bürger mit den Füßen ab: 3,8 Mio. Menschen verließen den Staat, allein bis zum Bau der Berliner Mauer 1961 2,5 Mio., davon viele illegal und unter großer Gefahr. Die Zahl der in der DDR politisch inhaftierten Personen wird auf 200.000–250.000 geschätzt. Knapp 34.000 von ihnen wurden ab 1962 durch die Bundesrepublik Deutschland freigekauft.

Es war also alles nicht so toll „drüben", auch wenn der Begriff „Unrechtsstaat" unter Historikern nicht unwidersprochen ist. Mein Vater hat sich 1954 ebenfalls abgesetzt – wofür ich persönlich starke Dankbarkeit empfinde – und konnte seine Eltern und Geschwister erst 1973 nach einer Amnestie als Folge des Grundlagenvertrags wieder besuchen (vorher hätten ihm für die Republikflucht drei Jahre Gefängnis gedroht). Als Jugendlicher und Erwachsener hatte ich bis 1989 mehrfach Gelegenheit, die DDR im Rahmen von Verwandtschaftsbesuchen kennenzulernen. Ich spüre noch heute den Geruch von Industrieabgasen, Braunkohlefeuerung und Zweitaktern in der Nase, sehe die mürrischen Grenzsoldaten und stets präsenten Volkspolizisten (VoPos)

---

[2] „BRD" als Bezeichnung für den westdeutschen bzw. gesamtdeutschen Staat ist im Gegensatz dazu keine offizielle Abkürzung und sollte vor allem vor dem Hintergrund der damit verbundenen Kontroversen seit den 1970er-Jahren nicht verwendet werden. Leider findet man diese Abkürzung im Sprachgebrauch auch renommierter Medien.

vor mir – die doch eher die Staatsmacht als das Volk schützten. Bei allem Respekt für die Bewohner und deren Lebensleistung – *das braucht es nicht.*

Diesen Menschen wurde nach der Wende eine Menge abverlangt. Ein Großteil verlor seinen Arbeitsplatz in den maroden Unternehmen, die die Planwirtschaft hinterlassen hat, demokratische Strukturen und Marktwirtschaft waren Neuland, und die „Wessies" wussten alles besser und verkauften ihre privaten Altfahrzeuge zu überhöhten Preisen in den Ostteil unseres Landes. Schon ab 1991 war eine einsetzende Distanzierung eines Teils der Bevölkerung gegenüber der alten Bundesrepublik zu beobachten, die in einer Art DDR-Nostalgie resultiert und nach dem Titel eines Programms des Dresdner Kabarettisten Uwe Steimle aus dem Jahr 1992 „Ostalgie" genannt wird. Dies ist insofern verständlich, da es vor 1990 keine explizite DDR-Identität gab und ein Teil der Ostdeutschen ihre angestammten eigenen Erfahrungen, Erinnerungen und Werte beibehalten wollte. Spreewaldgurken, Rotkäppchen-Sekt und Ampelmännchen beispielsweise haben das Ende der DDR überlebt.

Bedenklich scheint allerdings Folgendes: Wurde die DDR kurz nach der Wende von der ostdeutschen Bevölkerung noch einmütig negativ betrachtet, zeigen neue Umfragen zunehmend positive Beurteilungen. Trotz des seit der Wende gestiegenen Lebensstandards erfährt die DDR in den neuen Bundesländern mittlerweile in vielen Bereichen, besonders in Bezug auf die soziale Sicherheit, eine bessere Bewertung als die Bundesrepublik (siehe auch Wikipedia 2021e). Dies ist für mich das Paradebeispiel einer Erinnerungsverfälschung.

Noch bedenklicher stimmen die Ergebnisse, die die FU Berlin regelmäßig bei der Befragung von Schülern erhält. Bereits 2008 hielt fast die Hälfte der 15- bis 17-jährigen Berliner die DDR nicht für eine Diktatur. Ein Drittel sagte: „Die Wirtschaft kann nur funktionieren, wenn der Staat alles plant und lenkt." Fast vier von zehn ostdeutschen Schülern hielten die Stasi für einen „Geheimdienst, wie ihn jeder Staat hat". Bei einer Befragung in fünf Bundesländern 2012 wurde festgestellt, dass die Jugendlichen lediglich über sehr geringe zeitgeschichtliche Kenntnisse verfügen: Nur die Hälfte der Schüler begriff das Dritte Reich als Diktatur, nur etwas mehr als ein Drittel erkannte die DDR als Zwangsstaat (mehr zu diesem Themenkomplex in Kap. 11). ◄

Für die bei manchem frustrierten Ostdeutschen zu beobachtende DDR-Verklärung und eine lange Liste weiterer Fälle von Geschichtsklitterung lässt sich eine Reihe von kognitiven Effekten und Irrtümern als Begründung finden. Eine solche Erinnerungsverzerrung ist der **Recall-Bias** *(Recall Bias,* „Verzerrung durch falsche Erinnerung"), eine berüchtigte Fehlerquelle gerade in retrospektiven Studien, die zum **Berichtsirrtum** *(Reporting Bias)* führt. Es handelt sich um Verzerrungen, die dadurch entstehen, dass die Probanden sich nicht mehr korrekt an Begebenheiten erinnern oder diesen im Nachhinein mehr oder weniger Bedeutung als ursprünglich zumessen. War die Bespitzelung durch das MfS wirklich so schlimm? (Schließlich wussten wir, wer im Mietshaus für die Stasi gearbeitet hat, und machten in der Endphase der DDR sogar Witze darüber.)

3.2 Erinnerungsverfälschung

War es nicht besser, in der DDR Arbeit zu haben als in der Bundesrepublik Anspruch auf Hartz IV? (Wenn man mal davon absieht, dass dort eine Pflicht zur Arbeit bestand und dass diese auf dem Weltmarkt meist nicht konkurrenzfähig war, ja.) Und hatten wir nicht eine schöne Jugend mit unseren Freunden und in der FDJ? (Schon vergessen? Der Staat nahm den Eltern die Erziehungsarbeit – in seinem Sinn – in Teilen ab, regimekritische Jugendliche mussten Umerziehungsmaßnahmen fürchten und durften später nicht studieren, usw.)

Nicht hilfreich bei derartigen Rückbetrachtungen ist auch der **Fehlinformationseffekt** *(Misinformation Effect)*. Man versteht darunter die Tendenz, dass Erinnerungen an eine Begebenheit durch falsche Informationen, denen die Person *nach* dem Ereignis ausgesetzt wird, verzerrt werden. Dieser Effekt unterstützt die psychologische Annahme, dass menschliche Erinnerungen veränderbare individuelle Konstruktionen sind und durch äußere Einflüsse umgestaltet werden können. Dabei spielt der Drang nach Plausibilität eine gewichtige Rolle: Informationen, die bisher unplausible Zusammenhänge subjektiv plausibler machen, können die Entstehung falscher Erinnerungen begünstigen. Wenn ich in der heutigen Bundesrepublik Deutschland Fehlentwicklungen in Politik und Wirtschaft sehe, bei der sich manche Politiker und Topmanager ungeniert die Taschen füllen, kann dies einen weiteren Baustein im Imaginationsgebilde eines idealisierten DDR-Lebens darstellen.

Ebenfalls nachteilig wird der Blick auf die Vergangenheit durch die **Source Confusion** („Quellenverwirrung") getrübt: Eigene Erinnerungen werden mit anderen Informationen vermischt. Eine weitere Falle, in die man in Zusammenhang mit Erinnerungen und diesbezüglichen Quellen tappen kann, ist der **Sleeper-Effekt** *(Sleeper Effect)* (Capon und Hulbert 1973). Er erklärt unter anderem, warum Propaganda funktioniert (Dobelli 2013, Kap. 70; siehe Abschn. 11.5). Es geht darum, dass in unserer Erinnerung die Quelle von Informationen schneller verblasst als der Inhalt, was insbesondere dann tragisch ist, wenn sie aus der Propagandaabteilung kommen. Daher gewinnen speziell Informationen aus unglaubwürdigen Quellen mit der Zeit an Glaubwürdigkeit – was natürlich der Verbreitung von Fake News und Verschwörungstheorien massiv Vorschub leistet. Derartige Langzeiteffekte einer Mitteilung auf den Empfänger werden darüber hinaus gerne in der Werbung genutzt.

▶ **Tipp** Die erträumte Vergangenheit hat es in den meisten Fällen und vor allem für die meisten Leute nie gegeben – auch nicht in den 1920er-Jahren und während des Wirtschaftswunders in der jungen Bundesrepublik. Und schon gar nicht in oppressiven Systemen. Richten Sie Ihren Blick nach vorne und nutzen Sie Ihre Möglichkeiten und demokratischen Freiheiten, anstatt zu jammern.

Ein paar weitere Verzerrungen mit der Gefahr verfälschter Erinnerung sollen an dieser Stelle nicht fehlen: Der **Rückschaufehler** *(Hindsight Bias)* bedingt die verfälschte Erinnerung an eigene Vorhersagen, die bezüglich eines Ereignisses getroffen wurden, *nach* dem Eintreten des Ereignisses (Fischhoff 1975). Sie kennen sicherlich die nervenden Besserwisser mit ihrem Spruch: „Ich hab's ja gleich gesagt!" (Im Englischen spricht man bezeichnenderweise auch vom *Knew-it-all-along Phenomenon.*) Es war ja klar, dass der Verein mit der Mannschaft und dem Vorstand absteigt. Diese Investition in eine neue Fertigungsstätte konnte niemals ein Erfolg werden. Die Eheleute haben nie so richtig zusammengepasst.[3]

An diese Stelle passt das **Travis-Syndrom** *(Travis Syndrome),* das in Abschn. 2.1 kurz erwähnt wurde. Darunter versteht man die Tendenz, die Signifikanz der Gegenwart überzubewerten. Es ist vom *Evening Standard* (2012) nach der Rockband Travis aus Glasgow benannt: Zum Millenniumswechsel wurde das schottische Quartett nach Veröffentlichung des zweiten Albums als eine der größten Bands aller Zeiten gefeiert – in Verkennung der Kurzlebigkeit ihres Erfolgs und Missachtung der musikalischen Leistung der etablierten Konkurrenz.

Unter dem **Konsistenzfehlschluss** *(Consistency Bias)* versteht man die nicht korrekte Erinnerung an vergangene Haltung und Verhalten im Vergleich mit gegenwärtiger Haltung und Verhalten. Dies erleichtert es, die eigene Meinung an sich verändernde Begebenheiten anzupassen. Geschichtsbewusste denken sofort an Konrad Adenauer. „Was kümmert mich mein (törichtes) Geschwätz von gestern?", auch kölsch eingefärbt zitiert als *„Wat kümmert mich ming Jeschwätz von jestern?",* wird – fälschlicherweise – dem Altbundeskanzler zugeschrieben. Der Satz wird oft mit dem belegten Adenauer-Zitat „Es kann mich doch niemand daran hindern, jeden Tag klüger zu werden" in Verbindung gebracht.

Egozentrik *(Egocentric Bias),* die in den Bereich Selbstüberschätzung gehört und somit eine Brücke zu Kap. 5 bildet, verändert Erinnerungen an die Vergangenheit in einer für einen selbst übertrieben vorteilhaften Weise. Einleuchtende Beispiele sind überdurchschnittliche Examensnoten sowie die (mit der Zeit zunehmende) Größe der geangelten Fische. Eine Spielart ist, dass Leute für sich einen höheren Anteil an einer gemeinsamen Leistung beanspruchen, als Außenstehende ihnen zubilligen würden (Ross und Sicoly 1979).

Menschen, die sehr exzentrisch auf ihre Umgebung wirken, leiden möglicherweise an einer schizotypen Persönlichkeitsstörung (die nicht mit klassischen Psychosen oder gar einer echten Schizophrenie zu verwechseln ist). Sie sind unnahbar, humorlos, tragen unangepasste Kleidung und sind sorgsam darauf bedacht, auf Distanz zu bleiben. Aber kein Grund zur Sorge: Menschen mit schizotypen Zügen sind kreativer als andere. So

---

[3] Während die Scheidungsrate in Deutschland 1960 noch bei 10 % lag, wurde um die Jahrtausendwende rund die Hälfte aller Ehen wieder geschieden; inzwischen ist sie allerdings auf ein gutes Drittel gesunken. Die statistische Wahrscheinlichkeit einer Trennung, die im Mittel nach 15 Jahren stattfindet, ist also signifikant – auch wenn dies komplett unromantisch erscheint, sollte man sich bereits vor dem Tag des Ja-Worts dazu Gedanken machen.

waren nach Ansicht von Experten beispielsweise viele für ihre Kreativität berühmte Menschen schizotype Persönlichkeiten, darunter Vincent van Gogh, Albert Einstein oder Isaac Newton (Folley und Park 2005).

Und letztlich soll der wichtige **Regressionsfehlschluss** *(Regressive Bias)* noch Erwähnung finden: die Tendenz, hohe Werte und Wahrscheinlichkeiten bzw. Frequenzen als niedriger in Erinnerung zu behalten, als sie ursprünglich waren, und die niedrigeren entsprechend als höher. In anderen Worten:

▶ Erinnerungen sind nicht ausreichend extrem.

3.3 Zeitinkonsistenz bei Erinnerungen

„An den Kindern sieht man, wie die Zeit vergeht." – „Ist der alte Schneider jetzt schon ein ganzes Jahr tot? Kommt mir gar nicht so lang her vor." – „Was? Der letzte Abstieg von Werder Bremen ist satte 40 Jahre her?!" Sprüche, die die Problematik umreißen, vergangene Zeitabläufe auch ohne Kalender realistisch einzuschätzen.

Erinnerungen sind natürlich immer an eine Zeitachse geknüpft, denn sie betreffen definitionsgemäß einen Zeitpunkt oder eine Spanne, die vor der Jetztzeit liegt. Dies kann vor fünf Minuten oder fünf Jahrzehnten gewesen sein. Die erwähnten Verzerrungen Fading-Affect-Bias und Rückschaufehler weisen bereits darauf hin, dass sich die Wahrhaftigkeit der Erinnerung mit dem Abstand zur Begebenheit nicht gerade erhöht. Doch nicht nur die Faktenlage an sich, sondern auch der zeitliche Abstand zu bestimmten Ereignissen wird gerne inkorrekt eingeschätzt, was die anschauliche Bezeichnung **Teleskopeffekt** *(Telescoping Effect)* hervorgebracht hat: die Tendenz, weiter zurückliegende Begebenheiten zeitlich in die jüngere Vergangenheit einzustufen und umgekehrt. Irrtümer und Verzerrungen finden sich überall, so scheint es, und ich kann Sie be(un)ruhigen: So wird es weitergehen.

Als Einstieg bietet sich die Erläuterung des **Recency-Bias** *(Recency Bias,* Rezenzverzerrung; scherzhaft auch als „Nikolauseffekt" bezeichnet) an: Die zeitlich letzten Eindrücke bleiben besser haften und zählen bei Beurteilungen etwa im Arbeitsumfeld (Stichwort Mitarbeitergespräch) mehr als aktuelle Entwicklungen. Insofern neigt unser Gedächtnissystem dazu, auf zeitnahe Gut- oder Schlechtleistungen hereinzufallen, indem es ihnen eine höhere Bedeutung beimisst als weiter zurückliegenden Aktionen. Bei in regelmäßigen Abständen durchgeführtem Feedback ist es nur menschlich und daher zu erwarten, dass der Bewerter die Leistungen und Verfehlungen im letzten Teil des Beurteilungszeitraums überproportional einbezieht.

▶ **Tipp** Wenn Sie als Vorgesetzter Ihre jährlichen Mitarbeitergespräche führen oder als Einkäufer Lieferantenbewertungen erstellen, achten Sie unbedingt darauf, dass Sie das gesamte Jahr gleichmäßig berücksichtigen und nicht das letzte Quartal überproportional werten.

Mit dem Präfix „Recency" sind noch zwei weitere kognitive Verzerrungen behaftet, die sich jedoch vom Recency-Bias unterscheiden. Die im deutschen Sprachraum weitgehend unbekannte **Recency-Illusion** (*Recency Illusion*, „Rezenzillusion"; nach Zwicky 2005a) steht für den Glauben oder Eindruck, dass ein bestimmtes Wort oder eine Phrase neueren Datums ist, während der Ausdruck schon seit langer Zeit etabliert ist. Es handelt sich um eine Form von selektiver Wahrnehmung (Kap. 7 und Abschn. 10.1). Sie steht in inhaltlicher Nähe zur in Abschn. 1.3 unter dem Begriff Baader-Meinhof-Phänomen eingeführten Frequenzillusion.

Ein geläufiges Beispiel für Englischkenner ist die Formulierung *„between you and I"* (anstatt *„between you and me"*), die seit fast 200 Jahren existiert (Zwicky 2005b). Selbst das Wort *Recency* (=Neuheit) ist so neu gar nicht – es ist nachweislich mindestens seit 1612 im Gebrauch. Im Deutschen fällt mir der Begriff *Querdenker* ein. Ins kollektive Bewusstsein gelangte das Wort, nachdem in Stuttgart im Frühjahr 2020 unter dem Schlagwort „Querdenken 711"[4] wöchentlich gegen die Corona-Regeln und für Grundrechte demonstriert wurde; leider ist „Querdenker" seitdem negativ konnotiert (mehr zu diesem Thema in Abschn. 11.5 und 11.6). Dabei passt die Bezeichnung als positives Etikett viel besser auf innovative Freigeister wie Ignaz Semmelweis und Alfred Wegener (Abschn. 2.4) oder Nikolaus Kopernikus (Abschn. 8.2). Geprägt wurde sie bereits 1967 von Edward de Bono, der die Denkmethode des *Lateral Thinking* entwickelte, was so viel wie Querdenken oder Um-die-Ecke-Denken bedeutet.

Die dritte Kombination mit dem Neuheitsbegriff ist der **Recency-Effekt** (*Recency Effect;* Rezenzeffekt oder „Nachrangigkeitseffekt"), das psychologische Gedächtnisphänomen, dass man sich an *zuletzt* eingehende Information besser erinnert als an zuvor eingehende Information. In Abgrenzung zum zuvor erwähnten Recency-Bias ist der Recency-Effekt eine Beobachtung, die vor allem das Kurzzeitgedächtnis betrifft.

Dem steht der **Primacy-Effekt** (*Primacy Effect;* Primäreffekt) gegenüber, der besagt, dass Menschen sich an *früher* eingehende Information besser erinnern als an später eingehende Information. Die logische Konsequenz der Verknüpfung beider Phänomene wiederum ist der **Primacy-Recency-Effekt** (*Primacy-recency Effect*; Serieller Positionseffekt) – so einfach kann kognitive Psychologie manchmal sein. Er beschreibt, dass bei einer Reihe dargestellter Urteilsobjekte oder Lernmaterialien die zu Beginn (Primacy-Effekt) und gegen Ende (Recency-Effekt) dargestellten Informationen besser im Gedächtnis behalten werden als die dazwischen vermittelten.

Dazu passt die **Peak-end Rule** („Höchststand-Ende-Regel"): Menschen bewerten Erfahrungen nicht nach der mittleren Wahrnehmung, sondern nach den Spitzen und dem Ende. Dies ist eine Folge der **Vernachlässigung der Dauer** *(Duration Neglect):* der psychologischen Beobachtung, dass die Einschätzung unangenehmer und gar schmerzhafter Reize weniger von deren Dauer abhängen als vielmehr von der Ausprägung der höchsten Intensitäten (Kahneman et al. 1993).

---

[4] 711 ist die Telefonvorwahl Stuttgart.

> **Beispiel: Kratzer am Ende einer CD**
>
> Die Originalergebnisse sind in Kahneman 2012, S. 465–475 anschaulich zusammengefasst. Darin erklärt er die letztgenannten psychologischen Befunde mit zwei unterschiedlichen *Selbsten*. Das „erlebende Selbst" beantwortet z. B. die Frage, ob eine medizinische Untersuchung wehtut. Das „erinnernde Selbst" orientiert sich daran, wie es im Großen und Ganzen war. „Erinnerungen sind alles, was uns von unseren Lebenserfahrungen bleibt", schreibt Kahneman (2012, S. 470), „und die einzige Perspektive, die wir uns zu eigen machen können, wenn wir über unser Leben nachdenken, ist daher die des erlebenden Selbst."
>
> Daniel Kahneman erläutert dies anhand einer Geschichte, die ihm ein Zuhörer schilderte. Dieser hatte hingebungsvoll einer langen Sinfonie auf einer CD gelauscht, die zum Ende hin zerkratzt war, was schreckliche Geräusche ausgelöst hat. Er sagte, der missratene Schluss hätte ihm das ganze Erlebnis verdorben. Aber das stimmt nach Kahneman nicht: Nicht das Erlebnis als solches wurde ruiniert, sondern lediglich die Erinnerung daran.
>
> Ich selbst konnte von der Kenntnis dieses kognitiven Effekts im letzten Sommer profitieren, indem ich eine solche Störung in der Erinnerung schlichtweg ausgeblendet habe. Eine Radtour führte mich von meinem Wohnort Burghausen am Inn entlang nach Passau, knappe 100 km. Das Wetter war genau richtig, und alles lief wunderbar, bis ich 3 km vor dem Ziel einen Platten hatte (nach Murphy natürlich am Hinterrad). Die Reparatur machte angesichts der Erschöpfung wenig Spaß. Doch ich ließ bewusst nicht zu, dass dieses kleine Missgeschick den Gesamteindruck ruiniert hat. (Die Rückfahrt am nächsten Tag verlief störungsfrei.) ◄

▷ **Tipp** Lassen Sie sich die Erinnerungen an etwas Schönes, das Sie erlebt haben, beispielsweise an einen gelungenen Urlaub, nicht durch Kleinigkeiten vermiesen, die nicht so gut gelaufen sind. Und nehmen Sie auf längere Radtouren Flickzeug mit und setzen Sie sich vorher damit auseinander, wie man es benutzt.

3.4 Wie Sie sich Dinge besser merken können

Es ist auch ohne Kontexteffekt (Abschn. 1.3) möglich, dass ältere Gedächtnisinhalte überraschend wiederkehren; man nennt das Phänomen in der Psychologie **Kryptomnesie** (*Cryptomnesia*). Dies betrifft vorrangig Erinnerungen und Ideen, die vor langer Zeit vergessen oder verdrängt wurden und nach einer gewissen Zeit überraschend wieder zutage treten. Daran haben vermutlich unbewusste Prozesse einen Anteil (Taylor 1965).

Sicherlich ist es Ihnen schon öfters so gegangen, dass Ihnen ein Gedanke im Kopf herumschwirrte, während Sie durch Ihr Haus, Ihre Wohnung oder die Büros am Arbeitsort schlenderten. Plötzlich war der Gedanke oder die gute Idee (oder was Sie sonst gerade beschäftigt hatte) – *weg*. Die meisten Menschen wissen, was in einem solchen Fall zu tun ist, und es handelt sich somit nicht um einen besonders originellen Tipp:

▷ Gehen Sie zurück zur räumlichen Stelle, an der Sie sich befanden, *bevor* Sie besagten Gedanken hatten, und beschreiben Sie denselben Weg, den Sie gekommen sind, erneut. In mehr als der Hälfte der Fälle wird Ihnen an geeigneter Stelle wieder einfallen, woran Sie zuvor dachten.

Man nennt den Effekt, dass man Dinge bei Verlassen eines Raumes vergisst, sich jedoch wieder daran erinnert, wenn man zurückkehrt, im Englischen **Room-Effekt** (*Room Effect*, „Raumeffekt"; Colle und Reid 2000) – nicht zu verwechseln mit der gleichnamigen Bezeichnung für die optische und akustische Gestaltung von Innenräumen. Das Prinzip ist dasselbe wie bei einer bewusst gewählten Eselsbrücke, bei der die assoziative Arbeitsweise des Gedächtnisses zum Merken von Fakten genutzt wird. Dies kann neben Mersprüchen auch die Anordnung von Dingen in Räumen betreffen. Professionelle Merktechniken gehen weit über das hinaus, was sich der Normalbürger vorstellen kann.

▷ Bei Wettbewerben zum Reproduzieren möglichst vieler Nachkommastellen der Zahl Pi (π; 3,1415926 …) liegt der offizielle Weltrekord seit 2015 bei über 70.000 *[sic!]* Stellen; inoffiziell wurden 2006 von einem Japaner 100.000 Nachkommastellen fehlerfrei aufgesagt.

Doch es gibt darüber hinaus eine Reihe weiterer Trigger, die Erinnerung stärken, auslösen und damit das Lernverhalten verbessern und effizienter gestalten können. Einige Biases wurden in Abschn. 2.4 bereits erläutert, die ebenfalls in Zusammenhang mit einer besseren Gedächtnisleistung stehen könnten:

- Die *Millersche Zahl* (man kann gleichzeitig nur 7 ± 2 Informationseinheiten im Kurzzeitgedächtnis präsent halten kann)
- Der *Restorff-Effekt* (man erinnert sich an die sich von der Umgebung unterscheidenden Inhalte besser)
- Der *Zeigarnik-Effekt* (man sich an unterbrochene, unerledigte Aufgaben besser erinnert als an abgeschlossene, erledigte Aufgaben)

Derartige Verankerungen im Gehirn und Auslöser für den Abruf können vielfältiger Natur sein. Bizarre Sachverhalte und Objekte behält man besser im Gedächtnis als gewöhnliche – der (wissenschaftlich nicht ganz unumstrittene) **Bizarreness-Effekt** (*Bizarreness Effect*, auch „Bizarrheitseffekt"). Man ahnt dies, wenn man sich die explosionsartige Verbreitung von und das große Interesse an Fake News vor allem im Internet vor Augen führt. Nicht auf Tatsachen beruhende, jedoch spektakuläre Neuigkeiten verbreiten sich zehnmal so schnell wie korrekte „normale" Nachrichten. Und so entstehen schnell Verschwörungstheorien und breiten sich ungebremst aus (vgl. Abschn. 11.4 und 11.5).

3.4 Wie Sie sich Dinge besser merken können

▶ **Tipp** Gute Journalisten, die hochwertige Beiträge produzieren und veröffentlichen, sichern jede Tatsache durch mindestens zwei unabhängige vertrauenswürdige Quellen ab. Gehen Sie selbst auch im privaten Umfeld ähnlich vor, indem Sie beim Lesen einer reißerischen Nachricht im Internet oder in einem Boulevardblatt die Seriosität der Quelle prüfen und außerdem checken, ob über besagte Information noch an anderer Stelle berichtet wird.

Versuchen Sie bei der Vorbereitung für Prüfungen, möglichst längere, kompakte Lerneinheiten in die Zeit unmittelbar vor die Tests zu legen? Dies scheint nicht unbedingt ratsam vor dem Hintergrund des seit dem 19. Jahrhundert bekannten **Verzögerungseffekts** *(Lag Effect)* und der damit verbundenen **Abstandswirkung** *(Spacing Effect)*. Danach vergrößern sich Lernerfolge im Vergleich zu verbundenen längeren Lerneinheiten durch eine zeitliche Streckung des Lernpensums. Über die Abstandswirkung lassen sich Merkinhalte besser behalten, wenn sie über einen längeren Zeitraum verfügbar gemacht werden. Fangen Sie besser früh genug mit dem Lernen an und beschäftigen sich lieber öfter, aber für kürzere Zeitspannen mit dem Stoff.

Es gilt als gesichert, dass der Mensch Information umso besser speichern und bei Bedarf wieder abrufen kann, je direkter sein Bezug dazu ist. Sie sollten sich mit dem Stoff also nicht widerwillig und gezwungenermaßen auseinandersetzen, sondern einen positiven Bezug dazu entwickeln. Dies hilft dem Merkprozess und steht in Einklang mit diesen kognitiven Effekten:

- Der **Selbstreferenzeffekt** *(Self-reference Effect* oder *Self-relevance Effect)* besagt, dass Personen sich besser an Dinge erinnern, die in irgendeinem Bezug zu ihrem Selbstkonzept stehen. Informationen, die sie selbst betreffen, werden leichter abgerufen als solche, die andere betreffen (Rogers et al. 1977).
- Der **Generierungseffekt** *(Generation Effect;* Jacoby 1978) steht für die Beobachtung, dass man selbst produzierte Informationen besser im Gedächtnis behält als solche, die von anderen stammen oder die man gelesen hat. Als Gegenspieler dazu könnte man die **Digitale Amnesie** auffassen, den Google-Effekt *(Google Effect)*: die Tendenz, Informationen zu vergessen, die mithilfe von Internetsuchmaschinen leicht online gefunden werden können.
- Lustige und komische Dinge werden leichter behalten als ernste oder neutrale Befunde (**Humoreffekt;** *Humor Effect*).
- Gemäß dem ebenfalls lange bekannten **Picture-Superiority-Effekt** *(Picture Superiority Effect;* „Bildüberlegenheitseffekt") bleiben über Bilder vermittelte Inhalte besser im Gedächtnis haften als solche, die über präsentierten Text an andere vermittelt wurden. Die treffende Feststellung dazu lautet: „Ein Bild sagt mehr als tausend Worte."
- Vom IKEA-Effekt war bereits in Abschn. 1.2 die Rede: die Neigung, selbst zusammengebauten Gegenständen im Vergleich zu fertig gekauften Produkten mehr Wertschätzung entgegenzubringen. Dieser mag als Spezialfall des **Processing-Difficulty-Effekts** *(Processing Difficulty Effect)* angesehen werden (wörtlich übersetzt

etwa „Effekt der Bearbeitungsschwierigkeit"): Je länger eine Information zum Aufnehmen bzw. zur Bearbeitung benötigt, desto besser wird sie im Gedächtnis behalten. Je höher der beim Lernprozess gemeisterte Schwierigkeitsgrad, desto nachhaltiger ist der mögliche Lernerfolg.

▶ **Tipp** Der naheliegende Hinweis: Analysieren Sie die hier genannten kognitiven Effekte darauf, was Ihnen beim Lernen und Merken von Sachverhalten und Zusammenhängen helfen kann.

Beispiel: Stift oder Laptop?

Beim Processing-Difficulty-Effekt mag man spontan an die Kontroverse denken, was für den Lernerfolg vorteilhafter ist: mit der Hand zu schreiben oder auf der Tastatur zu tippen. Eine Studie legte nahe, dass mit einem Stift angefertigte Notizen digitalen Mitschriften überlegen seien und sich die so dokumentierten Inhalte tiefer verfestigen (Mueller und Oppermann 2014). Die Mutmaßung lautete, dass die Schreibgeschwindigkeit eine entscheidende Rolle spiele.

Nachdem bereits Heerscharen von Eltern aufgeatmet haben mögen, die ihre Sprösslinge vor digitaler Abhängigkeit bewahren wollen, kam prompt massiver Gegenwind von der wissenschaftlichen Zunft: Auf Basis eines Reproduktionsversuchs mit 142 Probanden sowie anhand von Metastudien fand Heather L. Urry von der Tufts University mit ihrem Team heraus, dass dieses Ergebnis nicht haltbar ist und kein wesentlicher Unterschied zwischen beiden Schreibformen zu bestehen scheint (Urry et al. 2020). Die Ergebnisse von Mueller und Oppermann basierten lediglich auf 65 Teilnehmern, die damit dem Gesetz der kleinen Zahlen zum Opfer gefallen sein dürften: der falschen Vorstellung vom Zufall mit der Konsequenz, dass Menschen auch kleinen Stichprobenumfängen eine hohe Repräsentativität beimessen (siehe Abschn. 1.5 und 9.4).

In direktem Zusammenhang zu dieser Problematik steht auch der **Verbatim-Effekt** *(Verbatim Effect):* Der Inhalt und Sinn einer Aussage (englisch *Gist*) wird besser in Erinnerung behalten als die exakte wörtliche Darstellung *(Verbatim)*. So werden Sie sich beim Lesen eines längeren Textes (Fachartikel, Roman oder Sachbuch) an die Kernaussagen und den groben Rahmen der Handlung erinnern, jedoch nicht an die wörtlichen Ausführungen. Daher werden die Inhalte z. B. einer Vorlesung von den Studenten in der Regel besser abstrahiert und „verdaut", wenn sie handgeschriebene Notizen statt digitaler bzw. Tonaufzeichnungen verwenden, die das Gesagte 1:1 wiedergeben. Digitale Notizen sind andererseits beim späteren Editieren, Sichern und Weiterleiten von Vorteil (Shatz 2021a, b).

Ein expliziter Tipp erübrigt sich an dieser Stelle; man findet selbst für sich schnell heraus, welches Format zur Erstellung von Notizen am besten funktioniert. Wichtig ist, dass man sich *überhaupt* Notizen macht. Denn in diesem Kapitel haben Sie erfahren, wie trügerisch Erinnerungen sein können. ◀

Die wichtigsten kognitiven Effekte in Kap. 3
Zu falscher Erinnerung und Erinnerungsverfälschung ist ebenso wie zum Lernen eine ganze Reihe von psychologischen Einflüssen bekannt.

False-Memory-Syndrom: Auf Ihre Erinnerung können Sie sich nie hundertprozentig verlassen, da sie stets subjektiv und verzerrt ist. Dies lässt sich mittels einer Fülle kognitiver Effekte erklären, etwa *Negativitätsverzerrung, Fading-Affect-Bias* oder *Source Confusion.*

Der Rückschaufehler wird im Englischen nicht nur *Hindsight Bias,* sondern anschaulich auch *Knew-it-all-along Phenomenon* genannt.

Erinnerung ist nicht gleichförmig, sondern hängt vom zeitlichen Verlauf *(Primacy-Recency-Effekt),* emotionalen Einflüssen *(Positivitätseffekt)* und der Stärke der Erinnerungen ab *(Peak-end Rule, Vernachlässigung der Dauer, Bizarreness-Effekt).*

Bestimmte Effekte *(Verzögerungseffekt, Abstandswirkung, Generation* und *Processing-Difficulty-Effekt)* können für besseres Behalten genutzt werden.

Literatur

Capon N, Hulbert J (1973) The sleeper effect – an awakening. Public Opin Q 37(3):333–358. https://doi.org/10.1086/268097

De Bono E (1967) The use of lateral thinking. Penguin, London

Dobelli R (2013) The art of thinking clearly: better thinking, better decisions. Hodder Stoughton, London. http://xqdoc.imedao.com/166eb7278f3556e3fe9dc3ef.pdf. Zugegriffen: 30. Aug. 2021

Colle HA, Reid GB (2000) The room effect: exploring paths and rooms in a desktop virtual environment with objects grouped categorically and spatially. Ecol Psychol 12(3):207–229. https://doi.org/10.1207/S15326969ECO1203_2

Evening Standard (2012) Not everyone is in such awe of the internet. Evening Standard, London, Internet-Veröffentlichung 12. April. https://www.standard.co.uk/hp/front/not-everyone-is-in-such-awe-of-the-internet-6383970.html Zugegriffen: 30. August 2021

Fischhoff B (1975) Hindsight is not equal to foresight: the effect of outcome knowledge on judgment under uncertainty. J Exp Psychol: Human Percept Perform 1(3):349–358. https://doi.org/10.1037/0096-1523.1.3.288

Folley BS, Park S (2005) Verbal creativity and schizotypal personality in relation to prefrontal hemispheric laterality: a behavioral and near-infrared optical imaging study. Schizophr Res 80(2–3):271–282. https://doi.org/10.1016/j.schres.2005.06.016

Jacoby LL (1978) On interpreting the effects of repetition: solving a problem versus remembering a solution. J Verbal Learn Verbal Behav 17(6):649–668. https://doi.org/10.1016/S0022-5371(78)90393-6

Jansari A, Parkin AJ (1996) Things that go bump in your life: explaining the reminiscence bump in autobiographical memory. Psychol Aging 11(1):85–91. https://doi.org/10.1037/0882-7974.11.1.85

Kahneman D (2012) Schnelles Denken, langsames Denken. Penguin, München

Kahneman D, Fredrickson BL, Schreiber CA, Redelmeier DA (1993) When more pain is preferred to less: adding a better end. Psychol Sci 4(6):401–405. https://www.jstor.org/stable/40062570

Loftus EF, Palmer JC (1974) Reconstruction of automobile destruction: an example of the interaction between language and memory. J Verbal Learn Verbal Behav 13:585–589. https://www.demenzemedicinagenerale.net/images/mens-sana/AutomobileDestruction.pdf. Zugegriffen: 27. Mai 2021

Loftus EF, Pickrell JE (1995) The formation of false memories. Psychiatr Ann 25:720–725. https://doi.org/10.3928/0048-5713-19951201-07

Moore JW, Pope A (2014) The intentionality bias and schizotyp. Q J Exp Psychol 67–11:2218–2224. https://doi.org/10.1080/17470218.2014.911332

Mueller PA, Oppermann DM (2014) The pen is mightier than the keyboard: advantages of longhand over laptop note taking. Psychol Sci 25(6):1159–1168. https://doi.org/10.1177/0956797614524581

Rogers TB, Kuiper NA, Kirker WS (1977) Self-reference and the encoding of personal information. J Pers Soc Psychol 35(9):677–678. https://doi.org/10.1037/0022-3514.35.9.677

Ross M, Sicoly F (1979) Egocentric biases in availability and attribution. J Pers Soc Psychol 37(3):322–336. https://doi.org/10.1037/0022-3514.37.3.322

Shatz I (2021a) Handwriting vs. typing: how to choose the best method to take notes. Effectiviology, Cambridge University, Internet-Veröffentlichung. https://effectiviology.com/handwriting-vs-typing-how-to-take-notes/. Zugegriffen: 30. Mai 2021

Shatz I (2021b) The verbatim effect: people remember gist better than details. Effectiviology, Cambridge University, Internet-Veröffentlichung. https://effectiviology.com/verbatim-effect/. Zugegriffen: 30. Mai 2021

Taylor FK (1965) Cryptomnesia and plagiarism. British J Psychiatry 111(480):1111–1118. https://doi.org/10.1192/bjp.111.480.1111

Urry et al. *[48 Coautoren]* (2020) Don't ditch the laptop just yet: a direct replication of Mueller and Oppenheimer's (2014) Study 1 Plus Mini-Meta-Analyses Across Similar Studies. Zur Veröffentlichung in Psychological Science angenommen am 30. Juli. https://files.osf.io/v1/resources/vqyw6/providers/osfstorage/5c5f4877832ca6001aab851c?format=pdf&action=download&direct&version=13. Zugegriffen: 24. Mai 2021

Walker WR, Skowronski JJ (2009) Fading affect bias: but what the hell is it for? Appl Cogn Psychol 23:1122–1136. https://doi.org/10.1002/acp.1614

Wikipedia (2021a) Declinism. https://en.wikipedia.org/wiki/Declinism. Zugegriffen: 24. Mai 2021

Wikipedia (2021b) Elizabeth Loftus. https://en.wikipedia.org/wiki/Elizabeth_Loftus. Zugegriffen: 26. Mai 2021

Wikipedia (2021c) Erinnerungsverfälschung. https://de.wikipedia.org/wiki/Erinnerungsverfälschung. Zugegriffen: 26. Mai 2021

Wikipedia (2021d) Falsche Erinnerungen. https://de.wikipedia.org/wiki/Falsche_Erinnerungen. Zugegriffen: 26. Mai 2021

Wikipedia (2021e) Ostalgie. https://de.wikipedia.org/wiki/Ostalgie. Zugegriffen: 26. Mai 2021

Wikipedia (2021f) Reminiscence bump. https://en.wikipedia.org/wiki/Reminiscence_bump. Zugegriffen: 8. November 2021

Wikipedia (2021g) Socioemotional selectivity theory. https://en.wikipedia.org/wiki/Socioemotional_selectivity_theory. Zugegriffen: 15. August 2021

Zwicky A (2005a) More Illusions. Internet-Veröffentlichung im Language Log, 17. August. http://itre.cis.upenn.edu/~myl/languagelog/archives/002407.html. Zugegriffen: 26. Mai 2021

Zwicky A (2005b) Just between Dr. Language and I. Internet-Veröffentlichung im Language Log, 07. August. http://itre.cis.upenn.edu/~myl/languagelog/archives/002386.html. Zugegriffen: 26. Mai 2021

Beeinflussung durch Emotionen

Die meisten Entscheidungsprozesse laufen unbewusst ab, und der Mensch lässt sich von seinen Gefühlen leiten. Zeitdruck, Informationsüberlastung, hohe Komplexität, Routine oder Unsicherheit begünstigen unbewusste Informationsselektion und Entscheidungen, die auf Basis von Wahrnehmung und Gefühls- bzw. Beziehungsebene getroffen werden. Im Extremfall sind wir durch emotionale Etikettierung von Personen, Dingen und Sachverhalten durch andere, über Einflussnahme und Manipulation in ihrem Empfinden, Denken und Tun steuerbar. Daher handelt es sich bei „Emotion" um einen Begriff, der für alle Kapitel dieses Buchs eine gewisse Relevanz besitzt. Dennoch soll an dieser Stelle das Augenmerk auf kognitive Verzerrungen gerichtet werden, die Folge einer ausgeprägten emotionalen Vorgehensweise sind.

▶ **Emotion** („Gemütsbewegung") bezeichnet eine psychophysische Bewegtheit, Gefühlsregung oder auch einen Affekt (siehe Abschn. 4.1), der durch die bewusste oder unbewusste Wahrnehmung eines Ereignisses oder einer Situation ausgelöst wird.

Wie in Abschn. 3.2 beschrieben, sind Emotionen für Erinnerungen relevant, denn Informationen werden im Gehirn zusammen mit ihnen abgelegt. Und nicht nur in der Psychologie und Soziologie, sondern auch in den Wirtschaftswissenschaften, insbesondere der Verhaltensökonomik, finden Gefühle vor allem bei Entscheidungsprozessen zunehmend Beachtung. Bereits der erwähnte Adam Smith diskutierte Emotionen in Zusammenhang mit kognitiven Irrtümern, und Jeremy Bentham definierte 1789 im klassischen Utilitarismus Nutzen als Summe positiver über negative Emotionen (vgl. Wikipedia 2021a und dort aufgeführte Quellen).

4.1 Einfluss von Gefühlen auf Entscheidungsprozesse

Emotionen spielen im Kontext von Framing und Priming auch bei Entscheidungen unter Risiko eine Rolle. Verlustaversion und Furchtaversion mit ihren verschiedenen Spielarten und Variationen basieren darauf – die doppelt so starke Wahrnehmung von Verlusten im Vergleich zu Gewinnen ist nicht rational begründet, sondern lediglich gefühlt. Rick und Loewenstein (2010) zeigen durch ein Modell, dass auch die **Enttäuschungsaversion** *(Disappointment Aversion)* (nach Gul 1991) zu ökonomisch schlechten Entscheidungen führen kann.

Ähnliche Folgen hat das Denkmuster der **Regret-Aversion** *(Regret Aversion,* „Abneigung gegen das Bereuen"): Wir haben eine instinktive Scheu davor, eine Entscheidung im Nachhinein bedauern zu müssen – aber genau das führt manchmal zu besagten falschen Entscheidungen (van de Ven und Zeelenberg 2011). Ein gefährlicher Ausgangspunkt für ein verantwortungsvolles Entscheiden und Handeln ist auch die **Emotionale Beweisführung** *(Emotional Reasoning):* die Neigung, eine empfundene Emotion als konkreten Beweis für eine Annahme anzusehen.

> **Beispiel: Attentional Bias**
>
> Den Einfluss von Emotionen auf kognitive Entscheidungen kann man sich am Beispiel des Attentional Bias (der in Abschn. 1.6 dem Pendler Nelles ein Bußgeld beschert hat) sehr gut vor Augen führen. Diese Anomalie als Folge fehlgeleiteter bzw. verzerrter Aufmerksamkeit basiert auf einer Wahrnehmungsbeeinflussung durch akute Faktoren, etwa einen beherrschenden Gedankengang, der alternative Gedanken blockiert.
>
> Die meisten Leser haben vermutlich schon einmal von den Studien der Psychologen Daniel Simons und Christopher Chabris gehört, die als *„Monkey Business Illusion"* bekannt geworden sind – das Experiment ist ein Klassiker. Mehrere junge Menschen werfen sich Basketbälle zu; eine Hälfte der Spieler trägt weiße T-Shirts, die andere schwarze. Der Betrachter eines Videos von der Szene wird aufgefordert, die Anzahl der Ballwechsel in einem der Teams zu zählen. Was viele Zuschauer in der Konzentration nicht wahrnehmen: Während der Sequenz marschiert ein Mensch im Gorillakostüm langsam durchs Bild, bleibt in der Bildmitte stehen, klopft sich auf die Brust und verschwindet erst nach mehreren Sekunden wieder. Rund die Hälfte der Beobachter übersieht dies (Simons und Chabris 1999a, b).
>
> Nachfolgend einige realistischere Beispiele aus dem täglichen Leben, bei denen Menschen – bedingt durch den Attentional Bias – Gefahr laufen, etwas Wesentliches zu übersehen und schlechte Entscheidungen zu treffen:
>
> - Beim Arbeiten unter akutem Termindruck
> - Beim Versuch von Multitasking, der zudem Zeit kostet und keineswegs einspart (siehe auch Wenski 2021, S. 40–41)

- Beim Beschluss wichtiger Maßnahmen im Büro nach einem morgendlichen Ehestreit
- Beim Treffen weitreichender Entscheidungen für das weitere Leben in einer akuten Krise (Trennung, Jobverlust, Geldsorgen etc.)
- Unter Alkohol- und/oder Drogeneinfluss
- Bei der Wahrnehmung von Verantwortung und Entscheidungsgewalt unter dem Einfluss von Wahnvorstellungen und anderen psychischen Problemen
- Im weiteren Sinn auch beim Telefonieren während des Autofahrens, beim Bedienen von Maschinen unter Lärmeinfluss oder Musikbeschallung etc.

Der Attentional Bias bewirkt oft eine **Empathielücke** *(Empathy Gap):* Dies bezeichnet den Effekt, dass Einflüsse wie Stress und starke negative Emotionen ein weniger empathisches Verhalten mit sich bringen. Der damit verbundene Einfluss auf Einstellungen, Vorlieben und Verhalten wird von einem selbst – und von anderen – regelmäßig unterschätzt. ◄

Insbesondere beim Planen und Entscheiden in akuten Krisen, die Ihren mentalen Prozessor nahezu vollständig zu belegen scheinen, kommen zwei weiterer Effekte zum Tragen. Zum einen spielt die **Fokussierungsillusion** *(Focusing Illusion)* eine Rolle: Je stärker man sich auf einen bestimmten Aspekt konzentriert, desto größer scheint dessen Einfluss auf das ganze Leben zu sein (Kahneman 2012, S. 496). Die Anzahl der illustren Beispiele, die sich dazu anführen ließen, ist lang.

Der andere Effekt ist der sogenannte **Impact-Bias** *(Impact Bias),* auf Deutsch etwa „Erwartungsverzerrung". Darunter versteht man die kognitive Fehleinschätzung, dass Menschen die psychischen Auswirkungen eines vorgestellten negativen Ereignisses wie Verlust des Arbeitsplatzes oder Trennung vom Partner in Dauer und Tiefe systematisch zu stark erwarten, also als mittel- und langfristig zu einschneidend ansehen. Dies hält gelegentlich davon ab, unbefriedigenden Sachverhalten durch ein „Ende mit Schrecken" abzuhelfen. Vor allem nachts, beim schlaflosen Herumwälzen im Bett, scheinen die Probleme Dimensionen anzunehmen, die bei einem nüchternen Blick auf die Umstände einer näheren Prüfung nicht standhalten. Der Spruch „In jeder Krise liegt auch eine Chance" mag an diese Stelle passen – auch wenn es sich um ein Beruhigungsmantra handelt, das nicht in allen Fällen hilfreich ist.

▷ **Tipp** Gehen Sie ruhig und konzentriert an jegliche Art von Entscheidungsprozessen heran. Führen Sie sich dabei bewusst vor Augen, *dass* Sie trotz guten Willens immer Gefahr laufen, Opfer kognitiver Verzerrungen zu werden, und planen Sie potenzielle Fehlentscheidungen gleich mit ein.

Die Basis aller Fehleinschätzungen und Irrtümer, die auf Emotionen beruhen, ist die **Affektheuristik** *(Affect Heuristic).* Sie zählt wie die Verfügbarkeitsverzerrung nach klassischer Einteilung der Effekte (siehe Abschn. 6.1) zu den Verfügbarkeitsheuristiken.

Man orientiert sich in seinem Denken und Entscheiden an Punkten, mit denen das Gehirn akut beschäftigt ist und die sich somit gerade im gedanklichen Fokus befinden. Zunächst wiederum eine Definition:

▶ Der **Affekt** („Anspannung" oder „Aufgeregtheit") ist eine vorübergehende Gemütserregung oder Gefühlswallung, die durch äußere Anlässe oder innere psychische Vorgänge ausgelöst wird. Anders als bei einer *Stimmung* besteht diese Gefühlstönung jedoch meist nur kurzzeitig.

Die Affektheuristik ist eine mentale Abkürzung, die es erlaubt, unter Beeinflussung durch aktuelle Emotionen schnell und effizient Entscheidungen zu treffen und Probleme zu lösen, etwa aufgrund von Zuneigung für oder Abneigung gegen die jeweiligen Alternativen (Slovic et al. 2002). Man sucht automatisch nach Informationen und Argumenten, die mit der bestehenden Meinung übereinstimmen. Anders ausgedrückt:

▶ Unter **Affektheuristik** versteht man ebenfalls eine Urteilsheuristik, die sich allerdings auf Gefühle verlässt. Diese Gefühle entstehen automatisch und schnell und müssen nicht bewusst empfunden werden; sie werden vielfach in *gut* und *schlecht* eingeteilt.

Inzwischen wurde eine große Anzahl von Studien zur Affektheuristik durchgeführt und publiziert. Beispielsweise hat man die Einstellung der Versuchsteilnehmer zu Nutzen und Risiken neuer Technologien intensiv untersucht. Dabei zeigt sich verlässlich, dass Menschen durch die Verfügbarmachung von gehäuft positiven oder negativen Aspekten in ihren Einordnungen manipulierbar sind: Gibt man den Teilnehmern kurze Texte mit Vorteilen neuer Technologien zum Lesen, stufen sie die damit verbundenen Risiken deutlich geringer ein als nach der Aufnahme negativer Informationen. Die Obsession für und ständige Suche nach Neuem wird auch als *Neomanie* bezeichnet.

So jubeln zwar die Chinesen (zumindest einige) über die im Stadtbezirk Pudong in Shanghai installierten 290.000 Kameras, die im Überwachungszentrum direkt gesteuert werden und jede kleinste Verfehlung von über Gesichtserkennung identifizierbarer Bürger aufspüren und ahnden: „Uns Bürgern hilft das System, eine sichere, ordentliche und saubere Umgebung zu schaffen" (Anthony 2021). Allerdings kommt dies einem Bewohner der freiheitlichen westlichen Welt eher wie düstere Science-Fiction vor: George Orwells *1984* in der Gegenwart! Der Philosoph Thomas Metzinger spricht in diesem Zusammenhang von einem massiven Missbrauch künstlicher Intelligenz (KI) (Brühl 2021).

Dies führt zwanglos zu folgender Feststellung:

▶ Die öffentliche Meinung lässt sich gezielt durch einseitige Berichterstattung beeinflussen. Im extremen Fall wird dieses Vorgehen als „Propaganda" bezeichnet, wenn es sich um zielgerichtete Versuche handelt, politische Meinungen oder Sichtweisen zu formen und das Verhalten in eine erwünschte Richtung zu steuern.

4.2 Weitere emotional bedingte kognitive Effekte

▶ **Tipps**

- Achten Sie darauf, was mit Ihren Daten geschieht, und geben sie diese nicht leichtfertig z. B. an Anbieter oder über soziale Netzwerke im Internet preis.
- Freuen Sie sich darüber, dass wir als EU-Bürger in freiheitlich-pluralistischen Systemen leben dürfen, und helfen Sie, diese zu bewahren.
- Konsumieren Sie Medien kritisch und vergleichen Sie die Berichterstattung.
- Lassen Sie populistische Thesen nicht soweit von Ihrem Denken Besitz ergreifen, dass Sie von „Lügenpresse", „tiefem Staat" und sonstigem Unfug denken und reden.

4.2 Weitere emotional bedingte kognitive Effekte

Und damit sind wir wieder beim in Abschn. 1.3 erwähnten Assoziationstrugschluss. Durch die Tatsache, dass unser Gehirn eine Verknüpfungs- oder „Assoziationsmaschine" ist (Morewedge und Kahneman 2010), entsteht auch falsches Wissen. Durch induktive, emotional bedingte Verknüpfung von Dingen, Sachverhalten und auch Personen, die überhaupt nichts miteinander zu tun haben, setzen wir diese dennoch in Beziehung zueinander. Eine Wertung oder Geltungszuschreibung wird unzulässig und in unsachlicher Weise auf eine Behauptung oder Sache übertragen, etwa in Form einer falschen Generalisierung oder durch Ablenkung von der eigentlichen Sachfrage. Daniel Kahneman hat dazu die beiden Begriffe *Banane* und *Erbrechen* benutzt und in Kontext gesetzt. Die durch diese willkürliche Kombination erzeugten Assoziationen bleibt Ihrer Fantasie vorbehalten (vgl. Kahneman 2012, S. 69–80).

Priming und Kognitive Leichtigkeit lassen sich mit dem Assoziationstrugschluss ebenso erklären wie der Pawlow-Effekt und die Versuchung, den Boten einer schlechten Nachricht für deren Inhalt verantwortlich zu machen *(Shoot the Messenger)*. Und aufgrund des Phänomens der **Stimmungsheuristik** *(Mood Heuristic)* lässt sich in einem Gespräch die Einschätzung des eigenen allgemeinen Wohlbefindens bereits durch eine einleitende Frage zu einem konkreten Lebensaspekt beeinflussen (Kahneman 2012, S. 132).

> **Das Leben ist meist nicht fair**
> Der **Gerechte-Welt-Glaube** *(Just-world Hypothesis)* ist die generalisierte Erwartung, dass es grundsätzlich gerecht zugeht und dass Menschen im Leben das bekommen, was ihnen zusteht. Dabei wird vorausgesetzt, dass der Welt und den Abläufen ein bestimmtes Ordnungsprinzip zugrunde liegt, das für einen Ausgleich von Ungerechtigkeiten sorgt. Es handelt sich um ein Persönlichkeitsmerkmal, das eine

wichtige persönliche Ressource bei der Bewältigung von kritischen Lebensereignissen sein kann: Tod, Unfallfolgen, Arbeitslosigkeit usw. (Lerner 1980). Wie der noch zu behandelnde Effekt der Agent Detection (Abschn. 6.3, 11.4) steht auch der Gerechte-Welt-Glaube in direktem Zusammenhang mit Religiosität, da vor allem westliche Religionen den Glauben an Gerechtigkeit hochhalten (vgl. Rubin und Peplau 1975).

Doch niemand hat gesagt, dass das Leben fair und gerecht ist. Allerdings steht es jedem frei, etwas aktiv persönlich dazu beizutragen, das Leben und das menschliche Miteinander (sowie den Umgang mit Natur und Tieren) gerechter und fairer zu machen.

Dies führt zum **Fairnessprinzip,** auch als Gerechtigkeitsempfinden bezeichnet *(Fairness Principle, Sense of Justice),* zu dem sich vor allem Richard Thaler (2019, S. 171–208) Gedanken gemacht hat. Es geht unter anderem darum, wann eine wirtschaftliche Transaktion als fair angesehen wird. Die Bewertung von Preiserhöhungen erfolgt beispielsweise daran, zu welchem Zeitpunkt unter welchen Rahmenbedingungen sie erfolgen und wie sie begründet werden. So betrachten Kunden es regelmäßig als unfair, dass sich Unternehmen bei Nachfragespitzen besonders raffgierig verhalten. Ich kann durch meine eigenen Beobachtungen in Geschäfts- und Privatleben ergänzen, dass das Ergebnis einer Einigung nur dann gut ist, wenn es von den Beteiligten als fair empfunden wird (Wenski 2019, S. 1).

Fairness hat etwas mit Altruismus bzw. fehlendem Egoismus zu tun. Die individuelle Ausprägung dieser Antagonisten wird im *Ultimatumspiel* (auch „ultimative Verhandlung") wissenschaftlich untersucht. In der Basisversion macht ein Akteur – Spieler 1 – zunächst ein Angebot über die Aufteilung eines vorgegebenen Geldbetrags, das Spieler 2 anschließend annehmen oder ablehnen kann. Akzeptiert er den Vorschlag von Spieler 1, so wird dieser umgesetzt und der Betrag entsprechend an die Spieler ausgezahlt. Lehnt er jedoch ab, so erhalten beide Spieler nichts. Im Ergebnis vieler Durchgänge bietet Spieler 1 im Mittel 35–50 % der Summe an.

Eine Variation davon ist das *Diktatorspiel.* Spieler 1 ist der „Diktator", der einseitig entscheiden kann, wie ein bestimmter Geldbetrag zwischen den beiden Spielern aufgeteilt wird. Spieler 2 nimmt somit eine rein passive Rolle ein. Im krassen Widerspruch zur ökonomischen Lehrbuchtheorie behält Spieler 1 nicht den gesamten Geldbetrag für sich, sondern gibt durchschnittlich 20–30 % an Spieler 2 ab.

Dafür, dass das Leben nicht immer fair ist, sind wir Menschen mit unserer teils verqueren Moral meist selbst verantwortlich. Wir verhalten uns dann wirklich wie Pharisäer. Hoppla – *Pharisäer?* Da war doch was …

4.2 Weitere emotional bedingte kognitive Effekte

Beispiel: Pharisäer

Die Pharisäer, auch als „Schriftgelehrte" bezeichnet, waren eine theologische, philosophische und politische Schule im antiken Judentum. Nach der Zerstörung des zweiten jüdischen Tempels 70 n. Chr. stellten sie die einzige bedeutende überlebende Strömung im rabbinischen Judentum dar.

Im Neuen Testament werden Vertreter der Pharisäer als Heuchler kritisiert und herabgewürdigt und erscheinen zum Teil als Gegner, vor allem aber als wichtigste Diskussionspartner Jesu von Nazareth. Er übte mitunter harte Kritik daran, dass die Pharisäer, die sich auch als eine gesellschaftlich-religiöse Elite verstanden, zwar den genauen Wortlaut des Gesetzes erfüllten und auf dessen strenge Einhaltung achteten, doch den Sinn hinter den Gesetzen nicht beachteten.

Das Wort „Pharisäer" wird in vielen Ländern mit christlicher Tradition umgangssprachlich für den Selbstgerechten oder Heuchler verwendet oder allgemein für Positionen, die in kleinlicher Weise Kritik üben und dabei den Zusammenhang vernachlässigen. Historiker vermuten eine bewusst verzerrte Darstellung der Pharisäer im Neuen Testament – eine antike Form von Fake News. Andere sehen diese Beschreibung als Karikatur: Die negative Skizzierung und Beurteilung der Pharisäer als Repräsentanten ihrer Glaubensrichtung schien vorteilhaft für die Durchsetzung des Christentums als Vollendung der Heilserwartung des Judentums (siehe Wikipedia 2021b und dort zitierte Quellen).

Fazit: Man ist gut beraten, einen Heuchler „Heuchler" zu nennen und die in diesem Zusammenhang diskriminierende Bezeichnung „Pharisäer" besser für das gleichnamige alkoholische Heißgetränk aus gesüßtem Kaffee, braunem Rum und einer Haube aus Schlagsahne zu verwenden. ◄

Einige kognitive Effekte, in denen eine Art Scheinmoral relevant sein könnte, sind hier als Übersicht aufgeführt:

- Diese umgangssprachlich auch als „Freifahrtschein" bezeichnete Haltung nennt man korrekt **Moralische Lizenzierung** *(Moral Self-licensing)*. Sie beschreibt das psychologische Phänomen, dass Menschen ohne Schuldgefühle eine schlechte Tat vollbringen können, wenn sie zuvor eine gute Tat vollbracht haben (Merritt et al. 2010).
- Als Unterpunkt dazu fasst man die **Moralische Berechtigung** *(Moral Credential Effect)* auf: Jemand leitet aus einer geleisteten guten Tat die Berechtigung ab, sich in Zukunft weniger gut zu verhalten.
- Diesen moralischen Fehleinschätzungen scheint die lange bekannte **Reziprozitätsnorm** *(Reciprocity Norm)* zugrunde zu liegen: Menschen halten es meist nur schwer aus, bei anderen in der Schuld zu stehen. „Erst schenken, dann fordern" heißt die Devise.

- Die in Studien nachgewiesene Veranlagung von Menschen, sich gegenüber einer kleineren Anzahl identifizierbarer Opfer teilnahmsvoller zu zeigen als gegenüber einer größeren anonymen Zahl, nennt man **Empathieabnahme** (*Compassion Fade;* nicht zu verwechseln mit der in Abschn. 4.1 erwähnten Empathielücke). Sie hat einen signifikanten Einfluss auf das prosoziale und vor allem das Spendenverhalten der Bevölkerung (Västfjäll et al. 2014; Butts et al. 2019). Überspitzt formuliert: Der *Human Touch* eines tödlichen Geisterfahrerunfalls in der Nähe wird deutlich höher bewertet als der von hundert ertrunkenen Bootsflüchtlingen im Mittelmeer.
- Schockierend, jedoch immer wieder zu beobachten ist der **Zuschauereffekt** (*Bystander Effect),* das Phänomen, dass einzelne (unbeteiligte) Augenzeugen eines Unfalls oder kriminellen Übergriffs mit nachlassender Wahrscheinlichkeit eingreifen oder Hilfe leisten, wenn weitere Zuschauer anwesend sind bzw. hinzukommen (Darley und Latané 1968). In einer Zeit der Aggression subversiver Elemente, alkoholisierter Zeitgenossen und Unfallopfer filmender Schaulustiger hat die Kultur des Wegschauens leider Konjunktur. In München starben vor Jahren zwei ins Eis eingebrochene Kinder in einem flachen Tümpel, obwohl zahlreiche Passanten zusahen. Vor Kurzem erhielten zwei junge Männer Haftstrafen, die in Weiden/OPf. dem in einem Kanal ertrinkenden Freund nicht nur nicht geholfen, sondern ihn im Todeskampf noch gefilmt hatten. Leider sind dies keine Einzelfälle. Im übertragenen Sinn findet man den Zuschauereffekt auch in der Arbeitswelt, indem Mitarbeiter Ideen, Informationen und Meinungen bewusst zurückhalten. Die Allgemeingültigkeit des Zuschauereffekts ist allerdings inzwischen wissenschaftlich infrage gestellt worden.

▸ **Tipp** Versuchen Sie, stets ethisch-moralisch einwandfrei zu agieren und Menschen in Not zu helfen. Als Orientierung mag dazu der kategorische Imperativ als grundlegendes Prinzip ethischen Handelns in der Philosophie Immanuel Kants dienen: „Handle nur nach derjenigen Maxime, durch die du zugleich wollen kannst, dass sie ein allgemeines Gesetz werde."

4.3 Personenbeurteilungen

Emotionen und kognitive Irrtümer spielen bei der Beurteilung anderer Menschen eine wichtige Rolle, vor allem dann, wenn man sein Gegenüber nicht oder nicht gut kennt. Einige in diesem Kontext bedeutende Biases wurden bereits angesprochen und erläutert:

- Der *Recency-Bias* („Nikolauseffekt"), die kognitive Verzerrung durch den Umstand, dass die zeitlich letzten Eindrücke besser haften bleiben und etwa bei Beurteilungen mehr zählen als die zuvor erbrachte Leistung
- Der *Barnum-Effekt,* die Neigung, vage Aussagen über die eigene Person als zutreffende Beschreibung zu empfinden
- Der *Pygmalion-Effekt,* die selbsterfüllende Prophezeiung bei Beurteilungen

4.3 Personenbeurteilungen

Daneben kennt man in der Psychologie eine Fülle weiterer Phänomene und Anomalien, die im Personalwesen und dort bei der Beurteilung von Bewerbern und der Bewertung von Mitarbeitern relevant sind und wiederum eine inhaltliche Nähe zur Verhaltensökonomik zeigen.

▷ **Tipp** Jeder, der sich bereits nach einem kurzen Kontakt eine Meinung über eine andere Person bildet, ist gut beraten, auf diese typischen Fallen bewusst zu achten und damit (teilweise teure) Fehlentscheidungen zu vermeiden.

Die Gefahr falscher oder verzerrter Personenbeurteilungen besteht oft schon in der Vorauswahl von Bewerbern, z. B. für Jobs oder Wohnungen. Obwohl illegal, ist Diskriminierung aufgrund von ethnischer Herkunft, Geschlecht, Alter, Aussehen, genauem Wohnort und sonstigen äußeren Rahmenbedingungen gang und gäbe. Computer erledigen vielfach das Screening nach bestimmten Algorithmen (vgl. Abschn. 10.1), wer zu einem Besichtigungstermin oder Vorstellungsgespräch eingeladen wird. Dabei spielen zwei verwandte Effekte eine Rolle:

- Die Grundlage für eine systematische Bevorzugung oder Benachteiligung auf der Basis äußerer Kriterien ist eine Stereotypisierung *(Stereotyping)*, die zur **Stereotypischen Verzerrung** *(Stereotypical Bias)* führt. Ein Stereotyp ist eine im Alltagswissen präsente Beschreibung von Personen oder Gruppen, die einprägsam und bildhaft ist und einen als typisch behaupteten Sachverhalt vereinfacht auf diese bezieht. Stereotype sind gleichzeitig relativ starre, überindividuell geltende bzw. weit verbreitete Vorstellungsbilder. Ausländerfeindlichkeit, Antisemitismus, Frauenverachtung und weitere beschämende Ressentiments in einer aufgeklärten Gesellschaft sind auf die Stereotypische Verzerrung zurückzuführen, wie wir noch sehen werden.
- Die **Implizite Verzerrung** *(Implicit Bias* oder *Unconscious Bias)* bezieht sich auf unterbewusste Einflüsse: Unterschwellige Haltungen und Stereotype, die Menschen unbewusst auf andere Personen oder Gruppen anwenden, beeinflussen die Beziehung zu diesen. Man geht heute davon aus, dass derartige Beeinflussungen automatisch entstehen, da das Gehirn auf der Grundlage vorhandener Erfahrungen und Hintergründe schnelle Einordnungen und Bewertungen vornimmt (Greenwald und Banaji 1995).

In Deutschland versucht das Allgemeine Gleichbehandlungsgesetz (AGG), Diskriminierung wegen bestimmter Merkmale auszuschließen. Dennoch sind es die meisten Personalverantwortlichen nach wie vor gewohnt, mit der Zusendung einer Bewerbung sowohl persönliche Daten als auch ein optisches Bild des Kandidaten zu bekommen. Bewerbungsfotos gelten in vielen Staaten weltweit schon lange als verpönt, in Kanada sind sie verboten. Und in den USA ist es seit über 40 Jahren üblich, dass Bewerber ihre Unterlagen ohne irgendwelche persönlichen Angaben – Geburtsdatum, Geschlecht oder Familienstand – verschicken. Auch bei vielen europäischen Nachbarn wie

Großbritannien, Frankreich, Spanien sowie in den Benelux-Ländern haben sich Anschreiben mit reduzierten Angaben zur Person bereits weitgehend etabliert.

Kommt es (unabhängig von der Papierform) zur realen Begegnung von Menschen, spielt wiederum eine ganze Anzahl kognitiver Effekte eine Rolle, die überwiegend unbewusst zuschlagen und zu falschen oder zumindest verzerrten Beobachtungen und vor allem Bewertungen führen können. Wenn wir jemanden zum ersten Mal treffen, bilden wir uns automatisch sofort eine Meinung zu dieser Person und stecken sie in eine Schublade. (Umgekehrt gilt dasselbe.) Das menschliche Gehirn ist in der Lage, spontane Rückschlüsse innerhalb eines minimalen Zeitraums zu ziehen. Die evolutionsgeschichtliche Erklärung leuchtet ein: Diese Fähigkeit wurde entwickelt, in freier Wildbahn unmittelbar zu erkennen, wer Freund oder Feind ist, um so das Überleben zu sichern. Auch der heutige Mensch kann immer noch auf den ersten Blick erfassen, was Sache ist, und sich spontan eine oft korrekte Meinung bilden. Dabei spielen Begriffe wie (un-)gutes Gefühl, Intuition, Bauchgefühl, innere Stimme eine Rolle – und *erster Eindruck* (Wenski 2020, S. 68–74).

▶ Den ersten Eindruck von anderen bildet man sich nicht erst allmählich; er geschieht automatisch, stets unbewusst und in der Regel in wenigen Sekunden. Und er ist nicht wiederholbar.

Die Gefahr besteht, dass man sowohl beim ersten Eindruck als auch bei genauerem Hinsehen auf Blender hereinfällt. Dies sind Menschen, die ihr Eindrucksmanagement – bewusst oder intuitiv – so perfektioniert haben, dass sie mehr Kompetenzen und Qualitäten zur Schau stellen, als sie in Wirklichkeit aufzuweisen haben. Doch meist flüstert uns eine innere Stimme zu, bei wem wir vorsichtig sein müssen. Intuition und Bauchgefühl (in diesem Zusammenhang trifft es die Bezeichnung „Menschenkenntnis" ganz gut) verbessern sich mit zunehmendem Alter sowie Erfahrung z. B. in Personalbeurteilungen.

▶ **Tipps**

- Nutzen Sie Ihre innere Stimme bei der Beurteilung anderer Menschen, gleichen Sie diese Beurteilung jedoch im geschäftlichen Umfeld mit der Einschätzung von Kollegen sowie den Fakten ab.
- Lassen Sie sich nicht von anderen Menschen „einseifen" und ausnutzen; manchmal ist die einzige Möglichkeit, sich von derartigen Kontakten zu befreien. *Unclutter your Life* – räumen Sie in Ihrem persönlichen Bereich auf.

Menschen handeln unvernünftig, weil sie gemocht werden wollen. Je sympathischer uns jemand erscheint, desto eher werden wir ihm helfen oder von ihm etwas kaufen. Dies manifestiert sich im **Liking-Bias** (*Liking Bias,* „Ich-mag-Sie-Denkfehler"; Dobelli 2014, S. 89–91). Politiker und Verkäufer sind vielfach sehr versiert in der Ausnutzung dieser Verzerrung. Unsere Sympathie wird durch folgende Faktoren „erkauft":

4.3 Personenbeurteilungen

- Das Gegenüber erscheint uns äußerlich attraktiv. Diese Affektion spielt auch jenseits sexueller Neigungen eine große Rolle und wird als **Beauty-Effekt** (*Beauty Effect;* „Schönheitseffekt") bezeichnet, die Zuordnung von Qualitäten aufgrund des Aussehens bzw. Erscheinungsbilds von Menschen. Ebenfalls weitverbreitet ist der **Women-are-wonderful-Effekt** (*Women-are-wonderful Effect;* „Frauen-sind-wundervoll"-Effekt), wonach Frauen im Allgemeinen positivere Eigenschaften zugeschrieben werden als Männern (Eagly und Mladinic 1994). Wir sind damit natürlich wieder voll im Bereich der Stereotype, und der Lake-Wobegon-Effekt (Abschn. 2.3) lässt grüßen. Weitere schlechte Nachrichten für Männer gibt es in Abschn. 5.1.
- Wir mögen Leute, die uns in Bezug auf Herkunft, Interessen oder Persönlichkeit ähneln. Dies kann etwa Dialekt, Universität oder Hobbys betreffen. Wenn jemand vielleicht genau wie ich aus dem Rheinland stammt, in Köln studiert hat und/oder Handball spielt(e) – und dies im Gespräch entsprechend hervorhebt –, erhält er bei mir vermutlich bereits einen kleinen Vertrauensbonus.
- Die andere Person signalisiert, dass sie *uns* sympathisch findet. Dies führt mit hoher Wahrscheinlichkeit zu einer Spiegelung der Gefühle, und Sie verspüren den unbewussten Drang, diese Sympathie zu erwidern.

Daneben existieren noch weitere Möglichkeiten, wie Menschen sich sympathisch machen können; eine davon ist der **Pratfall-Effekt** *(Pratfall Effect).*

Beispiel: Pratfall-Effekt

Die Welt mag keine zu perfekten Menschen, die uns mit ihrer Souveränität befangen machen und fast schon Angst einjagen. Auch das lässt sich anhand eines kognitiven Phänomens erklären. Die Rede ist hier vom „Ungeschicklichkeitseffekt": *Pratfall* ist die englischsprachige Bezeichnung für einen Fall auf den Hintern. Unter dem Pratfall-Effekt versteht man die Tendenz, dass alltägliche Ungeschicklichkeiten positiv wahrgenommen werden, wenn sie beispielsweise als übermächtig empfundenen Personen – in der Regel Männern – unterlaufen. Die Betreffenden werden so als fehlbar empfunden und erscheinen damit „menschlich" (Aronson et al. 1966). Das kann im Kleinen passieren, wie durch etwas verschütteten Kaffee in einer internen Besprechung oder einer Verhandlung mit Lieferanten. Oder im Großen, durch ein geschäftliches oder politisches Missgeschick oder gar Fiasko.

In diesem Zusammenhang wird gerne John F. Kennedy erwähnt. Was denken Sie, wann der 35. Präsident der Vereinigten Staaten von Amerika am populärsten war? Die häufigste Antwort darauf – „nach seiner Ermordung 1963" – ist falsch. Ebenso wenig korrekt ist die zweite naheliegende Einschätzung „nachdem er die Kubakrise 1962 gemeistert hat". Richtig ist vielmehr, dass Kennedys Beliebtheit am höchsten nach der gescheiterten Schweinebucht-Invasion 1961 war, dem von den USA organisierten militärischen Angriff kubanischer Exilanten auf Kuba. Dass der Präsident die Verantwortung für das Scheitern übernahm und nicht versuchte, die Schuld dafür auf andere abzuwälzen, ließ ihn verantwortungsbewusst und ehrlich erscheinen. Das amerikanische Volk liebte sein dadurch ramponiertes Image noch mehr als das perfekte Bild in den Hochglanzmagazinen (Berglas 1996). ◄

Die Liste der bei Personenbeurteilungen auftretenden Effekte ist lang, und an dieser Stelle soll nur noch eine Handvoll erwähnt werden. Der **Halo-Effekt** *(Halo Effect;* Halo = Heiligenschein) ist ein kognitives Phänomen, wonach ein spezielles Merkmal oder eine besondere Fähigkeit andere Merkmale überstrahlt und zu falschen Einschätzungen führen kann. Handelt es sich um eine positive Verzerrung, spricht man auch vom „Heiligenschein-Effekt", bei einer negativen vom „Teufelshörner-Effekt" (Kroeber-Riel und Weinberg 2003, S. 310). Wenn der Trainer einen Spieler oder der Vorgesetzte einen Mitarbeiter hässlich findet, wird er ihm nicht viel zutrauen.

Eine vergleichbare einseitige Beeinflussung bewirkt der **Kontrasteffekt** *(Contrast Effect),* der zu einer intensiveren Wahrnehmung einer Information führt, die zusammen mit einer im Kontrast stehenden Information präsentiert wird. Auf den Punkt bringt dies die Redensart „Unter den Blinden ist der Einäugige König". Dieses Phänomen kann sowohl bei Personeneinschätzungen als auch bei Sachentscheidungen zu falschen Ergebnissen führen (Abb. 4.1).

Damit in engem Zusammenhang steht der **Cheerleader-Effekt** *(Cheerleader Effect):* Eine einzelne Person wirkt in einer Gruppe von Menschen attraktiver als separat betrachtet. Dies gilt sowohl für Männer als auch für Frauen (Walker und Vul 2013). Der wie der Lake-Wobegon-Effekt einer US-Fernsehserie entsprungene Irrtum geht auf Untersuchungen von Langlois und Roggman (1990) zur Wahrnehmung von Gruppen zurück. Die Psychologen stellten fest, dass ein Individuum der Gruppe als dem Gruppendurchschnitt ähnlicher angesehen, als wenn es für sich allein angesehen wird. Hinzu kommt, dass das „Durchschnittsgesicht" dem Betrachter besser gefällt als ein bestimmtes Gesicht dieser Gesamtheit. Unattraktive Gesichtsmerkmale einer einzelnen Person der Gruppe werden von den (komplementären) Merkmalen anderer Personen der Gruppe ausgeglichen.

Menschliches Wirken in einer individuellen Situation kann grundsätzlich in der Person oder in den Umständen begründet sein. Der **Attributionsfehler** *(Attribution Bias,* auch Korrespondenzverzerrung) ist die fälschliche Neigung, den Grund für ein beobachtetes Verhalten in (feststehenden) Charaktereigenschaften der handelnden Person und zu selten in den (variablen) Merkmalen der jeweiligen Situation zu suchen. Dies

Abb. 4.1 Illustration des Kontrasteffekts: Welcher innere Kreis ist größer?

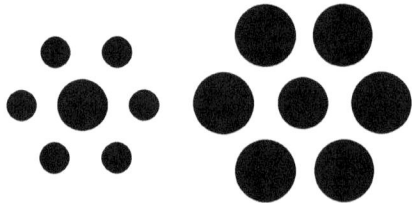

spielt im Strafrecht eine wichtige Rolle für die Strafzumessung („schwere Jugend"), und im Arbeitsrecht wird unterschieden zwischen personen- und verhaltensbezogener (sowie betriebsbedingter) Kündigung.

Der Effekt wurde von Fritz Heider (1958, S. 322) erstmals beschrieben und später auch als „fundamentaler" Attributionsfehler bezeichnet. Betrachtet man das Verhalten von Mitgliedern sozialer Gruppen, spricht man vom **Ultimativen Attributionsfehler** *(Ultimate Attribution Error)*: den Fehler, einer gesamten Gruppe gewisse Eigenschaften zuzuschreiben anstelle der Einzelpersonen in dieser Gruppe (Pettigrew 1979). Der **Hostile-Attribution-Bias** *(Hostile Attribution Bias,* „Annahme feindlicher Absichten") ist die Tendenz, die Haltung bzw. das Verhalten anderer als ablehnend oder feindlich anzusehen und nicht als neutral oder wohlwollend. Wenn jemand z. B. zwei andere Personen miteinander lachen sieht, neigt er vielleicht dazu anzunehmen, dass sie über ihn lachen (Nasby et al. 1980). Darin ist beispielsweise die Ursache dafür zu sehen, dass Anhänger von Verschwörungstheorien an ihren kruden Überzeugungen festhalten, hinter diversen Ereignissen stecke eine böswillige Macht, obwohl sich diese These rational nur sehr schwer aufrechterhalten lässt.

> **Die wichtigsten kognitiven Effekte in Kap. 4**
> Emotionen spielen im menschlichen Dialog eine wesentliche Rolle, und so lassen sie sich bewusst oder unbewusst zu Beeinflussung und Manipulation nutzen. Hierzu wurden zahlreiche Beispiele genannt; eine kleine Auswahl zur Wiederholung.
>
> *Fokussierungsillusion:* Während der Covid-19-Pandemie schien es kein anderes relevantes Thema zu geben – bis der Bundestagswahlkampf kam (und später der Ukraine-Krieg).
>
> *Affektheuristik:* Wir treffen Entscheidungen zu den unterschiedlichsten Sachverhalten „aus dem Affekt" – gefühlsmäßig, intuitiv und ohne großartig nachzudenken. Das geht schnell, macht wenige Mühe und kann positive oder negative Konsequenzen haben.
>
> *Fairnessprinzip* und *Gerechte-Welt-Glaube:* Auch wenn das Leben nicht immer fair ist, sollte man sein Bestes geben, es lebenswerter zu machen.
>
> *Reziprozitätsnorm:* Die meisten Menschen versuchen zu vermeiden, anderen etwas schuldig zu sein.
>
> *Attributionsfehler:* Bei Personenbewertungen ordnen wir anderen bestimmte Attribute zu, die teilweise auch ganze Gruppen betreffen und durchaus negativ belegt sein können.

Literatur

Anthony T (2021) Überwachung in China: Shanghais „Gehirn" sieht alles. tagesschau.de, Internet-Veröffentlichung 31. Mai. https://www.tagesschau.de/ausland/asien/china-ueberwachung-105.html Zugegriffen: 1. Juni 2021

Aronson E, Willerman B, Floyd J (1966) The effect of a pratfall on increasing interpersonal attractiveness. Psychon Sci 4–6:227–228. https://doi.org/10.3758/BF03342263

Berglas S (1996) The entrepreneurial ego: pratfalls. Inc. Newsletter, Internet-Veröffentlichung 01. September. https://www.inc.com/magazine/19960901/1796.html Zugegriffen: 4. Juli 2021

Brühl J (2021) „Facebook und Tiktok sind für mich systemgefährdende Hochrisiko-Technologie". Süddeutsche Zeitung, Interview am Morgen [mit Thomas Metzinger]: Künstliche Intelligenz. Internet-Veröffentlichung 22. April. https://www.sueddeutsche.de/digital/kuenstliche-intelligenz-eu-1.5272037 Zugegriffen: 7. Juni 2021

Butts M, Lunt DC, Freling TL, Gabriel AS (2019) Helping one or helping many? A theoretical integration and meta-analytic review of the compassion fade literature. Organ Behav Hum Decis Process 151:16–33. https://doi.org/10.1016/j.obhdp.2018.12.006

Darley JM, Latané B (1968) Bystander intervention in emergencies: Diffusion of responsibility. J Pers Soc Psychol 8–4(1):377–383. https://doi.org/10.1037/h0025589

Dobelli R (2014) Die Kunst des klaren Denkens. dtv, München

Eagly AH, Mladinic A (1994) Are people prejudiced against women? Some answers from research on attitudes, gender stereotypes, and judgments of competence. Eur Rev Soc Psychol 5:1–35. https://doi.org/10.1080/14792779543000002

Greenwald AG, Banaji MR (1995) Implicit social cognition: attitudes, self-esteem, and stereotypes. Psychol Rev 102–1:4–27. https://doi.org/10.1037/0033-295x.102.1.4

Gul F (1991) A theory of disappointment aversion. Econometrica 59–3:667–686. https://doi.org/10.2307/2938223

Heider F (1958) The psychology of interpersonal relations. Wiley, New York

Kahneman D (2012) Schnelles Denken, langsames Denken. Penguin, München

Kroeber-Riel W, Weinberg P (2003) Konsumentenverhalten, 8. Aufl. Vahle, München

Langlois JH, Roggman LA (1990) Attractive faces are only average. Psychol Sci 1–2:115–121. https://doi.org/10.1111/j.1467-9280.1990.tb00079.x

Lerner MJ (1980) The belief in a just world. Springer, Boston. https://doi.org/10.1007/978-1-4899-0448-5

Merritt AC, Effron DA, Monin B (2010) Moral self-licensing: when being good frees us to be bad. Soc Pers Psychol Compass 4–5:344–357. https://doi.org/10.1111/j.1751-9004.2010.00263.x

Morewedge CK, Kahneman D (2010) Associative processes in intuitive judgment. Trends Cogn Sci 14:435–440. https://doi.org/10.1016/j.tics.2010.07.004

Nasby W, Hayden B, DePaulo BM (1980) Attributional bias among aggressive boys to interpret unambiguous social stimuli as displays of hostility. J Abnorm Psychol 89–3:459–468. https://doi.org/10.1037//0021-843x.89.3.459

Pettigrew TF (1979) The ultimate attribution error: extending Allport's cognitive analysis of prejudice. Pers Soc Psychol Bull 5–4:461–476. https://doi.org/10.1177/014616727900500407

Rick S, Loewenstein G (2010) The role of emotion in economic behaviour. In: Lewis M, Haviland-Jone JM, Feldman Barrett L (Hrsg) Handbook of emotions, 3. Aufl. Guilford Press, New York

Rubin Z, Peplau LA (1975) Who believes in a just world? J Soc Issues 31–3:65–90. https://doi.org/10.1111/j.1540-4560.1975.tb00997.x

Simons DJ, Chabris CF (1999a) Gorillas in our midst: sustained inattentional blindness for dynamic events. Perception 28:1059–1074. https://doi.org/10.1068/p281059

Simons D, Chabris C (1999b) Selective attention test. Internet-Veröffentlichung. https://www.youtube.com/watch?v=vJG698U2Mvo Zugegriffen: 30. Aug. 2021

Slovic P, Finucane ML, Peters E, MacGregor DG (2002) The affect heuristic. In: Gilovich T, Griffin D, Kahneman D (Hrsg) Heuristics and biases: the psychology of intuitive judgment. Cambridge University Press, New York, S 397–420. https://doi.org/10.1017/CBO9780511808098.025

Thaler R (2019) Misbehaving: Was uns die Verhaltensökonomik über unsere Entscheidungen verrät. Pantheon, München

van de Ven N, Zeelenberg M (2011) Regret aversion and the reluctance to exchange lottery tickets. J Econ Psychol 32:194–200. https://doi.org/10.1016/j.joep.2010.11.008

Västfjäll D, Slovic P, Mayorga M, Peters E (2014) Compassion fade: affect and charity are greatest for a single child in need. PLoS ONE 9–6:e100115. https://doi.org/10.1371/journal.pone.0100115

Walker D, Vul E (2013) Hierarchical encoding makes individuals in a group seem more attractive. Psychol Sci 25–1:230–235. https://doi.org/10.1177/0956797613497969

Wenski G (2019) Lösungsorientiert verhandeln im Technischen Vertrieb. Springer Gabler, Wiesbaden. https://doi.org/10.1007/978-3-658-27448-1

Wenski G (2020) Beraterverkauf im globalen B2B-Equipmentgeschäft. Springer Gabler, Wiesbaden. https://doi.org/10.1007/978-3-658-27450-4

Wenski G (2021) Selbstmanagement im Beruf. Springer, Wiesbaden. https://doi.org/10.1007/978-3-658-33249-5

Wikipedia (2021a) Emotionen in der Ökonomik. https://de.wikipedia.org/wiki/Emotionen_in_der_Ökonomik Zugegriffen: 31. Mai 2021

Wikipedia (2021b) Pharisäer. https://de.wikipedia.org/wiki/Pharisäer Zugegriffen: 1. Juni 2021

Selbstüberschätzung 5

In den ersten vier Kapiteln ist dargestellt,

- dass wir im täglichen Leben ständig Opfer von kognitiven Fehlleistungen werden, ohne es vielfach überhaupt zu bemerken;
- dass diese Überreste aus prähistorischer Vergangenheit zahlreich sind, auf bestimmte Weise geordnet werden können und teilweise nach ihren Entdeckern benannt sind;
- dass menschliche Erinnerung die Vergangenheit nie korrekt abbildet, sondern stets eine verzerrte Sichtweise bietet; und
- dass Emotionen in Zusammenhang mit Irrtümern und Täuschungen eine gewichtige Rolle spielen können.

Ein Effekt tauchte an verschiedenen Stellen des Textes bereits auf, dessen Bedeutung ein eigenes kompaktes Kapitel rechtfertigt: das Problem der *Selbstüberschätzung*.

5.1 Eine Verzerrung vorwiegend bei Männern

Über die Beurteilung anderer Personen und die möglichen Fehleinschätzungen haben wir in Abschn. 4.3 gesprochen. Im Folgenden soll es um die Einschätzung der eigenen Person, der individuellen Reflexion von Stärken und Schwächen gehen. Und dabei agiert der Mensch meist deutlich zu optimistisch.

> **Beispiel: Selbstüberschätzer überall**
>
> Ein Blick in die Geschichtsbücher ist bekanntlich sehr lehrreich. Napoleon legte Mitteleuropa in Trümmer, Hitler die halbe Welt. Stalin, Mao und Nordkoreas Kim

Il-sung regieren mit eiserner Faust und verursachten mit ihren Wirtschaftsreformen Hungersnöte mit Millionen Todesopfern. Und dies ist nur die absolute Spitze des Eisbergs von Selbstüberschätzern, die kläglich versagt haben.

Greifen Sie sich wie ich oft an den Kopf, wenn Sie Zeitung lesen oder die Nachrichten im Fernsehen oder Internet verfolgen? Borniertheit und Überheblichkeit auch heute überall. Autokratisch durchregierende und sogar (mehr oder weniger) frei gewählte Staatschefs führen durch ihre arrogante und beratungsresistente Art Länder in die Katastrophe, nehmen jahrelange bürgerkriegsähnliche Zustände in Kauf, fördern gesellschaftliche Spaltung und Umweltzerstörung, ignorieren Ökokrise und Covid-19. Viele wirtschaften zugleich auf Kosten ihrer Völker in die eigene Tasche und die ihrer Verwandten und Gefolgsleute. Leider, muss ich als Teil dieser Hälfte der Bevölkerung sagen, nahezu ausschließlich Männer.

Einer der schillerndsten von allen ist der selbsterklärte zweitbeste Präsident der USA aller Zeiten gewesen (nach Umfragen allerdings als drittletzter bestätigt) (Wikipedia 2021) – Donald Trump. Er hat für die Welt zwar viel Unterhaltungswert gehabt (und die Republikanische Partei immer noch fest im Griff), jedoch im Land selbst einen Scherbenhaufen hinterlassen, ohne dies (und seine Abwahl) bis heute wahrhaben zu wollen. Dazu nachweislich 30.573 Falschaussagen, glatte Lügen und irreführende Behauptungen (Washington Post 2021). Statt unbewusster Erinnerungsverfälschung oder falscher Erinnerung (Abschn. 3.1) dürfte dabei Vorsatz im Vordergrund gestanden haben. Bestenfalls mag man bei der Bereitstellung „alternativer Fakten" (Abschn. 11.5) die diskutierte Source Confusion als Erklärung gelten lassen. Er wurde – noch ein Novum – im Juni 2020 von vier noch lebenden Expräsidenten nach dem Tod von George Floyd für seine rassistischen Aussagen kritisiert, nachdem sich schon 2017 Bush Jr. und Obama sehr negativ zu Trumps Art der Amtsführung geäußert hatten (Abb. 5.1).

Doch auch in Deutschland finden sich zahlreiche Beispiele dafür, zu welchen Schäden übertriebenes Selbstbewusstsein und Selbstüberschätzung führen können; denken Sie nur an die CSU-Verkehrsminister und die gescheiterte Pkw-Maut. Auch außerhalb der Politik (teilweise allerdings mit stillschweigender Billigung dieser) findet man leicht Beispiele. Ein Stahlwerk in Südamerika oder die Übernahme eines Giftstoffherstellers in den USA bringen DAX-Konzerne ins Wanken. Die leidige Schummeldiesel-Affäre wurde in Abschn. 1.4 bereits angerissen. Die Liste an Skandalen und Unglücksfällen durch Selbstüberschätzung ließe sich leicht verlängern. ◀

Doch es sind nicht immer nur Kollektive und Leute in Spitzenpositionen, die solch teure und gefährliche Fehlentwicklungen verursachen – manchmal schaffen es auch unscheinbare Einzelpersonen, einen gigantischen wirtschaftlichen Schaden zu produzieren. Ich denke dabei gar nicht an die Patienten 0, die sich zuerst mit AIDS oder (in der aktuellen Pandemie) Covid-19 angesteckt und die Viren ungebremst weiterverbreitet haben. Sondern vielmehr an die Zunft der Investmentbanker, um die es nach diversen Skandalen

5.1 Eine Verzerrung vorwiegend bei Männern

Abb. 5.1 Das Lachen dürfte ihnen angesichts der Politik ihres Nachfolgers vergangen sein: die ehemaligen US-Präsidenten (v. l.) Jimmy Carter, Bill Clinton, Barack Obama und George W. Bush (2013). (Foto: Pete Souza)

inzwischen etwas ruhiger geworden ist. Mehr als ein Viertel der Geldmanager fühlt sich durch die Art ihrer Bezahlung unter Druck, Regeln zu brechen. Der wirtschaftliche Schaden riskanter Finanzgeschäfte geht in die zig Milliarden, und ein Ende der teilweise hochriskanten Spekulationen ist nicht abzusehen.

Abschn. 2.3 und 2.4 haben mit zwei illustren Biases eine Einführung in die kognitiven Irrtümer gegeben, die zur Selbstüberschätzung führen:

- der *Dunning-Kruger-Effekt* (die Tendenz von wenig kompetenten Menschen, das eigene Können zu überschätzen und die Kompetenz anderer zu unterschätzen – die Dummen sind sich so sicher und die Intelligenten voller Zweifel) und
- der *Lake-Wobegon-Effekt* (die Tendenz der meisten Menschen, sich als überdurchschnittlich einzuschätzen – doch es kann nun mal nicht jeder die hellste Kerze am Leuchter sein).

Diese stehen in Verwandtschaft zu zwei Fehleinschätzungen, die in keinem Lehrbuch über derartige Themen fehlen und die Problematik recht gut auf den Punkt bringen: der *Overconfidence-Effekt* und der *Above-Average-Effekt*. Auf diese wollen wir nun etwas genauer blicken.

5.2 Der Overconfidence-Effekt

Der bereits in Abschn. 1.3 eingeführte Overconfidence-Effekt bildet die Grundlage für den Dunning-Kruger-Effekt. Er wird auch kurz als *Selbstüberschätzung* bezeichnet; weitere deutschsprachige Bezeichnungen sind Vermessenheitsverzerrung, überschätztes Selbstvertrauen, Selbstüberschätzungseffekt und Kompetenzillusion. Es handelt sich um die systematische Überschätzung des eigenen Könnens und der eigenen Möglichkeiten. Einen Grund dafür bietet die **WYSIATI-Regel,** die in der Verhaltensökonomik zum Oberbegriff der Verfügbarkeitsheuristiken *(Availability Heuristic)* zählt und sich mit der in Abschn. 4.1 erläuterten Affektheuristik begründen lässt. Das Akronym steht für *What You See Is All There Is* („Es zählt nur das, was man gerade vor Augen hat"; auch: voreilige Schlussfolgerungen). Das menschliche Urteil wird davon bestimmt, welche Kombinationen von Ereignissen man gesehen hat, und man denkt nicht an die, die man nicht gesehen oder gerade nicht vor Augen hat (Kahneman 2012, S. 112–116).

▶ Die leichter verfügbare Antwort auf eine einfache Frage ersetzt die schwerer zu findende Antwort auf eine schwierige Frage.

Wahrscheinlichkeiten werden danach beurteilt, wie lebhaft man sich ein Ereignis vorstellen kann. Menschen haben oft vor den falschen Dingen Angst, weil die realen Wahrscheinlichkeiten meist unbekannt oder nicht mit Faustregeln zu fassen sind. Bei Prognosen, Strategien, Entscheidungen usw. richten wir uns nach den Informationen, die wir verfügbar bzw. aktuell vor Augen haben oder die uns spontan einfallen, und konstruieren so eine kohärente Geschichte (als Einführung siehe Kahneman 2012, S. 247–328). Einen Gegenspieler kennt man ebenfalls: der **Sadder-but-Wiser-Effekt** *(Sadder-but-wiser Effect* – „trauriger, aber klüger"). Dies ist die Tendenz, dass depressive und ängstliche Menschen ihre Kompetenzen nicht überschätzen, sondern Gefahren höher bewerten und immer damit rechnen, Opfer zu sein (Staw und Barsade 1993). Optimismus hingegen leistet einen wertvollen Beitrag bei der Umsetzung von einmal getroffenen Entscheidungen, da er eine gewisse Widerstandfähigkeit *(= Resilienz)* gegen Rückschläge verleiht.

▶ **Tipp** Bewahren Sie trotz aller noch folgenden Mahnungen Ihren Grundoptimismus, denn dieser stärkt – wie Humor, Empathie und Verantwortungsbewusstsein – Ihre Resilienz.

Allerdings ist es mit dem Optimismus ähnlich wie mit Medikamenten, bei denen „viel hilft viel" ebenfalls nicht gilt: Wer allzu blauäugig in die Zukunft hineinmarschiert und sein Können und seine Fortune deutlich überschätzt, tappt in die erwähnte Falle des Überoptimismus. Dem sind kognitive Effekte nachgeordnet, denen auch unser Pendler Heinz-Walter Nelles in Kap. 1 zum Opfer gefallen ist, etwa Planungsfehlschluss,

5.2 Der Overconfidence-Effekt

Kontrollillusion, Verzerrungsblindheit, Spielerfehlschluss und Vernachlässigung von Wahrscheinlichkeiten.

▶ Schädliche Auswirkungen des Overconfidence-Effekts findet man überall, im Kleinen wie im Großen. Und die Lernfähigkeit der Planer, Entscheider, Kontrolleure, Unternehmen und Staaten ist – um es vorsichtig auszudrücken – begrenzt.

Nachfolgend zur Illustration dieses Punkts einige Katastrophen, von denen nahezu jeder gehört hat und die auf eine mangelhafte, durch den Overconfidence-Effekt bestimmte Sicherheitskultur zurückgeführt wurden:

- Untergang der Titanic (siehe auch Abschn. 9.5)
- Absturz der Spaceshuttles *Challenger* und *Columbia*
- Atomreaktorkatastrophen von Tschernobyl und Fukushima
- Ölkatastrophe durch den Brand der Plattform *Deepwater Horizon*

Ein fiktives Beispiel aus der Wirtschaft – stellvertretend für viele im realen Leben – soll den Denkfehler näher erläutern.

Beispiel: Akquisition in Japan

Die WAFAG, die „Wafer AG", ist ein Unternehmen aus der Halbleiterbranche mit Hauptsitz in Dresden, das in meinen Seminaren und Büchern relativ regelmäßig auftaucht. Momentan hat man in Sachsen und an den weiteren Standorten rund um den Erdball angesichts der Knappheit an Halbleiterbauelementen viel zu tun und befindet sich finanziell in recht gutem Fahrwasser – obwohl signifikante Engpässe am Beschaffungsmarkt zu überwinden sind.

Das war nicht immer so. Die Halbleiterindustrie hat sich seit ihrem kometenhaften Aufstieg in den 1970er-Jahren in Wellen aus ausgesprochen profitablen Jahren und dazwischenliegenden wirtschaftlichen Dellen mit Verlusten, Übernahmen und Insolvenzen entwickelt. Diese „Schweinezyklus" genannten Intervalle waren früher mit 5–6 Jahren Dauer einigermaßen berechenbar, zeigen aber seit der Dotcomkrise nach der Jahrtausendwende durch neue Technologien vor allem im Automotive- und Energiesektor ein oft erratisches Verhalten, das darüber hinaus in den einzelnen Disziplinen der Wertschöpfungskette variiert.

Herbert Langwasser (41), Diplom-Kaufmann, ist Gruppenleiter im Strategischen Einkauf der WAFAG und für den internationalen Erwerb von Großequipment im Heißprozess- und Messgerätesektor zuständig. Er hatte Glück, in einem Aufschwung eingestellt worden zu sein, und auch die Verwerfungen nach der Qimonda-Insolvenz 2009 waren für die WAFAG eher Chance als Risiko. Doch seine älteren Kollegen erzählen gerne von mehreren Zeiträumen, in denen sich die WAFAG in massiven finanziellen Schwierigkeiten befand, die teilweise existenzbedrohlich waren.

Eine dieser Unternehmenskrisen war einer nicht sehr erfolgreichen Akquisition in Japan nach der Jahrtausendwende zu verdanken. Damals herrschte in WAFAG-Vorstand und -Aufsichtsrat die Meinung, man müsse unbedingt einen Standort in Japan betreiben, um die dortigen Marktanteile zu steigern. Da nach einer Konsolidierungswelle kaum noch mögliche Joint-Venture-Partner verfügbar waren, begnügte man sich mit dem, was übrig war. Entgegen dem erklärten Rat der Technologie- und Finanzfachleute drängte der Hauptanteilseigner auf die enge Kooperation mit einem mittelmäßigen Unternehmen mit marodem Standort in der japanischen Provinz, und so geschah es.

Mehr als zehn Jahre lang versuchten die Experten der WAFAG, mit ihrem Know-how Fertigung, Entwicklung, Qualitätswesen und kommerzielle Prozesse aufzupäppeln, was mehr schlecht als recht gelang. In dieser Zeit gewann Herbert Langwasser zwar neue Freunde unter den japanischen Kollegen, jedoch wenig Vertrauen in das Gelingen der Operation. Nach ein paar Jahren übernahm die WAFAG die Anteile des japanischen Unternehmens am Joint Venture und hatte damit den vollständigen Durchgriff.

Es half alles nichts: Ausbeuten und Qualität der dort hergestellten Halbleiterprodukte blieben ebenso überschaubar wie der technologische Zugewinn. Anteile am japanischen Markt ließen sich mit dieser Akquisition durch einen westlichen Konzern nicht wie gehofft „erkaufen" – japanische Kunden bestellen bevorzugt bei japanischen oder zumindest asiatischen Lieferanten: Es gilt das Prinzip „*buy local*". Und gute lokale Mitarbeiter verließen die nun deutsch geführte Tochtergesellschaft. Völlig entnervt entschieden Anteilseigner und Topmanagement nach einigen Jahren, den Stecker zu ziehen und die Fertigungsstelle komplett zu schließen.

Glücklicherweise waren in diesem Fall weder Tote und noch hohe Umweltschäden wie bei den oben genannten Katastrophen zu beklagen. Insgesamt hat dieser durch massive Selbstüberschätzung und Fehlanalyse der lokalen Gegebenheiten verursachte Schaden jedoch mit allen Nebenkosten (etwa gesetzlich festgelegte komfortable Abfindungen für die dort Beschäftigten) die WAFAG weit mehr als 1 Mrd. € gekostet, die letztlich als *Sunk Costs,* als „versunkene Kosten" (siehe Abschn. 6.2) abzuschreiben waren. Geld, das für andere Entwicklungs- und Investitionsvorhaben dringend benötigt worden wäre. ◄

Der ehemalige US-Präsident George W. Bush wurde bereits erwähnt. Unter seiner Führung (maßgeblich getrieben von „Falken" wie Dick Cheney und Donald Rumsfeld) begannen die militärischen Interventionen 2001 in Afghanistan (mit UN-Mandat) und 2003 im Irak (in völkerrechtlich fragwürdiger Weise mit einer „Koalition der Willigen", wozu der deutsche Bundeskanzler Gerhard Schröder damals „nein" sagte). Beide Abenteuer waren durch Überheblichkeit und Selbstüberschätzung getrieben, und die offiziellen und inoffiziellen Kriegsziele konnten durch gravierende Fehleinschätzung der Voraussetzungen und Rahmenbedingungen nicht erreicht werden. Durch den „Krieg gegen den Terror", wie es die US-Regierung nannte, starben im Mittleren Osten über

800.000 Menschen. Das US-Militär hatte im Irak fast 4500 und in Afghanistan 1700 Gefallene zu beklagen – die 9/11-Terroranschläge kosteten 3000 Menschen unmittelbar das Leben.[1] Der Hals-über-Kopf-Abzug aus Afghanistan im August 2021 hat Erinnerungen an die Flucht der US-Truppen im April 1975 aus dem früheren Saigon geweckt.

Eine weitere Beobachtung, die in Verbindung mit dem Overconfidence-Effekt steht und die Brücke zum in Abschn. 5.3 beschriebenen Above-Average-Effekt bildet, ist der **Hard-Easy-Effekt** (*Hard-easy Effect;* „Schwer-leicht-Effekt"). Dieser kognitive Irrtum manifestiert sich in der Tendenz, die eigenen Fähigkeiten zur Erledigung einer schwierigen Aufgabe zu überschätzen und leichterer Aufgaben zu unterschätzen. Anfangs in einigen Publikationen angezweifelt, scheint sich das Phänomen in neueren wissenschaftlichen Untersuchungen zu bestätigen (Bordley et al. 2014).

Bei diesen Tests zum Hard-Easy-Effekt erhalten die Teilnehmer Fragen, bei denen sie zwischen zwei möglichen Antworten zu wählen haben, und anschließend werden sie gebeten, zu schätzen, wie hoch die Wahrscheinlichkeit ist, dass sie korrekt geantwortet haben. Die Bewertungen betreffen so unterschiedliche Themenbereiche wie Nobelpreise, Hochschulen, das Vermögen reicher Personen oder den Abstand zwischen zwei Orten. Dabei ist das Paradox statistisch eindeutig nachgewiesen worden: Schwierige Aufgaben führen zu Überoptimismus, leichte Anforderungen zu Unteroptimismus – praktisch das Gegenteil zum Overconfidence-Effekt. Der Grund liegt in einem subjektiven Gefühl für die Selbsteinschätzung, das auch ins Gegenteil umschlagen kann – unabhängig von der Persönlichkeit der Probanden (Burson et al. 2005).

5.3 Der Above-Average-Effekt

Der Lake-Wobegon-Effekt ist wie erwähnt eine spezielle Form der Selbstüberschätzung. Er wird in der psychologischen Fachsprache auch **Above-Average-Effekt** (*Above Average Effect;* Überlegenheitsirrtum) genannt. Diese verzerrte Selbsteinschätzung trägt ebenso die englischsprachigen Bezeichnungen *Better than Average Effect* („Besser als der Durchschnitt"), *Illusory Superiority* und *Leniency Error* (Milde-Effekt, „Fehler der Kronzeugenregelung"; *Leniency* = mildernde Umstände).

Wie bei der Verurteilung eines Kronzeugen gerne Nachsicht waltet, was nach dem Schuldprinzip problematisch ist, werden beim Above-Average-Effekt zu positive Maßstäbe an die Bewertung von Personen gelegt. Man bewertet z. B. seine Mitarbeiter nach abteilungsübergreifenden Maßstäben übermäßig gut – des lieben Friedens willen.

---

[1] Allerdings leiden viele der rund 100.000 Helfer noch immer unter den eingeatmeten giftigen Dämpfen sowie den psychischen Begleiterscheinungen, und die Spätfolgen haben zahlreiche weitere Todesopfer gefordert. Doch man kann Tote nicht gegeneinander „aufrechnen".

Oder schreibt sich selbst eine überdurchschnittlich hohe Leistungsfähigkeit zu und geht davon aus, dass man über mehr Talent und bessere Möglichkeiten verfügt als Konkurrenten – ein Zeichen von Vernachlässigung der Konkurrenz. Trotz der Verwandtschaft mit dem Hard-Easy-Effekt grenzt sich der Above-Average-Effekt von diesem ab (vgl. Burson et al. 2005). Das folgende (reproduzierbare) Umfrageergebnis bringt das Thema dieses Abschnitts auf den Punkt:

▶   90 % der Autofahrer glauben, *überdurchschnittlich* gut zu fahren.

Es existieren viele weitere Beispiele, die in dieselbe Richtung weisen. Aktieninvestoren denken regelmäßig und fälschlicherweise, sie können den Markt schlagen. Doch sie werden dabei möglicherweise Opfer der verzerrten Wahrnehmung, bei der leider nur die Erfolgsgeschichten und nicht der Durchschnitt des Anlageertrags zählen. Den psychologischen Befund, dass Menschen über ihre Erfolge deutlich öfter sprechen als über ihre Misserfolge (und die Medien gerade diese *Success Stories* gerne aufgreifen), nennt man übrigens **Self-enhancing Transmission-Bias** („Fälschliche Selbstaufwertung"), ein Fehlschluss in Zusammenhang mit sozialer Interaktion (Han und Hirshleifer 2015). Es gehört meiner Ansicht nach wenig Fantasie dazu, auch außerhalb des Finanzbereichs anschauliche Anwendungsfelder und Beispiele für diese kognitive Fehlleistung zu finden, die auf einer asymmetrischen Darstellung bzw. Berichterstattung beruht.

Zurück zum Above-Average-Effekt und zwei klassischen Beispielen aus der Verhaltensökonomik: Über die Hälfte der Studenten eines Universitätsseminars geht davon aus, nach dessen Abschluss zu den besten 20 % der Teilnehmer zu gehören. Und 94 % der Hochschullehrer sind davon überzeugt, dass sie besser als der durchschnittliche Professor lehren und forschen – nur sehen das ihre Studenten teilweise gravierend unterschiedlich. Mit aktuellem Bezug lässt sich anführen: „Covid-19 bekommen die anderen, aber nicht ich – und wenn schon, dann symptomlos und ohne die Beschwerden von *Long Covid.*" (Geschätzte 5–10 % überzeugte Impfverweigerer in Deutschland riskieren mit ihrer Ignoranz nicht nur ihre eigene Gesundheit, sondern vor allem die ihrer Mitmenschen.) Ein weiterer gerne auch für den Above-Average-Effekt verwendeter Begriff lautet übrigens *Vermessenheit*.

Derartige statistisch absurde Fehleinschätzungen trifft man in den verschiedensten Bereichen des täglichen Lebens an, im professionellen wie im privaten Bereich. Menschen schätzen ihre relative Leistungsfähigkeit für jede Aktivität, in der sie einigermaßen passabel sind, in ihrem Optimismus als überdurchschnittlich gut ein. Sie vergleichen sich mit einem Mittelwert der Bevölkerung, ohne jemals über die Konsequenz nachgedacht zu haben (Kahneman 2012, S. 320–322). Die systematische Untersuchung dieses Phänomens begann Anfang der 1990er-Jahre, und es ist leicht nachzuvollziehen, dass alle hier und in Abschn. 5.2 genannten Effekte scheinbarer Überlegenheit in teils enger Beziehung zueinander stehen (Hoorens 1993).

In Abschn. 2.1 sowie an anderen Stellen ist bereits von *Gegenspielern* die Rede gewesen: kognitive Verzerrungen, zu denen ein Antagonist existiert, der das exakte

5.3 Der Above-average-Effekt

Gegenteil davon ausdrückt. Zum Above-Average-Effekt existieren – naheliegenderweise – ein **Below-Average-Effekt** (*Below Average Effect;* auch: *Worse than Average Effect*). Dies ist die menschliche Neigung, die eigenen Leistungen und Kompetenzen im Vergleich zu denen anderer als zu gering einzuschätzen (Kruger 1999). Wer kennt nicht selbst manche Duckmäuser, die sich nichts zutrauen aus Angst, in bestimmten Disziplinen, Tätigkeiten und Kompetenzen nicht gut genug zu sein, um mit dem Mainstream mithalten zu können. Doch wie immer hält das Leben mit dem Below-Average-Effekt wiederum einen geeigneten Mittelweg zwischen den Extrema bereit.

▶ **Tipp** Seien Sie sich darüber im Klaren, dass auch Sie ein Teil der statistischen Normalverteilung sind. Zweifeln Sie nicht an Ihren Fähigkeiten, überschätzen Sie diese allerdings auch nicht.

Anders als in Lake Wobegon, wo alle Kinder überdurchschnittliche Fähigkeiten besitzen, muss das nicht notwendigerweise für *Ihre* Kinder gelten – und tut es wahrscheinlich auch nicht. Sehen Sie also nicht in Ihrem Sprössling krampfhaft den nächsten Mozart oder Messi: Die Chancen stehen extrem gegen Sie (und den Nachwuchs). Im Englischen hat sich für dieses übertriebene Anspruchsdenken vorwiegend von chinesischstämmigen Amerikanern den eigenen Kindern gegenüber, denen dadurch vielfach die Jugend oder zumindest Teile davon gestohlen werden, der Begriff *Tiger Parenting* („Tiger-Elternschaft") durchgesetzt – nach dem Buch *Battle Hymn of the Tiger Mother* der Rechtswissenschaftlerin Amy Chua (2011).

Hier sind einige weitere kognitive Irrtümer aufgelistet, die in inhaltlicher Verbindung zum Above-Average-Effekt stehen.

- Unter dem **Self-serving-Bias** (*Self-serving Bias,* auch *Self-attribution Bias;* „Selbstwertdienliche Verzerrung") versteht man in der Sozialpsychologie den Trugschluss, Erfolge sich selbst und seinen eigenen Fähigkeiten und Fertigkeiten zuzuschreiben, Misserfolge jedoch anderen oder den begleitenden Faktoren (der Situation, dem Zufall oder dem Versagen anderer) (Miller und Ross 1975). Der Bezug zur in Abschn. 3.2 beschriebenen Egozentrik liegt auf der Hand. Illustre Beispiele finden sich leicht sowohl bei Spitzenpolitikern und Wirtschaftsvertreten als auch im beruflichen oder sportlichen Kollektiv. „Wie habe ich das wieder hinbekommen" und „An mir hat's nicht gelegen" sind in diesem Zusammenhang typische Aussagen. Die Rolle von CSU-Chef Markus Söder und seiner Kollegen im Bundestagswahlkampf 2021 war ein sehr gutes Beispiel: Freund – Feind – Parteifreund.
- Ebenfalls aus der Sozialpsychologie kommt die Bezeichnung **Spotlight-Effekt** (*Spotlight Effect;* „Rampenlichteffekt"). Diesem Phänomen zufolge neigen Menschen dazu, die Aufmerksamkeit ihres sozialen Umfelds zur eigenen Person, im positiven wie im negativen Sinn, zu überschätzen (Gilovich et al. 2000). Doch man ist in vielen Fällen keineswegs so beliebt, interessant und gefragt, wie man meint. Tröstlicherweise gilt das aber auch für das Gegenstück: Fehler und negative Verhaltensweisen

werden oft erst dann von anderen bewusst wahrgenommen, wenn sie wiederholt beobachtet werden oder wegen ihrer Heftigkeit nicht übersehen werden können. Allerdings haftet dieses Stigma dem Betreffenden dann meist länger an.

- Der **Third-person-Effekt** (*Third-person Effect;* „Effekt der dritten Person") ist ein medienpsychologisches Phänomen verzerrter Wahrnehmung. Er beschreibt die Tendenz zu glauben, dass die Massenmedien andere stärker beeinflussen als sie selbst, und tritt bei negativem oder unerwünschtem Medieneinfluss auf (etwa bei Gewaltdarstellungen). Davison (1983) geht davon aus, dass der Third-person-Effekt verschiedene Aspekte des Sozialverhaltens erklären kann, unter ihnen die Angst religiöser Führer vor häretischer Propaganda und die Angst autoritärer Staatsführungen vor abweichenden Meinungen (hierzu Abb. 5.2).
- Bleiben noch zwei Effekte zu erwähnen, die mit Naivität zu tun haben. **Naiver Zynismus** *(Naïve Cynicism)* ist der Fehler zu glauben, dass andere egozentrischer sind als der Wirklichkeit entspricht oder als man selbst ist (Kruger und Gilovich 1999). Unter der Kombination **Naiver Realismus** *(Naïve Realism)* wird die menschliche Fehlannahme verstanden, dass wir die Welt um uns herum objektiv wahrnehmen und dass Leute, die nicht mit uns übereinstimmen, uninformiert, irrational oder voreingenommen sind. Der Naive Realismus bildet die Basis für eine Reihe weiterer systematischer kognitiver Irrtümer zum Denken und zu Entscheidungsfindungen. Diese schließen Verzerrungsblindheit (Abschn. 1.3), Attribution-Bias (Abschn. 4.3) und Übereinstimmungsverzerrung (Abschn. 6.6) mit ein (Ross und Ward 1996).

> **Tipp** Sehen Sie sich als Teil eines Sozialgefüges, dessen Mitglieder über teils bessere und teils schlechtere Kompetenzen als Sie verfügen. Nutzen Sie die sich bietenden Chancen vor allem in den Bereichen, in denen Sie über dem Durchschnitt liegen, vergessen Sie jedoch auch nicht, an Ihren Schwächen zu arbeiten.

Die wichtigsten kognitiven Effekte in Kap. 5

Der bereits zuvor erläuterte Overconfidence-Effekt bedingt schädliche Selbstüberschätzung; Dunning-Kruger-Effekt und Lake-Wobegon-Effekt tun ihr Übriges.

Hard-Easy-Effekt: Die eigenen Fähigkeiten für eine leichte Aufgabe zu unterschätzen ist nicht gerade karriereförderlich, sich bei einer schwierigen Anforderung zu überschätzen kann jedoch hochgradig gefährlich werden.

Der Overconfidence-Effekt bedingt den *Above-Average-Effekt;* doch nur etwa die Hälfte ist besser als der Durchschnitt.

Self-serving-Bias: Ich habe alles richtig gemacht, schuld sind stets nur die anderen.

Abb. 5.2 Kim Jong-un und Donald Trump schütteln sich während des Gipfels in Singapur die Hände (2018). Mit der „autoritären Staatsführung" ist der Nordkoreaner gemeint. (Foto: Shealah Craighead)

Literatur

Bordley R, LiCalzi M, Tibiletti L (2014) A target-based foundation for the "hard-easy effect" bias. Working Paper n. 23/2014 (October), ISSN: 2239–2734. Università Ca' Foscari Venezia. http://hdl.handle.net/2318/149445

Burson K, Larrick R, Soll J (2005) Social comparison and confidence: When thinking you're better than average predicts overconfidence. Michigan ross school of business, working paper No. 1016 (July). https://deepblue.lib.umich.edu/bitstream/handle/2027.42/41218/1016.pdf?sequence=1. Zugegriffen: 03. Juli 2021

Chua A (2011) Battle hymn of the tiger mother. Penguin Press, New York
Davison WP (1983) The third-person effect in communication. Public Opin Q 47–1:1–15. https://doi.org/10.1086/268763
Gilovich T, Medvec VM, Savitsky K (2000) The spotlight effect in social judgment: An egocentric bias in estimates of the salience of one's own actions and appearance. J Personality and Social Psychology 78–2:211–222. https://doi.org/10.1037//0022-3514.78.2.211
Han B, Hirshleifer DA (2015) Self-Enhancing Transmission Bias and Active Investing. SSRN Paper, Internet-Veröffentlichung 02. April 2012, letzte Änderung 05. Juni 2015. https://doi.org/10.2139/ssrn.2032697
Hoorens V (1993) Self-enhancement and Superiority Biases in Social Comparison. Eur Rev Soc Psychol 4–1:113–139. https://doi.org/10.1080/14792779343000040
Kahneman D (2012) Schnelles Denken, langsames Denken. Penguin, München
Kruger J (1999) Lake Wobegon be gone! The "below-average effect" and the egocentric nature of comparative ability judgments. J. Personality and Social Psychology 77–2:221–232. https://doi.org/10.1037/0022-3514.77.2.221
Kruger J, Gilovich T (1999) "Naive cynicism" in everyday theories of responsibility assessment: On biased assumptions of bias. J. Personality and Social Psychology 76–5:743–753. https://doi.org/10.1037/0022-3514.76.5.743
Miller D, Ross M (1975) Self-serving Biases in the Attribution of Causality: Fact or Fiction? Psychol Bull 82–2:213–225. https://doi.org/10.1037/h0076486
Ross L, Ward A (1996) Naive realism in everyday life: Implications for social conflict and misunderstanding. In: Brown T, Reed ES, Turiel E (Hrsg) Values and Knowledge, 103–135. Erlbaum, Hillsdale, NJ. https://www.researchgate.net/publication/209409700_Naive_Realism_Implications_for_Social_Conflict_and_Misunderstanding. Zugegriffen: 3. Juni 2021
Staw BM, Barsade SG (1993) Affect and Managerial Performance: A Test of the Sadder-but-Wiser vs. Happier-and-Smarter Hypotheses. Administrative Science Quarterly 38–2:304–331. https://doi.org/10.2307/2393415
Washington Post (2021) Fact Checker: In four years, President Trump made 30,573 false or misleading claims. Internet-Veröffentlichung 20. Januar. https://www.washingtonpost.com/graphics/politics/trump-claims-database/?utm_term=.27babcd5e58c&itid=lk_inline_manual_2&itid=lk_inline_manual_3. Zugegriffen: 06. Nov. 2021
Wikipedia (2021) Historical rankings of presidents of the United States. https://en.wikipedia.org/wiki/Historical_rankings_of_presidents_of_the_United_States. Zugegriffen: 11. Sept. 2021

6 Behavioral Economics – Psychologie und Wirtschaft spannend kombiniert

Die bisherigen fünf Kapitel haben Ihnen einen Eindruck vermittelt, was unter kognitiven Verzerrungen und Irrtümern zu verstehen ist, und eine Vielzahl von Belegen dafür geliefert, dass selbst scheinbar rational denkende Menschen von solchen Fehleinschätzungen keineswegs verschont bleiben. Wir alle tappen vielmehr ständig und reproduzierbar in dieselben psychologischen Fallen. Bisher ging es dabei um Themen des Alltagslebens, Erinnerungen, Gefühle und Überheblichkeit; quantitative Aspekte habe ich nur am Rande angesprochen. Unter Erläuterung weiterer Effekte soll nun ein genauerer Blick auf die Verhaltensökonomik mit ihren Grundlagen und in Kap. 7 mit ihrer Anwendung im Finanzanlagewesen geworfen werden.

An dieser Stelle darf ich es mir mit den Leistungen der Altvorderen wie Adam Smith, Weber und Fechner, den Spieltheoretikern John von Neumann und Oskar Morgenstern sowie vor allem dem US-amerikanischen Wirtschaftswissenschaftler und kognitiven Psychologen Herbert A. Simon kurz machen und auf die Übersichtsliteratur verweisen (z. B. Beck 2014; Dittrich 2019; Latzel 2020). Simon (1916–2001) war derjenige, der in den 1950er-Jahren die Theorie der Begrenzten Rationalität als Gegenstück zur neoklassischen Ökonomie erarbeitete. Doch publizierte er insbesondere in den Bereichen Psychologie, Entscheidungstheorie und künstlicher Intelligenz noch bis ins hohe Alter.

Beispiel: Expertenintuition

Von *Intuition* war bereits an unterschiedlichen Stellen die Rede, etwa bei Personenbeurteilungen (Abschn. 4.3) oder dem Buchmotto. Außerdem erklärt der Begriff die zahlreichen falschen Antworten beim *Cognitive Reflection Test* (CRT; Kap. 1). Hier führt die Intuition viele Teilnehmer in die Irre, bei der Einschätzung anderer Menschen leistet diese innere Stimme allerdings oft gute Dienste.

Nach Simon (1992) bedeutet Intuition „Wiedererkennung". Er unterzog beispielsweise Schachgroßmeister psychologischen Tests und fand heraus, dass diese aufgrund ihrer langen Erfahrung und unzähliger im Gedächtnis gespeicherter Partien eine Figurenkonstellation auf dem Brett anders wahrnehmen als der Normalbürger. Sie verfügen über eine „Expertenintuition", mit der sie Kräfteverteilung und Optionen einer beliebigen Partie unmittelbar erfassen, weil sie Referenzbeispiele im Gedächtnis haben. Dasselbe trifft nach Simon auf Ärzte und Naturwissenschaftler zu, die an Diagnosen und Problemlösungen arbeiten. ◄

6.1 Die Entstehung der Verhaltensökonomik

Die Moderne Verhaltensökonomik[1] ist heute ein Teilgebiet der Wirtschaftswissenschaft, da der rationale Umgang mit knappen, also nur begrenzt verfügbaren Gütern analysiert wird. Die Forscher untersuchen Konstellationen, in denen Menschen im Widerspruch zur Modellannahme des Homo oeconomicus (Abschn. 6.3) handeln. Dementsprechend beziehen sich die zentralen Konzepte vor allem auf Individuen und ihre Entscheidungen. Menschen werden dabei als begrenzt rational *(bounded rational)* beschrieben.

Der Urknall der modernen Verhaltensökonomik
Die Grundsteinlegung für diese neue Disziplin begann de facto mit dem bahnbrechenden *Science*-Artikel „Judgment under Uncertainty: Heuristics and Biases" (Tversky und Kahneman 1974).

▷ Die **Verhaltensökonomik** *(Behavioral Economics)* beschäftigt sich mit menschlichem Verhalten in wirtschaftlichen Situationen und wendet die Erkenntnisse aus experimentellen Labor- und Feldstudien, insbesondere aus der Psychologie und anderen Sozialwissenschaften, in der Ökonomie an.

Daniel Kahneman und der 1996 verstorbene Amos Tversky befassten sich mit Grundlagen der Entscheidungsfindung und fanden heraus, dass wir Menschen in der Praxis keineswegs rationale Entscheidungen auf der Grundlage von Wahrscheinlichkeiten treffen: Wir suchen ständig nach Kausalverknüpfungen. Abschätzungen und Überschläge führen zu reproduzierbaren Fehlern selbst bei in Statistik kundigen Studenten und Fachleuten. Im Artikel beschreiben sie drei wesentliche Heuristiken, derer sich die Menschen intuitiv bedienen: Repräsentativ-, Verfügbarkeits- und Verankerungsheuristik – die klassische Einteilung kognitiver Verzerrungen (siehe auch Latzel 2020, S. 22–42). Jeder

---

[1] Man spricht dabei – in Abkehr von den früheren, teilweise radikaleren Konzepten – auch von Neuer Verhaltensökonomik. Nur davon ist in diesem Buch die Rede; zwecks einfacherer Lesbarkeit habe ich im Text auf die Zusätze „Neu" und „Modern" verzichtet.

6.1 Die Entstehung der Verhaltensökonomik

dieser Kategorien lässt sich eine Vielzahl kognitiver Effekte zuordnen, von denen einige bereits erläutert wurden, wie der Einfluss von Statistik und Stichprobengröße, falsches Zufallsempfinden, Affektheuristik, Ankerung u. v. m.

1. **Ähnlichkeits- oder Repräsentativheuristik** *(Similarity* oder *Representativeness Heuristic).* Fälle werden danach kategorisiert, wie sehr ihre Merkmale verfügbaren Kategorien ähneln, auch wenn diese Ähnlichkeit zufällig ist. Neue, teilweise wertlose Informationen werden mit den im Gedächtnis gespeicherten Informationen verglichen. Man betrachtet Kombinationen von Ereignissen als wahrscheinlich, für die sich ein kausaler Zusammenhang finden oder konstruieren lässt. Informationen, die zu vorgefassten Hypothesen passen, werden als Beleg dafür aufgefasst, ohne alternative Erklärungen zu erwägen. Die Status-quo-Verzerrung begünstigt auch die Risikoaversion und den Besitztumseffekt und macht selbst vor Wissenschaftswissenschaftlern nicht halt.
2. **Verfügbarkeitsheuristik** *(Availability Heuristic).* Die WYSIATI-Regel (Abschn. 5.2) besagt, dass nur das, was man gerade real oder imaginär vor Augen hat, für Beurteilungen und Entscheidungen relevant ist.
3. **Verankerungs- oder Anpassungsheuristik** *(Anchoring* oder *Adjustment Heuristic).* Bewertungen von Entscheidungsoptionen durch Anker wurden in Abschn. 1.3 diskutiert. Weil Menschen eine Abneigung gegen Extreme haben, neigen sie bei der Auswahl aus mehr als zwei Optionen zu mittleren, scheinbar ausgewogenen Optionen.

Basierend auf diesen drei Haupttheuristiken existiert eine Vielzahl menschlicher Denkfehler, die teilweise auf mehreren Kategorien basieren. So lassen sich typische Biases den drei Haupttheuristiken zuordnen:

1. *Basisratenfehler, Bestätigungsfehler, Linda-Problem, Besitztumseffekt, Vernachlässigung der Ausdehnung, Spielerfehlschluss, Hot-Hand-Phänomen, Prognoseillusion, Illusorische Korrelation, Scheinkausalität, Wiedererkennungsheuristik, Risikoaversion, Status-quo-Verzerrung*
2. *Affektheuristik, Verfügbarkeitsverzerrung, Frequenzillusion, Halo-Effekt, Gesetz der kleinen (bzw. großen) Zahlen, Empfindlichkeit für Wahrscheinlichkeiten, Vernachlässigung von Wahrscheinlichkeiten, WYSIATI*
3. *Above-Average-Effekt, Anpassungsfähige Haltungen, Ankereffekt, Belief Revision, Dunning-Kruger-Effekt, Framing-Effekt, Rückschaufehler, Overconfidence-Effekt, Priming-Effekt, Regression zur Mitte, Status-quo-Verzerrung*

Beispiel: Abwärts oder aufwärts?

Ein simples Beispiel zur anschaulichen Demonstration des Ankereffekts ist das folgende: Eine Gruppe von Highschool-Schülern sollte innerhalb von fünf Sekunden eine Abschätzung für das Ergebnis der Aufgabe

$$8 \times 7 \times 6 \times 5 \times 4 \times 3 \times 2 \times 1$$

machen, während einer Vergleichsgruppe die Aufgabe

$$1 \times 2 \times 3 \times 4 \times 5 \times 6 \times 7 \times 8$$

gestellt wurde. Da die meisten Menschen diese Rechnungen nicht im Kopf durchführen können, fangen sie gewöhnlich links an und bedienen sich bestimmter Heuristiken. Tversky und Kahneman fanden durch die Ergebnisse ihre Vorhersage bestätigt, wonach durch Ankerung über die erste Ziffer im ersten Fall ein höherer Wert als im zweiten zu erwarten ist: Die Schüler schätzten für die fallende Folge durchschnittlich 2250 und für die steigende Folge nur 512. (Das korrekte Ergebnis wäre in beiden Fällen 40.320 gewesen.) ◄

Damit war es jedoch noch lange nicht getan.

Prospect Theory
Das äußerst erfolgreiche Gespann Kahneman/Tversky stellte in seinen Arbeiten fest, dass Individuen systematisch und vorhersagbar von den normativ optimalen Entscheidungen abweichen und die typischen falschen Einschätzungen gewissen Mustern entsprechen. Schließlich veröffentlichen sie in *Econometrica,* einer der wichtigsten Fachzeitschriften, eine Arbeit, mit der sie die grundlegenden Annahmen der ökonomischen Theorie widerlegen wollen: Die Prospect Theory (deutsch „Neue Erwartungstheorie"; Kahneman und Tversky 1979) basiert auf empirischen Untersuchungen zum Entscheidungsverhalten in Lotterien *(Gambles),* in denen die Alternativen bezüglich der Eintrittswahrscheinlichkeit und des gewinnbaren monetären Wertes differieren. Sie ist eine wirtschaftswissenschaftliche Theorie über das Verhalten unter Unsicherheit und beruht auf dem Verständnis, dass das individuelle Risikoverhalten je nach eingeschätzter Sicherheit eines auftretenden Ereignisses variiert. Dabei sind drei grundlegende Unterschiede zur üblichen Nutzentheorie maßgeblich:

a. Der Nutzen einer Entscheidung wird nicht am Endpunkt, sondern anhand der Abweichung von einem Referenzpunkt gemessen.
b. Wahrscheinlichkeiten werden nicht objektiv gewichtet, wodurch unwahrscheinlichen Ereignissen ein zu hohes und fast sicheren ein zu niedriges Gewicht beigemessen wird.
c. Verschlechterungen werden deutlich stärker empfunden als Verbesserungen. Menschen sind daher im Bereich der Verluste risikofreudig, im Gewinnbereich dagegen eher risikoscheu.

Die Prospect Theory bildet somit eine Brücke zwischen rein intuitivem Verhalten und völliger Rationalität. Danach treffen Menschen bewusste Entscheidungen auf der Basis einer – subjektiven – Kosten-Nutzen-Abwägung. Das Modell hat jedoch seine Grenzen und ist nur eines unter vielen (Latzel 2020, S. 36).

Beispiel: Prospect Theory

Im Originalartikel ist eine Vielzahl experimenteller Resultate beschrieben, die auch in Kahneman (2012, S. 342–355) anschaulich zusammengefasst sind. Falls Sie wie ich (und im Gegensatz zu Heinz-Walter Nelles) nicht in Lotterien mitspielen und/oder einfach keine Lust verspüren, sich über theoretische Gewinnchancen Gedanken zu machen, haben die Psychologen auch rein qualitative Hinweise zu bieten.

a. *Zum Referenzpunkt:* Wenn Sie drei Schüsseln mit Wasser vor sich aufstellen, von denen eine mit heißem, eine mit eiskaltem und eine mit Wasser von Raumtemperatur gefüllt ist, können Sie Folgendes zur Verdeutlichung des Referenzpunktes machen: Tauchen Sie für eine Minute eine Hand in das heiße und die andere Hand in das kalte Wasser und anschließend beide Hände in das Wasser mit Raumtemperatur. Was fällt Ihnen auf?
b. *Zu Wahrscheinlichkeiten:* Die fehlende Objektivität ist eine Folge des Prinzips abnehmender Empfindlichkeit bei stärker werdenden Reizen sowohl bei Wahrnehmungen als auch in finanziellen Kategorien. Das Einschalten eines schwachen Lichts hat in einem dunklen Raum eine starke Wirkung, während es bei Festbeleuchtung kaum wahrgenommen wird. Eine Erbschaft von 10.000 € ist für eine finanziell mager ausgestattete Person signifikant, führt bei einem Vermögenden jedoch kaum zu einem Freudenausbruch.
c. *Zur Verlustaversion:* Die Asymmetrie zwischen der Macht positiver und negativer Einschätzungen ist evolutionsgeschichtlich bedingt. Lebewesen, die Bedrohungen vordringlicher behandeln als Chancen, haben eine höhere Überlebens- und Fortpflanzungswahrscheinlichkeit. Hierzu doch noch ein simples Lotteriebeispiel: Wenn bei einem Münzwurf Kopf kommt, verlieren Sie $100; wenn Zahl kommt, gewinnen Sie $150. Die meisten Probanden lehnen trotz der günstigen Gewinnchance ab, da das gefühlte Verlustrisiko im ersten Fall eher bei $200 liegt.

Im Artikel wurde das Phänomen der Verlustaversion erstmals beschrieben. Dieses ist in Abb. 6.1 nachgezeichnet. Auf die Praxis übertragen bedeutet dies: Es darf davon ausgegangen werden, dass Unfreundlichkeit und schlechtes Benehmen in Verhandlungen viel mehr Schaden anrichten, als jemals mit Freundlichkeit und guten Manieren wiedergutzumachen ist. Im Einzelhandel und im Restaurantbereich geht man davon aus, dass es drei bis zu zehn zufriedener Kunden bedarf, um den Effekt eines unzufriedenen Kunden auszugleichen. ◄

Risikowahrnehmung

Die Prospect Theory, die sich mit risikobehafteten Entscheidungen beschäftigt, stellt somit neben den drei Hauptheuristiken als realistischere Alternative zur Erwartungsnutzentheorie eine vierte Kategorie dar. Danach nimmt die Bewertung von Kosten und Nutzen mit zunehmender Höhe nur unterproportional zu, und Verluste werden

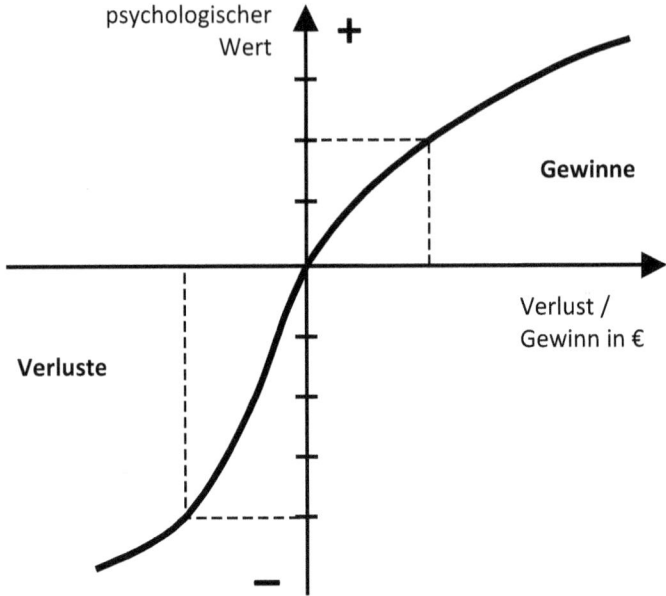

Abb. 6.1 Subjektive Gewinn- und Verlustwahrnehmung. (Kahneman und Tversky 1979, S. 279; eigene Darstellung in Anlehnung an Rieger. CC BY-SA 3.0, Wikipedia 2021b)

im Allgemeinen etwa doppelt so stark bewertet wie Gewinne. Damit lassen sich unter anderem Erwartungswert/Referenzpunkt, Besitztumseffekt, Verlustaversion, Mentale Buchführung und Regression zur Mitte begründen.

Die unter c. aufgeführte Risikoscheu in sicherem Fahrwasser manifestiert sich im **Pseudocertainty-Effekt** (*Pseudocertainty Effect;* „Effekt der Pseudosicherheit"), der Tendenz zu risikoscheuem Verhalten bei erwartetem positivem Resultat und risikobehafteten Entscheidungen, falls negative Ergebnisse erwartet werden. Der **Certainty-Effekt** (*Certainty Effect;* „Sicherheitseffekt") ist natürlich ebenfalls bekannt und in der Literatur wesentlich breiter gewürdigt. Es handelt sich um eine weitere kognitive Verzerrung, die sich äußert, indem Menschen bei einer Entscheidung unter Unsicherheit den Unterschied zwischen zwei Wahrscheinlichkeiten dann als wesentlich stärker bewerten, wenn durch eine der Möglichkeiten absolute Gewissheit erreicht werden kann. In anderen Worten: Bei Gewinnoptionen entscheidet man sich eher für die sicherere Wahl und ist dafür bereit, Alternativen mit höherem Erwartungswert, aber geringerer Sicherheit zu vernachlässigen (Tversky und Kahneman 1981a, 1986). Ein Merkspruch bringt diesen Aspekt der Prospect Theory auf den Punkt:

▷ Menschen gehen ungern Gewinnrisiken ein, wenn ihnen kleine Gewinne sicher sind.

Certainty- und Pseudocertainty-Effekt stellen eine Folge des **Null-Risiko-Fehlers** *(Zero Risk Bias)* dar: Viele Zeitgenossen sind bereit, übermäßig viel Geld zu investieren, um ein winziges, unverhältnismäßiges Restrisiko auszuschließen. Ich denke dabei – im Gegensatz zu notwendigen Kranken- und Haftpflichtpolicen – an das in meinen Augen weitgehend sinnfreie Verhalten, ein Ceran-Kochfeld extra zu versichern oder den Garantiezeitraum für ein Auto oder ein Elektrogerät kostenpflichtig zu verlängern.

Gleichzeitig spielt hier die **Subjektive Risikowahrnehmung** *(Subjective Risk Perception)* eine Rolle (Richter et al. 2018, S. 15–17). Menschen wenden im Bereich der Risikowahrnehmung von Vorsicht geprägte Heuristiken an, was gerne zur Überschätzung tendenziell kleiner Wahrscheinlichkeiten führt. Dies wird auch durch den **Agent-Detection-Bias** ausgedrückt *(Agent Detection Bias,* deutsch „Fälschliche Erkennung eines Akteurs"; auch „Feind-Erkennungs-Radar"). Man versteht darunter die Neigung anzunehmen, dass ein bewusstes Eingreifen eines höheren Akteurs stattfindet, oder man geht von einer Gefahr aus, obwohl die Gefahr womöglich nicht real ist. Dies hat sich in der Evolution als Vorteil erwiesen, weil der Irrtum über die Abwesenheit eines Feindes durch die möglichen fatalen Folgen schwerer wiegt. Mit anderen Worten: Glaub' besser daran, dass ein Löwe in der Nähe ist, und verhalte dich entsprechend vorsichtig, auch wenn eventuell gar keiner da ist. Das resultierende und bereits in Kap. 2 angesprochene *Fight-or-Flight*-Verhalten war zu Zeiten des Säbelzahntigers sicherlich dem Überleben sehr dienlich, führt in modernen Zeiten jedoch nicht immer zum optimalen Ergebnis.

> **Tipp** Verpassen Sie durch übertriebene Vorsicht keine Chancen, indem Sie die Risiken überbewerten. *„No risk, no fun",* sagt man manchmal nicht zu Unrecht. Werden Sie ebenfalls nicht durch Überoptimismus und Vermessenheit zu leichtsinnig.

Heuristiken und daraus resultierende Verzerrungen und Denkfehler lassen sich nicht eindeutig und nach nur einem Schema kategorisieren, da in zahlreichen Fällen mehrere Gründe bzw. Folgen möglich sind. Teilweise widersprechen sich die Phänomene sogar gegenseitig. Darüber hinaus ist die Spannbreite dessen, wie stark die Wirkung eines bestimmten Effekts mit welcher Streuung über unterschiedliche Personen auftritt, in vielen Fällen bisher nicht hinreichend quantifiziert worden (oder auch überhaupt nicht quantifizier*bar*), was wiederum eine stringente Zuordnung von Ursachen und erwartbaren Wirkungen deutlich erschwert.

Kap. 1 und 2 haben zur Einstimmung bereits einen breiten Querschnitt an kognitiven Effekten geboten. In den weiteren Kapiteln beschreite ich einen pragmatischen Weg und ordne die Irrtümer und Verzerrungen in Abweichung von der klassischen Einteilung einzelnen Schlagwörtern zu: Erinnerung in Kap. 3, Emotion in Kap. 4 und Selbstüberschätzung in Kap. 5 sowie klassischer Verhaltensökonomik in Kap. 6, Aktienanlagen in Kap. 7, Arbeitsumfeld in Kap. 8, Wahrscheinlichkeiten in Kap. 9, Entscheidungen in Kap. 10, Diskriminierung in Kap. 11 und Umweltzerstörung in Kap. 12.

6.2 Versunkene Kosten und der Reiz des Besitzes

Der Wirtschaftswissenschaftler Richard Thaler nahm den Ball ein Jahr nach Veröffentlichung der Prospect Theory mit *Toward a positive theory of consumer choice* auf und beschrieb die Unfähigkeit von Verbrauchern, rationale Entscheidungen zu treffen (Thaler 1980); zu diesem Thema erfahren Sie mehr in Abschn. 6.6. So werden bei Transaktionen regelmäßig Nebenkosten *(Opportunity Costs)* unterschätzt (siehe Abschn. 10.2), während die Bereitschaft fehlt, an einem gewissen Punkt der Erfolgslosigkeit vergebliche Aufwendungen abzuschreiben und zu vergessen. Thaler beschreibt im Artikel zwei weitere für die Verhaltensökonomik relevante Irrtümer: die Fehlbewertung der *Sunk Costs* sowie den Besitztumseffekt.

> **Beispiel: Sunk Cost Fallacy**
>
> Die **Sunk Cost Fallacy,** die Fehleinschätzung durch Angst vor „versunkenen" Kosten bei Abbruch einer Geschäftsaktivität – unwiederbringlich verlorenen Aufwendungen an Geld, Material und/oder Arbeit –, wird im Englischen auch als *Plan Continuation Bias* oder *Too-much-invested-to-quit Syndrome* bezeichnet. Man setzt stur seinen einmal gefassten Plan um, mit der fadenscheinigen Begründung, dass bereits zu viel darin investiert wurde – obwohl es unter aktueller Betrachtung wenig Sinn macht, denn man tut sich mit der Abschreibung irreversibler Kosten schwer (Parayre 1995). Der Gegenspieler nennt sich **Prospective Cost Fallacy:** die Scheu, Angst bzw. Abneigung vor erwarteten zukünftigen (eventuell empfindlich hohen) Kosten, wenn Pläne letztlich realisiert werden sollten.
>
> Ein bekannter englischer Spruch trifft die Folgen der Sunk Cost Fallacy recht gut: *„Throwing good money after bad"* – also frisches Geld schlecht investiertem hinterherzuwerfen. Das Phänomen logischer Fehleinschätzung ist nach Staw (1976) auf eine **Irrational Escalation** (auch *Irrational Commitment*, „Eskalierende Hingabe") zurückzuführen: der Tendenz, sich gegenüber einer früher getroffenen – aus heutiger Sicht ineffektiven oder falschen – Entscheidung verpflichtet zu fühlen und diese über die Bereitstellung zusätzlicher Ressourcen zu stützen.
>
> Der Irrtum, unvernünftige und teure Aktivitäten weiterzuführen, anstatt ein „Ende mit Schrecken" herbeizuführen, lässt sich an vielen Stellen vor allem von Politik und Wirtschaft beobachten. Ich hätte diese Betrachtung auch mit der Frage beginnen können: Was haben Atomkraftwerke, die Concorde und Nord Stream 2 gemeinsam? Alle drei technisch-technologisch geprägten Großprojekte sind Symbole einer vergangenen Zeit und Manifest der Fehlinvestition immenser staatlicher Finanzhilfen. Hierbei handelt es sich weniger um die Folge eines Planungsfehlschlusses, der eine zeitgerechte Abarbeitung der Projektaufgaben verhindert hat, sondern vielmehr um die fehlende Einsicht, zu teure und wenig zukunftsweisende Abenteuer konsequent zu beenden und die bisher investierten Ausgaben abzuschreiben.

6.2 Versunkene Kosten und der Reiz des Besitzes

Im Falle der Kernkraftentwicklung in der jungen Bundesrepublik war es so, dass auf Bestreben von Verteidigungsminister Strauß (der vermutlich eine zukünftige atomare Bewaffnung im Sinn hatte) der Energiekonzern RWE mit massiver staatlicher Unterstützung zur Bereitstellung dieser Technologie gedrängt wurde. Das erste und gleichzeitig letzte Überschallpassagierflugzeug im Linienflugdienst überquerte zwar den Atlantik in gut drei Stunden, doch war das Prestigeprojekt mit zu lauten und zu durstigen Maschinen nie profitabel. Und die Erdgaspipeline Nord Stream 2, ein gegen den Willen der westlichen Bündnispartner mit einem zweifelhaften Geschäftspartner Russland durchgeführtes Projekt, wird für die Versorgung Deutschlands keineswegs benötigt – zumal der Verbrauch an fossilen Brennstoffen in Zukunft drastisch sinken muss und inzwischen die Karten neu gemischt sind. ◄

Beispiel: Besitztumseffekt

Der bereits angesprochene **Besitztumseffekt** *(Endowment Effect)* äußert sich in höheren „gefühlten" Werten für Dinge, die man besitzt, im Vergleich zu denselben Dingen, falls man sie nicht besitzt. Repräsentativ dafür erscheinen die Liegen im Ferienressort, die wir Deutschen gerne ganztägig mit unseren Handtüchern belegen – das aktuell vom Gast belegte Poolmöbel hat einen deutlich größeren Wert als ein identisches anderes, das er nach der Mittagspause nehmen könnte.

Der Effekt macht sich dadurch bemerkbar, dass Menschen für den Verkauf eines Guts (insbesondere Genuss- und Vergnügungsgüter) wesentlich höhere Preise verlangen, als sie für den Einkauf des gleichen Guts zu zahlen bereit sind.[2] Er ist Ausdruck des Phänomens, dass Menschen Dinge aufwerten, zu denen sie eine Bindung hergestellt haben (Thaler 2019, S. 30–39, 199–208). Thaler nennt unter anderem die nachfolgenden einleuchtenden Beispiele zur Illustration der Verzerrung, die sich aus der Sunk Cost Fallacy ableitet:

- Ein Kunde kauft in den späten 1950er-Jahren eine Kiste Wein für etwa $10 pro Flasche. Einige Jahre später bietet ihm der Weinhändler an, den inzwischen stark nachgefragten Wein für $100 pro Flasche zurückzukaufen. Obwohl der Kunde noch nie mehr als $35 für einen Wein bezahlt hat, weigert er sich.
- Ein Mann mäht seinen Rasen selbst. Ein Nachbarsjunge bietet ihm an, diese Arbeit für $8 abnehmen, doch er lehnt dankend ab. Der Mann würde allerdings niemals den gleichgroßen Rasen dieses Nachbarn für $20 mähen. ◄

---

[2] Juristisch betrachtet müsste es in diesem Fall streng genommen „Eigentumseffekt" heißen, aber das wäre wohl Haarspalterei. Den Unterschied können Sie daran erkennen, wie Bewohner ein Mietobjekt oder ihr Eigenheim behandeln oder Autofahrer einen Firmen- oder privaten Pkw.

Vielleicht sind diese Beispiele im Detail etwas weit hergeholt, da neben den finanziellen Werten noch weitere Aspekte in die Betrachtung hineinwirken. Jedoch lässt sich dieses Verhalten bei einer Menge Besitztümern auch in anderen Feldern finden, seien es geringwertige Souvenirartikel wie Kaffeetassen, Maskottchen oder Plastikbälle (vgl. Abschn. 2.2). Richard Thaler und andere Verhaltensökonomen beschreiben in ihren Publikationen viele anschauliche Beispiele.

Und damit sind wir beim vierten grundlegenden Artikel für die neue Disziplin: *Choices, Values, and Frames* (Kahneman und Tversky 1984). In dieser Veröffentlichung, die auch Ergebnisse eines zweiten *Science*-Artikels aufgreift (Tversky und Kahneman 1981a), sind in konsequenter Fortsetzung ihrer Forschungsergebnisse zu Heuristiken und Prospect Theory weitere Erkenntnisse zu Framing, Risikoaversion und Entscheidungsfindungen beigesteuert; erneut spielen Lotterieergebnisse eine tragende Rolle. So steigt der subjektiv wahrgenommene Wert eines Loses keineswegs linear mit dessen Gewinnchance, sondern erhöht sich bei zunehmenden Gewinnchancen im sehr niedrigen Bereich zunächst deutlich langsamer als mathematisch erwartbar.

Gleichzeitig wird die **Mentale Buchführung** *(Mental Accounting)* diskutiert, ein ökonomisches Konzept, nach dem Individuen ihre gegenwärtig und zukünftig verfügbaren finanziellen Mittel in verschiedene, nicht gegenseitig übertragbare „Portionen" (= Konten) unterteilen. Die Theorie geht davon aus, dass sie jedem dieser Konten einen unterschiedlichen Nutzeffekt zuordnen, was ihr Konsumverhalten beeinflusst (siehe auch Thaler 1999). Die meisten von uns können diesen Hang zur Mentalen Buchführung vermutlich gut nachvollziehen, selbst wenn das Haushaltsgeld nicht zu knapp bemessen ist und keine direkte Notwendigkeit besteht. Nachdem wir virtuell Mittel für die Anschaffung eines neuen Autos beiseitegelegt haben, werden wir diese nur sehr ungern zum Kauf von Möbeln oder Kleidung verwenden – obwohl das Geld im selben Depot oder auf demselben Konto geparkt ist. Die Rücklagen für laufende Ausgaben wie Miete, Haushalt oder Freizeit verbuchen wir mental wiederum an anderer Stelle. Gewinne und Verluste werden nicht kontenübergreifend verrechnet, und es wird kein Gesamtnutzen ermittelt.

▶ **Tipp** Was im gewerblichen Umfeld Standard ist, kann auch im privaten Bereich von Nutzen sein: Hier wie dort sollte mengenmäßig bekannt sein, woher das Geld kommt und wohin es geht.

6.3 Homo oeconomicus, Intuition und Rationalität

Die Verhaltensökonomik bildet kein Gegenprogramm zur Standardökonomik. Inzwischen ist sie ein innerhalb der Wirtschaftswissenschaften fest verankertes Themen- und Arbeitsgebiet, das sowohl den Fachmann als auch den interessierten Laien fasziniert. Zahlreiche wissenschaftliche Originalartikel vor allem zu empirischen Studien, aber auch Monografien, Tagungsbände, Bücher, Zeitschriftenartikel, Blogs und sonstige Internetbeiträge sowie Kolumnen und andere Formate werden jedes Jahr veröffentlicht.

6.3 Homo oeconomicus, Intuition und Rationalität

Die Fiktion des Homo oeconomicus

Noch einmal zurück zu den kognitiven Abkürzungen bei Entscheidungen und den damit verbundenen typischen Denkfehlern. Diese lassen sich durch bewusstes Abwägen der verfügbaren Optionen teilweise vermeiden, wozu wir – im Gegensatz zum verbreiteten Verhalten im Tierreich – durchaus bereit sind. Und doch agieren Menschen insgesamt wesentlich irrationaler, als man vermuten würde. Die Analyse und Nutzung psychologischer Erkenntnisse zur Verhaltenssteuerung in wirtschaftlich relevanten Zusammenhängen zeichnet letztlich die Disziplin der Verhaltensökonomik mit der Prospect Theory als Brücke zwischen rein intuitivem Verhalten und völliger Rationalität aus.

▶ Oft sind wir eben „ein bisschen irrational" und entscheiden teils mit dem Bauch, teils mit dem Kopf, und in letzterem Fall gerne mit verzerrten Annahmen auf der Basis falsch eingeschätzter Wahrscheinlichkeiten.

Die im Vorwort erwähnte Allegorie „Wald oder Bäume" also. Dabei weicht unser Verhalten in ökonomischer Hinsicht gewöhnlich von der reinen Profitorientierung ab: entweder versehentlich, indem wir von falschen Annahmen und Voraussetzungen ausgehen, oder bewusst, weil beispielsweise Kooperation mit und Empathie für andere das eigene Handeln beeinflussen. Damit verlassen wir den Geltungsbereich der Spieltheorie.

Ein rein wirtschaftlich orientiertes Verhalten würde z. B. dem Spenden für wohltätige Zwecke (es sei denn, man glaubt an eine Vergeltung nach dem Tode) oder den vielfältigen Möglichkeiten für freiwillige und vor allem karitative Tätigkeiten (außer bei der Erbtante) eine Absage erteilen. Menschen sind je nach Umständen und Persönlichkeit zu variablem moralischem Verhalten fähig, was bei rein rationalen Verhaltenserwartungen als „ethische Verzerrung" *(Moral Heuristics)* erscheinen muss. Der Mensch ist weniger ein „kognitiver Geizkragen", sondern vielmehr ein Taktiker, der je nach den Begleitumständen vorliegende Informationen in unterschiedlicher Weise verarbeitet und entsprechende Entscheidungsregeln anwendet (Latzel 2020, S. 47). Auch ohne Beachtung ethisch-moralischer Aspekte entspricht reales menschliches Verhalten meist nicht der betriebswirtschaftlichen Theorie, wie folgendes Beispiel zeigt.

Beispiel: Der Homo oeconomicus im Volunteereinsatz

Knüpfen wir an die Geschichte vom Mann an, der seinen Rasen selbst mäht, anstatt den Nachbarsjungen für wenig Geld zu beauftragen. In einem anderen Beispiel von Rolf Dobelli (2013, Kap. 65) geht es um einen Fotografen, der $500 pro Stunde verdient. Eines Tages wird er gebeten, als Freiwilliger am Wochenende mitzuhelfen, für eine gemeinnützige Organisation Vogelhäuser zu bauen. Natürlich sagt er zu. (In einer anderen Version ist es ein Rechtswalt mit gleichem Verdienst, der in seiner Freizeit als Volunteer für Obdachlose kocht.)

Der springende Punkt aus ökonomischer Sicht: Der Fotograf könnte einen Schreiner oder der Anwalt einen Koch alternativ für jeweils $50 pro Stunde beauftragen und in dieser Zeit selbst seinen gut bezahlten Geschäften nachgehen. Damit hätte er die Möglichkeit, nach Abgaben immer noch mindestens $200 Überschuss pro Stunde an den jeweiligen Verein spenden, und er bekäme obendrein vielleicht noch eine steuermindernde Spendenquittung. Allerdings ist er (selbst zum Vorteil des Vereins) kein reiner Wirtschaftsmensch, sondern möchte auch mal Abwechslung haben und mit anderen Leuten ein schönes Wochenende mit alternativer Beschäftigung erleben. ◄

Einen solchen rationalen Agenten, den es in der Realität nicht gibt (und der nicht mit dem des Agent-Detection-Bias zu verwechseln ist), lernen BWL-Studenten im ersten Semester kennen. Wir sprachen bereits in Kap. 2 davon, dass der Homo sapiens wie andere Vertreter der Gattung Homo vom Homo erectus abstammt, und Bestsellerautor Harari (2013, 2017) postuliert mit Blick auf die Zukunft sogar den Homo deus. Die Wirtschaftswissenschaft nennt ihr Modell in Analogie *Homo oeconomicus*.

▶ Der **Homo oeconomicus** („Wirtschaftsmensch") ist die Modellvorstellung der Ökonomie und Spieltheorie eines idealen, ausschließlich nach wirtschaftlichen Gesichtspunkten denkenden und handelnden Menschen – das theoretische Modell eines Nutzenmaximierers, mit dem es gelingt, wirtschaftliche Vorgänge zu analysieren und konsequent für sich zu nutzen.

Der Homo oeconomicus kennt nach gängiger Festlegung nur ökonomische Ziele. Er lässt sich durch Eigenschaften wie rationales Verhalten, Streben nach größtmöglichem Nutzen, vollständige Kenntnis seiner wirtschaftlichen Entscheidungsmöglichkeiten und deren Folgen sowie vollkommene Information über alle Märkte und Eigenschaften sämtlicher Güter (= vollständige Markttransparenz) beschreiben. Hauptmerkmal ist seine Fähigkeit zu uneingeschränktem rationalem Verhalten, handlungsbestimmend ist für Konsumenten das Streben nach Nutzenmaximierung, für Produzenten nach Gewinnmaximierung.

Konventionelle Standardökonomik setzt voraus, dass wir uns rational verhalten. Aber wer denkt und agiert schon wie der Vulkanier Mister Spock aus *Raumschiff Enterprise*? Ein Computer oder Avatar vielleicht, doch kein Mensch. Im wirklichen Leben ist die Entscheidungsfindung zwar viel weniger rational als erwartet, allerdings keineswegs willkürlich, sondern systematisch und vorhersagbar. Menschen treffen im Widerspruch zur Modellannahme des Homo oeconomicus Entscheidungen häufig auf Grundlage einer einfachen, schnellen und stabilen Faustregel, nicht nach Bewertung aller Möglichkeiten. Ein solches Verhalten lässt sich in bis zu 95 % der Fälle nachweisen und hat seinen Grund meist darin, dass Entscheidungen intuitiv, nach Gefühl, heuristisch bzw. „aus dem Bauch heraus" getroffen werden.

▶ **Verhaltensökonomik** ist ein neuer Ansatz, der das reale Verhalten mit dem theoretischen vergleicht. Dieser geht davon aus, dass die Leute laufend falsche Entscheidungen treffen.

Letzteres dürfte Ihnen bei der Lektüre inzwischen klargeworden sein. Wir sollten uns vor diesem Hintergrund bewusst machen, dass alle möglichen externen Kräfte unser Verhalten in irgendeiner Weise beeinflussen wollen. Wir können lernen, aufmerksam zu sein, Situationen zu analysieren, uns zur Anwendung bestimmter Techniken zu zwingen, die unsere natürlichen Defizite kompensieren. Erst die Faktenlage, dann die Intuition.

▶ **Tipp** Das wirksamste Mittel gegen kognitive Irrtümer aller Art ist, seinen rationalen Verstand zu benutzen und Einschätzungen, Schlüsse und Handlungsoptionen auf einer stabilen Daten- und Faktenbasis festzulegen. Benutzen Sie dabei Ihren gesunden Menschenverstand.

Intuition und Rationalität

Kopfmenschen denken logisch und strukturiert, gehen analytisch vor, können gut mit Zahlen umgehen, haben einen ausgeprägten Orientierungssinn und eine gute Beobachtungsgabe: Eigenschaften des Homo oeconomicus. Sie können weitgehend analytisch denken, werden deshalb aber von anderen häufig als kühl und wenig mitfühlend wahrgenommen. Darüber hinaus ist bekannt (Latzel 2020, S. 48), dass bei Personen, die eher nach Kalkül entscheiden, Certainty-Effekt und Verlustaversion weniger stark zutage treten als bei Personen, die zu gefühlsbasierten Entscheidungen neigen. Und je höher die schulische Bildung von Menschen ist, desto besser können sie Wahrscheinlichkeiten mathematisch zutreffend einschätzen und damit verbundene typische Denkfehler vermeiden.

Bauchmenschen sind vorwiegend kreativ und emotional, lösen Probleme intuitiv und erfassen komplexe Zusammenhänge ganzheitlich. Einzelne Menschen repräsentieren immer Mischformen, jedoch mit einer Präferenz. Beide Typen haben ihre Vorzüge: Wo der eine seine Stärken zeigt, liegen oft die Schwächen des anderen. 60–80 % der deutschen Gesellschaft sind kopflastig – allerdings reicht diese Eigenschaft selten aus, kognitiven Irrtümern und Verzerrungen komplett aus dem Weg zu gehen.

Bei aller Systematik sollte nicht vergessen werden, dass die Persönlichkeit von Individuen im Hinblick auf die Wirkweise kognitiver Effekte einen wichtigen Einfluss haben kann. Gefühl und Verstand spielen stets eine Rolle, wenn Menschen sich entscheiden sollen oder müssen. Während die einen ihre Gefühle befragen, vertrauen die anderen auf Rationalität und Fakten; vielfach ist das Vorgehen variabel und kontextabhängig. Kopf- und Bauchmenschen unterscheiden sich darin, wie sie in bestimmten Situationen agieren und reagieren, denn sie treffen ihre Entscheidungen auf anderer Basis. Das resultiert nach allgemeiner Auffassung primär daher, dass kopflastige Menschen rational denken und auch handeln und ihre Emotionen zurückstellen, aber Bauchmenschen sich als emotional veranlagte Wesen bevorzugt von Gefühlen leiten lassen.

▶ Man traut „Kopfmenschen" ein höheres Maß an Rationalität und „Bauchmenschen" eine bessere Intuition und mehr Empathie zu.

In der amerikanischen Fachliteratur haben sich für die beiden Typen die Begriffe *Econs* und *Humans* durchgesetzt, die von Richard Thaler geprägt wurden. Der Titel von Daniel Kahnemans Übersichtswerk *Schnelles Denken, langsames Denken* bezieht sich auf zwei grundsätzlich unterscheidbare Arten des Denkens, die in Verbindung mit den typischen Eigenschaften von Humans und Econs stehen und die er „System 1" und „System 2" nennt. System 1 ist das automatische System, System 2 das willentliche (Kahneman 2012, S. 31–136).

- **System 1** ist für das „schnelles Denken" zuständig. Es ist sehr energieeffizient, läuft ohne unser Zutun und lässt sich nicht abstellen. Es wird charakterisiert durch Terme wie Intuition, Heuristik, Mut zur Lücke, erster Eindruck und Bauchgefühl. System 1 arbeitet immer, wenn wir wach sind, ohne willentliche Steuerung, weitgehend mühelos – und schnell.
- **System 2** steht für „langsames Denken". Es lenkt die Aufmerksamkeit auf anstrengende mentale Tätigkeiten, etwa komplexe Berechnungen. Diese Art des Denkens ist energieaufwendig, langsam und erfordert eine hohe Konzentration. Die Ergebnisse sind dafür rational begründet, analytisch, kalkuliert und genau. Im Gegensatz zu System 1 arbeitet System 2 nicht durchgehend auf vollen Touren, sondern befindet sich meist in einem angenehmen Modus geringer Anstrengung. Es muss geradezu bewusst aktiviert werden, wenn es darauf ankommt.

▷ Bei wichtigen Entscheidungen ist System 2 von hoher Bedeutung, um über diese anstrengendere Vorgehensweise die intuitive Einschätzung von System 1 zu kontrollieren und zu überprüfen.

Arbeitet System 2 schlampig und setzt sich nicht in ausreichender Tiefe mit Fakten und Informationen auseinander, kommt es zu kognitiven Verzerrungen. Diese Irrtümer können vor allem bei Verbrauchern und im Geschäftsleben zu teuren Fehlschlüssen führen. Richard Thaler spricht in *Misbehaving* (Thaler 2019) von Anomalien – Abweichungen von Verhaltensweisen und Befunden, die zur Standardökonomie passen würden. Der Grund ist sehr oft, dass System 2 eine seiner Hauptfunktionen nicht wahrnimmt, die darin besteht, von System 1 vorgeschlagene Gedanken und Handlungen zu überwachen. Das Gehirn spart Energie, da das intuitive Gefühl z. B. für die CRT-Fragen eine plausible Lösung suggeriert, die scheinbar keiner näheren Überprüfung bedarf. Damit erfüllt es die evolutionsgeschichtlich vorgegebenen Anforderungen, die wiederum in längst vergangenen Zeiten angebracht waren, nicht jedoch im anspruchsvollen Umfeld der Gegenwart.

Um Gefühl, Intuition und Heuristik brauchen wir uns hinsichtlich des Eintretens keine großen Gedanken zu machen – als System-1-Eigenschaften funktionieren sie auch dann, wenn wir müde und unfokussiert sind. Anders sieht es bei bewussten Entscheidungen aus, für die wir System 2 benötigen.

▶ **Tipp** Gehen Sie immer ausgeruht und konzentriert in Situationen hinein, in denen weiterreichende Entscheidungen getroffen werden: beruflich etwa Vorstellungsgespräche, Besprechungen, Verhandlungen – und privat bei Vertragsabschlüssen aller Art, wie Investitionsgüterkäufen oder Finanzgeschäften.

6.4 Zeitpräferenz und Hyperbolische Abzinsung

Obwohl sich Kap. 1–5 mit kognitiven Irrtümern des Alltagslebens und noch nicht mit der Verhaltensökonomik im engeren Sinn beschäftigt haben, wurden einige klassische Biases bereits erläutert. Mit der Prospect Theory in Verbindung stehen unter anderem Allais-Paradox (Abschn. 2.4), Ankereffekt (Abschn. 1.3), Fokussierungsillusion (Abschn. 4.1), Verlustaversion (Abschn. 1.4) und Status-quo-Verzerrung (Abschn. 1.4). Der Framing-Effekt (Abschn. 1.3) wurde ebenso erläutert wie die WYSIATI-Regel (Abschn. 5.2). Doch auch nicht unmittelbar mit den Namen Kahneman und Tversky verbundene verhaltensökonomische Anomalien kamen zur Sprache, z. B. Nudging (Abschn. 1.5) und Vernachlässigung von Wahrscheinlichkeiten (Abschn. 1.2) nach Sunstein und Thaler, die Wiedererkennungsheuristik (Abschn. 1.3) nach Gigerenzer und das Aktienprämienrätsel (Abschn. 1.4), das wir in Kap. 7 abermals aufgreifen werden. Es gibt noch viel zu erzählen, und an weiteren kognitiven Effekten mangelt es nicht. Die folgenden Erläuterungen werden Ihnen bei der Entscheidung helfen, wann Sie die Faktenlage genauer prüfen müssen, bevor Sie Ihrer Intuition vertrauen. Dabei stehen zunächst weiterhin wirtschaftlich relevante Sachverhalte mit Entscheidungsoptionen im Fokus.

Es bietet sich an, als Vorgriff auf Abschn. 6.6 mit dem Phänomen der **Zeitpräferenz** zu beginnen (*Time Preference;* deutsch auch „Gegenwartspräferenz") (Frederick et al. 2002). Dieser Effekt beschreibt die Vorliebe vor allem von Verbrauchern, Konsum in der Gegenwart gegenüber künftigem Konsum vorzuziehen. Allgemeiner ausgedrückt: Es geht darum, zu welchem Zeitpunkt ein Individuum den Konsum eines bestimmten Guts präferiert, wenn es die Wahl zwischen mehreren möglichen Zeitpunkten hat. In der Regel nimmt man an, dass Verbraucher ein Gut lieber in der Gegenwart als in der Zukunft genießen möchten. Die Verhaltensökonomik liefert Erklärungen dafür, dass Entscheidungen in Bezug auf Konsum, jedoch auch künftige Spar- oder Investitionsvorhaben von den neoklassischen Vorhersagen abweichen. Der Effekt ist im Rahmen der Ressourcennutzung von heutigen gegenüber zukünftigen Generationen ebenfalls von hoher Bedeutung (siehe Abschn. 12.1).

Der inhaltliche Bezug der Zeitpräferenz zur Projektionsverzerrung liegt auf der Hand, der (oft) falschen Einschätzung, was ein Gut später wert sein wird (Abschn. 1.5). Und damit bewegen wir uns bereits in Richtung Finanzmathematik. Ich werde weiterhin statt abstrakter Formeln konkrete, anschauliche Beispiele aus dem Leben liefern. Zunächst eines aus dem Lehrbuch.

> **Beispiel: Was tun mit dem Hunderter?**
>
> „Sie haben gerade 100 € zur Hand und wollen diese in ein gutes Essen investieren. Da kommt ein Bekannter vorbei, der genauso gerne essen gehen möchte, und fragt, ob Sie ihm nicht die 100 € leihen könnten – in einem Jahr zahle er sie Ihnen wieder zurück. Weil der Freund nun kein so enger Freund ist, sehen Sie nicht ein, warum Sie heute zu seinen Gunsten auf das Essen verzichten sollen. Aber Ihr Freund macht Ihnen einen Vorschlag: Wenn Sie ihm 100 € überlassen, dann zahlt er Ihnen in einem Jahr 110 € zurück – Ihr Verzicht auf das Essen heute wird in einem Jahr mit 10 € entlohnt" (Beck 2014, S. 197). ◄

Es hängt von der persönlichen Zeitpräferenz ab, ob einem das Essen zum jetzigen Zeitpunkt oder eine 10-%ige Verzinsung mehr zupassekommt. Zu ähnlichen Entscheidungssituationen sind zahlreiche Experimente mit Probanden durchgeführt worden, die im einfachsten Falle gefragt wurden, ob ihnen 10 € heute oder 20 € (oder ein anderer Betrag) in einem Jahr lieber wären. In diesem Zusammenhang sind die Forscher auf eine weitere verhaltensökonomische Verzerrung gestoßen, die man **Hyperbolische Abzinsung** bzw. Diskontierung *(Hyperbolic Discounting)* nennt – ein weiterer Eckpfeiler der Verhaltensökonomik. Es handelt sich um ein zeitinkonsistentes Modell verzögerter Abzinsung, wonach die Verschiebung eines Konsums in die Zukunft zunächst rasch und dann immer langsamer (= hyperbolisch) diskontiert wird und somit an Wert verliert. Nach der klassischen Theorie wäre eine Entscheidung über zukünftigen Konsum oder Verzicht unabhängig vom Zeitpunkt der Entscheidung stets konsistent. Eine anschauliche Einführung bietet Wikipedia 2021a mit den dort aufgeführten Quellen.

Man beobachtet dabei die Neigung, dass angesichts zweier ähnlicher Belohnungen die frühere bevorzugt wird:

▶ Menschen sind auf kurze Frist sehr ungeduldig, zu einem Aufschub ihres Konsums nur gegen eine hohe Prämie bereit. Auf lange Frist hingegen sind sie geduldiger und verlangen eine vergleichsweise geringere Kompensation für einen Aufschub.

Der Verlauf der Abzinsungskurve entspricht also der konkaven Nutzenfunktion rechts in Abb. 6.1, wenn Abzinsungsfaktor gegen die Zeit aufgetragen würde. Unsere emotionale Abzinsung steigt umso mehr an, je näher eine Entscheidung in der Gegenwart liegt. Die Präferenz der unmittelbaren Belohnung ist zwar verführerisch, fußt allerdings auf einem Denkfehler. Die Tendenz zur Hyperbolischen Abzinsung hat die Ursache in unserer animalischen Vergangenheit: Tiere sind meist nicht bereit, heute auf eine Belohnung zu verzichten, um in Zukunft eine höhere Belohnung zu erhalten. Doch je älter Menschen werden und je mehr Lebenserfahrungen sie akkumulieren, desto eher wird es ihnen gelingen, sich in Geduld zu üben und in der Zukunft davon zu profitieren.

Ein gravierendes Problem stellt dabei Suchtverhalten dar, das sich möglicherweise darin äußert, dass man sich seinen Süßigkeiten- und schlimmer noch Alkoholvorrat oder die Barschaft nicht einteilen kann. Bei aller – verhaltensökonomisch berechtigten – Diskussion über die Analyse von „Diskontierungsfaktor" und „Gegenwartspräferenz" wird anscheinend vergessen, dass biochemisch erklärbares Suchtverhalten zu ungesteuerten Impulsen führen kann und derartige Betrachtungen überlagert (siehe auch Abschn. 1.5; vgl. Beck 2014, S. 213; Dobelli 2014, S. 211).

▶ **Tipps**

- Wenn Sie nicht gut mit Geld umgehen können, schließen Sie mit Blick auf Ihre Alterssicherung bei Ihrer Bank einen Sparplan ab, in den regelmäßig ein bestimmter Anteil Ihres Gehalts einbezahlt wird. Prüfen Sie jedoch sorgfältig die Kosten, damit es Ihnen nicht so geht wie vielen Riester-Sparern und Kunden kapitalbildender Lebensversicherungen.
- Finanzieren Sie Ihren wohlverdienten Urlaub – oder andere Konsumausgaben – nie über einen Verbraucherkredit, dessen üppige Zinsen irgendwann auch bezahlt werden müssen.
- Passen Sie im Rahmen Ihrer privaten Finanzplanung das Prinzip der Mentalen Buchführung (Abschn. 6.2) für Ihre Zwecke an und führen Sie gegebenenfalls ein Haushaltsbuch, falls die Mittel knapp sind.
- Sollten Sie wie der jüngere Heinz-Walter Nelles eine Diät planen, führen Sie sich vor Augen, dass heutiger Verzicht die schwerste Möglichkeit ist abzunehmen. Treiben Sie lieber Sport zum Verbrennen der Kalorien und ernähren Sie sich ausgewogen.
- Falls Sie oder Ihr Umfeld den Eindruck haben, dass ein Suchtverhalten jedweder Art vorliegen könnte, suchen Sie aktiv Hilfe.

Glücklicherweise kennt die Verhaltensökonomik auch einen Effekt, der dem Auf-Pump-in-den-Urlaub-fahren entgegenwirkt und sich von der Mentalen Buchführung ableitet: die **Schuldenaversion** *(Debt Aversion)*. Dies ist die Präferenz von Menschen, für Konsum *vorher* zu zahlen und für geleistete Arbeit *nachher* bezahlt zu werden (van Winssen et al. 2016). Allerdings betrifft die Schuldenaversion primär die erwähnten Verbrauchsgüter, jedoch weniger den Investitionsbereich (vor allem Wohneigentum). Wie auch immer, der Bezug zur Reziprozitätsnorm (Abschn. 4.2) ist offensichtlich.

6.5 Weniger ist oft mehr

Von der Wiedererkennungsheuristik, wonach bei der Beurteilung von mehreren Objekten hinsichtlich eines Kriteriums unter bestimmten Umständen deren Wiedererkennung als alleinige Entscheidungshilfe genutzt wird, leitet sich eine Reihe weiterer klassischer Effekte der Verhaltensökonomik ab. Diese gehen davon aus, dass ein Zuviel an Informationen das Treffen wirtschaftlich vorteilhafter Entscheidungen mehr behindert als fördert. Im übertragenen Sinn kennt man diese Konstellationen beispielsweise bei „Dr. Google" (der Selbstdiagnose von Patienten mithilfe von Internetquellen) und Covid-19 (die Fülle von publizierten Informationen und variablen Trends hat Teile der Bevölkerung eher verunsichert als beruhigt). Dahinter stecken primär zwei Fehlschlüsse:

- der **Less-is-better-Effekt** (*Less-is-better Effect;* „Weniger-ist-besser-Effekt"), der auftritt, wenn ein kleinerer oder weniger umfangreicher Alternativvorschlag bevorzugt wird, der separat, jedoch nicht gemeinsam mit dem ursprünglichen Vorschlag bewertet wird (Hsee 1998), sowie
- das **Less-is-more-Muster** (*Less-is-more Pattern;* „Weniger-ist-mehr-Muster"), das besagt, dass mitunter weniger Wissen – weniger Daten, Fakten, erkannte Objekte etc. – zu besseren Ergebnissen führen kann. Überspitzt ausgedrückt: Je weniger Informationen Sie in manchen Fällen besitzen, desto zuverlässiger sind Ihre Einschätzungen und Vorhersagen (Gigerenzer und Todd 1999, S. 38–57).

> **Beispiel: San Diego oder San Antonio?**
>
> Die **Take-the-Best-Heuristik** *(Take-the-best Heuristic)* ist eine mentale Strategie zur Entscheidungsfindung zwischen verschiedenen Alternativen. Danach wird im Rahmen eines Entscheidungsprozesses eine Rangfolge der relevanten Eigenschaften angelegt und nach einem definierten Entscheidungsbaum sukzessive vorgegangen (Gigerenzer und Goldstein 1996). Sobald ein bedeutender Unterschied festgestellt wird, trifft man eine entsprechende Entscheidung; alle weiteren Merkmale werden vernachlässigt. Die Trefferquote kann paradoxerweise durch das Weglassen von Informationen verbessert werden. „Gute Intuitionen müssen Informationen ignorieren", sagt Gigerenzer hierzu.
>
> In einer Untersuchung stellte er die Frage „Welche Stadt hat mehr Einwohner: San Diego oder San Antonio?" einmal deutschen, einmal US-amerikanischen Studenten. Das überraschende Ergebnis: Die deutschen Studenten konnten die Frage öfter richtig beantworten (San Diego), weil sie von der anderen Stadt im Gegensatz zu ihren Kollegen noch nie gehört hatten. (Ausgenommen John-Wayne-Fans: Diese kennen natürlich das Alamo in San Antonio.) Der Psychologe geht davon aus, dass teilweise uninformierte Entscheidungen auf unbewussten Faustregeln basieren. Im vorliegenden Fall lautet eine solche: Die bekanntere Stadt ist wahrscheinlich auch die größere – und dies führt häufig zum Erfolg (Berg 2005). In einer anderen Untersuchung verwendeten Daniel Goldstein und er Detroit und Milwaukee als Städtebeispiele (Gigerenzer 2007, S. 15–16).
>
> Nun ist ja ein Ziel dieses Buchs, Sie zu ermuntern, Ihre Intuition mit harten Fakten zu untermauern. Und da kommt man beim Gigerenzerschen Städtequiz in eine gewisse Abgrenzungsproblematik: Zwar wohnen in den Metropolräumen Detroits

und San Diegos deutlich mehr Menschen als in denen der Vergleichsstädte, doch sind Detroit und Milwaukee im Innenstadtbereich ebenso nahezu gleichgroß (rund 670.000 bzw. 600.000 Einwohner) wie San Diego und San Antonio (1,4 bzw. 1,5 Mio.). ◄

Die Wendung „Weniger ist mehr" stellt auf den ersten Blick eine unsinnige Aussage dar. Die Widersprüchlichkeit ist allerdings ein im üblichen Sprachgebrauch bewusst gesetzter Sinnfehler, den man als Oxymoron („Widerspruch") bezeichnet – der von Sunstein und Thaler (2003) ebenfalls für das Nudging verwendeten Begriff (Abschn. 1.5).

Beide Effekte lassen sich auf eine **Präferenzumkehr** *(Preference Reversal)* zurückführen. Dies ist die Tendenz bei der Wahl zwischen Alternativen, beispielsweise zwei Lotterien, einmal die eine und einmal die andere Alternative zu wählen, wenn die Entscheidungssituation anders dargestellt, logisch jedoch absolut identisch ist (Lichtenstein und Slovic 1971). Sie stellen gleichzeitig eine Abweichung von den klassischen Vorstellungen der Verhaltensökonomik dar, dass ein Zuwachs an Informationen immer eine Verbesserung von Einschätzungen und Prognosen bedingt. In bestimmten Fällen wird diese paradoxerweise eher reduziert. Insbesondere das Less-is-more-Muster bedeutet in letzter Konsequenz, dass Heuristiken mehr sind als mentale Abkürzungen, die man anwendet, um Zeit und Ressourcen zu sparen, sondern dass sie als Problemlösungskonzepte besser und geeigneter sein können als andere, herkömmliche Problemlösungsverfahren.

Beispiel: Steve und Linda

An dieser Stelle bietet es sich an, Ihnen zwei fiktive Personen aus dem Kahnemanschen Forschungskosmos vorzustellen: Steve den Bibliothekar und Linda die Bankangestellte, die es über zahlreiche Publikationen zu einer gewissen Berühmtheit gebracht haben. Beide stehen inzwischen für spezifische kognitive Effekte.

Linda taucht zuerst in einem Bericht von Tversky und Kahneman (1981b) auf und erscheint später in weiteren Veröffentlichungen (Tversky und Kahneman 1983; Kahneman 2012, S. 185–207). Die Aufgabenstellung an die Teilnehmer einer Studie lautete wie folgt:

Linda ist 31 Jahre alt, Single, intelligent, offen und hat einen Universitätsabschluss in Philosophie. Als Studentin hat sie sich für Minderheiten und soziale Gerechtigkeit engagiert und war in einer Anti-Atomkraft-Bewegung. Versuchspersonen wurden befragt, was wahrscheinlicher ist: Ist Linda a) eine Bankangestellte oder b) eine Bankangestellte, die sich in der Frauenbewegung engagiert?

Immerhin 85 % der Versuchspersonen entschieden, dass Antwort b) wahrscheinlicher ist – obwohl der Fall a) ja doch den Fall b) als Spezialfall enthält. Linda ist also immer mit größerer Wahrscheinlichkeit eine Bankangestellte als eine feministische Bankangestellte, komme, was da wolle. Der Grund wird in der *Conjunction Fallacy* (auch *Conjunction Effect;* „Konjunktionsfehlschluss" oder Verknüpfungstäuschung) gesehen, die inzwischen auch als **Linda-Problem** *(Linda Problem)* bezeichnet wird:

Menschen besitzen ein intuitives Verständnis für plausible und stimmige Geschichten (besagte Narrative) und begehen daher gerne den Fehler, mehr auf diese Geschichten zu hören, als die Fakten eines Sachverhalts zu prüfen. Die Linda-Problem entspricht daher der fehlerhaften Annahme, dass ein Resultat, das gleichzeitig mehrere Bedingungen erfüllt, wahrscheinlicher ist ein eines, das nur eine Bedingung erfüllt.

Steve erscheint bereits in Tversky und Kahneman 1974. Folgende Personenbeschreibung liegt vor, verbunden wiederum mit einer Frage an die Probanden:

Steve ist sehr schüchtern und reserviert, stets hilfsbereit, aber wenig an Menschen oder der realen Welt interessiert. Als ein sanftmütiger und penibler Mensch hat er ein Bedürfnis nach Ordnung und Struktur und eine Passion für Details. Ist es wahrscheinlicher, dass Steve a) ein Bibliothekar oder b) ein Farmer ist?

Wie schätzt man die Wahrscheinlichkeit dafür ein, dass Steve eine bestimmte Beschäftigung hat (bzw. als Objekt zu einer bestimmten Klasse gehört)? Hierzu bedient man sich der **Repräsentationsheuristik** oder Repräsentativitätsheuristik *(Representativeness Heuristic),* einer Urteilsheuristik, mit der die Wahrscheinlichkeit von Ereignissen danach bewertet wird, wie genau sie repräsentativen Prototypen entsprechen. Und danach *muss* Steve ein Bibliothekar sein, denn die Beschreibung entspricht dem zugehörigen Stereotyp (vgl. Abschn. 4.2). Völlig außer Acht gelassen wird dabei, dass nach Kahneman (2012, S. 17–18) in den USA auf einen männlichen Bibliothekar etwa 20 männliche Farmer kommen und die statistische Wahrscheinlichkeit deutlich höher dafür liegt, dass Steve ein Farmer ist.

Man spricht in diesem Zusammenhang auch von **Prototypheuristik** *(Prototype Heuristic):* System 1 kommt gut mit Durchschnittswerten, aber schlecht mit Summen zurecht. Zur Verdeutlichung zeigt Kahneman (2012, S. 121) eine simple Zeichnung mit sechs irregulär angeordneten, unterschiedlich langen Strichen und stellt die Frage: „Wie groß ist die *durchschnittliche* Länge der Geraden?" Die Antwort kann System 1 ohne Weiteres mit hoher Präzision geben – ist jedoch bei der Frage nach der *Gesamtlänge* der Striche intuitiv überfordert.

Ein weiterer kognitiver Effekt kommt im Falle von Steve hinzu: Die **Prognoseillusion** oder falsche Prognosesicherheit *(Illusion of Validity)* (Kahneman 2012, S. 291, 296; vgl. Abschn. 10.3). Darunter versteht man die Überschätzung der Fähigkeit, durch Analyse eines Datensatzes ein Ergebnis zu interpretieren oder korrekt vorauszusagen, insbesondere wenn die Daten ein konsistentes Muster zeigen und so eine kohärente Geschichte erzählen. Und die bibliothekartypische Beschreibung ist wiederum ein solches Narrativ. ◄

Ein letztes kognitives Phänomen sei an dieser Stelle noch erwähnt, das gleichzeitig die Überleitung zur Ausnutzung verhaltensökonomischer Verzerrungen zum Nachteil von Konsumenten bildet: der **Ködereffekt** *(Decoy Effect).* Das „Opfer" dieses Tricks soll durch Hinzufügen einer dritten Option, dem Köder, zur Auswahl einer von zwei Optionen bewegt werden. Dieser Köder ist einer der beiden Optionen in allen Belangen unterlegen und stärkt so scheinbar die andere. Der amerikanisch-israelische Psychologe

Dan Ariely hat dies einleuchtend am Beispiel eines Hausverkaufs in den USA erklärt. Zur Auswahl stand eine älteres, größeres und ein neues, kleineres Haus, zwischen denen keine einfache Entscheidung möglich ist. Da die Maklerin allerdings auch ein älteres Haus mit defektem Dach zeigte, wurde das intakte ältere Haus mit diesem Köder verglichen und nicht mit dem neuen Haus – und erhielt den Zuschlag (Ariely 2008, S. 30–32). Derartige Köder finden sich an verschiedensten Stellen im täglichen Leben, und erneut ist es der Verbraucher, der in seiner Unkenntnis leicht darauf hereinfällt.

▷ **Tipp** Bestellen Sie nie das teuerste Gericht auf der Speisekartet: Es könnte sich hierbei um den Köder handeln, um das zweit- oder drittteuerste Essen auf der Karte preisgünstiger erscheinen zu lassen.

6.6 Verhaltensökonomik und Konsumenten

Verhaltensökonomische Phänomene, seien es Fehleinschätzungen, Verzerrungen oder sonstige kognitive Abweichungen vom Modellverhalten des Homo oeconomicus, sind natürlich in Bereichen zu erwarten und zu beobachten, in denen wirtschaftlich relevante Sachverhalte eine Rolle spielen. Dies schließt, wie eingangs bemerkt, die Themen Finanzwirtschaft und Versicherungswesen sicherlich ebenso mit ein wie die Abwicklung klassischer Waren- und Dienstleistungsgeschäfte in der Industrie. Als strategischer Einkäufer hatte ich auf die damit verbundenen Konsequenzen stets ein waches Auge gerichtet und versucht, die Effekte für auf einen fairen Verhandlungsabschluss (und gleichzeitig zum Vorteil meines Arbeitgebers) zu nutzen (Wenski 2020a, S. 97–129; 2020b, S. 93–100; zum Fairnessprinzip siehe Abschn. 4.2). Doch nach meiner Erfahrung unterscheidet sich die Position eines professionellen Industrieeinkäufers mit Blick auf die Kräfteverteilung gravierend von der eines privaten Konsumenten, der ein Ladengeschäft oder Autohaus betritt und meint, er hätte dort die Chance zu „verhandeln" (vgl. Wenski 2020b, S. 250–256).

Zusammenfassung bereits erwähnter Aspekte
Mit dem Einfluss kognitiver Verzerrungen auf die private Geldanlage beschäftigt sich Kap. 7. Die Auswirkungen nichtmonetärer Phänomene im Kosmos der Arbeits- und vor allem der modernen Bürowelt sind in Kap. 8 gewürdigt. Darüber hinaus lassen sich mit etwas Übung Implikationen typischer Effekte der Verhaltensökonomik in zahlreichen Zusammenhängen auch des Privatlebens entdecken. Und dabei bietet sich das Konsumverhalten der Menschen als dankbare Spielwiese an. Einige Elemente haben Sie in den vorausgehenden Kapiteln dazu ja schon kennengelernt, die zur Steuerung und Manipulation des Kaufverhaltens seitens der Anbieter ausgenutzt werden. Eine der Illusionen ist die in Abschn. 1.3 erwähnte Kognitive Leichtigkeit.

> **Beispiel: Kognitive Leichtigkeit bei Verbrauchern**
>
> Das Gehirn entscheidet ständig neu, ob alles gut läuft oder ob die Aufmerksamkeit – wegen einer Änderung oder gar Bedrohung – neu ausgerichtet werden muss. Bekanntes, Gewohntes, Klares oder durch das Duo Framing/Priming Verankertes wird von anderen bevorzugt als wahr und authentisch akzeptiert, denn System 2 greift nicht korrigierend ein – es möchte ja Energie sparen. In der Regel werden mehrere Sinne gleichzeitig angesprochen, um Konsumenten zum Kauf zu animieren: der Gesichtssinn durch wiedererkennbare Produktserien und die *Corporate Identity,* das Gehör durch ruhige Hintergrundmusik mit Ruhepulstakt, dazu eine angenehme Beleuchtung, Temperatur und Luftfeuchtigkeit. Selbst der Geruchssinn wird positiv angesprochen. Die Waren werden zu Schwellenpreisen (19,90 €) angeboten oder enthalten eine als authentisch empfundene aufsteigende Ziffernfolge (124,90 €).
>
> Zudem wählen wir teilweise Dinge nach dem äußeren Anschein aus, ohne uns genauer damit zu befassen, was dahintersteckt. Wir freuen uns etwa, wenn wir Markenartikel zu einem konkurrenzlos niedrigen Preis sehen, und greifen zu. Schlüsselwörter wie „Nachlass", „Rabatt", „Sale" und – in früheren Jahren – „Schlussverkauf" lösen ein Feuerwerk der Emotionen aus, und unter dem Einfluss von Glückshormonen genießen wir das paradoxe (und keineswegs zutreffende) Gefühl, dass wir umso mehr sparen, je mehr wir ausgeben. ◄

Vor allem der Einzel- und Versandhandel beherrscht die Klaviatur der Verbrauchermanipulation aus dem Effeff, und die Grundlagen der Verhaltensökonomik finden hier längst gezielte Anwendung (zur Einführung siehe z. B. Oehler und Reisch 2008). Dies führt zur Ausnutzung einer Reihe kognitiver Irrtümer und Verzerrungen aus vorausgegangenen Kapiteln, die bereits einen effektiven Baukasten dafür bilden, dass Sie sich nicht über den Tisch ziehen lassen. Primär möchte ich an folgende Biases erinnern:

- *Ankereffekt.* Bei der Bewertung von Preisen werden dem Kunden überhöhte Referenzwerte suggeriert, etwa unter dem Label „Listenpreis".
- *Besitztumseffekt.* Der Kunde wird gezielt dahingeführt zu denken: „Das muss ich haben!"
- *False-Memory-Syndrom.* Man hat nach kurzer Zeit wieder vergessen, dass man mit einem Produkt, Anbieter oder Restaurant unzufrieden war.
- *Framing-Effekt.* Durch emotionale Belegung von Produkten mittels Narrativ wird eine Kaufempfehlung gegeben.
- *Hyperbolische Abzinsung.* Uns fällt es meist schwer, einen Kauf in die Zukunft zu verschieben – und dem Handel ist dies ebenfalls unrecht.
- *Mentale Buchführung.* Der Ansatz ist nicht generell nachteilig, denn die Anbieter tangiert es nur wenig, wenn Kunden durch mehrere gleichzeitig zu bedienende Konsumentenkredite in eine Schuldenfalle hineinrauschen.

6.6 Verhaltensökonomik und Konsumenten

- *Projektionsverzerrung.* Produkte, die uns im Laden attraktiv erscheinen, besitzen später doch nicht den erwarteten Wert für uns und erweisen sich mitunter als Fehlkäufe.
- *Swimmer's Body Illusion.* Auch die bestbeworbenen Produkte sind bei individuellen Defiziten unwirksam.
- *Sunk Cost Fallacy.* Statt immer weiteres Geld in die Reparatur beispielsweise von Autos und Geräten zu stecken, sollte an einem bestimmten Punkt Schluss sein und für einen Neukauf entschieden werden.
- *Verlustaversion.* Der Handel versucht geschickt, jeden Kauf als Gewinn zu deklarieren.
- *Wiedererkennungsheuristik.* Man kauft das, was man (wiederer-)kennt – und sei es auch nur über redundante Werbung.

Eine Reihe weiterer Verzerrungen und Effekte sind für Konsumenten maßgeblich, von denen nachfolgend die wichtigsten erläutert sind.

▶ **Tipps**

- Gehen Sie mit kühlem Kopf und mit einer Liste zum Einkaufen und beschränken Sie Ihre Ausgaben auf das Notwendigste.
- Vergleichen lohnt sich; kaufen Sie nur hochwertige Produkte.
- Und gehen Sie wegen der Projektionsverzerrung nie hungrig zum Lebensmittelkauf.

Auswahl von Produkten

In Abschn. 6.5 war von Less-is-better-Effekt und Less-is-more-Muster die Rede: Ein Zugewinn an Informationen vereinfacht und verbessert nicht unbedingt die Entscheidungskompetenz. Daher erleichtern vor allem die Geschäfte dem Verbraucher manchmal die Wahl, zu welchem individuellen Produkt aus der Fülle an Konfitüren, Konserven oder Cognacs er nun greifen soll. In diesem Zusammenhang zunächst eine Begriffsbestimmung:

▶ **Salienz** (= Auffälligkeit) bedeutet in der Psychologie, dass ein Reiz (z. B. ein Objekt oder eine Person) aus seinem Kontext hervorgehoben und dadurch dem Bewusstsein leichter zugänglich ist als ein nichtsalienter Reiz. Ursachen können sein, dass der Figur-Grund-Kontrast hoch ist oder dass der Reiz den Erwartungen widerspricht oder Informationen über aktuelle Ziele bietet.

Unter Ausnutzung dessen kann durch gezieltes Hervorheben einzelner Elemente der **Sichtbarkeitstrugschluss** *(Salience Bias)* erzeugt werden. Wenn in einem Marmeladenregal eine einzige Marke mit roten und die restlichen mit weißen Preisschildern versehen sind, springt uns dieses Produkt förmlich an. Die Nähe zur Wiedererkennungsheuristik

(Abschn. 1.3) liegt auf der Hand. Viele Kunden denken sofort an ein Sonderangebot und greifen hier bevorzugt zu. Gleiches gilt für räumlich auffällig platzierte Waren, etwa auf einem Extratisch oder -ständer, was nach einer Angebotsaktion aussieht. Für Kinder attraktive Süßigkeiten stehen an der Kasse, während Selbstläufer beim Umsatz wie Grundnahrungsmittel im hinteren Eck des Ladens versteckt sind. Der Effekt hat wiederum etwas mit Kognitiver Leichtigkeit zu tun – der „Faulheit" von System 2, sich mit einer Auswahl näher zu beschäftigen. (Decision Lab 2021; ING 2020).

In die Kategorie „Produktauswahl" passen weitere Effekte.

- Die **Konsensheuristik** *(Consensus Heuristic)* basiert auf der Annahme, dass sich Menschen eher von einer Mehrheit überzeugen lassen als von einer Minderheit, die im Einsatz von Trust-Elementen resultiert. Sie kennen sicherlich die Einblendung auf der Seite von Internetplattformen: „Kunden, die diesen Artikel gekauft haben, kauften auch …" (vgl. Felser 2015, S. 150, 206).
- Nicht damit zu verwechseln ist trotz der ähnlich klingenden englischsprachigen Bezeichnung die **Übereinstimmungsverzerrung** *(Consensus Bias),* der allgegenwärtige kognitive Irrtum, wonach Menschen ihr eigenes Benehmen, ihre Aktionen, Annahmen und ihre Einschätzungen und Vorlieben als relativ verbreitet in der Bevölkerung betrachten. Andere werden diese Übereinstimmung möglicherweise nicht so sehen (Ross et al. 1977).
- Vergessen sind die Zeiten, in denen private Ferngespräche werktags nur nach 18 Uhr bezahlbar waren: Heute gibt es *Flatrates*. Telefonieren, Ausstellungsbesuche, Spitzensport und Spielfilme bis zum Abwinken – oder bis der Lebenspartner einschreitet. Eine leicht erklärbare praktische Präferenz ist der **Flatrate-Trugschluss** *(Flatrate Bias),* die Vorliebe vieler Menschen für Einmalzahlungen mit anschließender unbegrenzter Nutzung (Skiera und Lambrecht 2006).
- Und letztlich verdient noch das **Auswahlparadox** *(Paradox of Choice)* Erwähnung. Die Basis bildet die Beobachtung, dass zusätzliche Wahlmöglichkeiten nicht zu einer Zunahme an Zufriedenheit bzw. Lebensqualität führen. Die dahinter vermutete Ursache wird im Englischen auch als *Choice Overload* bezeichnet und ist in der Entscheidungstheorie ein Paradox, welches das Kaufverhalten bei unterschiedlich hoher Produktvielfalt betrifft. Stark verkürzt lässt sich auch dieser Effekt mit „zu viele Entscheidungsalternativen behindern die Entscheidungsfindung" beschreiben (Iyengar und Lepper 2000; Schwartz 2004).

Beispiel: Volatiles Kleingeld

Über Mentale Buchführung sprachen wir bereits: die Tendenz, Geldmittel auf demselben Konto oder im Portmonee verschiedenen hypothetischen Verwendungszwecken zuzuordnen. Im zweiten Fall ist es darüber hinaus so, dass fünf 10 €-Scheine verhaltensökonomisch keineswegs dasselbe repräsentieren wie ein 50 €-Schein. Vielleicht kennen auch Sie den Spruch, den es bereits in DM-Zeiten gab: „Ist der

Fuffi erstmal angebrochen, bleibt schnell nichts mehr übrig." Verwandt mit der Flüchtigkeit von Kleingeld ist das Phänomen des **Nennwerteffekts** *(Denomination Effect)*. Es ist das wissenschaftlich nachgewiesene Verhalten, dass Menschen zögerlicher darin sind, einen Geldbetrag in Form großer Banknoten auszugeben als denselben Wert in kleineren Stückelungen (Raghubir und Srivastava 2009). ◄

Reue nach dem Kauf?
Nachdem ein Verbraucherkauf getätigt ist, empfindet der eine tiefe Befriedigung und Freude über den erworbenen Artikel oder die gebuchte bevorstehende Urlaubsreise, während der andere von Zweifeln über die Richtigkeit der Kaufentscheidung geplagt wird. Das geht bis hin zu Panik, schlaflosen Nächten und dem Versuch, das Geschäft in der Hoffnung auf Kulanz des Handels rückgängig zu machen. Doch auch zwischen diesen Extrema gibt es verschiedene typische Denk- und Handlungsweisen. Eine davon betrifft Erwerbungen, die sich als weniger sinnvolle Investitionen entpuppen. Viele Käufe solcher Sachen stellen sich – ungeachtet der späteren Erkenntnis, dass die Auswahl suboptimal war – hinter den Kauf und fühlen sich positiv, auch wenn die Sache Nachteile und Fehler hat. Diese Rechtfertigung des Erwerbs nach dem Kauf mit (scheinbar) rationalen Argumenten nennt man **Nachträgliche Begründungstendenz** *(Post-purchase Rationalization* oder *Choice-supportive Bias)* (Mather und Johnson 2000).

Die sozialpsychologische Begründung findet sich im Versuch, eine **Kognitive Dissonanz** *(Cognitive Dissonance)* zu vermeiden oder zu mildern, den als unangenehm empfundenen Gefühlszustand, der dadurch entsteht, dass ein Mensch unvereinbare Kognitionen hat. Solche Kognitionen können Wahrnehmungen, Gedanken, Meinungen, Einstellungen, Wünsche oder Absichten sein (Festinger 1962). Dazu scheut er sich nicht vor einer Uminterpretation der Rahmenbedingungen nach einer falschen Entscheidung. Eine mögliche Folge davon ist die Abgabe von zu positiven Bewertungen von Produkten und Leistungen vor allem im Internet (denken Sie an Vergleichs- oder Buchungsportale). Eine derartige **Höflichkeitsverzerrung** *(Courtesy Bias)* bedingt, eine diesbezügliche Meinung höflicher und sozial korrekter vorzubringen, als dies der eigenen Auffassung entspricht. Sie ist eine direkte Folge der in Abschn. 2.2 erläuterten Antwortverzerrung und führt in der Praxis regelmäßig zu positiv verfälschten Qualitätsbewertungen. Heute ist – leider – auch das genaue Gegenteil der Höflichkeitsverzerrung bekannt: der *Shitstorm*, bei dem anlässlich meist kleinerer Verfehlungen der virale Schmutzkübel über andere ausgegossen wird.

▷ **Tipp** Als Verbraucher und Kunde haben Sie ein umfangreiches Entscheidungspotenzial bei Ihren Käufen – nutzen Sie dies zu Ihrem finanziellen und gleichzeitig auch emotionalen Vorteil. Und kaufen Sie möglichst nichts, das Sie nicht benötigen.

Andererseits kann es auch so sein, dass wir etwas kaufen und eine gewisse Vorstellung davon haben, welche Funktion es erfüllen oder wie es wirken soll. Bei der *Swimmer's*

Body Illusion klappt dies nicht, bei weniger offensichtlichen Ursache-Wirkungs-Beziehungen aber sehr wohl. Ich denke an homöopathische Mittel, die ihre Heilkraft – nach meiner persönlichen Meinung – vorwiegend aus der Selbstheilungskraft des Körpers schöpfen, indem man einfach an die Wirksamkeit glaubt und darauf vertraut. Autosuggestion scheint dabei eine signifikante Rolle zu spielen. Und damit sind wir bei einem weiteren Effekt angelangt, der sich ebenfalls in das weite Gebiet der kognitiven Verzerrungen einordnen lässt:

▶ Das Wort *Placebo*, lateinisch für „ich werde gefallen", findet man bereits in Bibelübersetzungen. Der **Placeboeffekt** *(Placebo Effect)* beschreibt die ursprünglich positive Veränderung des Gesundheitszustandes durch Behandlung mit einem Scheinmedikament, wird jedoch auch im verallgemeinernden Sinn gebraucht. Das Gegenstück nennt sich *Noceboeffekt:* unerwünschte Wirkungen, die bei scheinbaren Schadmitteln auftreten, die keinen Schadstoff enthalten.

Placeboeffekte sind in der Medizin eine wertvolle Hilfe und besitzen dort ihre Legitimation; der Körper ist teilweise in der Lage, bestimmte Beeinträchtigungen mit derartiger Unterstützung selbst zu heilen. Bekanntlich kann der Glaube Berge versetzen: Es ist wissenschaftlich erwiesen, dass ein Placeboeffekt entweder auf Glauben oder auf Konditionierung beruht. Die zweite Ursache, die Konditionierung, führt dazu, dass sich Überzeugungen und Erwartungen nicht nur darauf auswirken, wie der Mensch Dinge wahrnimmt und interpretiert, sondern dass sie sein subjektives oder sogar objektives Erleben verändern.

Außerhalb des Therapiebereichs hat die Ausnutzung des Placeboeffekts (vor allem durch den Handel) vielfach einen negativen Anstrich, denn das Ziel lautet sehr oft, den Kunden in die Irre zu führen. Es ist unredlich und teilweise strafbar, mit auf Placebowirkung beruhenden Unwahrheiten seinen Gewinn zu maximieren. Insbesondere in den westlichen Industriestaaten kämpfen die Verbraucherschutzorganisationen gegen derartige Praktiken.

▶ **Tipp** Wenn teure Nahrungsergänzungsmittel bei Ihren sportlichen Ambitionen helfen – prima, Glückwunsch zu Ihrer Wahl. Allerdings wäre es günstiger und dem Körper vermutlich zuträglicher, sich stattdessen gesund und abwechslungsreich zu ernähren.

Die wichtigsten kognitiven Effekte in Kap. 6
Neben den dominierenden Denkfehlern Verlustaversion und Ankerung kennt die moderne Verhaltensökonomik eine ganze Reihe weiterer starker Irrtümer und Verzerrungen.
Sunk Cost Fallacy: Viele Menschen schrecken davor zurück, die Reißleine zu ziehen und Fehlinvestitionen konsequent abzuschreiben.

Besitztumseffekt: Was wir einmal haben, geben wir ungern wieder ab. Und wenn, dann nur zu überhöhten Preisen.

Hyperbolische Abzinsung: Kurzfristig sind wir nur schwer in der Lage, auf Konsum zu verzichten – längerfristig schon eher. Daher planen wir gesünderes Verhalten zum nächsten Jahreswechsel und hauen uns erst mal eine Currywurst mit Pommes rein.

Repräsentationsheuristik und *Prototypheuristik:* Wir suchen ständig nach Prototypen, mit denen wir neue Befunde, Ereignisse oder Objekte vergleichen können – und so können auch die in diesem Buch beleuchteten kognitiven Effekte als Prototypen und Referenzen für verschiedenste Lebenslagen dienen.

Konsensheuristik und *Nachträgliche Begründungstendenz:* Verbraucher lassen sich von anderen beeinflussen und rechtfertigen schlechte Käufe anschließend vor sich selbst.

Literatur

Ariely D (2008) Denken hilft zwar, nützt aber nichts. Warum wir immer wieder unvernünftige Entscheidungen treffen. Droemer Knaur, München

Beck H (2014) Behavioral Economics. Eine Einführung. Springer Gabler, Wiesbaden. https://doi.org/10.1007/978-3-658-03367-5

Berg L (2005) Gerd Gigerenzer, Direktor am Max-Planck-Institut für Bildungsforschung, über die Kunst, schnell gute Entscheidungen zu treffen: „Auch Halbwissen kann zum Erfolg führen". Berliner Zeitung, Internet-Veröffentlichung 27. September. https://www.berliner-zeitung.de/gerd-gigerenzer-direktor-am-max-planck-institut-fuer-bildungsforschung-ueber-die-kunst-schnell-gute-entscheidungen-zu-treffen-auch-halbwissen-kann-zum-erfolg-fuehren-li.6949. Zugegriffen: 17. Juni 2021

Decision Lab (2021) Why do we focus on items or information that are more prominent and ignore those that are not? The Salience bias, explained. Internet-Veröffentlichung. https://thedecisionlab.com/biases/salience-bias/. Zugegriffen: 18. Juni 2021

Dittrich DVA (2019) Verhaltensökonomik als Gegenprogramm zur Standardökonomik? List Forum 44:841–859. https://doi.org/10.1007/s41025-019-00141-8

Dobelli R (2013) The art of thinking clearly: better thinking, better decisions. Hodder Stoughton, London. http://xqdoc.imedao.com/166eb7278f3556e3fe9dc3ef.pdf. Zugegriffen: 30. Aug. 2021

Dobelli R (2014) Die Kunst des klaren Denkens. dtv, München

Felser G (2015) Werbe- und Konsumentenpsychologie. Springer, Berlin. https://doi.org/10.1007/978-3-642-37645-0

Festinger L (1962) Cognitive dissonance. Sci Am 207–4:93–107. https://doi.org/10.1038/scientificamerican1062-93

Frederick S, Loewenstein G, O'donoghue T (2002) Time Discounting and Time Preference: A Critical Review. J Econ Lit 40–2:351–401. https://doi.org/10.1257/jel.40.2.351

Gigerenzer G, Goldstein DG (1996) Reasoning the fast and frugal way: models of bounded rationality. Psychol Rev 103:650–669. https://doi.org/10.1037/0033-295x.103.4.650

Gigerenzer P, Todd PM (1999) Simple Heuristics That Make Us Smart. Oxford University Press. http://www.fulviofrisone.com/attachments/article/412/simple/heuristics/that/make/us/smart.pdf. Zugegriffen: 5. Febr. 2021.

Gigerenzer G (2007) Bauchentscheidungen. Die Intelligenz des Unbewussten und die Macht der Intuition. Bertelsmann, München

Harari YN (2013) Eine kurze Geschichte der Menschheit. Pantheon, München

Harari YN (2017) Homo deus: eine Geschichte von Morgen. Beck, München

Hsee CK (1998) Less is better: when low-value options are valued more highly than high-value options. J Behav Decis Making 11–2:107–121. https://doi.org/10.1002/(SICI)1099-0771(199806)11:2<107::AID-BDM292>3.0.CO;2-Y

ING (2020) Effekt & Entscheidung: Salience Bias – Was Verbraucher darüber wissen sollten. Internet-Veröffentlichung 14. Juli. https://www.ing.de/wissen/salience-bias/. Zugegriffen: 18. Juni 2021

Iyengar S, Lepper M (2000) When choice is demotivating: Can one desire too much of a good thing? J Pers Soc Psychol 79:995–1006. https://doi.org/10.1037/0022-3514.79.6.995

Kahneman D (2012) Schnelles Denken, langsames Denken. Penguin, München

Kahneman D, Tversky A (1979) Prospect theory: an analysis of decision under risk. Econometrica 47–2:263–292. https://doi.org/10.2307/1914185

Kahneman D, Tversky A (1984) Choices, values, and frames. 1983 APA Award Addresses. American Psychol 39–4:341–350. https://doi.org/10.1037/0003-066X.39.4.341 (Deutsche Übersetzung des Artikels in Kahneman 2012, 545–568)

Latzel C (2020) Verhaltenssteuerung, Recht und Privatautonomie. Springer, Berlin. https://doi.org/10.1007/978-3-662-60315-4

Lichtenstein S, Slovic P (1971) Reversals of preference between bids and choices in gambling decisions. J Exp Psychol 89–1:46–55. https://doi.org/10.1037/h0031207

Mather M, Johnson MK (2000) Choice-supportive source monitoring: do our decisions seem better to us as we age? Psychol Aging 15–4:596–606. https://doi.org/10.1037/0882-7974.15.4.596

Oehler A, Reisch LA (2008) Behavioral Economics – eine neue Grundlage für Verbraucherpolitik? Eine Studie im Auftrag des Verbraucherzentrale Bundesverbands, Berlin. Internet-Veröffentlichung Dezember. https://www.vzbv.de/sites/default/files/downloads/studie_behavioral_economics_12_2008.pdf. Zugegriffen: 18. Dez. 2020

Parayre R (1995) The Strategic Implications of Sunk Costs: A Behavioral Perspective. J Econ Behav Organ 28–3:417–442. https://doi.org/10.1016/0167-2681(95)00045-3

Raghubir P, Srivastava J (2009) The Denomination Effect. J Consum Res 36–4:701–713. https://doi.org/10.1086/599222

Richter A, Ruß J, Schelling S (2018) Moderne Verhaltensökonomie in der Versicherungswirtschaft. Springer Gabler, Wiesbaden. https://doi.org/10.1007/978-3-658-19841-1

Ross L, Greene D, House P (1977) The "false consensus effect": an egocentric bias in social perception and attribution processes". J Exp Soc Psychol 13–3:279–301. https://doi.org/10.1016/0022-1031(77)90049-X

Schwartz B (2004) The paradox of choice – why more is less. Harper Perennial, New York

Simon HA (1992) What is an "explanation" of behavior? Psychol Sci 3–3:150–161. https://doi.org/10.1111/j.1467-9280.1992.tb00017.x

Skiera B, Lambrecht A (2006) Flatrate versus Pay-per-Use Pricing. In: Hess T, Doeblin S (Hrsg) Turbulenzen in der Telekommunikations- und Medienindustrie. Springer, Berlin. https://doi.org/10.1007/3-540-33591-9_5

Staw BM (1976) Knee-Deep in the big muddy: a study of escalating commitment to a chosen course of action. Organ Behav Human Perform 16:27–44. https://doi.org/10.1016%2F0030-5073%2876%2990005-2

Sunstein CR, Thaler RH (2003) Libertarian paternalism is not an oxymoron. Univ Chicago Law Rev 70–4:1159–1202. https://doi.org/10.2139/ssrn.405940

Thaler R (1980) Toward a positive theory of consumer choice. J Econ Behav Organ 1:39–60. https://doi.org/10.1016/0167-2681(80)90051-7

Thaler RH (1999) Mental Accounting Matters. J Behav Decis Making 12:183–206. https://doi.org/10.1002/(SICI)1099-0771(199909)12:3<183::AID-BDM318>3.0.CO;2-F

Thaler R (2019) Misbehaving: Was uns die Verhaltensökonomik über unsere Entscheidungen verrät. Pantheon, München

Tversky A, Kahneman D (1974) Judgment under Uncertainty: Heuristics and Biases. Science, New Series 185 (4157), 27. September, 1124–1131. https://www.jstor.org/stable/1738360. (Deutsche Übersetzung des Artikels in Kahneman 2012, 521–544)

Tversky A, Kahneman D (1981a) The framing of decisions and the psychology of choice. Science 211:453–458. https://doi.org/10.1126/science.7455683

Tversky A, Kahneman D (1981b) Judgments of and by representativeness. Technical Report No. AD A099502, Engineering Psychology Programs, Office of Naval Research, Arlington, Virginia. Veröffentlicht 15. Mai. https://apps.dtic.mil/sti/pdfs/ADA099502.pdf. Zugegriffen: 17. Juni 2021

Tversky A, Kahneman D (1983) Extensional Versus Intuitive Reasoning: The Conjunction Fallacy in Probability Judgment. Psychol Rev 90–4:293–315. https://doi.org/10.1037/0033-295X.90.4.293

Tversky A, Kahneman D (1986) Rational Choice and the Framing of Decisions. J Bus 59–4, pt. 2, S251–S278. https://www.jstor.org/stable/2352759

van Winssen KPM, van Kleef RC, van de Ven WPMM (2016) The demand for health insurance and behavioural economics. Eur J Health Econ 17:653–657. https://doi.org/10.1007/s10198-016-0776-3

Wenski G (2020a) Beraterverkauf im globalen B2B-Equipmentgeschäft. Springer Gabler, Wiesbaden. https://doi.org/10.1007/978-3-658-27450-4

Wenski G (2020b) Nachhaltig verhandeln im Technischen Einkauf. Springer Gabler, Wiesbaden. https://doi.org/10.1007/978-3-658-30439-3

Wikipedia (2021a) Hyperbolic discounting. https://en.wikipedia.org/wiki/Hyperbolic_discounting. Zugegriffen: 18. Aug. 2021

Wikipedia (2021b) Verlustaversion. https://de.wikipedia.org/wiki/Verlustaversion. Zugegriffen: 11. Sept. 2021

7 Behavioral Finance – Investieren am Aktienmarkt

Seit März 2016 steht der Leitzins der Europäischen Zentralbank (EZB) bei 0 %, und es ist unwahrscheinlich, dass sich daran so schnell etwas ändern wird. In Zeiten anhaltender Negativzinsen stellt sich dem deutschen Sparer seit Jahren die Frage: Wie lege ich mein Geld sinnvoll an? So mancher verweigert sich der Erkenntnis, dass das Vermögen bei steigender Teuerung ohne Verzinsung langsam, aber kontinuierlich weniger wird. Der heute beobachtete Effekt ist keineswegs neu: DM-Sparbücher warfen auch in den 30 Jahren vor Einführung des Euro inflationskorrigiert keine Zinsen ab.

Die entsprechende kognitive Verzerrung nennt man **Geldwertillusion** *(Money Illusion)*: die Nichtwahrnehmung von Inflation („Überraschungsinflation") durch Marktteilnehmer, beispielsweise Verbraucher, die also dem Trugschluss unterliegen, das Geld behalte auch ohne Zutun den gleichen Wert. In abgeschwächter Form bezeichnet das Phänomen eine Unterschätzung des Risikos der Geldentwertung. Ohne Geldwertillusion wäre es einer Zentralbank beinahe unmöglich, durch eine Steigerung der Geldmenge die Wirtschaft anzukurbeln. Interdisziplinäre Ansätze wie die Verhaltensökonomik und die Neuroökonomie befassen sich mit dieser Thematik. Der Begriff wurde vor fast einem Jahrhundert von Irving Fisher geprägt (Fisher 1928, S. 4) und von John Maynard Keynes bekannt gemacht. Als Gegenspieler der Geldwertillusion kann man die **Selektive Wahrnehmung** *(Selective Perception)* betrachten; dabei tritt eine Überbewertung der Inflationsrate durch einzelne Preissteigerungen auf (Beispiel: „Euro = Teuro").

Insbesondere während der Corona-bedingten Ausgabenzurückhaltung vor allem bei Reisen und Investitionen ist die Sparquote in Deutschland noch einmal deutlich angestiegen. Gleichzeitig wird es für die nachkommenden Generationen aus wirtschaftlichen und demografischen Gründen immer unwahrscheinlicher, dass sie im fernen Rentenalter den bis dahin gewohnten Lebensstandard über gesetzliche und eventuell eine zusätzliche Betriebsrente weiter finanzieren können. Eine sinnvolle private Geldanlage und Altersvorsorge tut also Not. Man darf allerdings nicht so naiv sein, bedingungslos auf den Rat von Investmentbankern und privaten Anlageberatern zu vertrauen. Etwas Sachkenntnis – auch ohne dass man dafür BWL studiert haben muss – sollte dafür ebenso vorhanden sein wie Skepsis bei vollmundigen Verkaufsaussagen und gesunder Menschenverstand.

Ein wesentliches Anwendungsgebiet der Verhaltensökonomik mit handfestem monetärem Hintergrund ist die verhaltensorientierte Finanzmarkttheorie, die meist als *Behavioral Finance* („Verhaltensökonomik im Anlagewesen") bezeichnet wird (siehe z. B. Hens und Rieger 2010; Szyszka 2013; Averbeck 2018; Maison 2019). Dieses Untergebiet beschäftigt sich mit der Psychologie der Kapitalanleger und versucht aufzuzeigen, wie Anlageentscheidungen am Finanz- und Kapitalmarkt tatsächlich zustande kommen. Neben Daniel Kahneman, Amos Tversky und Richard Thaler war an der Entwicklung auch der Verhaltensökonom Robert Shiller maßgeblich beteiligt (siehe z. B. Shiller 2000, 2003).

Behavioral Finance geht davon aus, dass Menschen irrational handeln und deshalb häufig fehlerhafte Entscheidungen treffen, die zu Spekulationsblasen und Börsencrashs führen. Diese These widerspricht wiederum der Annahme des Homo oeconomicus, nach der ein Anleger stets rational und effizient agiert. Heute nutzt eine steigende Anzahl an Fonds die Erkenntnisse der Behavioral Finance für ihre Anlagestrategien.

7.1 Die Welt der Geldanlagen

Setzt man sich gezielt mit der Anlage privater flüssiger Mittel auseinander (was jeder mit auch nur begrenztem Vermögen tun sollte), so kommt man um zwei schillernde Personen am Finanzhimmel nicht herum. Der eine, André Kostolany (1906–1999), war ein als Börsen- und Finanzexperte und als Spekulant auftretender Journalist, Schriftsteller und Entertainer mit ungarischer Herkunft und US-amerikanischer Staatsbürgerschaft. Der andere, Warren Buffett (geb. 1930), ist ein US-amerikanischer Großinvestor, Unternehmer, Philanthrop sowie CEO des Fonds Berkshire Hathaway, den er zusammen mit seinem sechs Jahre älteren Freund und Geschäftspartner Charlie Munger leitet. Beide haben in der langen Zeit ihres Wirkens versucht, auch andere Anleger an ihrem Börsenwissen zu beteiligen. Buffett, das „Orakel von Omaha", gilt als einer der erfolgreichsten Investoren.

> **Beispiel: Starinvestoren**
>
> André Kostolany erwarb sich den Status eines Börsengurus durch seine Bücher, Kolumnen, Vorträge und Seminare zum Thema Börse. Viele Weisheiten und Zitate sind bis heute im kollektiven Gedächtnis geblieben. Er setzte für eine erfolgreiche Investition voraus, dass man sich inhaltlich sehr intensiv mit dem jeweiligen Investment auseinandersetzen und dieses verstehen müsse. Und dann benötige man eben noch die Fantasie, um sich eine spätere positive Entwicklung, z. B. einer bestimmten Aktie, vorstellen zu können. Allerdings erwischte es ihn zweimal heftig: Er verlor

sein ganzes Vermögen, hatte Schulden und musste wieder als angestellter Makler arbeiten. Bei eigenen Investments folgte er vor allem in der Nachkriegszeit den globalen Trends und spekulierte nicht mehr als wilder Zocker auf fallende Kurse. Lehman Brothers kündigte ihm in den 1950er-Jahren sogar ein Depot – wegen Inaktivität. Einer seiner zahlreichen Sprüche war: „Betriebswirte, Wirtschaftsingenieure, Volkswirte und andere Experten sollten der Börse fernbleiben. Sie ist für die eine gefährliche Falle, die sich ihr mit wissenschaftlichen Methoden annähern wollen." (Börsenverlag o. J.)

Warren Buffett gilt als Verfechter des *Value Investing*. Obwohl er bei Berkshire Hathaway alle Gewinne einbehält und dieses Geld für Aktienrückkäufe nutzt, achtet er bei seinen Investments stark auf hohe und steigende Dividenden, die schon seit langen Jahren ausgezahlt werden. (Eine Aktie seines Fonds kostete Ende 2021 über 400.000 €.) Zentrales Anlagekriterium ist dabei das Konzept der „Sicherheitsmarge". Der Käufer eines Wertpapiers soll demnach dessen *inneren Wert* ermitteln – was nur subjektiv möglich ist – und prüfen, ob der aktuelle Preis an der Börse zu seinen Gunsten niedriger ist als der von ihm ermittelte Wert. Buffetts Maxime war und ist, nur in solchen Bereichen zu investieren, in denen man sich auskennt. Darin ähnelt seine Anlagephilosophie also der von Kostolany. Bereits 1996 prägte er dafür in einem langen Rundbrief an die Teilhaber seiner Holdinggesellschaft den Begriff *„Circle of Competence"* (Kompetenzkreis). „Schuster, bleib' bei deinen Leisten", könnte man vereinfacht sagen. ◀

▷ **Tipps**

- Ungewöhnlich hohe Zinsen bedeuten entweder hohes Risiko oder ein betrügerisches Geschäftsmodell.
- Investieren Sie nur in Anlageformen, die Sie verstehen und akzeptieren.[1]

Mir gehen die Geschichten nicht aus dem Kopf, die immer wieder in den Medien auftauchen und von Leuten handeln, die aus einer diffusen Zukunftsangst heraus für nahezu ihr gesamtes Vermögen Gold kaufen und dies vermeintlich sicher lagern, etwa indem sie es ins Bankschließfach legen (ohne die Versicherungssumme anzupassen) oder sogar in die Wände ihres Eigenheims einmauern. Nun ist Gold, das in der Regel unter ökologisch sehr fragwürdigen Bedingungen abgebaut wird, ein wahrlich glänzendes Spekulationsobjekt: In den letzten 20 Jahren schwankte sein Marktpreis zwischen 100 und 500 € pro Gramm. Nach Kostolany führt die Anlage in Gold zu „totem Kapital" und entzieht

---

[1] Alle Tipps zu Geldanlagen, die Sie in diesem Kapitel lesen, stammen aus meiner persönlichen Erfahrung. Allerdings kann ich nicht für ihre Anwendbarkeit und den Erfolg in jedem Einzelfall garantieren und lehne somit jegliche Haftung ab, falls Verluste und Fehlinvestitionen die Folge sein sollten.

der Wirtschaft notwendige Liquidität, da das so gebundene Anlagekapital nicht für Investitionen herangezogen werden könne.

Sinnvoller scheint es, sein Geld arbeiten zu lassen. Hierzu existieren mehrere Möglichkeiten, und es gibt kein absolutes „Richtig" oder „Falsch". Eine besondere Bedeutung kommt der Streuung des Vermögens auf verschiedene Anlageklassen zu, um das Verlustrisiko bei Einbrüchen, Rückschlägen und Krisen zu minimieren. Wenig zielführend ist es, ein Großteil seines Guthabens auf dem Giro-, Spar- oder Tagesgeldkonto liegen zu lassen, in der Hoffnung, dass die Banken und Sparkassen nicht so schnell Negativzinsen berechnen. Gleichzeitig entfällt der schnelle und bequeme Weg der vergangenen Jahrzehnte, sichere festverzinsliche Pfandbriefe und Wertpapiere des Bundes oder der Länder zu erwerben, weil Sie dabei draufzahlen. Anleihen von Unternehmen mit hohem Rating rentieren aktuell ebenfalls negativ. Bei schlechterer Bonität oder fehlender Einstufung werden Unternehmensanleihen zwar aufgrund des höheren Verlustrisikos gering verzinst, jedoch zunehmend nur in Tranchen ab 100.000 € abgegeben und sind daher für die überwiegende Zahl der Privatanleger irrelevant.

> **Fragwürdige Beratungsleistungen**
> Folgt man der traditionellen ökonomischen Betrachtungsweise, so sind Finanzdienstleistungen wie die Anlageberatung überflüssig: Rationale Verbraucher und vollkommene Märkte benötigen keine Hilfsinstitutionen. Doch sind weder die Verbraucher vollständig rational und umfassend informiert noch die Märkte, auf denen sie agieren, perfekt. Daher wenden sich die Kunden in der Regel an Finanzdienstleister, meist in Gestalt der Berater in ihrer Hausbank (die heute oft nur noch Produktverkäufer und nicht mehr die vertrauenswürdigen „Bankbeamten" früherer Tage sind). In dieser Konstellation treffen sie – zu ihrem Nachteil – auf asymmetrische Vertragsbeziehungen und eine Interessendivergenz während des Anlageberatungsprozesses (Oehler und Reisch 2008, S. 24–42).
>
> Je weniger der Verbraucher weiß, desto mehr Informationen sind ihm vom Anlageberater zu vermitteln, was wiederum zu Schwierigkeiten führt: Es steht zu bezweifeln, dass schlecht informierte Verbraucher überhaupt in der Lage sind, die zur Vermittlung gedachten Informationen in vorgesehener Weise für sich nutzbar zu machen. Vielfach ist eher mit einer Verschlechterung der Entscheidungsgüte zu rechnen; es tritt der Zustand der **Informationsüberflutung** als Folge von Less-is-better-Effekt (Abschn. 6.5), Auswahlparadox (Abschn. 6.6) und Kenntnisillusion (Abschn. 8.4) ein. Das englische *Information Overload* wurde von Alvin Toffler (1970) in seinem futuristischen Buch *Future Shock* geprägt (siehe auch Melinat et al. 2014).
>
> Die beschriebenen Effekte verstärken sich noch durch die emotionale Manipulierbarkeit des Kleinanlegers. Berater werden geschult, diese Empfänglichkeit für die

7.1 Die Welt der Geldanlagen

eigenen Überzeugungsversuche zu erhöhen. Es wird eine angenehme Gesprächsatmosphäre geschaffen, und in einer durch Framing und Priming erzeugten positiven Stimmung machen Verbraucher gerne diese Fehler:

- Sie nehmen weniger Informationen auf und verarbeiten diese weniger analytisch und kritisch.
- Sie unterliegen der Kompetenzillusion und treffen mit ihrem Halbwissen nachteilige Anlageentscheidungen.
- Sie folgen unter emotionalem oder Zeitdruck Produktempfehlungen, die weniger in ihrem Interesse als in dem von Bank bzw. Berater liegen.

Mit Anreizen *(Incentives)*, in diesem Fall Verkaufsanreizen für Anlageberater, ist das immer so eine Sache. Dabei sind zwei Nebenaspekte erstaunlich:

1. wie schnell und radikal Menschen ihr Verhalten ändern, wenn Anreize ins Spiel kommen;
2. dass Menschen auf die Anreize reagieren, jedoch nicht auf die Absicht dahinter.

Dies drückt sich aus in der sogenannten *Incentive Superresponse Tendency* (Anreizsensitivität). Gute Anreizsysteme bringen daher Absicht und Anreiz zur Deckung. (Dobelli 2014, S. 69–71) Hierdurch zeichnet sich z. B. ein geschicktes Nudging aus.

Von „Moral" war in Abschn. 4.2 bereits die Rede. An dieser Stelle bietet sich an, den Begriff *Moral Hazard* einzuführen, auf Deutsch etwa moralisches Risiko, moralische Versuchung oder Rationalitätsfalle: aufgrund ökonomischer Fehlanreize verantwortungsloses oder leichtsinniges Verhalten, das Risiken auslösen oder verstärken kann. Diese Beschreibung trifft in besonderem Maße auf „Berater" der Privatbanken zu, die schlecht informierter und älterer, aber finanziell gut situierter Kundschaft Anlagen mit hohen Provisionen und falschem Investitionsschwerpunkt verkaufen und von diesem Goldesel durch häufige Depotumschichtungen weiter profitieren.

In einem mir persönlich bekannten Fall ging das Insistieren der Vermögensberaterin eines börsennotierten deutschen Geldinstituts sogar soweit, dieses lukrative Geschäftsmodell, das bei einem alleinstehenden alten Herrn mit einsetzender Demenz für die Bank recht profitabel gewesen war, auch mit dessen gerichtlich eingesetztem Betreuer später fortsetzen zu wollen. Die langjährige Ansprechpartnerin der Bank schlug dem Betreuer ernsthaft vor, das *gesamte* dort in Fonds und Einzelanlagen investierte Vermögen in das hauseigene System der Vermögensverwaltung umzuschichten (was wiederum hohe Kosten für die eine und Provisionen für die andere Seite gebracht hätte – und glücklicherweise nicht funktioniert hat).

▷ **Tipps**

- Lassen Sie sich durch die Verhängungen von „Strafzinsen" (was nur der Weitergabe der EZB-Gebühr entspricht) nicht zu übereilten Anlageentscheidungen verleiten. Ein jährlicher Aufwand von 0,5 % steht in keiner Relation zu 20 % Einbuße oder gar Totalverlust bei Insolvenz des Emittenten (siehe Action Bias in Abschn. 7.5).
- Wenn Ihnen Banken oder Versicherungen eine private Rentenversicherung aufschwatzen wollen: Rechnen Sie aus, wie alt Sie werden müssen, damit daran nicht nur das Unternehmen verdient. (So alt werden die meisten Menschen nicht!)

Wesentlich sinnvoller und stärker in die Zukunft gerichtet ist es, am Produktivvermögen der Wirtschaft zu partizipieren. Dies betrifft Aktienanlagen und kann über Käufe von Einzelaktien realisiert werden. Dies erfordert jedoch durch die Notwendigkeit zur Marktbeobachtung einen gewissen persönlichen Einsatz. Eine Alternative sind Fonds, die neben Renten, Schuldverschreibungen, Immobilien, liquide Mittel usw. einen bestimmten Aktienanteil enthalten. Aktien bergen das Risiko des Totalverlusts bei einer Insolvenz des emittierenden Unternehmens, wovon neben den spektakulären Fällen wie Enron, Lehman Brothers oder Wirecard zahllose gescheiterte Kleinunternehmen Zeugnis ablegen können. Allerdings sind zu den meisten Zeiten die Gewinnchancen über Kursgewinne und Dividenden deutlich höher als bei anderen genannten Anlageformen. Darüber hinaus bieten Aktien als Unternehmensanteile (neben Sachwerten wie Immobilien) eine bessere Absicherung gegen Währungs- und Inflationsrisiken als Geld und Anleihen.

▷ Trotz der politisch und wirtschaftlich ausgesprochen stabilen Situation in der Bundesrepublik Deutschland sei an dieser Stelle darauf hingewiesen, dass allein im 20. Jahrhundert zwei Weltkriege und mehrere Währungskrisen und -umstellungen Generationen von Sparern um ihr gesamtes Vermögen gebracht haben.

Im Folgenden wollen wir uns über Aktienanlagen von Privatanlegern unterhalten, ihre Chancen und Risiken. Hierzu biete ich Ihnen ein Paket von verhaltensökonomisch begründeten Handlungsvorschlägen und Tipps zusammen mit einigen Erläuterungen an. Diese haben sich in der Praxis bewährt und werden von vielen Experten befürwortet. Beginnen wir mit einer Feststellung des Börsenexperten André Kostolany. Dieser benannte die vier „G's" als wichtige Grundlage für einen dauerhaften Erfolg an der Börse (Börsenverlag o. J., S. 5–7):

- **Geld.** Eines seiner bekanntesten Zitate lautet: „Wer viel Geld hat, kann spekulieren, wer wenig Geld hat, darf nicht spekulieren und wer überhaupt kein Geld hat, muss spekulieren."
- **Gedanken.** Der Anleger sollte immer verstehen, was und warum er jeweils handelt.
- **Geduld.** Kostolany prägte die berühmte Börsenformel: „Zwei mal zwei ist gleich fünf minus eins." Am Ende kommt schon das erwartete Ergebnis, doch vorher muss der Spekulant noch das „minus eins" überstehen. „Geld wird an der Börse nicht mit dem Kopf, sondern mit dem Sitzfleisch gemacht", sagen erfahrene Börsianer.
- **Glück.** Alle Gedanken mögen noch so präzise sein, aber Kriege, Naturkatastrophen oder politische Ereignisse können die Voraussagen schnell zerstören.

7.2 Schwierige Prognosen bei der Aktienanlage

Wenn Sie sich nicht (oder nicht nur) den Fondsmanagern mit ihren subjektiven Anlageentscheidungen ausliefern und dennoch am Aktienmarkt teilnehmen wollen, bieten sich ETFs *(Exchange-traded Funds)* an – börsengehandelte Fonds, die für die meisten Anlageklassen verfügbar sind und beispielsweise bestimmte Indizes nachbilden. Allerdings haben Sie außer bei der Auswahl des Produkts keinen Einfluss auf die weiteren Details der Zusammensetzung; mit Indexzertifikaten werden Sie Teilhaber etwa an Autoherstellern, Privatbanken, konventionellen Energieunternehmen, Wohnungsvermietungsgesellschaften und sogar Waffenproduzenten. Daher könnten Sie möglicherweise bald Lust verspüren, auch Einzelaktien in Ihr Depot zu legen, und müssen sich in diesem Fall mit der Auswahl der „richtigen" Titel sowie dem geeigneten Zeitpunkt für An- und Verkauf auseinandersetzen. Dabei sollen Ihnen die folgenden Erläuterungen helfen und Sie vor den größten Fehlschlüssen bewahren.

Über die dabei lauernde Projektionsverzerrung sprachen wir in Abschn. 1.5 und Abschn. 6.6 bereits, die falsche Einschätzung, was ein Gut später wert sein wird. Und auf die Problematik von Prognosen geht Abschn. 10.3 genauer ein; der Effekt tangiert verschiedenste Lebensbereiche und vor allem auch das Anlagewesen: Wer traut sich schon zu, Prognosen zur Wertentwicklung bestimmter Aktien zu machen? Doch erscheint dies trotz teilweise heftiger Volatilität an der Börse noch halbwegs möglich, vergleicht man Aktien, ETFs oder Fonds mit manch riskanteren Anlageformen wie

- Optionsscheine und Warentermingeschäfte,
- Gold,
- Kryptowährungen, Risikopapiere und weitere hochspekulative Geldanlagen *(Junk Bonds)*,
- moderne Kunst sowie
- (bedingt) Grundstücke und Immobilien.

Zur Vorhersage der Wertentwicklung von Kapitalanlagen würde man eine Kristallkugel benötigen, doch soll in diesem Buch ja gerade mit derartigem Hokuspokus und Budenzauber aufgeräumt werden. Andererseits lassen sich Periodizitäten bei der Konjunktur- und Geschäftsentwicklung allgemein oder branchenanhängig beobachten und nutzen. Der Verhaltensökonom spricht dabei von **Kalendereffekten** oder Saisoneffekten *(Calendar Effects)*: periodisch auftretende Anomalitäten in Kursverhalten, Preisbildung oder Gewinnerzielung an der Börse oder bei Warengeschäften. Beispiele dafür sind Januareffekt, Wochenendeffekt und „Hexensabbat", der dritte Freitag im letzten Quartalsmonat, an dem Terminkontrakte wie Futures und Optionen verfallen – dies kann zu heftigen Kursausschlägen an diesem Tag führen. Eine weitere Erklärung für solche Kalenderanomalien findet sich in der Bildung mentaler Konten durch die Anleger. Sie unterteilen dazu ihren Anlageprozess in zeitliche Einheiten, z. B. Jahre, und zum Ende des Jahres stellen sie ihr Portfolio glatt oder machen ihre Dispositionen zum Auftakt des Folgejahres (oder der Woche, des Monats etc.; vgl. Beck 2014, S. 351–352).

> **Die Zeitumstellungsanomalie: ein Märchen**
> Manche Dinge möchte man nicht glauben – und sollte es besser auch nicht.
>
> Man kennt eine Verzerrung, die sich **Interoceptive Bias** nennt, wörtlich „Beeinflussung durch das periphere Nervensystem". Dies beschreibt die Tendenz, dass sensorische Reize des eigenen Körpers die Urteilsfähigkeit über externe Umstände ohne Bezug dazu beeinflussen. So berichteten im April 2011 zahlreiche Medien, dass Richter nach der Mittagspause, wenn sie gesättigt und ausgeruht sind, mildere Urteile fällen als am späteren Vormittag. Allerdings hielt diese Aussage einer genaueren Untersuchung der statistischen Basis nicht stand, denn andere Effekte wie die nichtstatistische Verteilung der Fälle und deren Verhandlungsdauer wurden nicht ausreichend berücksichtigt (Glöckner 2016).
>
> In dieselbe Kategorie fällt die an den Börsen angeblich beobachtete **Zeitumstellungsanomalie** *(Daylight Saving Anomaly)*. Der ursprünglich publizierte Befund (Kamstra et al. 2000) besagt, dass Investoren an den Finanzmärkten (USA, Kanada, UK; etwas weniger ausgeprägt in Deutschland) nach der Zeitumstellung durch Schlafmangel schlechtere Entscheidungen treffen. Dieser Effekt reiht sich nahtlos ein in bekannte negative Auswirkungen von veränderten Schlafmustern auf Entscheidungen, Angstzustände, Reaktionszeiten, Problemlösungskompetenz und Verkehrsunfälle. Allerdings wurde die Aussagekraft der Studie mit Hinweis auf die geringe Anzahl von Wochenenden mit Zeitumstellung sowie den Einfluss weiterer Rahmenbedingungen in einer weiteren Studie in Zweifel gezogen: Worthington (2003) untersuchte die Anomalie für Australien und fand keine Abweichungen, die laut t-Test statistisch relevant sind.
>
> Besser belegt ist der Einfluss des Wetters auf das Anlageverhalten an den Börsen. Emotionen, die natürlich auch von Sonne und Regen beeinflusst

7.2 Schwierige Prognosen bei der Aktienanlage

> werden, haben nachweislich einen gravierenden Einfluss auf wirtschaftliche Entscheidungen. Tendenziell überschätzen glückliche Entscheidungsträger die Wahrscheinlichkeiten positiver Ereignisse und sind somit bereit, z. B. im Aktienmarkt größere Risiken einzugehen. Hirshleifer und Shumway (2003) analysierten den Zusammenhang zwischen Sonnenschein und Aktienrenditen an den führenden Börsenplätzen von 26 Ländern im Zeitraum von 1982 und 1997 und konnten hier eine signifikante Korrelation nachweisen.

Einige Anlageempfehlungen aus der Vergangenheit sollte man heute – in Zeiten von Globalisierung und sich ändernden Marktgesetzen – mit Vorsicht betrachten. Dazu gehört sicherlich die bekannte Kostolany-Regel, Aktien zu kaufen und unbesehen liegenzulassen. Denn die Auswahl beispielsweise der in den großen Indizes gelisteten Unternehmen ändert sich ständig: Es gibt *Shooting Stars,* Absteiger und übernommene oder insolvente Unternehmen. Der **Survivorship-Bias** (*Survivorship Bias,* „Überlebensirrtum") wäre, auf die Börse übertragen, die Verzerrung zugunsten der überlebenden und erfolgreichen Investitionen, wobei das Schicksal erfolgloser Titel nicht gleichermaßen berücksichtigt wird. Der Begriff geht auf die Arbeit von US-Navy-Ingenieuren im Zweiten Weltkrieg zurück, die untersuchten, wo die Panzerung der Flugzeuge bei minimaler Gewichtszunahme zu verbessern sei und somit die Überlebensrate der Piloten steigern sollte (Beck 2012).

Früher folgte man gerne der Börsenregel *„Go away in May, and remember: come back in September".* Also im Frühjahr den Bestand reduzieren und im Herbst nachkaufen. Das kann nach wie vor stimmen, muss es aber nicht. Börsianer wissen aus Erfahrung: Mai und Juni sind gewöhnlich keine Monate, in denen die Aktienmärkte davonrennen. Tatsächlich beginnt mit dem Mai an den Börsen aus statistischer Perspektive eine schwierige Phase, die bis Ende Oktober anhält. Die „besten sechs Börsenmonate" von November bis April sind dann vorbei. Vor allem mit Blick auf die US-Indizes ist diese *Best-six-months*-Strategie gut belegt.

> ▷ *Window Dressing* gehört ebenfalls zur Psychologie der Aktienmärkte. Da die Kurse zur Hauptversammlung des Unternehmens gerne „aufgehübscht" werden und danach (nicht nur wegen des Dividendenabschlags) zu sinken beginnen, kann es lukrativ sein, Verkäufe vor und Käufe nach diesem Datum durchzuführen.

In Abschn. 1.4 war zu lesen, welchen Effekten und Verzerrungen sich Pendler Heinz-Walter Nelles ausgesetzt sieht, als er über seine Geldanlage sinniert. Dort habe ich auf das Aktienprämienrätsel nach Mehra und Prescott (1985) hingewiesen, das Paradox auf Finanzmärkten, das durch einen übermäßig hohen Unterschied zwischen den Renditen aus risikobehafteten Anlageformen und als relativ sicher geltenden Wertpapieren sichtbar wird. Der Grund liegt wiederum in der Verlustaversion, die bis hin zur Totalverlustaversion gehen kann in der Befürchtung, dass einzelne Aktiengesellschaften zahlungsunfähig werden.

Mit der Verlustaversion steht ein weiterer kognitiver Effekt in unmittelbarer Verbindung: die **Myopic-Loss-Aversion** (*Myopic Loss Aversion*, wörtlich „kurzsichtige" Verlustaversion). Dieses von Benartzi und Thaler (1992) erstmals beschriebene Phänomen bietet eine mögliche Erklärung für das Aktienprämienrätsel. Es beschreibt die Verlustangst privater Aktienbesitzer, die ihr Anlageportfolio zu häufig überprüfen mit der möglichen Folge, Verluste zu schnell zu realisieren und damit zu geringe Mittel in Aktien zu investieren (siehe auch Lee und Veld-Merkoulovab 2016).

▶ **Tipp** Schauen Sie nicht jeden Tag nach, wie die Aktien in Ihrem Portfolio laufen.

Leider breche ich diese Regel selbst häufig. Die freudige Erwartung, dass der Wert des eigenen Portfolios gegenüber dem Vortag gestiegen ist, oder die – je nach Situation gefürchtete oder begrüßte – Feststellung, dass die Kurse gesunken sind, kann den Privatanleger systematisch von den wichtigen Dingen des Lebens ablenken. Die eigene Anlagestrategie muss so durchdacht sein, dass ein tägliches oder wöchentliches Eingreifen in das Portfolio unnötig ist. Weniger ist mehr. Gewinnmitnahmen oder (Nach-)Käufe machen dann Sinn, wenn

a) ein definiertes Zeitsegment (Monat, Quartal, Jahr) abgelaufen ist,

b) bestimmte, vorher festgelegte Schwellenkurse über- oder unterschritten werden und/oder

c) sich wirtschaftliche Fundamentaldaten ändern, die einen Einfluss auf die Börse haben (könnten).

7.3 Irrationale Finanzmärkte

Börsenentwicklungen sind nur sehr schwer vorhersagbar – sonst würden ja alle Anleger in gleicher Weise investieren und profitieren (was aus naheliegenden Gründen nicht funktionieren kann). Teilweise bedient man sich recht kruder Indikatoren für eine Prognose konkreter Entwicklungen der Märkte mit kausal unabhängigen statistischen Effekten. Man nennt dies **Illusorische Korrelation** (*Illusory Correlation*), die fälschliche intuitive Wahrnehmung einer Korrelation zweier Ereignisse (Chapman 1967).

Davon abzugrenzen und leicht damit zu verwechseln ist die unbegründete Annahme einer Ursache-Wirkungs-Beziehung zwischen real korrelierenden Phänomenen, bei der das gemeinsame Auftreten von Ereignissen (Koinzidenz) oder die Korrelation zwischen Merkmalen ohne genauere Prüfung als Kausalzusammenhang aufgefasst wird (Simon 1954). Diese Fehleinschätzung aufgrund einer lediglich zufälligen oder indirekten

7.3 Irrationale Finanzmärkte

Beziehung wird im Deutschen vielfach als „Scheinkorrelation" bezeichnet *(Spurious Relationship)*. Der besser passende Begriff lautet **Scheinkausalität,** denn es liegt nicht nur scheinbar, sondern tatsächlich eine Korrelation vor, aber eben keine kausale gegenseitige Abhängigkeit. Scheinkausalität ist die statistische Entsprechung des in der Philosophie betrachteten Fehlschlusses *Cum hoc ergo propter hoc* (wörtlich: „gemeinsames Auftreten impliziert keine Kausalität").

Ein bekanntes Beispiel für eine Scheinkausalität ist der **Super-Bowl-Indikator** *(Super Bowl Indicator)*. Der scheinbare Zusammenhang hat seinen Namen von der US Football League und besagt, dass am Aktienmarkt beim Sieg eines AFC-Teams eine Baisse (= Kursabfall) und beim Sieg eines Teams aus der Parallel-Liga NFC eine Hausse (= Steigerung) folgt. Nach der Saison 2021 war der Indikator in 41 von 54 Fällen korrekt, gemessen am S&P-500-Index, was einer Erfolgsquote von 76 % entspricht (Wikipedia 2021b). Allerdings lässt sich diese hohe Quote so erklären, dass NFC-Teams öfter als AFC-Teams den Titel gewinnen *und* dass die Börse öfter steigt als fällt. Obwohl der „Entdecker" des Effekts darauf hinwies, dass das Ganze mit Humor zu verstehen ist (Koppett 1978), wird dieser „Indikator" immer wieder neu thematisiert, wenn das Finale ansteht.

▷ Eine Korrelation beschreibt nicht zwangsläufig eine Ursache-Wirkungs-Beziehung in die eine und/oder andere Richtung, das heißt aus einem starken Zusammenhang folgt nicht, dass es auch eine eindeutige Kausalität gibt. Die Tatsache, dass in Sommern mit hohem Speiseeisumsatz viele Sonnenbrände auftreten, erlaubt keineswegs den Schluss, dass Eisessen Sonnenbrand erzeugt.

Erinnern wir uns an zwei weitere Zitate des geschätzten André Kostolany: „Die Börse benimmt sich oft wie ein Alkoholiker: Auf gute Nachrichten weint sie, auf schlechte lacht sie." Und: „Geld ist wie ein Kaninchen: Es gerät in Angst und Panik, wenn es die kleinste Gefahr wittert. Dabei aber handelt es unüberlegt."

Wäre dies nicht so, ließe sich am Markt risikolos Geld verdienen – und das ist volkswirtschaftlich betrachtet nicht möglich. Geld, das einer gewinnt, wird in den meisten Fällen ein anderer verlieren. Viele kuriose Entwicklungen von Aktien und Indizes lassen sich – zumindest im Nachhinein – erklären: Börsenhöchststände in kritischen Zeiten wie der Corona-Pandemie (als Impfstoffe verfügbar wurden), explodierende Kurse von Einzelunternehmen wie dem bis dato unauffälligen Spielehändler *Gamestop* (weil organisierte Kleinanleger gegen Hedgefonds wetteten) oder Panikverkäufe z. B. beim Aktiencrash 1987 (als der automatisierte Computerhandel stur seinen einprogrammierten Befehlen gefolgt ist; vgl. Thaler 2019, S. 298).

Zwar kann man Entwicklungen an den Aktienmärkten vor dem Hintergrund der gesamtwirtschaftlichen Entwicklung deuten, doch nur beschränkt vorhersehen. So schreibt Thaler (2019, S. 21), dass so gut wie kein Ökonom die Finanzkrise 2007/08 hat kommen sehen. Robert Shiller warnte in der vorherigen Krise zeitig vor dem alarmierenden Anstieg der Immobilienpreise in den USA. Allerdings zeigte sich darin die Krux von Markteinschätzungen: Shillers Warnung erfolgte bereits 1996, der massive Einbruch jedoch erst vier Jahre später; wer zu früh verkauft hatte, musste deutliche Einbußen hinnehmen. Sein im Jahr 2000 auf dem Höhepunkt der New-Economy-Euphorie erschienenes Buch *Irrational Exuberance* („Irrationaler Überschwang") (Shiller 2000) wurde zum Bestseller, und die darin aufgestellten Thesen bewahrheiteten sich kurz darauf in der Baisse der Jahre bis 2003 (zu Shillers Warnung vor der Dotcomblase 2000 siehe Thaler 2019, S. 300–301).

▶ **Tipp** Setzen Sie am Aktienmarkt ein gewisses Maß an Irrationalität voraus.

Irrationales Verhalten kann Möglichkeiten zur Arbitrage bieten.

▶ **Arbitrage** nennt man in der Wirtschaft die ohne Risiko vorgenommene Ausnutzung von Kurs-, Zins- oder Preisunterschieden zum selben Zeitpunkt an verschiedenen Orten zum Zwecke der Gewinnmitnahme. Gegenstück ist die mit Risiken behaftete **Spekulation.** Die Existenz völlig risikoloser Gewinne am Finanzmarkt ist unter Experten umstritten.

Wenn jemand sich irrational verhält, eröffnet dieses irrationale Verhalten jemand anderem die Chance, davon zu profitieren. Beispielhaft dafür sind wiederum die Geschehnisse am Aktienmarkt: Die Beobachtung, dass einige Anleger einen anscheinend zu hohen Preis für eine Aktie zahlen, bietet rationalen Marktteilnehmern Gelegenheit, gegen die irrationalen Akteure zu spekulieren, indem sie diese Aktie beispielsweise leer verkaufen. Doch es kann lange dauern, bis Arbitrage rationaler Marktakteure dem irrationalen Treiben auf den Kapitalmärkten ein Ende setzt – oft sind die Märkte länger irrational, als Arbitrageure liquide sind. Im berühmten Fall des Zusammenschlusses der Ölkonzerne Royal Dutch und Shell im Jahr 1907 dauerte es ganze neun Jahre, bis die in den USA gehandelten Royal-Dutch-Aktien und die in England gelisteten Shell-Aktien das korrekte Kräfteverhältnis der beiden Unternehmen widerspiegelten (Beck 2014, S. 7, 354–355).

Beispiel: Sankt-Petersburg-Paradox

Die Gefahr beim Warten auf Arbitrage-Gewinne verdeutlicht das seit 1713 bekannte und von Daniel Bernoulli 1738 beschriebene Sankt-Petersburg-Paradox (das eigentlich keines ist). In einem Glücksspiel mit Teilnahmegebühr wird eine Münze in fairer Weise so lange geworfen, bis zum ersten Mal „Kopf" fällt. Dies beendet das Spiel. Der Gewinn richtet sich nach der Anzahl der Münzwürfe insgesamt. War es nur einer, dann erhält der Spieler 1 €. Bei zwei Würfen (erst „Zahl", dann „Kopf") erhält er 2 €, bei drei Würfen 4 €, bei vier Würfen 8 €, und bei jedem weiteren Wurf verdoppelt sich der Betrag. Man gewinnt also 2^{k-1} €, wenn die Münze k-mal geworfen wurde.

Die Frage lautet: Welchen Geldbetrag würde man für die Teilnahme an diesem Spiel bezahlen wollen?

Das **Sankt-Petersburg-Paradox** *(St. Petersburg Paradox)* ist ein Beispiel für das Versagen der Erwartungswertregel. Zwar ist der Erwartungswert des Gewinns aus diesem Spiel unendlich, wie mathematisch leicht zu sehen ist. Gleichwohl sind reale Entscheider in der Regel nur bereit, einen relativ geringen Geldbetrag zu zahlen, um an dem Spiel teilzunehmen, was zur Bezeichnung „Paradox" führte. In der klassischen Variante der Sankt-Petersburg-Lotterie hat das Kasino unbegrenzte Geldvorräte: Es gibt keinen Gewinn, den beispielsweise ein Kasino nicht auszuzahlen in der Lage wäre, und das Spiel könnte beliebig lange gehen.

Anstelle des Münzwurfs eignet sich für den Kasinobetrieb das Roulettespiel deutlich besser, wobei man nur auf Rot oder Schwarz setzt. Man würde solange z. B. auf Rot setzen, bis diese Farbe kommt, und mit jeder neuen Runde seinen Einsatz verdoppeln. Im richtigen Leben des Glücksspiels ist allerdings folgende Einschränkung einer endlichen Sankt-Petersburg-Lotterie zu beachten: Ein reales Kasino kann nicht mehr als einen maximalen Gewinn auszahlen, der in den Spielregeln festgelegt ist. Das höchste Einsatzlimit an deutschen Spielbanken liegt bei einfacher Gewinnchance meist zwischen 24.000 und 40.000 €. Das würde gerade ausreichen, falls die Kugel 16-mal hintereinander auf Schwarz oder Rot fällt. Beim 17. Mal sind Sie dann ruiniert. Rein statistisch ist dies in den Kasinos der Welt keineswegs so ungewöhnlich. Am 18. August 1913 landete die Roulettekugel im Spielcasino von Monte Carlo stolze 26-mal hintereinander auf Schwarz. ◄

7.4 Wie man Aktien auswählt und sein Portfolio strukturiert

Angesichts der menschlichen Gier, mehr als andere gewinnen oder verdienen zu wollen, resultieren private Anlageentscheidungen mitunter in hochspekulativen Papieren und Geschäften: Ebenso wie beim Pokern oder Roulette entgleitet manchen Leuten am Bankschalter oder beim Internetinvestmentgeschäft die Kontrolle über ihr Handeln. Vor allem der Aktienhandel ist eine Art von Spiel, und Zockerei kann süchtig machen. Förderlicher für den finanziellen Erfolg ist es, den Vorgaben von Warren Buffett zu folgen (Abschn. 7.1):

▶ **Tipps**

- Kaufen Sie kein Finanzprodukt, das Sie nicht verstehen.
- Legen Sie nicht mehr Geld in Risikoprodukte an, als Sie problemlos als Totalverlust verschmerzen können.

Ein Anlageportfolio sollte dem Alter, den Vermögensverhältnissen und den Ansprüchen des Anlegers angepasst sein. Dies bedeutet, dass das vorhandene Kapital in unterschiedliche

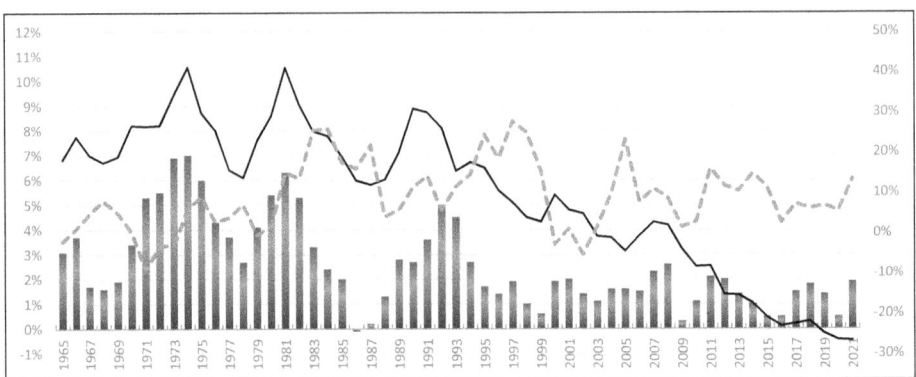

Abb. 7.1 Historische Umlaufrenditen von Bundesanleihen (durchgezogene Linie) und Inflationsraten (Säulen); Jahresmittelwerte in % (siehe Abb. 1.1). Die gestrichelte Linie zeigt die geglättete, meist positive Jahr-zu-Jahr-Veränderung des Deutschen Aktienindex (DAX-30)

Anlageklassen aufgeteilt wird, etwa Aktien, Immobilien (auch selbst bewohnte), Renten und liquide Mittel. Als Anleger in Finanzprodukte – und so auch als Aktionär – sollten Sie sich zuerst Gedanken machen, wie viel Risiko Sie eingehen können oder wollen. Aufgrund Ihrer Angaben und Erfahrung ordnet der für Sie zuständige Bank- oder Sparkassenmitarbeiter Sie einer von 4, 5 (oder 7) Risikoklassen zu. Als Anfänger mit einer mittleren Risikobereitschaft wird man Ihnen wohl kaum *Penny Stocks,* Optionsscheine oder Hebelpapiere verkaufen.

Anleger unterliegen gewöhnlich einer gewissen Risikoscheu oder **Risikoaversion** *(Risk Aversion).* Diese Verzerrung beschreibt in der Entscheidungstheorie das Phänomen, dass Anleger weitgehend nicht bereit sind, für eine bestimmte Belohnung das entsprechende Wagnis einzugehen. Sie bevorzugen weniger Risiko, auch wenn der Ertrag damit überproportional geringer ausfällt. In Zeiten von Negativzinsen auf Rentenpapiere hoher Bonität ist dies natürlich für konservative Sparer problematisch, die ihr Risiko gering halten, jedoch trotzdem zumindest den Kaufkraftverlust ausgleichen wollen. Der Effekt basiert nach Kahneman und Tversky (1984) auf der Verlustaversion und führt beispielsweise zum Aktienprämienrätsel. Das Gegenteil nennt man *Risikoaffinität.*

Strategie, Geduld und ein ausgewogenes Portfolio

Ein Aktienanleger benötigt gute Nerven. Dafür ist die Festlegung von Anlagezielen und persönlicher Anlagestrategie vor allem bei Investition in Einzeltitel wichtig. Ein ausgewogenes Aktienportfolio enthält Anteilsscheine aus verschiedenen Branchen, die nicht notwendigerweise denselben Konjunkturzyklen folgen. Die Grundlage für den Vermögensaufbau sollten immer Dividendenpapiere mit hoher Bonität bilden. Man nennt diese Aktien Standardwerte oder *Blue Chips.* Dazu werden Aktien mit etwas höherem Risiko gemischt. Nachhaltigkeits- und Ausschlusskriterien helfen bei der Auswahl.

7.4 Wie man Aktien auswählt und sein Portfolio strukturiert

▶ **Tipp** Gehen Sie besser nicht davon aus, dass Sie durch geschickte Auswahl von Einzelaktien *(Stockpicking)* besser als der Markt abschneiden – auch die Mehrzahl der gemanagten Fonds schneidet nach Abzug der Kosten schlechter als die entsprechenden Börsenindizes ab. Vermeiden Sie den Fehler, sich selbst zu überschätzen.

Um den **Home-Bias** (*Home Bias* oder *Equity Home Bias Puzzle;* „Fehler des Heimspiels", Heimatmarktneigung) zu vermeiden, sollten Investoren geeignete Anlageprodukte auch außerhalb ihres eigenen Landes in Betracht ziehen (Beck 2014, S. 358–359). Europäische Aktien lassen sich in Deutschland relativ kostengünstig beschaffen und verwahren; bei außereuropäischen Anteilsscheinen arbeiten Fonds meist effektiver. Doch meiner Erfahrung nach kann der Anleger auch mit einem rein deutsch bestückten Aktienportfolio solide Gewinne erzielen. Abb. 7.1 zeigt eine erweiterte Version der historischen Inflations- und Renditeentwicklung in Deutschland (vgl. Abb. 1.1 in Abschn. 1.4). Zusätzlich ist die jährliche Wertsteigerung des Deutschen Aktienindex (DAX-30) aufgetragen. Während die Umlaufrendite der Bundespapiere seit den 1990er-Jahren kontinuierlich gesunken ist (linke Achse), war die Wertsteigerung des DAX in mehr als zwei Drittel der Jahre positiv.

▶ **Tipp** Legen Sie eine persönliche Anlagestrategie fest und verfolgen Sie diese konsequent und unaufgeregt. Spätesten seit den Nullerjahren führt zum Vermögenserhalt und -aufbau kaum ein Weg an Unternehmensanteilen vorbei.

Die schlechteste Performance erreichen Anleger, die bei fallenden Kursen in Panik verkaufen und es versäumen, bei Tiefstständen wieder einzusteigen. Deren Verluste stecken (vorwiegend institutionelle) Anleger in ihre Taschen, die zu günstigeren Zeitpunkten kaufen und verkaufen.

Eine wichtige Börsenregel lautet:

▶ **Tipp** *The trend is your friend.* („Folgen Sie der allgemeinen Wirtschaftsentwicklung.")

Viele Anleger scheuen sich, in einen bestimmten Anteilsschein während eines „Laufs" zu investieren. Sie richten ihren Blick zu sehr auf die Kurshistorie, anstatt in die Zukunft zu schauen, und haben Angst, dass die Aktie das Gros des Anstiegs hinter sich hat. Das kann so sein, muss aber nicht – eine für die Börsenwelt typische Aussage. Oft ist es besser, in bereits gestiegene Aktien zu investieren als in Titel, die bisher nicht so gut gelaufen sind (und mit einer gewissen Wahrscheinlichkeit auch in naher Zukunft nicht steigen).

▶ Aktienkurse sagen nichts über die Profitabilität von Unternehmen aus.

Der Gewinn von heute ist morgen schon Schnee von gestern. Nein, die Kurse spiegeln *Erwartungen* wider, und zwar dahin gehend, wie sich ein Unternehmen in den nächsten sechs Monaten oder darüber hinaus entwickeln wird. Aktuelle und bekannte Marktinformationen sind in den Kursen bereits eingepreist. Der Aktienmarkt ist ein Handel mit Hoffnungen. Anders lässt sich nicht erklären, warum der Aktienkurs beispielsweise von Tesla in der Vergangenheit förmlich explodierte, während das Unternehmen jahrelang deutliche Verluste verbuchte.

Auf jeden Fall ist es ratsam, Aktien von Unternehmen mit geringer Marktkapitalisierung nur in überschaubaren Anteilen ins Depot zu nehmen. Risiko und Chance hängen auch von der Größe der hinter einer Aktie stehenden Gesellschaft ab. Die Überlebenswahrscheinlichkeit kleinerer Unternehmen mit einem niedrigen Börsenwert ist langfristig deutlich schlechter als die von Vertretern in den großen Indizes (DAX, MDAX, bedingt SDAX) (Immenkötter 2021).

Vorsicht bei Aktientipps
Schon Kostolany hat meist davon abgesehen, Aktien zu kaufen, die ihm empfohlen wurden, und sich ebenfalls sehr zurückgehalten, Tipps zum Börsengeschehen und Empfehlungen für bestimmte Aktien abzugeben. Er riet dazu, sich nicht auf Anlageberater zu verlassen und deren Garantien und Beteuerungen generell zunächst zu misstrauen. Und er sagte: „Börsen-Gurus empfehlen oft genau die Aktien, die sie selbst zu einem günstigen Kurs loswerden wollen."

Blickt man in die gängigen Börsenzeitungen und Internetforen, wird man mit Tipps überhäuft, welche Aktien gerade „in" sind und man haben muss. Allein dies stellt bereits ebenso einen Eingriff in den Markt dar wie die Kursempfehlung für eine bestimmte Aktie durch ein Ratingunternehmen oder eine Bank. Wenn Sie als Kleinanleger diese Informationen erhalten, sind Sie zu spät dran damit, Vorteile aus der Empfehlung ziehen zu können. Der Vergleich mit Restaurantempfehlungen in Reiseführern drängt sich auf: Sobald einer Gaststätte derartige Publicity zuteilgeworden ist, kann der Gast sich darauf einstellen, dass die Preise steigen und Service sowie Qualität des Essens schlechter werden.

▶   **Tipp** Genießen Sie Aktientipps und sonstige Anlageempfehlungen mit großer Vorsicht.

Sinnvoller ist es, sich auf der Basis von Unternehmenskennzahlen und sonstigen leicht verfügbaren Daten ein Bild zu verschaffen. Dividendenzahlungen der letzten Jahre und Kurs-Gewinn-Verhältnis (KGV) ermöglichen eine Vorauswahl. Die Auswertung der Kursentwicklung mittels Charttechnik führt den Laien jedoch gerne in die Irre. In bestimmten Marktphasen ist es eher ratsam, antizyklisch zu investieren als einem generellen Trend zu folgen – das genaue Gegenteil also von dem, was Sie oben lesen konnten. Dem steht allerdings der sogenannte **Klaus-Faktor** *(Klaus Factor)* entgegen, von dem Räumungsverkäufer Steffen Sigg gerne in Interviews redet: Klaus ist ein Allerweltsname für den Bedenkenträgertyp, der Angst vor Veränderungen hat (Status-quo-Verzerrung!), alles so macht wie bisher und nie antizyklisch fahren würde (siehe z. B. Sußebach 2015). Nochmal O-Ton Kostolany: „Kaufe, wenn es mehr Aktien als Idioten an der Börse gibt, verkaufe, wenn es mehr Idioten als Aktien an der Börse gibt." Denn seiner Meinung nach reagiere die Börse gerade mal zu 10 % auf Fakten – alles andere sei Psychologie.

7.5 Psychologische Fallen beim Trading vermeiden

Hat eine Aktie einen „Lauf", wäre es in vielen Fällen unsinnig, sie zu verkaufen. Dasselbe kann auf eine Branche oder auch die Gesamtwirtschaft zutreffen. Typische Beispiele sind Technologieaktien, die immer wieder in Wellen im Wert steigen, und der Anleger fragt sich, wann der geeignete Zeitpunkt gekommen ist, Gewinne zu realisieren. Zu den beliebten Börsentipps unserer Tage gehört der Rat, gut laufende Aktien nicht frühzeitig zu verkaufen, sondern ihr Potenzial auszunutzen. Vor einiger Zeit las ich beispielsweise, dass viele Privatinvestoren nicht die Aktien beklagen, die sie nicht gekauft haben, sondern eher die, die sie zwar gekauft haben, allerdings zu früh wieder abgestoßen haben.

▶ **Tipps**

- Machen Sie sich von einer derartigen Denkweise frei und freuen Sie sich, nachdem Sie einen Anteilsschein mit ordentlichem Gewinn wieder verkauft haben, selbst wenn er später den doppelten oder dreifachen Kurs erreicht.
- Falls Sie eine bevorzugte Aktie nicht rechtzeitig günstig gekauft oder zu früh verkauft haben – jammern Sie ihr nicht lange hinterher, sondern suchen Sie andere erfolgversprechende Kandidaten aus.

Entscheidend is' auf'm Platz
Den Fußballspieler (1956 Meister mit Borussia Dortmund) und Trainer Alfred „Adi" Preißler kennen heute nur noch eingefleischte BVB-Fans. Allerdings ist sein berühmter Spruch, der ebenso für die Tätigkeit an den Aktienbörsen gilt, ins kollektive Gedächtnis eingebrannt: „Grau is' im Leben alle Theorie – aber entscheidend is' auf'm Platz." Und so hängt letztlich der Gewinn beim Aktienhandel nicht davon ab, wie hoch eine Aktie im Depot bewertet wird, sondern wieweit man sie über dem Einstandspreis veräußert hat.

▶ **Tipp** Von einem „Aktiengewinn" dürfen Sie erst dann sprechen, wenn Sie den entsprechenden Titel wieder verkauft haben und Ihre ursprüngliche Investition zzgl. Gewinn sicher auf Ihrem Konto eingetroffen sind. Werden Sie nicht gierig und realisieren Sie Gewinne beizeiten.

Erfolgreiche Börsentätigkeit kann recht simpel sein: Kaufen Sie Aktien bei niedrigen Kursen und verkaufen Sie bei Höchstständen. Doch so einfach ist es nicht, denn die Tatsache, dass ein Kursminimum oder -maximum vorgelegen hat, wird man immer erst im Nachhinein erkennen. Es ist unmöglich, konsequent bei Aktientiefstand zu kaufen und bei Höchstständen zu verkaufen. Selbst mit ausgeklügelten betriebswirtschaftlichen Methoden lässt sich nicht berechnen, wie sich ein Aktienkurs (oder auch die gebündelten Anteilsscheine einer gesamten Branche oder die Börse an sich) entwickelt. Eine gelegentliche Gewinnmitnahme durch Verkauf von Aktien, die sich sehr gut entwickelt haben, spült Geld für Neuinvestitionen in die Kasse und beruhigt die Nerven. Damit können Sie die (hoffentlich seltenen) Verlustbringer kompensieren – Ihr Investitionserfolg basiert unter dem Strich stets auf einer Mischkalkulation von soliden Gewinnen und etwas weniger Verlusten.

Tatsache ist aber auch – und das wusste bereits Altmeister André Kostolany: Die Börsenentwicklung ist geprägt von einer Abfolge aus Haussen und Baissen, und jede Hausse und Baisse besteht aus drei Phasen: Korrektur, Anpassung und Übertreibung. Diese Einteilung ist bekannt geworden unter dem Bild „Ei des Kostolany".

> Kostolany sagte treffend: „Hat man Papiere, so zittert man, sie könnten fallen; hat man keine, so zittert man, sie könnten steigen."

Ebenfalls von ihm: „Ein Börsianer darf seine Papiere nie im Verhältnis zum Einkaufspreis, sondern muss sie zum Tagespreis einschätzen." Und dies bringt uns wieder zur Verhaltensökonomik und den entsprechenden Effekten, die das Wirken von Börsenanlegern – zu deren Nachteil – beeinflussen. Man weiß eben nicht, was kommt, denn die Entwicklungen an den Börsen sind wie erörtert vielfach irrational und lassen sich nur schwer erklären. Die meisten Biases stehen miteinander in einer inhaltlichen Verbindung und sind auf die Prospect Theory und die darin begründete Verlustaversion (siehe Abschn. 6.1) zurückzuführen.

- Der *Besitztumseffekt* besagt, dass das, was man in seinem Besitz hat, einen höheren Wert hat als das, was einem nicht gehört. Ein einleuchtendes Beispiel ist das einer aktuell schlecht bewerteten Aktie im Portfolio, deren individueller Wert für ihren Eigentümer deutlich oberhalb des Marktpreises liegt. Dabei ist es für die reelle Bewertung eines Wertpapiers weitgehend unerheblich, welche Höchst- oder Tiefstände es in der Vergangenheit durchlaufen hat.
- Dies führt unmittelbar zur *Sunk Cost Fallacy*. Der Privatinvestor macht gerne den Fehler, bestimmte Verlustbringer trotz schlechter Unternehmensnachrichten und immer weiter gehendem Kursverfall zu halten und nicht konsequent aus dem Depot zu werfen und die freiwerdenden (Rest-)Mittel in sich positiver entwickelnde Titel zu investieren. Ein Fondsmanager tut sich da wesentlich leichter: Als Profi bewertet er Gewinne und Verluste gleich – ein Kleinanleger ist dazu oft emotional nicht in der Lage.

7.5 Psychologische Fallen beim Trading vermeiden

▸ **Tipp** Trennen Sie sich konsequent von Fehlinvestitionen und Verlustbringern.

- Unter dem **Dispositionseffekt** *(Disposition Effect)* versteht man die Neigung von Anlegern, jene Anteile abzustoßen, deren Wert gestiegen ist, und solche zu halten, deren Wert gesunken ist. Auch dabei werden Verluste etwa doppelt so stark empfunden wie Gewinne. So führt die asymmetrische Risikoaversion dazu, dass private (und manchmal auch institutionelle) Anleger im Gewinnbereich befindliche Positionen tendenziell zu früh verkaufen und verlustbehaftete zu lange halten (Shefrin und Statman 1985).
- **Gegenwartsfokussierung** *(Present Bias)* bezeichnet dementsprechend die Tendenz, eher geringere Gewinne zum aktuellen Zeitpunkt zu realisieren, als auf größere zukünftige Gewinne zu warten (O'Donoghue und Rabin 2015; Chakraborty 2021).
- Letztlich ist der ebenfalls in diesen Kontext passende **Reflektionseffekt** *(Reflection Effect)* zu erwähnen (Fagley 1993). Von Risikoaversion und (Pseudo-)Certainty-Effekt beeinflusst, verhalten sich Anleger im Gewinn- und Verlustfall unterschiedlich: in Verlustsituationen risikofreudig und angesichts von Gewinnen risikoscheu. Nur so lassen sich Spekulationsverluste in Milliardenhöhe erklären, nachdem Investmentbanker einmal auf der Verlustschiene sind und in der Folge immer größere Risiken eingehen.

Action-Bias – Der Fluch des Handelns

Warum ist der eine Investor erfolgreich und der andere nicht? Unter anderem, weil der erste Glück gehabt hat. Allerdings sollten Sie bei der Einschätzung ebenso die Grundlagen der Statistik beachten, dass aus x Anlegern eine kleinere Zahl y erfolgreich sein *muss*. Daneben ergeben sich leider viele Pleiten durch Fehlspekulationen.

▸ **Tipps**

- Daher sollten Sie einen gesunden Risikomix in Ihrem Portfolio anstreben, der langfristig ausgerichtet ist und auch Stürme am Aktienmarkt weitgehend unbeschadet überstehen kann.
- Machen Sie es sich zur Grundregel, so wenig wie möglich zu handeln bzw. umzuschichten. Schließen Sie beispielsweise maximal einmal pro Monat Aktiengeschäfte ab, das muss reichen, um korrigierend einzugreifen und Gewinne mitzunehmen bzw. Verluste zu begrenzen.
- Versuchen Sie beim Umsatzvolumen Ihrer Transaktionen, wenigstens die Mindestgebühren, die Ihre Bank dafür berechnet, auszunutzen.

Bei jeder Art von Intervention gewinnen Sie das subjektive Gefühl, aktiv zu sein und am Erfolg zu arbeiten. Doch in vielen Fällen wäre es besser gewesen, Sie hätten Maßnahmen unterlassen, die Gebühren gekostet und (bei Verkäufen) weitere Gewinnmöglichkeiten vereitelt oder (bei Neukäufen) Misserfolge gebracht haben.

Die verhaltensökonomische und psychologische Begründung für den Drang, tätig zu werden, findet man im für Kapitalanleger wichtigen **Action-Bias** *(Action Bias)*, auf Deutsch gewöhnlich als Handlungsneigung oder Handlungstendenz bezeichnet – korrekterweise müsste es „Fehleinschätzung zu handeln" heißen. Der Effekt beschreibt die Tendenz von Menschen, etwas zu tun, obwohl es nichts nützt oder sogar schadet, und kommt vor allem dann zum Tragen, wenn eine Situation neu oder unklar ist. Dann tendieren wir auch ohne vernünftigen Grund zu Umtriebigkeit. Er begründet sich nach Beck (2014, S. 244) auf dem Umstand, dass Menschen zwei unterschiedliche Bedürfnisse hinsichtlich der Zeitachse haben – Ungeduld und gleichzeitig das Verlangen, sich nicht zu verschlechtern. Letztlich wirkt also auch hier erneut die Verlustaversion im Hintergrund.

Ein illustres und in den Augen vieler Sportler unsinniges Beispiel ist das der Elfmeter-Situation im Fußball, das vom israelischen Verhaltensforscher Bar Eli ausgewertet wurde (nach Dobelli 2014, S. 177–180). Darin wird angeregt, dass der Torwart auch in der Mitte des Tores stehenbleiben könnte, anstatt sich wie üblich in eine Ecke zu werfen. (Nun sind die wenigsten Schützen so abgebrüht, einen Schuss in die Mitte des Tores zu wagen, so wie Johann Neeskens im WM-Endspiel 1974 gegen Deutschland; Abb. 7.2.)

Abb. 7.2 Johann Neeskens' erfolgreicher Elfmeterschuss gegen Sepp Maier in die Mitte des Tores. Fußball-WM-Endspiel Niederlande gegen Bundesrepublik Deutschland 1974 in München. (Foto: Bert Verhoeff/Anefo, Nationaal Archief)

7.6 Was tun, wenn die Krise kommt?

Zum Action-Bias existiert ein Gegenstück: der **Omission-Bias** (*Omission Bias*, Unterlassungsfehler), die Überschätzung der Risiken bei Handlungen im Vergleich zu Nichthandlungen (Ritov und Baron 1992). Im Gegensatz zum Action-Bias erscheint die zugrunde liegende Situation jedoch meistens übersichtlich, und es ist teilweise streitig, ob es sich um einen kognitiven Irrtum oder eine rationale Entscheidung handelt. Der Omission-Bias ist verwandt mit Besitztumseffekt und Status-quo-Verzerrung.

> **Beispiel: Omission-Bias**
>
> Spranca et al. (1991) erläutern diesen Effekt an folgendem Beispiel:
> *John, ein Tennisspieler, hat am nächsten Tag ein Entscheidungsspiel gegen einen überlegenen Gegner. John weiß, dass sein Gegner auf einen bestimmten Nahrungsbestandteil allergisch reagiert. Versuchsteilnehmer wurden mit zwei Szenarien konfrontiert: (1) John empfiehlt seinem Gegner das Essen mit dem Allergen, um dessen Leistung zu schwächen. (2) Der Gegner bestellt das für ihn unverträgliche Essen selbst, und John greift nicht ein. Die Mehrheit der Probanden urteilt, dass die aktive Empfehlung für das allergieauslösende Essen (1) unmoralischer sei als die Zurückhaltung der Information in Szenario (2).*
>
> Andere Beispiele sind das „Trolley-Problem" (ein Weichensteller kann entscheiden, wie viele Opfer eine außer Kontrolle geratene Straßenbahn fordert) und das Theaterstück „Terror" von Ferdinand von Schirach, in dem es darum geht, ob ein Luftwaffenmajor den Abschuss eines entführten Passagierflugzeugs hätte anordnen dürfen, das in ein vollbesetztes Fußballstadion zu fliegen droht. ◄

▷ **Tipp** „Hin und her macht Taschen leer", lautet eine bewährte Regel zur Vermögensverwaltung. Wenn Sie aufgrund der Marktentwicklung bei einer bestimmten Aktie das Gefühl haben, diese jetzt besser abzustoßen – und es Sie andererseits in den Fingern juckt nachzukaufen: Tun Sie keins von beiden!

Beim Aktienhandel rächt sich der Omission-Bias vielleicht, wenn man es versäumt, während einer Krise seine Papiere rechtzeitig zu verkaufen. Oder auch nicht?

Einer der entscheidenden Fehler, den man in einer globalen Krise machen kann, ist, Hals über Kopf in Panik seine Aktien zu verkaufen. Im Gegensatz zu den in Abschn. 7.4 gewürdigten professionellen Tradern ist man meist sowieso zu spät dran und stößt die Titel ab, nachdem der Kurs bereits stark eingebrochen ist. Verfügt jemand über ein gut strukturiertes Aktiendepot mit einem hohen Anteil an solventen Dividendenzahlern, darf er heute getrost davon ausgehen, dass die Kurse wieder steigen und irgendwann das Vorkrisenniveau sogar übersteigen. Dies kann sechs Wochen dauern (wie nach dem Corona-Einbruch des DAX-30 im März 2020) oder über 20 Jahre (wie beim japanischen Nikkei 225 nach der Asienkrise der 1990er-Jahre; Abb. 7.3) Zur Beruhigung sei gesagt, dass ein

Abb. 7.3 Verlauf des japanischen Aktienindex Nikkei 225 (1970–2020). (Eigene Darstellung in Anlehnung an Monaneko. GFDL, Wikipedia 2021a)

Aktienkurs nicht unter ihren beim *Value Investing* wichtigen „inneren Wert" fallen kann, der im Unterschied zu ihrem Börsen- oder Marktwert den wahren bzw. objektiven Wert einer Aktie darstellt (jedoch schwierig zu bestimmen ist).

Jeder Investor hat schon einmal bei dem einen oder anderen Geschäft Verluste gemacht. Kommen wir in diesem Zusammenhang auf das „Orakel von Omaha" zurück. Warren Buffett „verlor" mit seiner Holding Berkshire Hathaway und als Haupteigner natürlich auch persönlich zwischen 2007 und 2009 über 50 % und zwischen Mitte 1998 und dem frühen Jahr 2000 über 45 % des Anlagevermögens. Dabei lautet seine erste und wichtigste Regel bei der Geldanlage doch: „Verliere niemals Geld." Allerdings antwortet der Altmeister gerne auf die Frage, wie viel er bei der globalen Finanzkrise 2008/09 eingebüßt hat: „Nichts, denn ich habe keine Aktien verkauft." Im Gegenteil: Durch Käufe günstiger Unternehmensanteile hat er sein ohnehin gewaltiges Imperium nochmals kräftig ausgeweitet.

> Von erfahrenen Börsianern hört man: „Eine Hausse wird in der Panik geboren, wächst in der Angst und stirbt in der Euphorie."

Ein in der Behavioral Finance gut bekanntes Phänomen ist der **Speculative Bubble Error** (das „Hereinfallen auf Spekulationsblasen"). Robert Shiller hat diesen Fehler untersucht und in seiner Nobelpreisrede gewürdigt (Shiller 2013). Man versteht darunter die Tendenz zu Fehlinvestitionen in einer Marktsituation, in der temporär hohe Kurse oder Preise primär durch den Enthusiasmus von Investoren und weniger einer realistischen Abschätzung der wahren Werte bestimmt sind. Die sich bereits 2007 abzeichnende globale Finanz- und Bankenkrise war unter anderem Folge eines

7.6 Was tun, wenn die Krise kommt?

spekulativ aufgeblähten Immobilienmarkts in den USA. Der Begriff Dotcomblase *(New Economy Bubble)* beschreibt die bis März 2000 währende und anschließend durch den Kursabsturz jäh beendete Euphorie für Technologieunternehmen der New Economy, die vor allem wiederum bei Kleinanlegern zu empfindlichen Vermögensverlusten führte.

Leider gilt an den Finanzmärkten der (von Sepp Herberger entlehnte) Spruch: „Nach der Krise ist vor der Krise." Damit zu einem letzten kognitiven Effekt, der in die Welt der Anlegerpsychologie passt: **Desaster-Myopie** *(Disaster Myopia)*, die „Kurzsichtigkeit für Katastrophen". Dies ist die Tendenz, Erinnerungen an schlimme Vorfälle und Unglücke auszublenden, nachdem diese ausgestanden sind. Es handelt sich um die systematische Unterschätzung von Schockwahrscheinlichkeiten, eine schon vor fast 100 Jahren beschriebene Beobachtung (Guttentag und Herring 1923). Nur werden die Fehler der Vergangenheit verlässlich auch in Zukunft reproduziert, und weltweit sind in den Bilanzen von Banken und Versicherungen erhebliche Risiken – etwa große Mengen an faulen Krediten – versteckt. Die Regulierung der globalen Finanzmärkte wird primär unter konservativen Regierungen eher lascher, Finanztransaktionssteuern und Nachhaltigkeit sind vielfach Fremdwörter, und so geht die Zockerei munter weiter. Trotz der offensichtlichen Risiken, denn letztlich kann ja in vielen Staaten der Steuerzahler für die Rettung von Banken und Unternehmen zur Kasse gebeten werden.

▶ **Tipp** *Don't put all eggs in one basket.* („Setzen Sie nicht alles auf eine Karte.") Streuen Sie Ihre Investitionen, um Clusterrisiken zu reduzieren.

Die wichtigsten kognitiven Effekte in Kap. 7
Verlustaversion und Aktienprämienrätsel als starke verhaltensökonomische Verzerrungen bei der Geldanlage wurden bereits in Abschn. 1.4 diskutiert.

Geldwertillusion: 0,5 % „Straf-"Zinsen der Banken veranlassen Sparer zum Handeln, 3–5 % jährliche Teuerungsrate jedoch nicht.

Dispositionseffekt und *Gegenwartsfokussierung:* Asymmetrische *Risikoaversion* führt zum Halten von Verlustbringern und zum vorzeitigen Verkauf von Gewinneraktien.

Myopic-Loss-Aversion und *Action-Bias:* Nicht zu oft ins Depot schauen und nicht vorschnell agieren!

Omission-Bias und die eingangs erwähnte Status-quo-Verzerrung: Aussitzen kann auch nachteilig sein, also das genaue Gegenstück zu Vorgesagten. Wie man's macht, ist es verkehrt …

Speculative Bubble Error: Anleger und vor allem Spekulanten ähneln im Verhalten Lemmingen.

Literatur

Averbeck D (2018) Added Value von Behavioral-Finance-Fonds. Springer Gabler, Wiesbaden. https://doi.org/10.1007/978-3-662-55924-6

Beck H (2012) Denkfehler, die uns Geld kosten (34): Auf die Verlierer kommt es an. Frankfurter Allgemeine Zeitung, Internet-Veröffentlichung 06. Oktober. https://www.faz.net/aktuell/finanzen/meine-finanzen/2.2465/denkfehler-die-uns-geld-kosten-34-auf-die-verlierer-kommt-es-an-11916397.html?printPagedArticle=true#pageIndex_3 Zugegriffen: 20. Aug. 2021

Beck H (2014) Behavioral Economics. Eine Einführung. Springer Gabler, Wiesbaden. https://doi.org/10.1007/978-3-658-03367-5

Benartzi S, Thaler RH (1992) Myopic loss aversion and the equity premium puzzle. National Bureau of Economic Research, NBER Working Paper #4369. https://doi.org/10.3386/w4369

Bernoulli D (1738) Theoriae Novae De Mensura Sortis. Übersetzt als „Exposition of a New Theory on the Measurement of Risk". Econometrica 22 (1954): 23–36. https://doi.org/10.2307/1909829

Börsenverlag (o. J.) Die Strategien der Börsengurus André Kostolany: Der Altmeister der Börse. Börsen-verlag Akademie, Rosenheim, Internet-Veröffentlichung. http://img.boersenverlag.de/reports/kostolany-web.pdf. Zugegriffen: 04. März 2021

Chakraborty A (2021) Present bias. Econometrica 89–4:1921–1961. https://doi.org/10.3982/ECTA16467

Chapman L (1967) Illusory correlation in observational report. J Verbal Learning and Verbal Behavior 6–1:151–155. https://doi.org/10.1016/S0022-5371(67)80066-5

Dobelli R (2014) Die Kunst des klaren Denkens. dtv, München

Fagley NS (1993) A note concerning reflection effects versus framing effects. Psychol Bull 113–3:451–452. https://doi.org/10.1037/0033-2909.113.3.451

Fisher I (1928) The money illusion. Adelphi, New York. https://doi.org/10.1177/000271622914500147

Glöckner A (2016) The irrational hungry judge effect revisited: Simulations reveal that the magnitude of the effect is overestimated. Judgment and Decision Making 11–6, 601–610. http://journal.sjdm.org/16/16823/jdm16823.html. Zugegriffen: 05. Mai 2021

Guttentag JM, Herring RJ (1923) Disaster Myopia in International Banking. Princeton University, Essays in International Finance 164, September 1986. https://ies.princeton.edu/pdf/E164.pdf Zugegriffen: 30. Apr. 2021

Hens T, Rieger MO (2010) Financial economics. Springer, Berlin. https://doi.org/10.1007/978-3-540-36148-0

Hirshleifer D, Shumwayn T (2003) Good day sunshine: Stock returns and the weather. J Finance LVIII–3, 1009–1032. https://sites.uci.edu/dhirshle/files/2011/02/Good-Day-Sunshine-Stock-Returns-and-the-Weather.pdf. Zugegriffen: 22. Juni 2021

Immenkötter P (2021) Das Risiko der einzelnen Aktie. Flossbach von Storch Research Institute, Internet-Veröffentlichung 19. Februar. https://www.flossbachvonstorch-researchinstitute.com/de/studien/das-risiko-der-einzelnen-aktie/. Zugegriffen: 03. März 2021

Kahneman D, Tversky A (1984) Choices, values, and frames. 1983 APA award addresses. Am Psychol 39–4:341–350. https://doi.org/10.1037/0003-066X.39.4.341

Kamstra MJ, Kramer LA, Levi MD (2000) Losing sleep at the market: The daylight saving anomaly – reply. American Economic Review 90:1005–1011. https://doi.org/10.1257/aer.90.4.1005

Koppett L (1978) Carrying statistics to extreme. Sports Illustrated, 11. Februar

Lee B, Veld-Merkoulovab Y (2016) Myopic loss aversion and stock investments: An empirical study of private investors. J Banking & Finance 70:235–246. https://doi.org/10.1016/j.jbankfin.2016.04.008

Maison D (2019) The Psychology of Financial Consumer Behavior. Springer, Cham. https://doi.org/10.1007/978-3-030-10570-9

Mehra R, Prescott EC (1985) The equity premium: A puzzle. J Monetary Economics 15:145–161. https://doi.org/10.1016/0304-3932(85)90061-3

Melinat P, Kreuzkam T, Stamer D (2014) Information overload: A systematic literature review. In: Johansson B, Andersson B, Holmberg N (Hrsg) Perspectives in Business Informatics Research. BIR 2014. Lecture Notes in Business Information Processing 194. Springer, Cham. https://doi.org/10.1007/978-3-319-11370-8_6

Oehler A, Reisch LA (2008) Behavioral Economics – eine neue Grundlage für Verbraucherpolitik? Eine Studie im Auftrag des Verbraucherzentrale Bundesverbands, Berlin. Internet-Veröffentlichung Dezember. https://www.vzbv.de/sites/default/files/downloads/studie_behavioral_economics_12_2008.pdf. Zugegriffen: 18. Dez. 2020

O'Donoghue T, Rabin M (2015) Present bias: lessons learned and to be learned. American Economic Review: Papers & Proceedings 105–5:273–279. https://doi.org/10.1257/aer.p20151085

Ritov I, Baron J (1992) Status-quo and omission biases. J Risk and Uncertainty 5–1:49–61. https://doi.org/10.1007/BF00208786

Shefrin H, Statman M (1985) The disposition to sell winners too early and ride losers too long: Theory and evidence. J Finance XL 3:777–790. https://doi.org/10.2307/2327802

Shiller RJ (2000) Irrational Exuberance. Princeton University Press. http://www.library.fa.ru/files/Shiller2.pdf. Zugegriffen: 22. Dez. 2020. Revised and Expanded Third Edition: Princeton University Press 2015. https://doi.org/10.2307/j.ctt1287kz5

Shiller RJ (2003) From Efficient Markets Theory to Behavioral Finance. J Econ Perspect 17–1:83–104. https://doi.org/10.1257/089533003321164967

Shiller RJ (2013) Speculative asset prices. Nobel Prize Lecture, December 8, 2013; substantial revision February 1, 2014. https://www.nobelprize.org/uploads/2018/06/shiller-lecture.pdf. Zugegriffen: 25. Juni 2021. Veröffentlicht in The American Economic Review 104–6:1486–1517 https://www.jstor.org/stable/42920857

Simon HA (1954) Spurious correlation: a causal interpretation. J Am Statistical Association 49:467–479. https://doi.org/10.1080/01621459.1954.10483515

Spranca M, Minsk E, Baron J (1991) Omission and commission in judgment and choice. J Experimental Social Psychology 27–1:76–105. https://doi.org/10.1016/0022-1031(91)90011-T

Sußebach H (2015) Räumungsverkauf: „Rabatte brauchen eine Dramaturgie". DIE ZEIT 10, Internet-Veröffentlichung 05. März. https://zeitzumhandeln.de/wp-content/uploads/Interwiev-ZEIT-5-3-15.pdf. Zugegriffen: 25. Sept. 2021

Szyszka A (2013) Behavioral finance and capital markets. Palgrave Macmillan, New York. https://doi.org/10.1057/9781137366290

Thaler R (2019) Misbehaving: Was uns die Verhaltensökonomik über unsere Entscheidungen verrät. Pantheon, München

Toffler A (1970) Future shock. Random House, New York

Wikipedia (2021a) Nikkei 225. https://de.wikipedia.org/wiki/Nikkei_225. Zugegriffen: 18. Aug. 2021

Wikipedia (2021b) Super-Bowl-Indikator. https://de.wikipedia.org/wiki/Super-Bowl-Indikator Zugegriffen: 18. Aug. 2021

Worthington A (2003) Losing sleep at The market: An empirical note on the daylight saving anomaly in Australia. Econ Pap 22–4:83–93. https://doi.org/10.1111/j.1759-3441.2003.tb01136.x

Kognitive Irrtümer in der Arbeitswelt

8

Der Begriff „Arbeitswelt" beinhaltet eine enorme Vielfalt an Berufen, Beschäftigungen, Konstellationen und Herausforderungen, die ganze Bibliotheken füllen. Auf verschiedene Erwerbstätige und ihre Beeinflussung durch kognitive Irrtümer und Verzerrungen bin ich im bisherigen Text schon eingegangen. In Zusammenhang mit den Beispielen kamen einige Biases zur Sprache, deren Kenntnis typische Fehlentscheidungen zumindest erklären, wenn auch längst nicht in allen Fällen verhindern kann:

- *Planungsfehlschluss.* Menschen und Organisationen unterschätzen, wie viel Zeit und Geld sie zur Vollendung einer Aufgabe benötigen. Immer mehr vor allem komplexe Projekte unserer Zeit sprengen den veranschlagten Zeit- und Kostenrahmen inzwischen gravierend.
- *Not-invented-here-Syndrom.* Das Phänomen der Nichtbeachtung existierender Lösungen und Erkenntnisse, die Kollegen, andere Abteilungen oder Unternehmen entwickelt haben, ist teuer, doch weit verbreitet. Mir fällt dazu die Weigerung Deutschlands ein, 2003 das pragmatische österreichische On-Board-Gerät zur Lkw-Mauterfassung zu übernehmen. Dazu passt der ebenfalls häufig anzutreffende Reflex **Reaktive Abwertung** *(Reactive Devaluation):* Ein Vorschlag wird weniger geschätzt und vielleicht sogar kleingeredet, wenn er von einem Gegenspieler kommt (Ross und Stillinger 1991; Decision Lab 2021).
- *Egozentrik, Overconfidence-Effekt* und *Rückschaufehler* wurden im bisherigen Text ebenfalls gewürdigt. Der Einfluss auf die Arbeitswelt und die oft fehlende Fähigkeit und Bereitschaft, aus Fehlern zu lernen, liegt auf der Hand.

8.1 Arbeiten im Kollektiv

Es gibt zahlreiche Berufe, bei denen kognitive Irrtümer nicht nur zu monetärem Schaden, sondern zu ernsthaften Gefährdungen von Gesundheit und Menschenleben führen können. Als ein Beispiel unter vielen mögen Chirurgen dienen, die letale Fehler im Operationssaal machen (oder auch „nur" das falsche Hüftgelenk ersetzen).

Über den Wolken
Oder Piloten, deren Fehler gleich eine gesamte Flugzeugladung an Passagieren erheblich gefährden können. Interessanterweise gibt es neuerdings Kooperationen, in denen erfahrene Flugkapitäne Operationsteams in Sicherheitsbelangen instruieren.

> **Asiana-Airlines-Flug 214**
> Am Samstag, den 6. Juli 2013, flog ich dienstlich von München über Amsterdam nach Portland/Oregon (USA), um ab Montag am dortigen Produktionsstandort meines damaligen Arbeitgebers Gespräche zu führen. (Diese Samstagmorgenverbindung war von den Kosten her erheblich günstiger als der Flug am Sonntag; zudem stand der gesamte Sonntag zur Akklimatisierung und für Freizeitaktivitäten zur Verfügung.) Am Dienstagabend sollte es weiter nach San Francisco gehen, zum Besuch der Halbleitermesse Semicon West, und für Freitagabend war der Flug zurück in die Heimat gebucht. Diese Reise habe ich trotz vieler dienstlich geflogener Meilen noch sehr lebhaft in Erinnerung, denn es war das einzige Mal, dass ich mit einem Luftfahrtcrash konfrontiert war.
>
> Während an diesem Samstag meine KLM-Maschine das westliche Kanada überflog, passierte knapp 900 km südwestlich auf dem Flughafen von San Francisco (SFO) ein Zwischenfall, der für die nächsten Tage das austarierte nordamerikanische Flugplansystem erheblich durcheinanderbringen sollte. (Der Flug eines deutschen Kollegen, mit dem ich für die Messetermine verabredet war, wurde nach Los Angeles umgeleitet. Er fuhr die restliche Strecke zum Ziel mit einem Leihwagen, was sieben weitere Stunden benötigte.)
>
> Der Absturz, um den es hier geht, war ein kapitaler Flugzeugunfall während des Landemanövers: Eine Boeing 777 der südkoreanischen Fluggesellschaft Asiana Airlines (Flug 214 aus Seoul) näherte sich der Landebahn um 11:28 Uhr lokaler Zeit beim Anflug auf SFO zu tief und zu langsam und knallte mit dem Heck auf die Kaimauer (Abb. 8.1). Nur sehr glücklichen Umständen war es zu verdanken, dass bei diesem Unglück neben zahlreichen Verletzten nur drei Todesopfer zu beklagen waren, chinesische Mädchen, die in den letzten Reihen saßen, zwei von ihnen nicht angeschnallt. Eine davon war entgegen ersten Berichten bereits tot, als sie, unter Löschschaum verdeckt, von einem Rettungsfahrzeug überrollt wurde.
>
> Von Portland kommend, gelang es mir am Mittwoch, den 10. Juli, obwohl immer noch 2 Start- und Landebahnen gesperrt waren, einen Flug nach SFO zu

8.1 Arbeiten im Kollektiv

Abb. 8.1 Unfall von Asiana Airlines Flug 214 in San Francisco. (Foto: Alexander Novarro. CC BY-SA 3.0, Wikipedia 2021)

ergattern. Beim Anflug offenbarte sich das ganze Bild der Verwüstung – erstaunlich, über welch einen großen Bereich die Trümmerteile verstreut waren. Erst nach eingehenden Untersuchungen durch Flugsicherung und Staatsanwaltschaft wurde der Flughafen zwei Wochen später endgültig aufgeräumt und wieder komplett freigegeben (Details siehe z. B. Chow et al. 2014; NTSB 2014; Wikipedia 2021).

Wie konnte ein solcher Unfall passieren? Wie sich in einer Anhörung des *National Transport Safety Boards* (NTSB) herausstellte, waren mehrere Probleme, angefangen mit einem Ausfall des Instrumentenlandesystem (ILS) des Flughafens, für die Bruchlandung ursächlich oder mittelbar verantwortlich. Allerdings wird im Bericht die Hauptschuld den Piloten angelastet. Bei der Landung im Sichtanflug hätten sie sich zu sehr auf die automatischen Sicherheitssysteme der Maschine verlassen, die sie nicht vollständig verstanden hatten, und es fehlte ihnen die Erfahrung mit manuellem Fliegen. Als die Crewmitglieder bemerkten, dass etwas nicht richtig lief, hatten sie aufgrund von Kommunikationsfehlern bereits das Zeitfenster zum notwendigen Durchstarten verpasst.

Fatal war darüber hinaus, dass es sich um einen Trainingseinsatz für einen der drei Piloten an Bord handelte, der zuvor kaum Flugstunden auf einer Triple Seven absolviert hatte. Auf dem Sitz des Copiloten saß der in dieser Funktion ebenfalls unerfahrene Instrukteur, auf dem Notsitz der Erste Offizier, der kurz vor dem Crash mehrmals – ohne Konsequenzen – vor den falschen Anflugparametern warnte. Die Überziehwarnanlage setzte vier Sekunden vor dem Aufprall ein. Der (Trainings-) Pilot sagte in der NTSB-Anhörung, er hätte den instabilen Landeanflug nicht

> unterbrochen, da er davon ausgegangen sei, dass nur der Instrukteur die Autorität dazu gehabt hätte. Damit stand wiederum das Problem der „Cockpit-Kultur" im Raum, das zuvor schon zu mehreren Unfällen koreanischer Flugzeuge geführt hatte, zuletzt 1997 der Absturz von Korean Air Flug 801 in Guam mit 229 Toten.

Solche Beispiele sind wahrlich keine Medizin gegen Flugangst, doch gilt es zu berücksichtigen, dass das Unfallrisiko in der zivilen Luftfahrt um Zehnerpotenzen niedriger ist als etwa im Straßenverkehr. Die Crews sind umfassender geschult als früher, die Sicherheitssysteme besser und das Material viel zuverlässiger als noch vor einigen Jahrzehnten. Dennoch bleiben nur die Katastrophen im Gedächtnis – wie der bewusst herbeigeführte Absturz eines Germanwings-Flugs 2015 in den Alpen oder die beiden Abstürze von Maschinen des Typs Boeing 737 MAX 2018/19. Verhaltensökonomisch betrachtet: Frequenzillusion („Baader-Meinhof-Effekt") und Verfügbarkeitsverzerrung.

Es erscheint zynisch, Murphys Gesetz als Begründung für den Asiana-Crash und ähnlich gelagerte Flugunfälle anzuführen: So etwas *darf* nicht passieren, und Sicherheitstechnik sowie Pilotenausbildung müssen Anfängerfehler und kulturelle Eigenheiten zwingend ausschließen. Zur Erklärung der gravierenden Abstimmungsprobleme im Cockpit lassen sich stattdessen drei weitere gut untersuchte Effekte anführen:

- **Autoritätsfehlschluss** *(Authority Bias):* In Gegenwart einer Autorität schaltet der Mensch sein Denken gerne einen Gang zurück (Milgram 1963). Es sind dabei mitunter deutliche Unterschiede zwischen den Kulturen zu verzeichnen: Das Phänomen ist in kollektivistischen Gesellschaften stärker ausgeprägt als in den westlichen Staaten; Rang und Gehaltshöhe entscheiden, wem man folgt. Verwandt damit ist der in Abschn. 1.5 aufgeführte Mitläufereffekt.
- Der **Automationsfehlschluss** *(Automation Bias)* beschreibt in der Sozialpsychologie die Tendenz von Menschen, sich auf automatisierte Systeme zu verlassen, was dazu führen kann, dass falsche Informationen dieser Systeme korrekte Entscheidungen überschreiben (Cummings 2004). Im Anflug von Asiana 214 ohne Unterstützung des ILS vertraute der verantwortliche Pilot fälschlicherweise auf die technischen Systeme des Flugzeugs: Er hatte angenommen, dass die automatische Schubregelung *(Autothrottle)* die Geschwindigkeit halten werde.
- **Form-Function-Attribution-Bias** *(Form Function Attribution Bias,* FFAB; „Trugschluss bei Mensch-Maschine-Interaktion"): Darunter versteht man in der Aktion Mensch-Maschine die Tendenz von Menschen, systematische Fehler zu machen (Haring et al. 2018). Die Verwandtschaft mit dem in Abschn. 4.3 erläuterten Attributionsfehler mit seinen verschiedenen Ausprägungen liegt nahe. In Analogie zum Automationsfehlschluss steht auch hier die kognitive Einschätzung im Vordergrund, dass automatisch generierten Entscheidungen eine höhere Zuverlässigkeit bei-

gemessen wird als menschlichen Entscheidungen – was in den meisten Fällen jedoch korrekt ist.

Die beiden letztgenannten, eng verwandten Effekte betreffen alle Bereiche, in denen integrierte Computersysteme für die Steuerung von Abläufen und das Treffen von Entscheidungen mit hoher Tragweite verantwortlich sind. Neben dem Flugverkehr sind sie beispielsweise auf militärische Aktivitäten anwendbar (Kampfdrohneneinsätze, Vergeltungsschläge und ähnliche Aktionen der asymmetrischen Kriegsführung), auf Kernkraftwerke oder medizinische Intensivstationen. Auch der in Abschn. 7.3 anlässlich einer Börsenkrise erwähnte Computerhandel von Aktien birgt erhebliche (allerdings „nur" monetäre) Risiken, wenn während einer Baisse ständig neue Aktionslimits unterschritten werden und immer weiter Papiere unter erheblichen Kursverlusten abgestoßen werden.

Flugverkehr, wie er heute mit Kerosin als Treibstoff durchgeführt wird, ist nicht umweltfreundlich. (Autoverkehr auch nicht.) Falls Sie dienstlich oder privat fliegen müssen oder wollen, lassen Sie sich durch Kenntnisnahme solcher sehr unwahrscheinlicher Abstürze keine Angst einjagen: Sie basieren auf den besprochenen Verzerrungen Selektive Wahrnehmung und Verfügbarkeitsverzerrung.

Ungeachtet dessen sind im beruflichen Umfeld auch abseits des Reisens folgende Hinweise von Vorteil, die sich aus dem Beispiel Asiana 214 ergeben:

▷ **Tipps**

- *Mitarbeiter* sollten ihre Vorgesetzten durch Besserwisserei und Quertreiben nicht unnötig verärgern, denn sie sind in ihrer täglichen Arbeit und beim beruflichen Weiterkommen unmittelbar vom Wohlwollen ihrer Vorgesetzten abhängig. Allerdings sollten sie berechtigte Einwände ruhig und sachlich vorbringen.
- *Vorgesetzte* sind gut beraten, die Meinungen und Einschätzungen ihrer Mitarbeiter (und Kollegen) in ihre Entscheidungsprozesse einfließen zu lassen und Kreativität in ihren Teams zu fördern.
- Sie sollten außerdem den Attributionsfehler **Extrinsic-Incentives-Bias** (*Extrinsic Incentives Bias*, „Irrtum über extrinsische Motivation") vermeiden und die intrinsische Motivation ihres Personals fördern (Heath 1999).

Moderner Büroalltag
Dies weist den Weg von spektakulären Arbeitsplätzen hoch am Himmel in die Niederungen der Bürolandschaft – die sich mit Digitalisierung, SARS-CoV-2 und Homeoffice derzeit entscheidend zu verändern scheint. Doch früher wie heute wird teilweise mehr gegen- als miteinander gearbeitet, und es herrscht für persönliche Pfründe, die eigene Karriere oder auch nur das Wohlwollen des Chefs ein Hauen und Stechen. Zwar kann derartiges Verhalten in der Overheadabteilung eines Großkonzerns teure

Folgen haben, ist mit Blick auf Leib und Leben aber nicht annähernd so gefährlich wie im Flugzeugcockpit oder bei den Fluglotsen.

Versammelt sich das Kollektiv in den Besprechungsräumen des Unternehmens, entstehen Situationen und Szenarien, wie sie etwa in den Dilbert-Comics von Scott Adams und in verschiedenen Fernsehserien überspitzt und prägnant dargestellt sind. Eine wissenschaftliche Erklärung für viele unsinnige Dinge bietet wie berichtet der Dunning-Kruger-Effekt (Abschn. 2.4). Viel älter sind ein paar bodenständige Regeln des britischen Historikers, Soziologen und Publizisten Cyril Northcote Parkinson aus den 1950er-Jahren, ironisierende Darstellungen zur Verwaltungs- und Wirtschaftslehre (Parkinson 1958, 1980; vgl. Wenski 2021a, S. 117–124):

- **Parkinsons Gesetz der Trivialität** *(Parkinson's Law of Triviality):* „Die auf einen Tagesordnungspunkt verwendete Zeit ist umgekehrt proportional zu den jeweiligen Kosten."
- **Gesetz zum Bürokratiewachstum:** „Arbeit dehnt sich in genau dem Maß aus, wie Zeit für ihre Erledigung zur Verfügung steht."
- **Gesetz der Verschwendung:** „Ausgaben steigen stets bis an die Grenzen des Einkommens."
- **Parkinsons Trägheitsgesetz** *(Parkinson's Law of Inertia):* „Verzögerung ist die tödlichste Form der Verweigerung." Derartige Verzögerung bzw. Verschleppung wird durch das englischsprachige Wort *Procrastination* treffend ausgedrückt, das es inzwischen auch ins Deutsche geschafft hat.
- **Gesetz vom Vakuum:** „Die durch menschliches Versagen entstandene Leere wird stets durch neue Tätigkeit wieder ausgefüllt."

Das Trivialitätsgesetz erklärt den **Bike-Shedding-Effekt** (*Bike Shedding Effect*, „Kleinigkeitenstreiteffekt"): Die Hauptsache wird zur Nebensache und umgekehrt – die auf einen Tagesordnungspunkt verwendete Diskussionszeit ist indirekt proportional zur Bedeutung der Angelegenheit. Der Name ergibt sich aus einem Beispiel von Parkinson. Da hatte ein Finanzausschuss fünf Minuten über den Bau eines 10 Mio. £ teuren Reaktors diskutiert, sich aber über eine Stunde mit einem Fahrradunterstand beschäftigt, dessen Kosten nur 350 £ betrugen (Parkinson 1958, S. 63–72).

> **Time-Saving-Bias**
> Unter dem **Time-Saving-Bias** (*Time Saving Bias*, „Zeitersparnis-Verzerrung") versteht man die Tendenz, möglichen Zeitgewinn (oder Zeitverlust) durch Erhöhung (oder Reduktion) der Geschwindigkeit subjektiv falsch einzuschätzen. Das Resultat ist vielfach operative Hektik, und eine eventuelle geringe Zeitersparnis wird mit einer schlechten Arbeitsatmosphäre sowie erhöhter Fehlerhäufigkeit bezahlt.

> Den Effekt beobachtet man nicht nur in der Arbeitswelt, sondern ebenfalls (bei Rasern) im Straßenverkehr. So bringen beispielsweise riskante und manchmal tödliche Überholmanöver auf Landstraßen vor allem durch Pendler, Vertreter und andere Vielfahrer mit Termindruck – außer einem gelegentlichen Adrenalinkick – kaum Zeitgewinn (siehe Peer 2010).

▸ **Tipps**

- Nicht umsonst sagt der Volksmund: „In der Ruhe liegt die Kraft." Erledigen Sie ihre Aufgaben ruhig und konzentriert, ohne sich ablenken zu lassen und Zeit zu verschenken.
- Wenn Sie mit dem Auto unterwegs sind, fahren Sie früh genug los, um Zeitdruck gar nicht erst aufkommen zu lassen. Meiden Sie Stauzeiten und -strecken.

In die Welt des Bürokosmos passen folgende weitere kognitive Verzerrungen und Irrtümer.

- **Anpassungsfähige Haltungen** *(Adaptive Attitudes):* Es ist zu erwarten, dass Menschen mit der Zeit dieselben Haltungen annehmen wie diejenigen, die sie umgeben, etwa in derselben sozialen Gruppe oder dem Arbeitsumfeld. Damit ist die Gefahr der Nivellierung und Eingleisigkeit verbunden (Tvede 2002, S. 72, 95).
- **Social Loafing** könnte man als „Soziales Faulenzen" übersetzen: Diese etablierte gruppentypische Fehleinschätzung besagt, dass die Schlechtleistung eines Individuums in einem Kollektiv nicht zwingend auffällt und dadurch befördert wird, dass es sich hinter der Leistung einer Gruppe verstecken kann. Die resultierende „Verantwortungsdiffusion" erklärt auch, warum Gruppen höhere Risiken eingehen als Einzelpersonen.
- **Verzerrte Informationsweitergabe** *(Shared Information Bias* oder *Common Information Bias):* Darunter versteht man die Tendenz in einer Gruppe, mehr Zeit auf die Diskussion von Inhalten zu verwenden, die allen geläufig, und weniger Zeit auf Informationen, die eben nicht allen bekannt sind. Die Nichtkommunikation derartiger „versteckter Informationen", sei sie bewusst oder unbewusst, kann zu falschen Entscheidungen mit möglicherweise gefährlichen Konsequenzen führen (Stasser und Stewart 1992).
- **Innovationstrugschluss** *(Pro-innovation Bias):* Fürsprecher einer Innovation („Champions" oder „Sponsoren") überbewerten Nutzen und Vorteile und unterbewerten deren Nachteile. Sie glauben, die Innovation sollte in der bestehenden Form ohne Änderungen durch die Gesellschaft angenommen werden. Denken Sie nur an die genannten Beispiele der Überwachung in Pudong oder die Förderung der Kernkraftentwicklung in unserem Land. Gegenspieler ist der in Abschn. 2.4 beschriebene Semmelweis-Reflex, neue Entdeckungen erst einmal abzulehnen.

- Der **Delmore-Effekt** *(Delmore Effect)*, der der Dissertation von Paul W. Sas (2016) zugeschrieben wird, ist die Neigung, sich bevorzugt mit Zielen niedrigerer Wichtigkeit zur beschäftigen und daher bestehende Möglichkeiten nicht voll auszunutzen, anstatt Ziele mit hoher Priorität zu definieren. Diese Verzerrung ist nach dem gescheiterten US-Schriftsteller und -Dichter Delmore Schwartz benannt.

8.2 Probleme und Lösungen

Der Innovationstrugschluss leitet über zu den technischen Problemlösungen. Und auch hier ist man, je nach Rahmenbedingungen, vor der einen oder anderen Fehleinschätzung nicht gefeit. Besitztums- und IKEA-Effekt, Geltungsbedürfnis und Overconfidence-Effekt können eine Rolle spielen, ebenso der zuvor geleistete Einsatz für eine technische Lösung, den man aufgrund der Verlustaversion nicht so gerne abschreiben möchte. Die „Rechtfertigung des Einsatzes" ist unter dem Begriff **Effort Justification** bekannt: einem Gegenstand oder einer Leistung eine höhere Wertschätzung entgegenzubringen als objektiv gerechtfertigt, wenn man sie selbst hergestellt oder erbracht hat. Die Identifikation dieses Phänomens, das in Kognitiver Dissonanz (Abschn. 6.6) begründet ist, geht auf Leon Festinger (1957) zurück und berührt das Industriethema „Fremd- oder Eigenfertigung" ebenso wie Aufnahmerituale und Mutproben von Neulingen in Militäreinheiten, Sportvereinen und sonstigen Gruppen (siehe auch Aronson und Mills 1959).

Von Hämmern und Nägeln
Ein historisches Beispiel soll in die Entwicklung von Instrumenten und die Verwendung von Werkzeugen einführen.

Beispiel: Tycho Brahes Gerätschaften

Wenn Theorie und Praxis aufeinandertreffen, kann dies brillante Lösungen zur Folge haben. Allerdings benötigt es bis dahin viel guten Willen, um die unterschiedlichen Sicht-, Denk- und Ausdrucksweisen in Einklang zu bringen. Der Theoretiker sagt: „Lass uns mal dieses neue Konzept ausprobieren und das Bestehende infrage stellen", und der Praktiker wiegelt ab: „Warum? Das haben wir schon immer so gemacht."

Nikolaus Kopernikus verbannte im 16. Jahrhundert die Erde in seinem Modell aus dem Zentrum des Sonnensystems; Tycho Brahe platzierte sie wieder in den Mittelpunkt. Dessen Schüler Johannes Kepler ersetzte die kopernikanischen Kreisbahnen im 17. Jahrhundert durch Ellipsen, und nach Meinung vieler bildeten erst seine (auf Brahes Beobachtungen basierenden) Forschungen die Grundlage für eine Neubewertung kosmischer Gesetzmäßigkeiten. Der erbitterte Streit zwischen dem Theoretiker Kepler und dem Praktiker Brahe um das Modell ist legendär. Ihre Zusammenarbeit gestaltete sich überaus schwierig – zu verschieden waren beide Charaktere. Brahe, eher jähzornig und herrschsüchtig, erschwerte dem 25 Jahre jüngeren, empfindsamen Kepler oft die Arbeit.

8.2 Probleme und Lösungen

Tycho Brahe war ein Meister des Instrumentariums, und seine Forschungen markieren den Höhepunkt und gleichzeitig das Ende einer fast 2000 Jahre langen Periode der systematischen Himmelsbeobachtung, die ohne die Erfindung der Linse auskommen musste. Der Umfang, die Sorgfalt und Genauigkeit seiner astronomischen Untersuchungen waren für die damalige Zeit verblüffend. Brahes Geräte – er baute ein gutes Dutzend verschiedene – waren durch die Verwendung des Visierprinzips gekennzeichnet. Eines der bekanntesten und präzisesten war der Mauerquadrant, auch tychonischer Quadrant genannt, mit einem Radius von zwei Metern. Bald nach Tycho Brahes Tod begann mit der Erfindung des Fernrohrs in der Astronomie ein neues Zeitalter. ◄

Eine Erfolgsgeschichte der Optik und Feinmechanik also. Die Verwendung von Hilfsmitteln, die für einen bestimmten Einsatzzweck denkbar *ungeeignet* sind, ist allerdings ebenso weit verbreitet. Oftmals werden viel zu grobe bzw. überdimensionierte Geräte oder Werkzeuge verwendet. Stellen Sie sich vor, Sie nehmen einen Vorschlaghammer zum Befestigen eines Bilderhakens oder eine Schaufel für die Verteilung des Abendessens.[1] Dies sieht in Internetvideos recht lustig aus, kann jedoch zu materiellen Schäden und auch Verletzungen führen – schlimmstenfalls bis hin zu Todesfällen, wenn etwa Strom, Giftstoffe, große Lasten oder Höhenarbeiten involviert sind.

▶ Das Zitat „Wer als Werkzeug nur einen Hammer hat, sieht in jedem Problem einen Nagel" wird oft dem amerikanischen Schriftsteller Mark Twain zugeschrieben, allerdings lässt sich in dessen Werk kein Hinweis darauf finden.

Belegt zurückgeführt werden kann es auf den Psychologen Abraham Maslow, der 1966 schrieb: „Ich glaube, es ist verlockend, wenn das einzige Werkzeug, das man hat, ein Hammer ist, alles zu behandeln, als ob es ein Nagel wäre." Ähnliche Aussagen findet man in verschiedenen neueren und auch älteren Literaturstellen; eine lautet: „Wenn man einen Hammer hat, tendiert man dazu, nach Nägeln zu suchen." (Quoteinvestigator 2014 und dort zitierte Quellen)

Die entsprechende kognitive Verzerrung heißt im Englischen *Law of the Instrument* („Gesetz des Instruments"), im Deutschen in Anspielung auf das oben wiedergegebene Zitat **Maslows Hammer.** Sie bezieht sich auf die Beobachtung, dass Menschen, die mit einem Werkzeug (oder einer Vorgehensweise) gut vertraut sind, dazu neigen, dieses Werkzeug auch dann zu benutzen, wenn ein anderes Werkzeug besser geeignet wäre.

---

[1] In meinem Kölner Heimatdialekt klingt dies so: *„Hamma keine Hammer, jo dann nemme mer de Zang. Hamma och kein Zang, nemme mer'n Iesestang."* (auf Hochdeutsch: „Haben wir keinen Hammer, ja dann nehmen wir die Zange. Haben wir auch keine Zange, nehmen wir eine Eisenstange"; frei nach Hömig und Fischer 1984).

Damit in direktem Zusammenhang steht die **Funktionale Fixierung** *(Functional Fixedness)*: die Beschränkung von Überlegungen und Handlungen auf die gewohnheitsmäßige Verwendung von Strategien und Objekten. Diese hindert uns daran, alternative Einsatzmöglichkeiten von Objekten und andere Strategien für das weitere Vorgehen in Überlegungen miteinzubeziehen. Unser Gehirn orientiert sich zur Lösung von Problemen am Status quo, an Denkgewohnheiten, die in der Vergangenheit häufig erfolgreich waren. Es ist nicht begeistert, wenn ein Problem eine veränderte Sichtweise erfordert (Duncker 1945).

Ebenfalls in diese Kategorie von Effekten fällt die **Professional Deformation** (auch *Job Conditioning,* französisch *Déformation professionnelle;* auf Deutsch etwa „berufliche Entstellung"). Das Wortspiel bezeichnet die Neigung, eine berufs- oder fachbedingte Methode oder Perspektive unbewusst über ihren Geltungsbereich hinaus auf andere Themen und Situationen anzuwenden (Warnotte 1937). Reihenweise scheitern Versuche, die richtigen Probleme mit den falschen Ansätzen zu lösen.

Beispiele für Maslow-Hämmer und Funktionale Fixierung im übertragenen Sinn sind folgende Konstellationen:

- *Vorgehen während Unternehmens- bzw. Branchenkrisen.* Die Methode der graduellen Annäherung an derartige Probleme und das Sammeln entsprechender Notfallerfahrungen gehören nicht zur „Ausbildung" von Führungskräften. Daher wird das gemacht, was man immer schon gemacht hat, z. B. Improvisieren oder Versuch und Irrtum *(Trial & Error).*
- *Behandlung von Problemen an den Finanzmärkten.* Bereits 1984 benutzte Investor Warren Buffett die Redensart vom Hammer und den Nägeln, als er akademische Studien der Finanzmärkte kritisierte, die zu viel Gewicht auf nicht passende mathematische Techniken legten. Leider haben dennoch in der Finanzkrisen 1987 und 2008 viele Akteure an den Märkten in dieselbe – falsche – Richtung gearbeitet und mit tatkräftiger Unterstützung durch inadäquate Computersysteme die offensichtlichen Probleme noch verschärft.
- *Medizinische Therapien.* Die universelle Anwendung von Quecksilberpräparaten und Aderlässen im Mittelalter und nach der Aufklärung passt hierhin, doch findet man Beispiele auch noch in der Neuzeit. So wurden zur Zeit Maslows in den USA die beiden zur Behandlung von Psychosen verfügbaren Medikamente Trifluoperazin und Chlorpromazin oft auch dann eingesetzt, wenn die Diagnose Schizophrenie zweifelhaft war.
- *Softwareprogrammierung.* Man spricht in der IT-Branche vom „Goldenen Hammer": Ein an sich bekanntes Konzept oder eine etablierte Vorgehensweise oder Technologie wird stur und obsessiv auf verschiedenste Softwareprobleme angewandt, obwohl dies im Einzelfall nachteilig ist. Seit 1998 warnen Experten vor diesem Anti-Muster – eine Programmierpraxis, die unbedingt vermieden werden sollte.

Es wird spannend zu beobachten, zu welchen Auswirkungen und Konsequenzen Maslows Hammer in unseren Zeiten von Digitalisierung und KI führen wird.

▷ **Tipps**

Professionell:
- Formulieren Sie für die Lösung eines Problems zunächst eine Strategie und bestimmen Sie im Anschluss, mit welchen Tools und Verfahren sich das Problem am effektivsten lösen lässt.
- Überlegen Sie, für größere Herausforderungen ein Arbeitsteam mit einem geeigneten Kompetenzmix zu bilden.

Privat:
- Kurieren Sie niemals einen Infekt mit einem Antibiotikum, das Sie noch vom letzten Mal in Ihrer Medikamentenschublade gebunkert haben.

Beruf als Berufung – nicht zur Selbstzerstörung
Über die Notwendigkeit von Selbstmanagement im Beruf habe ich bereits an anderer Stelle berichtet (Wenski 2021a) und systematisch erläutert, welche Einflussfaktoren für eine glückliche, erfüllte Tätigkeit maßgeblich sind. Dabei spielen eine ausgeglichene Work-Life-Balance, sportliche Aktivitäten und persönliche Eigenschaften wie Offenheit, Realismus, Willensstärke, Resilienz und – oft unterschätzt – Humor eine wesentliche Rolle. Nicht zu vergessen die Bedeutung des Arbeitens im *Flow*, dem kreativen Zwischenzustand zwischen Über- und Unterforderung. Der Ratgeber mit dem Motto *Neues wagen, Chancen nutzen, selbstbestimmt agieren* räumt mit einigen weitverbreiteten Irrtümern und Fehleinschätzungen auf; hier einige Beispiele, die von kognitiven Verzerrungen geprägt sein können:

- „Das mache ich im Ruhestand, wenn ich Zeit habe."
- „Multitasking führt zu einer Effizienzsteigerung."
- „Ab morgen wird alles anders."
- „Du kannst alles, du musst es nur wollen."
- „Ich gehe nicht zur Arbeit, um Spaß zu haben."
- „Ich habe neben meinem stressigen Job keine Zeit, Sport zu treiben."
- „Geld macht nicht glücklich."

Dieser tradierte Blickwinkel auf das Berufsleben ist von anachronistischen, kontraproduktiven Vorstellungen über Hierarchien, Arbeitsorganisation und Motivation geprägt. Er soll angesichts der hier behandelten Thematik *Heuristics and Biases* mittels weiterer kognitiver Effekte nochmals infrage gestellt werden:

- Der **Effort-Bias** (*Effort Bias,* „Fleißtrugschluss"; nicht zu verwechseln mit der oben beschriebenen Effort Justification) ist die Tendenz zu glauben, dass sich durch Zielstrebigkeit und Mühe eventuelle Unzulänglichkeiten wettmachen lassen. Der Bezug zur Selbstüberschätzung liegt auf der Hand. Doch es ist eben nicht so, dass jeder zum Topmanager, Spitzenanalytiker oder Profisportler geboren ist.
- Damit in Verbindung steht der **Enthusiasm-Bias** (*Enthusiasm Bias,* „Begeisterungstrugschluss"); beide unbewusst auftretenden Verzerrungen wurden von Sinoway (2013) beschrieben. Genauso wie erhöhte Anstrengung führt auch große Freude an einer Aufgabe nicht automatisch dazu, dass man das dafür notwendige Handwerkszeug gut beherrscht.
- **Hedonic Treadmill** („Zufriedenheitshamsterrad", die Alltagstretmühle): Wir arbeiten, steigen auf, verdienen mehr und leisten uns mehr, aber wir werden nicht glücklicher. Glückliche Menschen bleiben im Wesentlichen glücklich, unglückliche unglücklich (Brickman 1971; Dobelli 2014, S. 189–191).
- Unter dem **Healthy-Worker-Effekt** (*Healthy Worker Effect,* HWE) versteht man vereinfacht gesagt das auf den ersten Blick paradoxe Phänomen, dass die Gruppe der Arbeitnehmer statistisch gesünder ist als die Gesamtbevölkerung. Der Grund liegt darin, dass Berufstätige einen gewissen Gesundheitszustand aufweisen müssen, um ihre Arbeit ausführen zu können, während in der Gesamtbevölkerung unter anderem auch diejenigen Personen enthalten sind, die krankheitsbedingt arbeitsunfähig sind. Daher betreiben viele Arbeitgeber einen hohen Aufwand zugunsten von Gesundheitsvorsorge und Unfallverhütung (siehe z. B. Li und Sung 1999). Allerdings wäre der Schluss, dass Arbeiten gesund macht, gemäß Berksons Paradox (Abschn. 10.4) unzulässig.

▶ **Tipps**

- Betrachten Sie Ihre Arbeit als Herausforderung und gleichzeitig als Quelle für Erfolgserlebnisse und Zufriedenheit.
- Scheuen Sie sich nicht aus Risiko- und Verlustangst, Neues zu wagen und sich bietende Chancen zu nutzen.
- Versuchen Sie, sich dabei ein hohes Maß an Selbstbestimmung zu sichern und zu erhalten, und billigen Sie diese auch Ihren Mitarbeitern zu.

8.3 Verhandlungen 1: Effekte, Stile und Tricks

Als früherer Industrieeinkäufer und heutiger Verhandlungstrainer stellt für mich das Verhandeln eine besondere, spannende, allgegenwärtige Form der menschlichen Kommunikation dar. Wie an vielen Stellen zu lesen ist, verhandelt der moderne Mensch nahezu ständig, im Beruf wie im Privatleben. Privat ist es der Verbraucher, der sich im Dialog mit diversen Anbietern behaupten muss – und nicht selten darauf verzichtet, im

8.3 Verhandlungen 1: Effekte, Stile und Tricks

Rahmen eines „Sourcings" sorgfältig Preise zu vergleichen und zumindest bei teureren Gütern nach einem Rabatt zu fragen. Im beruflichen Umfeld verhandeln natürlich Einkäufer mit Verkäufern, jedoch auch Vorgesetzte mit Mitarbeitern, Bedarfsträger mit Budgetverantwortlichen, Vorstände mit Aufsichtsräten und Arbeitnehmervertretungen usw. Meine Ansätze, Tipps und Schulungsvorschläge zu Beschaffungsverhandlungen sind in Wenski 2019, 2020a, b und 2021b dargestellt.

Verhandlungsstile und Verhaltensökonomik
Die Theorie kennt verschiedene Möglichkeiten der Verhandlungsführung, die als Verhandlungsstile bezeichnet werden. Man unterscheidet vor allem hartes Verhandeln (ich setze meine Interessen durch), weiches Verhandeln (wenn ich mich in einer schwachen Position befinde) und die Situation, dass durch geschicktes Zusammenstellen eines Verhandlungspakets beide Parteien profitieren (Win-Win-Situation, auch bekannt als Harvard-Verhandlungslösung). Der schlechter beleumundete Kompromiss führt ohne Zugewinn lediglich zur hälftigen Aufteilung des Vorteils aus dem Geschäft. Der zugehörige kognitive Effekt nennt sich **Nullsummenfehler** *(Zero Sum Bias)*: Eine Situation wird fälschlicherweise als Nullsummenspiel aufgefasst, bei dem der Gewinn einer Partei dem Verlust der anderen entspricht. Der Fehler wird in vielen Verhandlungen gemacht, indem nicht ernsthaft versucht wird, eine Win-Win-Lösung zu finden, von der beide Seiten profitieren. Man gibt sich zu schnell mit der zweitbesten Lösung, einem nicht wertschöpfenden Kompromiss, zufrieden.

▷ Psychologie spielt in jeder Art von Verhandlung gewöhnliche eine gewisse Rolle, da das Ergebnis selten spieltheoretisch erarbeitet und ausgerechnet wird, sondern die Parteien mit teilweise verdeckten Karten spielen.

Deshalb bietet die Verhaltensökonomik eine wertvolle Plattform, um bestimmte kognitive Effekte selbst nutzen zu können oder sich zumindest vom Gegenüber nicht damit überrumpeln zu lassen. Im bisherigen Text wurden eine ganze Reihe solcher Biases erläutert, die eine direkte Relevanz auch für Verhandlungen besitzen. Einige sind nachfolgend nochmals kurz aufgeführt, wobei die Reihenfolge der Auflistung meinem subjektiven Bedeutungsempfinden entspricht:

1. *Ankereffekt* und *Referenzpunkt*. Sichern Sie sich mit dem ersten Angebot genug Raum für Konzessionen.
2. *Besitztumseffekt* und *Verlustaversion*. Einem Gut, das sich gerade in unserem Besitz befindet, messen wir einen höheren subjektiven Wert bei als etwas Gleichwertigem, das wir aktuell nicht besitzen. Der Einkäufer trennt sich ungern vom Geld, der Verkäufer hat übertriebene Preisvorstellungen bei seinen Leistungen. Ihr Gegenüber muss also dazu gebracht werden, für sich Gewinne wahrzunehmen, denn Verluste würden emotional doppelt so stark empfunden.

3. *Fairnessprinzip.* Leben und leben lassen – eine Win-Win-Situation ist in den meisten Fällen die optimale Verhandlungslösung.
4. *Overconfidence-Effekt.* Respekt vor Verhandlungen und gute Vorbereitung sind essenziell für den Erfolg.
5. *Action-Bias.* Für einen souveränen Verhandler gilt dasselbe wie für einen Aktienhändler: Vielfach ist es sinnvoller, die Füße stillzuhalten, als blinden Aktionismus zu zeigen. Aussitzen von Positionen ist anstrengend, jedoch oft zielführender, als vorschnell sein Pulver zu verschießen.
6. *Sunk Cost Fallacy.* Sehen Sie ein, wenn Sie verloren haben. Ab einem bestimmten Punkt ist es bei erfolglosen Aktivitäten vernünftig und nur konsequent, die Reißleine zu ziehen.
7. *Framing* und *Kognitive Leichtigkeit.* Zu den Verhandlungspositionen werden interessante, stimmige Narrative vorgebracht, sodass es dem Partner naheliegend erscheinen muss, darauf einzugehen.
8. *Projektionsverzerrung.* Vermeiden Sie falsche Einschätzungen dazu, was ein Gut später wert sein wird. Ein umfassender Wartungsvertrag kann zu teuer sein, ein Mitarbeiter überbezahlt.
9. *Enttäuschungsaversion.* Ein guter Verhandler lässt sich nie aus Angst vor Enttäuschung auf der Gegenseite in ökonomisch relevanten Entscheidungen beeinflussen.

▶ **Tipp** Nur rund 20 % des möglichen Verhandlungserfolgs lassen sich am Tisch erzielen, der entscheidende Rest wird vorher erarbeitet. Bereiten Sie sich daher auf jede Art von Verhandlung mit allen Eventualitäten so gut wie möglich vor, da es keine Selbstläufer gibt.

Die genannten Effekte, die für Verhandlungen unterschiedlichster Art relevant sein können, stellen eine gesunde Mischung aus Psychologie und Ökonomie dar, wobei der Schwerpunkt sicherlich auf der zwischenmenschlichen Ebene liegt. Insbesondere zu Punkt 9 ist erwähnenswert, dass – je nach Verhandlungspartner – möglicherweise mit der Anwendung von unsauberen Tricks gerechnet werden sollte, deren Ziel es ist, uns selbst zu zusätzlichen Konzessionen zu bewegen (vgl. Wenski 2019, S. 155–185). Diese Tricks können – wie bei Nutzung der Enttäuschungsaversion – manipulativer oder emotionaler Art sein, Druck auf Positionen erzeugen, eine Informationsasymmetrie zum Nachteil und Schaden des Gegenübers schaffen oder im schlimmsten Fall an psychologische Kriegsführung heranreichen.

Teams, Tricks und (Ent-)Täuschungen
In Abschn. 1.3 und 4.2 ist der Assoziationstrugschluss erwähnt, der eine emotionale Verknüpfung von Sachverhalten bewirken kann, die überhaupt nichts miteinander zu tun haben, aber dennoch in Beziehung zueinander gesetzt werden. Damit lässt sich der Verhandlungstrick **Red Herring** erklären, ein blumiger Ausdruck für Irreführung oder ein Manöver, das von einer wichtigen Angelegenheit ablenkt und die andere Ver-

8.3 Verhandlungen 1: Effekte, Stile und Tricks

handlungspartei gezielt von ihren Zielen abzubringen versucht – eine Finte oder falsche Fährte sozusagen. In der Praxis wird die Methode sowohl von Einkäufern als auch Vertriebsmitarbeitern eingesetzt. Typischerweise tischt man alte Geschichten auf, die mit der aktuellen Verhandlung nichts zu tun haben. Da kann die Rede von Zahlungsproblemen in der Vergangenheit sein, nicht eingehaltenen Zusagen oder Versprechungen, unberechtigter Weitergabe von Informationen u. v. m. Für einen Verhandler, der von der betreffenden Sache nichts weiß, kommt dies gewöhnlich als (unangenehme) Überraschung (vgl. Wenski 2019, S. 177).

> **Tipp** Wenn Ihr Gegenüber Ihnen in der Verhandlung einen Red Herring vorzusetzen versucht, sagen Sie am besten unaufgeregt: „Wir nehmen das zur Kenntnis. Doch sollten wir uns jetzt auf den aktuellen Vorschlag konzentrieren und diese alte Geschichte später aufgreifen."

Ein weiterer psychologisch begründeter Verhandlungstrick ist der im Kalten Krieg in Zusammenhang mit dem atomaren Abschreckungspotenzial geprägte Begriff der **Brinkmanship.** Es handelt sich um die strategische Drohung, bis zum Äußersten zu gehen. *Brink* bedeutet Rand oder Abgrund, und die Taktik lässt sich treffend mit „Spiel mit dem Feuer" oder „Politik am Rande des Abgrunds" übersetzen. Die Brinkmanship ist eine riskante Strategie, eine selbstzerstörerische Taktik: Der Verhandler geht mit seinem Widersacher zur Klärung einer Streitfrage bis an den Rand einer allegorischen Felsklippe, wodurch der andere zum Nachgeben gebracht werden soll, bevor am Ende beide in den Abgrund fallen (vgl. Wenski 2019, S. 22). Denken Sie an Wladimir Putin.

Dabei könnte das Leben viel einfacher sein, wenn sich die Menschen – und im vorliegenden Fall die Verhandlungsparteien – gegenseitig mehr Vertrauen schenkten, im Sinne des erwähnten Fairnessprinzips aufeinander zugingen und gemeinsam nach einer Win-Win-Lösung suchten. Was momentan schon innerhalb der EU mit Quertreibern wie Ungarn und Polen oder der NATO mit dem Problemfall Türkei nicht gelingt, erscheint zwischen Großmächten wie den USA, China und Russland mit ihren geopolitischen bzw. wirtschaftlichen Zielen und ihren jeweiligen Bündnispartnern umso schwieriger. Im Gegensatz zu den damit verbundenen, oft sehr mühsamen und wenig erfolgreichen diplomatischen Verhandlungen erscheinen Verhandlungen in der Wirtschaft als wesentlich leichter zu bearbeitendes Feld.

Dies bringt uns zu einem weiteren kognitiven Irrtum, dem **Incompatibility-Bias** (*Incompatibility Bias,* „Wahrnehmung der Nichtkompatibilität"): Menschen, in diesem Fall Verhandler, nehmen häufig fälschlicherweise an, dass ihre eigenen Interessen nicht mit den Neigungen und Erwartungen der Gegenseite übereinstimmen werden, sondern ihnen diametral gegenüberstehen. Das ist jedoch gewöhnlich nicht der Fall, denn man sitzt öfter mit anderen im selben Boot, als man denkt. Die Überwindung dieser Voreingenommenheit bildet erst die Basis dafür, dass am Ende alle Verhandlungsparteien mit dem Ergebnis zufrieden sind (Jung und Krebs 2016, S. 229).

8.4 Verhandlungen 2: Informationsmanagement

Im professionellen Verhandlungssektor kennt man diese Arten von Verhandlungen (Wenski 2020a, S. 133–173):

- Eine *distributive* Verhandlung ist eine Verhandlung um einen einzigen Verhandlungsgegenstand; einer *integrativen* Verhandlung liegen mehrere Verhandlungsobjekte zugrunde.
- Daneben unterscheidet man Verhandlungen mit *vollständiger Information* (typischerweise Börsengeschäfte) und mit *unvollständiger Information* (was die meisten Konstellationen im Tagesgeschäft betrifft).

Die vier Kombinationen aus distributiver bzw. integrativer Verhandlung und vollständiger bzw. unvollständiger Information lassen sich in einem einfachen Schaubild grafisch darstellen (Abb. 8.2). Beschaffungsverhandlungen etwa um Industrieanlagen oder politische Verhandlungen sind oben rechts positioniert: Hier spielen neben einer sehr guten Vorbereitung Psychologie und Verhaltensökonomik die Hauptrolle für den Erfolg. Ein strategisches Kartenspiel wie Bridge oder Skat gehört nach unten rechts, Schach oder Mühle nach unten links: Im ersten Fall kommt der Spieltheorie eine bestimmte, im zweiten Fall die ausschließliche Rolle zu.

Informationen spielen im täglichen Leben, im professionellen wie privaten Sektor, eine wichtige Rolle. Angesichts der festgestellten Relevanz von harten Fakten und belegbaren Angaben sollen daher an dieser Stelle weitere Denkfehler mit Bezug zu Informationen vorgestellt werden. Dabei liegt das Augenmerk zunächst auf Verhandlungssituationen im weitesten Sinn. Jedoch wird uns der Umgang mit Informationen aller Art auch durch die restlichen Kapitel begleiten.

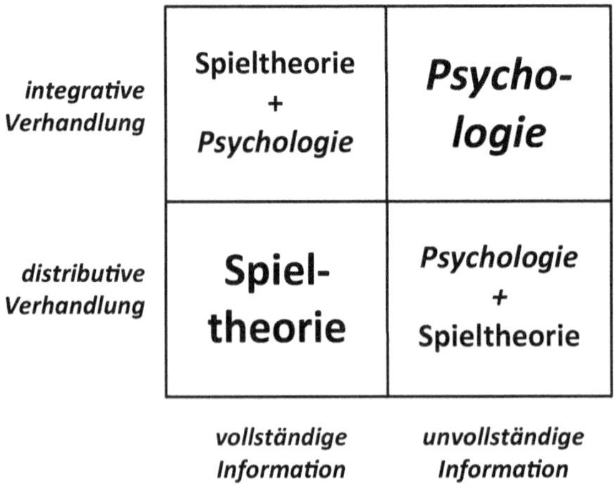

Abb. 8.2 Vier grundsätzlich unterscheidbare Verhandlungsszenarien

	vollständige Information	unvollständige Information
integrative Verhandlung	Spieltheorie + Psychologie	**Psychologie**
distributive Verhandlung	**Spieltheorie**	Psychologie + Spieltheorie

Erinnern Sie sich an den Less-is-better-Effekt und das Less-is-more-Muster in Abschn. 6.5, an Steve und Linda und ihre Berufe? Dort ging es um Zusatzwissen und das Treffen einer Auswahl, hier folgen einige Beispiele in Verbindung mit der Gewichtung von Informationen, deren Quintessenz ähnlich ist: Oft ist weniger mehr.

Curse of Knowledge („Fluch des Wissens"; auch *Curse of Expertise*) bezeichnet die Schwierigkeit besser informierter Personen, mit weniger Informierten zu kommunizieren, da sie unterbewusst vom selben Kenntnislevel ausgehen (Kennedy 1995). Daher ist für Gesprächspartner und vor allem Verhandler auf beiden Seiten des Tischs eine gewisse Kompetenz und Kenntnis erforderlich, um zu guten Abschlüssen zu kommen. Ein praxisbewährter Spruch lautet: „Gute Verkäufer bevorzugen gute Einkäufer."

Der in die Kategorie Ähnlichkeits- oder Repräsentativheuristik einzuordnende **Dilution-Effekt** (*Dilution Effect,* Verwässerungseffekt) ist aus der medizinischen Diagnostik bekannt, indem unwichtige Informationen über- und relevante Informationen unterbewertet werden (Nisbett et al. 1981).[2] Für Werbezwecke bedeutet dies: Der Kunde besitzt die Tendenz, alle Information zu nutzen, die ihm zur Verfügung stehen. Er verwendet somit auch Informationen, die mit der eigentlichen Kaufentscheidung wenig zu tun haben. Ein Überangebot an relevanten Informationen kann Entscheidungen somit auch verschlechtern, wenn die Bedeutung der einzelnen Informationen nicht berücksichtigt werden kann *(Overfitting)*. Das Bemühen, alles Bekannte und (vermutlich) Relevante einzubeziehen, führt mitunter zu „falscher Genauigkeit", das heißt Vorhersagen werden zu speziell und damit falsch (Latzel 2020, S. 29).

In unmittelbarer Verwandtschaft mit dem Dilution-Effekt steht der **Information-Bias**[3] (*Information Bias,* „Bewertung irrelevanter Details"). Darunter versteht man die Tendenz, Information aktiv zu suchen und zu verwenden, die das aktuelle Problem oder die Fragestellung *nicht* betreffen. Weitere Informationen sind auch hier vielfach nicht von Vorteil; im Gegenteil, weniger Informationen erlauben unter Umständen bessere Schlüsse und Vorhersagen (Baron et al. 1988). Weniger ist, wie hier mehrfach festgestellt, oft eben mehr.

Man spricht in diesem Zusammenhang auch von einer **Kenntnisillusion** oder Wissensillusion *(Illusion of Knowledge)*. Das ist die Neigung von Menschen zu glauben, dass die Genauigkeit ihrer Vorhersagen durch Verfügbarkeit zusätzlicher Information steigt. Was für die Wettervorhersage sicherlich stimmt – während des geringen Flugverkehrs in Zeiten der Corona-Pandemie und der dadurch reduzierten Auswahl an Wetterdaten vor allem 2020 sank deren Zuverlässigkeit merklich –, hat in anderen Bereichen den geradezu gegenteiligen Effekt. Der Kunde im Autohaus beispielsweise, der vom Verkäufer mit einer Fülle von Daten und Informationen „zugeschüttet" wird, kann sich

---

[2] Man versteht darunter ebenfalls die „Verdünnung" des Aktienwerts bei Ausgabe neuer Aktien.
[3] Nicht zu verwechseln mit dem in Abschn. 8.1 vorgestellten *Shared Information Bias* (= Verzerrte Informationsweitergabe z. B. in Besprechungen).

nicht zu einer Entscheidung durchringen und verlässt entnervt den Laden – obwohl er sich emotional längst für ein bestimmtes Modell entschieden hatte. Ein guter Verkäufer spürt das und stellt sich darauf ein, um den Sack zuzumachen und zum Vertragsabschluss zu kommen. Verhandler nutzen Dilution-Effekt bzw. Information-Bias gerne dahin gehend, dass sie einerseits unwichtige und zum Teil irreführende Informationen in das einflechten, was sie dem Gegenüber preisgeben. Andererseits wissen sie aus Erfahrung und Querchecks, wie sie Informationen der anderen Partei zu bewerten haben.

▶ **Tipps**

- Werden Sie sich klar, in welchen Situationen verhandelt wird. (Öfter, als Sie denken.)
- Lassen Sie sich weder bei beruflichen noch bei privaten Verhandlungen von der Gegenpartei den Schneid abkaufen und erläutern Sie ruhig und plausibel Ihre Position und Forderungen.
- Prüfen und bewerten Sie verfügbare Informationen, aber lassen Sie sich nicht verwirren und bitten Sie die andere Seite zur Not um Vereinfachung des Sachverhalts. Die bewusste Verwirrung durch das Gegenüber ist ein bekannter Verhandlungstrick, *Scambled Eggs* genannt – Rühreier.

Informationsmanagement ist ein wesentlicher Teil erfolgreicher Verhandlungsführung; bildlich ausgedrückt sind belastbare Informationen die „Währung des Verhandlers". Doch liegt beim Aushandeln größerer Geschäfte, Pakete oder ganz allgemein Vereinbarungen stets eine gewisse Asymmetrie im Kenntnisstand vor, mit der Folge einer unvollständigen Information über die Position und Rahmenbedingungen der Gegenseite. Die Notwendigkeit von Entscheidungsfindungen unter Informationsmangel provoziert wiederum weitere kognitive Irrtümer, um die es in Kap. 9 geht. Der Themenkomplex Bewusste Fehlinformationen und Fake News wird in Abschn. 11.4 und 11.5 aufgegriffen.

> **Die wichtigsten kognitiven Effekte in Kap. 8**
> Auch im professionellen Umfeld ist man vor psychologischen Fallen nicht gefeit. Immer wenn mehrere Personen zusammenarbeiten (müssen), zeigen sich typische Verhaltensmuster, von denen zahlreiche humoristische Fernsehserien leben.
> *Parkinsons Gesetze:* Bereits der britische Kolonialbeamte und Professor hatte erkannt, dass sich Kollegen unnötig gegenseitig Arbeit machen und mitunter Wichtiges mit Unwichtigem verwechseln.
> *Autoritätsfehlschluss:* Im Gegensatz zu hierarchisch und kollektivistisch organisierten asiatischen Kulturkreisen leben wir im Westen in individualistischen Gesellschaften; trotzdem verstummen wir, wenn „Autoritäten" etwas sagen oder tun. Das kann katastrophale Folgen haben.

Maslows Hammer, Funktionale Fixierung und *Professional Deformation:* Wir gehen gerne mit den falschen Werkzeugen, Methoden und Strategien an Probleme heran.

Effort-Bias und *Enthusiasm-Bias:* Fleiß und Begeisterung reichen nicht aus, um eine Aufgabe bzw. einen Job zu erledigen, dem man mangels geforderter Kompetenzen nicht gewachsen ist.

Verzerrte Informationsweitergabe, Information-Bias und *Curse of Knowledge:* Zu Informationsüberfluss und Less-is-better-Effekt gesellen sich diese beiden Vertreter – man benötigt die richtigen Informationen und muss sicherstellen, dass alle Beteiligten vom gleichen Notenblatt singen.

Literatur

Aronson E, Mills J (1959) The effect of severity of initiation on liking for a group. J Abnorm and Social Psychol 59–2:177–181. https://doi.org/10.1037/h0047195

Baron J, Beattie J, Hershey JC (1988) Heuristics and biases in diagnostic reasoning. Organ Behav Hum Decis Process 42–1:88–110. https://doi.org/10.1016/0749-5978(88)90021-0

Brickman C (1971) Hedonic relativism and planning the good society. In: Apley MH (Hrsg) Adaptation level theory: a symposium. Academic, New York, S 287–305

Chow S, Yortsos S, Meshkati N (2014) Asiana airlines flight 214: investigating cockpit automation and culture issues in aviation safety. Aviation psychology and applied human factors 4–2. Internet-Veröffentlichung 1. Januar. https://doi.org/10.1027/2192-0923/a000066

Cummings M (2004) automation bias in intelligent time critical decision support systems. AIAA 1st Intelligent systems technical conference, September, Chicago, IL. https://doi.org/10.2514/6.2004-6313

Decision Lab (2021) Why is negotiation so difficult? Reactive devaluation, explained. Internet-Veröffentlichung. https://thedecisionlab.com/biases/reactive-devaluation/. Zugegriffen: 18. Aug. 2021

Dobelli R (2014) Die Kunst des klaren Denkens. dtv, München

Duncker K (1945) On problem solving. Psychol Monogr 58–5:i–113. https://doi.org/10.1037/h0093599

Festinger L (1957) Cognitive dissonance. Stanford University Press

Haring KS, Watanabe K, Velonaki M, Tossell CC, Finomore V (2018) FFAB – the form function attribution bias in human robot interaction IEEE transactions on cognitive and developmental systems 10–4, 843–851. https://doi.org/10.1109/TCDS.2018.2851569

Heath C (1999) On the social psychology of agency relationships: lay theories of motivation overemphasize extrinsic incentives. Organ Behav Hum Decis Process 78–1:25–62. https://doi.org/10.1006/obhd.1999.2826

Hömig R, Fischer P (1984) Liedtext zu „Huusmeister Kaczmarek" von den Bläck Fööss. Veröffentlicht im Verlag Maskott GmbH. https://www.blaeckfoeoess.de/page-23/page-154/index.html Zugegriffen: 18. Aug. 2021

Jung S, Krebs P (2016) Die Vertragsverhandlung: Taktische, strategische und rechtliche Elemente. Springer Gabler, Wiesbaden. https://doi.org/10.1007/978-3-658-11204-2

Kennedy J (1995) Debiasing the curse of knowledge in audit judgment. Acc Rev 70–2, 249–273. https://www.jstor.org/stable/248305

Latzel C (2020) Verhaltenssteuerung, Recht und Privatautonomie. Springer, Berlin. https://doi.org/10.1007/978-3-662-60315-4

Li CY, Sung FC (1999) A review of the healthy worker effect in occupational epidemiology. Occup Med 49–4:225–229. https://doi.org/10.1093/occmed/49.4.225

Maslow AH (1966) The psychology of science: a reconnaissance S. 15–16. Harper & Row, New York

Milgram S (1963) Behavioral study of obedience. J. Abnormal and Social Psychology 67–4:371–378. https://doi.org/10.1037/h0040525

Nisbett RE, Zukier H, Lemley RE (1981) The dilution effect: non-diagnostic information weakens the implications of diagnostic information. Cogn Psychol 13:248–277. https://doi.org/10.1016/0010-0285(81)90010-4

NTSB (2014) Descent Below Visual Glidepath and Impact With Seawall – Asiana Airlines Flight 214 – Boeing 777–200ER, HL7742 – San Francisco, California – July 6, 2013. Accident Report NTSB/AAR-14/01 PB2014–105984. Internet-Veröffentlichung 24. Juni. http://www.ntsb.gov/investigations/AccidentReports/Reports/AAR1401.pdf. Zugegriffen: 27. Juni 2021

Parkinson CN (1958) Parkinson's law, or the pursuit of progress. John Murray, London

Parkinson CN (1980) Parkinson: the law. Houghton Mifflin, Boston

Peer E (2010) Speeding and the time-saving bias: how drivers' estimations of time saved in higher speed affects their choice of speed. Accid Anal Prev 42–6:1978–1982. https://doi.org/10.1016/j.aap.2010.06.003

Quoteinvestigator (2014) If Your Only Tool Is a Hammer Then Every Problem Looks Like a Nail. Internet-Veröffentlichung 08. Mai. https://quoteinvestigator.com/2014/05/08/hammer-nail/. Zugegriffen: 4. Juni 2021

Ross L, Stillinger CA (1991) Barriers to conflict resolution. Negot J 7–4:389–404. https://doi.org/10.1111/j.1571-9979.1991.tb00634.x

Sas PW (2016) The trouble with goals. Internet-Veröffentlichung 23. August. https://medium.com/@hormetic/the-trouble-with-goals-1519ec23f878 Zugegriffen: 20. Aug. 2021

Sinoway EC (2013) Man kann nicht alles haben. Harv Bus Manager Januar, 100–105

Stasser G, Stewart D (1992) Discovery of hidden profiles by decision-making groups: solving a problem versus making a judgment. J. Personality and Social Psychology 63–3:426–434. https://doi.org/10.1037/0022-3514.63.3.426

Tvede L (2002) The psychology of finance: understanding the behavioural dynamics of markets. Wiley, New York

Warnotte D (1937) Bureaucratie et fonctionnarisme. Revue de l'Institut de Sociologie 17:245–260

Wenski G (2019) Lösungsorientiert verhandeln im Technischen Vertrieb. Springer Gabler, Wiesbaden. https://doi.org/10.1007/978-3-658-27448-1

Wenski G (2020a) Beraterverkauf im globalen B2B-Equipmentgeschäft. Springer Gabler, Wiesbaden. https://doi.org/10.1007/978-3-658-27450-4

Wenski G (2020b) Nachhaltig verhandeln im Technischen Einkauf. Springer Gabler, Wiesbaden. https://doi.org/10.1007/978-3-658-30439-3

Wenski G (2021a) Selbstmanagement im Beruf. Springer, Wiesbaden. https://doi.org/10.1007/978-3-658-33249-5

Wenski G (2021b) Verhandlungstraining planen und durchführen – Leitfaden für spannende und lehrreiche Seminare. E-Book, Internet-Veröffentlichung, Guido Wenski Consulting, Burghausen. http://wenski-consulting.com/.cm4all/uproc.php/0/2021_Wenski_VerhandlungstrainingPlanenUndDurchführen.pdf. Zugegriffen: 26. Juni 2021

Wikipedia (2021) Asiana Airlines Flight 214. https://en.wikipedia.org/wiki/Asiana_Airlines_Flight_214. Zugegriffen: 27. Juni 2021

9 Umgang mit Zahlen und Wahrscheinlichkeiten

Viele Menschen haben wie erwähnt ein gestörtes Verhältnis zu Größenordnungen und Wahrscheinlichkeiten, beurteilen quantitativ erfassbare Sachverhalte gerne aus dem Bauch heraus – und liegen sehr oft grundlegend falsch. Dabei lassen sich bei emotionsloser Kenntnisnahme und Berücksichtigung relevanter Wahrscheinlichkeiten in zahlreichen Fällen ökonomisch deutlich sinnvollere Entscheidungen treffen als durch Befragung der Eingeweide: im Einklang mit dem Motto, *zuerst* die Fakten und *erst dann* die Intuition zu prüfen.

9.1 Wahrscheinlichkeiten und Ambiguität

Es bietet sich an, die Betrachtung von Wahrscheinlichkeiten mit einem Blick auf ein paar Zahlen zu eröffnen. Dass Menschen bei intuitiven Einschätzungen spektakulär danebenliegen können, hat Ihnen bereits der CRT in Kap. 1 gezeigt. Hätten Sie folgende statistischen Daten geahnt?

Beispiel: Hätten Sie's gewusst?

- Ein voll gegen Covid-19 geimpfter 80-Jähriger hat ungefähr das gleiche Risiko zu erkranken wie ein ungeschützter 50-Jähriger (Berndt 2021).
- Auf deutschen Straßen sterben mehr als doppelt so viele Menschen durch Müdigkeit und Sekundenschlaf als durch Alkohol (John 2021).
- Laut WHO ist ein Zusammenprall mit einem 50 km/h fahrenden Auto für einen Fußgänger zu 80 % tödlich, bei 30 km/h dagegen nur zu 10 %.
- Ein ganz anderes Thema: 2019 und 2020 sanken auf den Weltmeeren jeweils fast 50 Schiffe einer Größe über 100 Tonnen. Im Schnitt geht vermutlich pro Monat

ein größeres Schiff durch eine Monsterwelle von bis zu 30 Metern Höhe verloren, ohne dass die Öffentlichkeit darüber etwas erfährt (Fritsche 2018, S. 193–216). Dagegen wird über größere und auch kleinere Flugzeug- oder Eisenbahnunglücke in den Medien stets ausführlich berichtet.
- In Vorbereitung auf Abschn. 11.2 und Abschn. 11.3 diese Statistik: Die USA haben mit 639 pro 100.000 Einwohnern die höchste Inhaftierungsrate der Welt. Eine Haftstrafe für Schwarze ist mehr als fünfmal so wahrscheinlich wie für Weiße.
- Und zu Abschn. 12.1: Die Zementindustrie stößt 8 % der weltweiten CO_2-Emissionen aus und damit mehr als Flugverkehr und alle Rechenzentren zusammen (Witsch 2020).
- Noch mal zurück zum Lotto: Wer hält sich schon vor Augen, dass die Wahrscheinlichkeit eines 40-jährigen Mannes, am Tag nach einer Ziehung zu sterben, fast 500-mal so hoch ist wie die, sechs Richtige mit Superzahl zu tippen – und bei einem 60-Jährigen nahezu 4000-mal so hoch? ◄

Die meisten Leute kennen die Brettspiele Schach, Mühle, aber auch Katz und Maus, bei dem auf dem Damebrett vier schwarze gegen einen weißen Stein ziehen und der Weiße versucht, zur gegnerischen Grundlinie durchzubrechen. Wenn die Katzen richtig ziehen, gewinnen sie immer. Anders sieht die Sache bei Mühle aus: Bei diesem ebenfalls zufallsfreien Spiel gewinnt weder der An- noch der Nachziehende zwingend. Jedoch ist Mühle mit $1{,}8 \cdot 10^{10}$ unterscheidbaren Verteilungen der Steine auf dem Brett noch vergleichsweise übersichtlich verglichen mit Schach ($2{,}3 \cdot 10^{46}$ mögliche Stellungen).[1]

Ein von Gerd Gigerenzer gerne erzähltes Beispiel: Nachdem bei den Terroranschlägen von 9/11 auch die Passagiere der entführten Flugzeuge ums Leben gekommen waren, trafen viele Reisende eine auf den ersten Blick logische Entscheidung: Sie stiegen aufs Auto um. In den drei Monaten nach dem Ereignis sank die Zahl der geflogenen Meilen in den USA deutlich; der Straßenverkehr nahm entsprechend zu. Die Folgen zeigte ein Jahr später die Unfallbilanz: Der Versuch, den mutmaßlichen Risiken des Fliegens zu entgehen, kostete 1600 Menschen mehr das Leben, als laut Statistik zu erwarten gewesen wäre.

Was hat die Verhaltensökonomik dabei zu bieten? Eine ganze Menge. Unter anderem kamen schon zur Sprache: Empfindlichkeit für und Vernachlässigung von Wahrscheinlichkeiten, Ziegenproblem, Linda-Problem, Subjektive Risikowahrnehmung, Repräsentationsheuristik und Desaster-Myopie (die Unterschätzung von Schockwahrscheinlichkeiten).

---

[1] Mein in der Widmung gewürdigter Opa hat öfter von einem „Mühleprofessor" erzählt, den er wohl kannte und der dieses Spiel perfekt beherrschte. Er brachte mir ebenfalls Schach bei, das er selbst in russischer Kriegsgefangenschaft gelernt hatte und gut beherrschte.

9.1 Wahrscheinlichkeiten und Ambiguität

Ein weiteres einfaches Beispiel für den leichtfertigen Umgang mit Wahrscheinlichkeiten ist der **Subadditivitätseffekt** (*Subadditivity Effect;* auch Subadditives Diskontieren), die Tendenz, die Gesamtwahrscheinlichkeit für ein Ereignis niedriger einzuschätzen als die Summe der Einzelwahrscheinlichkeiten. Dies kann sich wie folgt auswirken:

- Menschen sind oft bereit, für einzelne Teile eines Angebots mehr zu zahlen als für die Summe dieser Teile. Wer also plant, für ein Abendessen 20 € auszugeben, ist möglicherweise willens, für die einzelnen Bestandteile des Dinners in der Summe mehr als 20 € zu bezahlen, etwa 12 € für das Essen und 10 € für die Getränke (Beck 2014, S. 224).
- Die Gesamtwahrscheinlichkeit zu sterben wird regelmäßig niedriger beurteilt als die Summe der Einzelwahrscheinlichkeiten für die Haupttodesursachen. Nach Tversky und Koehler (1994) schätzen Teilnehmer die Wahrscheinlichkeit, an Krebs zu sterben, zu 18 %, als Folge eines Herzinfarkts zu 22 % und für „weitere natürliche Ursachen" zu 33 %. Andere Versuchsgruppen schätzen die Wahrscheinlichkeit, an *einer* dieser drei Ursachen zu sterben, nur zu 58 % ein – statt der 73 %, die sich aus der Summe der Einzelwerte ergeben hätte.
- Daniel Read (2001) untersuchte die Zeit als Zielgröße für den Subadditivitätseffekt. Und auch hier ist es so, dass hyperbolisch und nicht linear diskontiert wird (vgl. Abschn. 6.4). Will man heute den Wert einer Zahlung in einem Jahr schätzen, macht es einen Unterschied, den Zeitraum als ein Jahr wahrzunehmen oder als 12-mal einen Monat.

Im Beispiel des Pendlers Heinz-Walter Nelles wurden bereits einige typische Begleiterscheinungen beschrieben. So hörten wir, dass die Verfügbarkeitsverzerrung ihn – die drei gravierenden Kurseinbrüche der letzten zwei Jahrzehnte vor Augen – aus Angst vor dem befürchteten Börsencrash beim Aktienkauf zögern lässt. Auch bei Lotto und Toto (und allen anderen Wetten) unterliegen viele Tipper einer gravierenden Fehleinschätzung hinsichtlich ihrer Gewinnchancen: Empfindlichkeit für und Vernachlässigung von Wahrscheinlichkeiten, Überoptimismus, Spielerfehlschluss und Hot-Hand-Phänomen sind typische kognitive Irrtümer und Verzerrungen von Spielern, nicht zu vergessen der Glaube an das **Anfängerglück** (*Beginner's Luck*) – doch die Hoffnung stirbt ja bekanntlich zuletzt.

Mehrdeutigkeiten

Beginnen wir unseren Ausflug in die Welt der Zahlen und Fakten mit einem Begriff, der in den letzten zwei Jahrzehnten immer häufiger zu hören ist, aber vielen Menschen nach wie vor Rätsel aufgeben mag – obwohl er nichts mit Mathematik zu tun hat:

▷ **Ambiguität** ist das Fachwort für Doppel- oder Mehrdeutigkeit. Ambiguität ist nicht zu verwechseln mit *Ambivalenz* (= Zwiespältigkeit oder Doppelwertigkeit).

Abb. 9.1 Gerade hier wäre ein gestreuter Weg empfehlenswert (gesehen in Alzgern/Obb.)

Ambiguität ist ein Charakteristikum von sprachlichen Zeichen oder Formulierungen und entsteht, wenn diese auf verschiedene Weise interpretiert werden können. Sie bildet damit die Grundlage vieler Witze, Anspielungen, ironischer Darstellungen und Stilblüten. Beispiele gefällig? *Ich brauch', glaub' ich, nur dieses eine Wort sagen: Herzlichen Dank!*[2] oder die alte Mönchsregel *Wenn deine Augen eine Frau erblicken, schlage sie nieder* (siehe auch Abb. 9.1).

---

[2] „Kopfballungeheuer" Horst Hrubesch 1983 bei seinem Abschied vom HSV (YouTube 2012) – und immer wieder falsch zitiert. Armin Laschet drängte Olaf Scholz im Wahlkampf bei RTL, zu einer Koalition der SPD mit den Linken zu sagen: „Ich mach es nicht. Drei Worte." Hat dieser aber nicht.

9.1 Wahrscheinlichkeiten und Ambiguität

Das erinnert mich an einen äußerst unterhaltsamen Vortrag des Journalisten und Sprachbeobachters Bastian Sick, der die Verwendung des „Von-Falls" (anstelle des Genitivs) an folgendem Beispiel verdeutlichte: Er zeigte eine Schlagzeile des Wortlauts „Mutter von vier Kindern getötet" und sinnierte darüber, welch kleine Bestien die arme Frau da wohl aufgezogen hatte. Sie können sich über solche durch drei bis sechs Kinder verübten Bluttaten mittels Internetsuchmaschine selbst informieren. Den Rekord hält die *Wuppertaler Rundschau* mit dem Zitat: „Inzwischen sind Tatverdächtige aus dem engeren Familienkreis in Untersuchungshaft genommen worden. Da die Leiche bisher nicht gefunden wurde, ist unklar, wie die Mutter von sechs Kindern getötet wurde"[3] (WR 2016).

▶ Ein einfaches Beispiel für Ambiguität: „In disem Text sind drei Feler."

Tippfehler dienen oft der Erheiterung der Leser, insbesondere wenn sie unbeabsichtigt einen neuen Kontext erzeugen („Er hatte in seinem Zeugnis nur Dreien und Viren."). – „Ambiguität" besitzt ebenfalls eine gewisse Relevanz für das Verständnis kognitiver Irrtümer, und nach ihm sind gleich zwei Effekte benannt, die sich lediglich über ihre Namenszusätze *Verzerrung* bzw. *Aversion* unterscheiden lassen:

- Der **Ambiguity-Bias** (*Ambiguity Bias,* auch *Ambiguity Effect;* deutsch „Mehrdeutigkeitsverzerrung" oder „Vernachlässigung von Mehrdeutigkeit") ist ein Vertreter, bei dem die Entscheidungsfindung durch einen Mangel an Informationen (= Ambiguität) bestimmt ist. Die Beobachtung impliziert, dass man dazu neigt, Optionen auszuwählen, die mit hoher Wahrscheinlichkeit zu einem positiven Ergebnis führen, und solche mit unbekannter Erfolgswahrscheinlichkeit vernachlässigt werden. Er leitet sich aus der Prospect Theory ab. Ein einleuchtendes Beispiel ist die Bevorzugung von festen gegenüber variablen Hypothekenraten von Bauherren. In aktuellen Zeiten von Negativzinsen hat dieses Verhalten sicherlich seine Berechtigung, führte während früherer Hochzinsphasen jedoch regelmäßig zu teilweise erheblichen finanziellen Nachteilen aufseiten der Schuldner.
- Die Auswirkung des Ambiguity-Bias wird als **Ambiguity-Aversion** (*Ambiguity Aversion,* Aversion gegen Mehrdeutigkeit) oder auch *Uncertainty Aversion* bezeichnet. Damit wird die Tendenz ausgedrückt, bekannte Risiken gegenüber unbekannten Risiken zu bevorzugen (van Winssen et al. 2016). Ein risikoscheuer Zeitgenosse neigt dazu, für sich Alternativen auszuwählen, deren Folgen absehbar sind, gegenüber einer Auswahl mit unbekanntem oder schlecht einschätzbarem Ausgang. Ambiguity-Bias und Ambiguity-Aversion wurden erstmals von Ellsberg (1961) anhand seines Paradoxes *(Ellsberg Paradox)* nachgewiesen. (Zu Daniel Ellsberg gibt es in Abschn. 12.2 weiteres Interessantes zu berichten.)

---

[3] Korrekt wäre hier natürlich der Gebrauch des Genitivs: „Mutter vierer Kinder getötet." Allerdings hört sich „sechser Kinder" wiederum seltsam an – deutsche Sprache, schwere Sprache.

> **Ellsberg-Paradox**
> Versuchsteilnehmer haben die Wahl zwischen zwei Urnen, aus denen sie Kugeln ziehen können; bei einer gezogenen roten Kugel erhalten sie einen Preis. In der einen Urne befinden sich 50 rote und 50 schwarze Kugeln, in der anderen ebenfalls zusammen 100 Kugeln, wobei die Farbverteilung hier nicht offenbart wird.
>
> Für die erste Urne beträgt die Gewinnwahrscheinlichkeit 50 %. Dagegen liegt bei der zweiten Urne eine Ambiguität vor. Viele Entscheider zeigen in einer solchen Situation Ambiguitätsaversion und bevorzugen die erste Urne mit der bekannten Gewinnchance.
>
> Man kann also schlussfolgern: Wir nehmen durchaus quantifizierbare Risiken in Kauf, hassen jedoch Unsicherheit. Eine englische Volksweisheit dazu lautet: *„Better the devil you know than the devil you don't."* (frei übersetzt: Besser das bekannte als das unbekannte Übel wählen.)

Die *Ambiguity-Aversion* steht in direkter Verbindung mit dem in Abschn. 6.1 gewürdigten Certainty-Effekt, der Verzerrung, dass sich Menschen bei Gewinnoptionen eher für die sicherere Option entscheiden und dafür bereit sind, Optionen mit höherem Erwartungswert, aber geringerer Eintrittswahrscheinlichkeit zu vernachlässigen.

Noch die Auflösung zum kleinen Rätsel weiter oben: Der dritte Fehler in dem orthografisch fragwürdigen Kurzsatz ist natürlich, dass nur zwei Rechtschreibfehler enthalten sind.

▶ **Tipp** Drücken Sie sich – mündlich und vor allem schriftlich – möglichst korrekt und eindeutig aus.

9.2 Statistik und Basisratenfehler

Erinnern Sie sich an Steve aus Abschn. 6.5? In Missachtung der deutlich höheren statistischen Wahrscheinlichkeit, dass Steve ein Farmer ist, wurde er aufgrund vager Persönlichkeitsinformationen von den meisten Befragten als Bibliothekar eingeordnet. Menschen untergewichten statistische Basisraten vielfach und lassen sie teilweise völlig außer Acht, wenn spezifische Informationen über den vorliegenden Fall verfügbar sind (Kahneman 2012, S. 210). Spielt dann noch das Linda-Problem in die intuitive Betrachtung hinein, indem die gleichzeitige Erfüllung mehrerer Bedingungen für wahrscheinlicher gehalten wird als die nur einer Bedingung, ist die psychologische Gemengelage vollends unübersichtlich.

Nähern wir uns dem zugrunde liegenden kognitiven Fehler mit einem Alltagsproblemfeld, das bereits mehrfach herhalten musste und auch in diesem Zusammenhang Stoff liefert: dem Betrieb des liebsten Kinds der Deutschen.

9.2 Statistik und Basisratenfehler

> **Tankstellenstatistik**
>
> Fühlen Sie sich als Autofahrer nicht auch mitunter durch stark schwankende Preise an den Zapfsäulen auf den Arm genommen? Unterschiede von deutlich mehr als 10 Cent pro Liter Benzin oder Diesel zu verschiedenen Tageszeiten an derselben Zapfsäule sind keine Seltenheit. Lohnt es sich, im Hinblick auf kostengünstiges Tanken zu versuchen, nach einem Zeitpunkt mit niedrigerem Preis Ausschau zu halten? Oder würde man damit Gefahr laufen, in Datenströmen Muster zu sehen, selbst wenn gar keine da sind: ein als **Clustering-Illusion** (*Clustering Illusion*) (Kahneman und Tversky 1972; Gilovich 1991) bekannt gewordener Irrglaube?
>
> Es lohnt sich! Zwar versuchen die Mineralölkonzerne – in Deutschland unter dem wachsamen Auge des Bundeskartellamts – durch die variable Preisgestaltung an den Tankstellen den für sich größten Profit zu erzielen, und bedienen sich dafür unter Nutzung großer Datenbanken und Rechenpower der Mathematik und Spieltheorie. Dabei lassen sich durchaus Muster in der Preisverschiebung tagsüber erkennen: Der Literpreis durchläuft Berge und Täler mit mehreren Preismaxima und zum frühen Abend hin abnehmenden Spitzenwerten. (Noch 2015 war ein kontinuierlicher Preisverfall zwischen 6 Uhr und 20 Uhr festzustellen.) Am teuersten ist der Sprit im Mittel nun um 7 Uhr früh mit weiteren Peaks gegen 10 Uhr und 13 Uhr, und auch zwischen den einzelnen Wochentagen lassen sich erhebliche Unterschiede beobachten. Den niedrigsten Preis können Sie nach 18 Uhr und vor 22 Uhr erwarten.

Die Missachtung derartiger Regelmäßigkeiten nennt man **Basisratenfehler** (*Base Rate Neglect;* auch Prävalenzfehler) (Kahneman und Tversky 1973; Welsh und Navarro 2012): dem falschen Verständnis von Abweichungen vom Durchschnitt, hier vom mittleren Tagespreis für Kraftstoff. Er stellt einen weiteren wichtigen Vertreter der Ähnlichkeits- oder Repräsentativheuristiken dar. Im weiteren Sinn versteht man darunter die Vernachlässigung von Wahrscheinlichkeiten sowie das Ignorieren der logischen Vorgabe, dass die wahrscheinlichste Lösung für ein Problem zunächst in Betracht gezogen werden sollte – etwa die nachfolgenden Tankhinweise zu beachten.

▷ **Tipps**

- Tanken Sie möglichst abends und nicht morgens – am besten zur Wochenmitte.
- Fahren Sie zu den kostengünstigsten Tankstellen, die nicht zu weit weg liegen – die Kraftstoffqualität ist in Deutschland und im grenznahen Ausland heute überall vergleichbar. Dabei helfen Ihnen Ihre Erfahrung sowie Handy-Apps.
- Und meiden Sie die inzwischen wieder maßlos übertreuerten Autobahntankstellen und Rasthöfe – nur wenige Kilometer neben der Autobahn ist es meistens 20–30 Cent pro Liter günstiger.

Dem Basisratenfehler begegnen wir tagtäglich in unterschiedlichsten Zusammenhängen:

- Wenn es mal wieder einen kalten, schneereichen Winter gibt (wie in manchen Jahren an der Ostküste der USA) oder ein kühles Frühjahr gefolgt von einem unbeständigen Sommer (etwa in Deutschland 2021), wird dies von irrlichtenden Politikern wie Donald Trump als Gegenbeispiel zur Klimaerwärmung und nicht als statistisch erwartbares Extrem eingeordnet (vgl. Abschn. 5.1; Trump erhält in Kap. 11 nochmals seine Bühne).
- Wenn ein Sportler ein herausragendes Resultat erzielt hat, spricht vieles dafür, dass er beim nächsten Mal eher schlechter als besser abschneiden wird: Diese Bestleistung liegt über seiner Durchschnittsleistung im Wettkampf, der „Basisrate".
- Der Tipp „Erst wird es schlechter werden, bevor es besser wird" gilt für die meisten Vorhersagen auf unsicherer Basis. Auf das Thema „Prognosen" kommen wir in Abschn. 10.4 noch ausführlicher zurück.

Der Basisratenfehler schlägt auch bei falsch-positiven Testergebnissen zu, sei es bei Screeningtests für bestimmte Krankheiten, Terroristenfahndung oder Alkohol am Steuer: Mit Blick auf die individuellen Informationen wird auch hier gerne die Basisrate vernachlässigt. Folgendes Beispiel soll das Phänomen verdeutlichen:

Beispiel: Alkoholtest

Stellen Sie sich dieses Szenario vor: Die Polizei verwendet bei Verkehrskontrollen Atemalkoholtestgeräte, die in 5 % der Fälle falsch-positiv anzeigen, also eine zu hohe Alkoholkonzentration, obwohl der Fahrer nüchtern bzw. noch legal fahrtüchtig ist. Jedoch zeigen diese Geräte niemals falsch-negativ bei einer tatsächlich alkoholisierten Person an. Der Grund liegt darin, dass der Alkohol sofort im Atem, doch erst mit Verzögerung im Blut gemessen werden kann. Das von der Polizei angeordnete „Pusten" gilt nur als Vortest, und erst nach vollständiger Resorption des Alkohols erfolgt die Blutprobe.

Gehen wir davon aus, dass einer von tausend Fahrern derart alkoholisiert ist, dass er kein Kraftfahrzeug mehr führen dürfte. Nehmen wir weiterhin an, die Polizei wählt einen Autofahrer rein zufällig für den Alkoholtest aus und der Atemalkoholtest liefert ein positives Ergebnis. Wie hoch ist die Wahrscheinlichkeit, dass dieser wirklich alkoholisiert ist? Ein Großteil der Befragten würden sagen: „95 %."

Dies liegt nun weit daneben, eine Folge des Basisratenfehlers. Die korrekte Antwort lautet „2 %". Hier die Erklärung:

Im Durchschnitt ist von 1000 getesteten Fahrern einer betrunken, und dies mit hundertprozentiger Sicherheit, dass das Testergebnis richtig ist. 999 Fahrer sind fahrtüchtig, doch werden von ihnen 5 % fälschlicherweise mit zu hohem Atemalkohollevel gemessen, was statistisch rund 50 falsch-positiven Ergebnissen entspricht. Daher beträgt die Wahrscheinlichkeit, dass einer der Fahrer unter den $1+50=51$ positiv Getesteten wirklich betrunken ist, $1/51 \approx 0{,}0196$, die genannten ca. 2 % (Wikipedia 2021a). ◄

Das Beispiel ist rein fiktiv und soll lediglich zur Illustration des Basisrateneffekts dienen. Die übliche Messgenauigkeit von Alkoholtestern beträgt ±0,05 ‰ bei einem Messwert von 1 ‰. Weil es keine konstante Relation zwischen Blut- und Atemalkoholgehalt gibt, die eine direkte Umrechnung ermöglichen würde, hat der deutsche Gesetzgeber alternativ zu dem BAK-Grenzwert für die Blutalkoholkonzentration (0,5 ‰) einen eigenständigen Atemalkoholgrenzwert von 0,25 mg/l definiert.

Die Idee für dieses Beispiel stammt aus der Krebsdiagnose. Forscher Gigerenzer thematisiert dieses intuitiv falsche Statistikverständnis selbst von Fachleuten gerne mit weiteren medizinisch geprägten Beispielen. So vergleicht er das minimale Risiko bei einer Impfung gegen Covid-19 mit Risiken, die Menschen sonst eingehen und beispielsweise durch einen abgelenkten Autofahrer ums Leben kommen. „Solche Risiken akzeptieren wir, gehen wir ein. Auf der anderen Seite aber fürchten wir uns vor Risiken, die wesentlich kleiner sind", sagt er. Zu Ergebnissen von Corona-Tests erklärt er, warum ein negatives Testergebnis wesentlich verlässlicher ist als ein positives: Falschpositiv kommt häufiger vor. Es sollte jedem bewusst sein, dass die Testung der Gesamtbevölkerung in Deutschland zu mehr Fehlern führt, als wenn nur Personen getestet werden, die Symptome haben. „Das sind einfache Einsichten." (Kunz 2021)

▶ **Tipps**

An dieser Stelle können Sie – naheliegenderweise – diese Tipps erwarten:
- Fahren Sie nie unter Alkoholeinfluss Auto.
- Und lassen Sie sich (und Ihren Kindern) empfohlene Impfungen geben.

9.3 Läufer und statistische Fallen

Ich möchte in dieses Kapitel mit einer Frage einsteigen: Was ist kostengünstiger – mit dem Auto zu fahren oder zu laufen?

Gut gelaufen oder schlecht gefahren?
Sie werden an dieser Stelle vielleicht stutzen ob der Albernheit dieser Frage und dann spontan antworten: Natürlich ist Autofahren teurer. Ich darf Sie an dieser Stelle korrigieren und festhalten, dass Laufen teuer ist. Warum? Machen wir im Kopf den folgenden Überschlag:

> **Beispiel: Laufen vs. Autofahren**
>
> Ich setze für diese Betrachtung voraus, dass Sie ein Auto besitzen oder Zugriff auf eines haben. Lassen Sie mich weiterhin annehmen, dass Sie Läufer sind, im Sinne von „Jogger". Da die im Jahr gelaufenen Kilometer erfahrungsgemäß deutlich weniger sind als die gefahrenen, sollen Nebenkosten wie AfA, Service, Steuer/Versicherung vernachlässigt und die Kosten pro Kilometer auf den Treibstoffverbrauch und die Abnutzung der Laufschuhe reduziert werden.
>
> Laufschuhe? In der Tat! Ein paar gute Laufschuhe – und die benötigen Sie je nach Zustand Ihrer Füße, um diese nicht vollends zu ruinieren – kostet in Deutschland ca. 150 € (es geht auch teurer). Ich laufe mit einem Paar Schuhe rund 1000 km, dann sind die Stützelemente nicht mehr funktionsfähig. Macht immerhin 15 Cent pro gelaufenem Kilometer.
>
> Ein moderner, nicht zu großer Pkw benötigt im Schnitt, sagen wir, 5 l Superbenzin pro Kilometer. Bei einem Literpreis von 1,60 € kommt man damit auf 8 Cent pro gefahrenem Kilometer. Erst bei einem Spritpreis von 2,50 €, oder wenn Ihr Auto mehr als 10 l/100 km benötigt (weil der Motor kalt ist oder es schwerer oder schneller ist und einen größeren Hubraum hat), kommen Sie in dieselbe Größenordnung wie bei den Kosten für die Laufschuhe.
>
> Bei diesem Gedankengang fallen natürlich eine Reihe von Aspekten unter den Tisch, etwa die generelle Umweltschädlichkeit des Autofahrens oder die fehlende Nachhaltigkeit von in Billiglohnländern für acht oder zehn Dollar pro Paar hergestellten Laufschuhen.[4] Außerdem wird der positive finanzielle und psychologische Einfluss des Laufens auf die körperliche und mentale Gesundheit unterschlagen. Nahezu jede andere Sportart ist teurer. Interessanterweise kommen bei dieser – oberflächlichen – Kostenanalyse Fahrten mit dem Fahrrad am günstigsten weg. ◂

▷ **Tipp** Sie merken also schon, wohin die Reise hier geht – traue keiner Statistik, die du nicht selbst erstellt (oder „gefälscht") hast.

Wir werden als Konsument der Medien vielfach mit Zahlen überschwemmt, deren Aussagekraft wir momentan nicht genau beurteilen können, und glauben aus Bequemlichkeit (Kahnemans System 1!; siehe Abschn. 6.3) den gezogenen Schlüssen. Politik und Wirtschaft – und im letzteren Fall vor allem die Energie-, Auto- und Nahrungsmittelkonzerne sowie die Banken – verkaufen den Verbraucher teilweise systematisch für dumm, indem an sich korrektes Zahlenmaterial durch den hergestellten Kontext falsch interpretiert

---

[4] Meist werden in den Läden Laufschuhe internationaler Konzerne angeboten, bei denen der Löwenanteil des Verkaufspreises in der Vertriebskette und bei den Aktionären landet. Für wenig mehr Geld können Sie in Deutschland nachhaltig gefertigte Laufschuhe kaufen bzw. bestellen.

wird. Einen Einblick in die verhaltensökonomischen Effekte, die zur Manipulation von Konsumenten eingesetzt werden, haben Ihnen Abschn. 6.5, Abschn. 6.6 und (für Geldanlagen) Abschn. 7.1 gegeben.

Wer sich den Tücken falscher statistischer Schlüsse zumindest etwas entziehen will, muss nicht notwendigerweise in die Tiefen der entsprechenden Mathematik eintauchen. Ein bisschen Skepsis und gesunder Menschenverstand in Verbindung mit der Kenntnis einiger typischer kognitiver Verzerrungen (also die Nutzung von System 2) kann dieselbe positive Auswirkung haben. Der nüchterne Blick auf Zahlen und Wahrscheinlichkeiten führt in der Regel dazu, dass Menschen ihre Chancen und Risiken besser einschätzen können. So werden beispielsweise Risikokompensation (die Tendenz, größere Risiken einzugehen, wenn die gefühlte Sicherheit steigt; Abschn. 2.4) und Null-Risiko-Fehler (die Bereitschaft, übermäßig viel Geld zum Ausschluss eines winzigen Restrisiko zu investieren; Abschn. 6.1) zugunsten des eigenen Geldbeutels deutlich minimiert. Dann hätte sich der Kauf dieses Buchs für Sie gelohnt, und Sie könnten sich guten Gewissens ein paar neue Laufschuhe zulegen und loslaufen (siehe hierzu Wenski 2021, S. 181–189).

Drei statistische Fallen
Bevor wir uns mit der Auswirkung besonders kleiner und großer Zahlen beschäftigen, sollen drei Effekte betrachtet werden, die ein Gefühl dafür vermitteln, wie statistische Notwendigkeiten einfach übersehen werden:

1. Unter der **Missachtung des Maßstabs** *(Scope Neglect)* versteht man die kognitive Verzerrung, die auftritt, wenn die Bewertung eines Problems nicht in multiplikative Beziehung zu seiner Größe gesetzt wird, also der Maßstab eines Problems nicht beachtet wird.[5] Das Phänomen erklärt sich durch eine Bewertung von Situationen als Prototyp (siehe Prototypheuristik), eine Verfeinerung der Repräsentativitätsheuristik (Abschn. 6.5). Nach Kahneman (2000) handelt es sich bei der Missachtung des Maßstabs um einen Spezialfall der **Vernachlässigung der Ausdehnung** *(Extension Neglect;* vgl. Abschn. 10.4). Darunter nun wieder fallen weitere Fehlschlüsse mit statistischer Relevanz, etwa der Basisratenfehler, das Gesetz der kleinen Zahlen (Abschn. 1.5), Vernachlässigung der Dauer und Peak-end Rule (Abschn. 3.3) sowie Linda-Problem und Less-is-better-Effekt (Abschn. 6.5).
2. Mit der richtigen Auswahl und Bemessung von Stichproben ist das in der Wissenschaft so eine Sache, und jedem Forscher und Experimentator sei geraten, zuvor einen soliden und statistisch aussagekräftigen Stichprobenplan aufzustellen. Tückisch dabei ist der Effekt der **Stichprobenverzerrung** *(Selection Bias),* einer statistischen Verzerrung bei der Auswahl von Stichprobeneinheiten (zu Korrekturmöglichkeiten

---
[5] Das klassische Beispiel bezieht sich auf die Höhe der Geldspende, die man für die Rettung von 2000, 20.000 oder 200.000 Seevögeln zu geben bereit wäre – der Unterschied war marginal.

siehe Heckman 1979). Stichprobenverzerrungen treten beispielsweise durch nichtzufällig unterschiedliche Teilnahmebereitschaften von Personen bei Befragungen auf (Abschn. 10.4). Ein anderes Beispiel ist der Survivorship-Bias, der zuschlägt, wenn in einer Erfolgs- bzw. Misserfolgsuntersuchung nur die Erfolgreichen betrachtet werden (Abschn. 7.2). Zahlreiche weitere kognitive Irrtümer bei quantitativen Aspekten, die in diesem Buch beschrieben sind, lassen sich letztlich auf das Vorliegen der Stichprobenproblematik zurückführen.

3. Die **Regression zur Mitte** *(Regression toward the Mean),* auch als Regressionseffekt *(Regression Effect)* bezeichnet, beschreibt die gut untersuchte Feststellung, dass nach einem extrem ausgefallenen Messwert die nachfolgende Messung mit hoher Wahrscheinlichkeit wieder näher am Durchschnitt liegt, falls der Zufall einen Einfluss auf die Messgröße hat (Kahneman 2012, S. 219–230). Der Begriff geht auf die Forschungen des britischen Wissenschaftlers Francis Galton zurück, der dieses Phänomen erstmals im späten 19. Jahrhundert demonstrierte und den Effekt zunächst *Reversion* und später *Regression toward Mediocrity* („Rückkehr zum Mittelmaß") nannte. Der Regressionseffekt ist zwar mit dem Basisratenfehler verwandt, lässt sich jedoch inhaltlich von diesem abgrenzen. Da er nach Kahneman intuitiv nicht zu verstehen ist, führt er zu verschiedenen Denkfehlern. Zum einen sieht man oft illusorische Kausalzusammenhänge anstelle der zufälligen Regression, zum anderen wird bei Prognosen der dämpfende Einfluss der Regression nicht beachtet, sondern der erste Messwert einfach extrapoliert. (Bei technisch kontrollierten Systemen würde dies zur Übersteuerung führen.) Hier einige einleuchtende Beispiele:

- Die erfolgreichsten Aktien oder Fonds der letzten drei Jahre werden vermutlich nicht die Top-Performer der nächsten drei Jahre sein.
- Ein Golfer, der am ersten Tag eines Turniers eine Topleistung zeigt, spielt am zweiten Tag (mit etwas weniger Glück) immer noch sehr gut, doch vermutlich nicht erneut herausragend. Nach einer schlechten Leistung ist die nächste Runde mit einer gewissen Wahrscheinlichkeit besser, aber vermutlich nicht Spitze.
- Wenn es ein Sportler auf die Titelseite einer renommierten Sportzeitschrift geschafft hat, muss er in der vorangegangenen Saison mit Glück und Können eine herausragende Leistung erbracht haben – die er darauf kaum reproduzieren kann.
- Bei depressiven Kindern, die mit einem Energiedrink behandelt werden, verbessert sich die Stimmungslage innerhalb der nächsten drei Monate deutlich (hätte sie wohl auch ohne …).
- Lehrer loben die besten und tadeln die schlechtesten Schüler. Bei der nächsten Prüfung stehen vermutlich andere Jugendliche ganz oben oder unten, und der Lehrer geht somit davon aus, dass dies seinem Loben bzw. Tadeln geschuldet ist.
- Bei Einstellungsgesprächen besteht die Möglichkeit, dass sich sehr positiv präsentierende Kandidaten später enttäuschen, da sie beim entscheidenden Termin einen sehr guten Tag hatten, und gute Stellenaspiranten nicht berücksichtigt werden, weil es im entscheidenden Moment nicht so toll lief.

- Und letztlich dies: US-Präsident Barack Obama hat 2009 „für seine außergewöhnlichen Bemühungen, die internationale Diplomatie und die Zusammenarbeit zwischen den Völkern zu stärken", den Friedensnobelpreis gewonnen – in einer umstrittenen Entscheidung in seinem ersten Amtsjahr.

▶ Rolf Dobelli (2014, S. 73–75) brachte die Regression zur Mitte angesichts des blinden Vertrauens auf Unternehmensberater wie folgt auf den Punkt: „Die Firma hatte ein schlechtes Jahr, wir holten uns einen Berater ins Haus, jetzt ist das Resultat wieder normal."

9.4 Kleine, große und falsche Zahlen

Kleine und große Zahlen
Lassen Sie mich in die Welt der kleinen und großen Zahlen wiederum mit einem Beispiel einführen.

Beispiel: Bremen vorne

Im Frühjahr 2021 verbreiteten verschiedene Medien das Ergebnis einer Umfrage der Jobbörse *Indeed* zur Arbeitszufriedenheit mit dem Fazit: „In Bremen arbeiten die glücklichsten Erwerbstätigen in Deutschland." (Indeed 2021) Die Beschäftigten in Bremen liegen mit 7,79 von möglichen 10 Punkten ganz vorne. Insgesamt bewerteten die Deutschen die Zufriedenheit im Job mit durchschnittlich 6,83 Punkten. Am wenigsten zufrieden waren Arbeitnehmer aus Sachsen (6,37 Punkte); Sachsen kommt in Abschn. 11.6 nochmals vor.

Ein erstaunliches Ergebnis, nehmen doch sonst meist Schleswig-Holstein, Hamburg oder Bayern in derartigen Umfragen die Spitzenplätze ein. Selbst die Arbeitnehmerkammer Bremen zeigte sich überrascht über das Ergebnis, dass ihre Stadt mit Finanzproblemen, schlecht bezahlten und teilweise gefährdeten Arbeitsplätzen und 138 Regentagen im Jahr ganz vorne gelandet ist – immerhin basiert das Ergebnis dieser „repräsentativen" Umfrage laut Indeed auf den Antworten von 2090 befragten Beschäftigten.

Die Süddeutsche Zeitung hat nachgeforscht (SZ 2021). Das Resultat: „Der Befund über das Arbeitsglück der Wesermetropole beruht, so ergab es schließlich eine knallharte Rückfrage der SZ bei den Studienmachern, auf einem breiten Querschnitt des Bremer Arbeitsmarkts. Befragt wurden 18 Berufstätige." ◀

In Abschn. 1.5 habe ich das Gesetz der kleinen Zahlen erklärt: Je kleiner empirische Stichproben sind, desto wahrscheinlicher können extreme Gruppenstatistiken oder irrtümlicherweise interessant erscheinende Muster zufallsbedingt auftreten. Die möglichen falschen Schlussfolgerungen, die daraus resultieren, betreffen die Harmlosigkeit von Fehlverhalten (z. B. Rauchen), Marktprognosen anhand von Super-Bowl-Ergebnissen (Abschn. 7.3) oder Aktienvorhersagen sogar von Marktprofis (Abschn. 7.4). So geisterte vor zehn Jahren die dramatisch klingende Meldung durch die Medien: „Jeder zweite Radfahrer, der in Münster in den vergangenen fünf Jahren ums Leben kam, war angetrunken." In der Vorzeigefahrradstadt Deutschlands so viele Besoffene am Lenker? Es ging um ganze sieben Fälle tödlich verunglückter Radfahrer – eine nicht durch zwei teilbare Zahl (Christensen und Christensen 2015, S. 2).

Die Ergebnisse großer Stichproben sind vertrauenswürdiger und aussagekräftiger als die von kleineren Stichproben, was selbst statistisch wenig bewanderten Menschen einleuchten wird. Dies drückt das entsprechende **Gesetz der großen Zahlen** *(Law of Large Numbers)* aus, eine stochastische Gesetzmäßigkeit, wonach sich die relative Häufigkeit eines Zufallsergebnisses in der Regel um die theoretische Wahrscheinlichkeit stabilisiert, wenn das zugrunde liegende Experiment immer wieder unter denselben Voraussetzungen durchgeführt wird. Die Auswahl einer hinreichend großen Stichprobe ist also bei jeder Art von Erhebung und Untersuchung essenziell für ein einigermaßen verlässliches Ergebnis. So wählen auch Forscher im Bereich der Verhaltensökonomik regelmäßig zu kleine Stichprobenumfänge aus. Daniel Kahneman (2012, S. 139–151) hat die Einflüsse anschaulich zusammengefasst und unter anderem folgendes Beispiel angeführt:

Verwenden wir nochmals den ersten Topf aus dem Ellsberg-Paradox (Abschn. 9.1), den mit je 50 roten (r) und schwarzen Kugeln (s). Wenn man blind vier Kugeln zieht, gibt es fünf verschiedene Farbverteilungen: rrrr, rrrs, rrss, rsss und ssss. Allerdings ist das Auftreten der Farbverteilung nicht gleich wahrscheinlich: Da es sich um eine Binomialverteilung handelt, darf man die Kombination aus zwei roten und zwei schwarzen Kugeln (rrss) sechsmal so oft erwarten wie rrrr und ssss. Erst mit einer hohen Anzahl von Wiederholungen lässt sich aus den Ergebnissen ein sinnvoller Schluss hinsichtlich der Farbverteilung im Topf ziehen.

Zwei-Drittel-Gesetz
Der Vollständigkeit halber soll an dieser Stelle das *Zwei-Drittel-Gesetz* erwähnt werden, das auch als „Gesetz der kleinen Zahlen" bezeichnet wird, jedoch nur wenig mit der hier beschriebenen Bedeutung zu tun hat. Es handelt sich ebenfalls um einen Satz aus der Stochastik, der einen Sonderfall der Verteilung bei kleinen Erfolgswahrscheinlichkeiten von zufällig hervorgerufenen Ereignissen beschreibt. Auf das Roulettespiel angewandt, besagt die Regel, dass bei 37 Spielen ungefähr zwei Drittel der 37 Zahlen getroffen werden.

Anders sieht die Sache bei rein zufallsbedingten Ereignissen aus, etwa die Abfolge der Geburten von Mädchen und Jungen in einem Krankenhaus oder die gerne als Beispiel gewählte Abfolge von Rot und Schwarz beim Roulette. Die Testfrage lautet, ob diese

9.4 Kleine, große und falsche Zahlen

Sequenzen gleich wahrscheinlich sind: rrrsss, ssssss, rsrrsr. Die intuitive Antwort – „natürlich nicht" – ist falsch, wie sich mit dem bisher Gesagten leicht begründen lässt.

Der überzogene Glaube an die Aussagekraft kleiner Stichprobenbefunde ist nur ein Beispiel für eine allgemeine Illusion. „Wir schenken dem Inhalt von Nachrichten mehr Aufmerksamkeit als der Information über ihre Zuverlässigkeit und gelangen so notwendigerweise zu einer Sicht der Welt um uns herum, die einfacher und kohärenter ist, als es die Daten rechtfertigen", lautet das Resümee von Kahneman (2012, S. 142, 150). Sein Fazit: Große Stichproben liefern präzisere Ergebnisse als kleine Stichproben, die darüber hinaus zu extremeren Ergebnissen führen können – wie das Beispiel der Beliebtheit Bremens verdeutlicht.

▶ **Tipp** Ganz gleich um welchen Aspekt im beruflichen oder privaten Leben es geht – wenn Sie mit quantitativen Aussagen und Schlussfolgerungen konfrontiert werden, hinterfragen Sie immer, wie belastbar das dahinterstehende Zahlenmaterial ist.

Exponentielles Wachstum

Wenn wir schon bei großen Zahlen sind, sollten wir noch über **Exponentielles Wachstum** *(Exponential Growth)* sprechen, ein mathematisches Modell, das vereinfacht gesagt das Gegenstück zur Hyperbolischen Abzinsung bildet (Abschn. 6.4). Die Covid-19-Pandemie hat jedem Menschen mit statistischen Grundkenntnissen oder auch nur einem gewissen Gefühl für Zahlen vor Augen geführt, wie stark (hier: negativ und bedrohlich) sich die exponentielle Ausbreitung des Virus bemerkbar macht. Leider haben viele Laien, (Pseudo-)Experten und verantwortliche Politiker diesen Befund nicht ausreichend realisiert, sodass vor den einzelnen Infektionswellen (die in Auftreten und Steigerung absehbar waren) zu spät und zu zaghaft reagiert wurde.

▶ Die meisten Menschen haben kein intuitives Gefühl für Wachstumsraten.

Beispiel: Sozialentwicklung, Schach und Weizen

Ein exponentielles Wachstum ist ebenfalls – dies im Vorgriff auf Abschn. 12.1 – bei der Sozialentwicklung der Menschheit zu beobachten. Der vom britischen Historiker Ian Morris entwickelte *Social Development Index* berücksichtigt den Energieverbrauch der Menschheit, den Organisationsgrad (beurteilt anhand der Einwohnerzahl der größten Städte), das Potenzial zur Kriegführung (Waffen, Truppenstärke, Logistik) sowie die Ausprägung der Informationstechnologie (Schrift, Druck, Telekommunikation etc.). Dabei ist vor allem seit der industriellen Revolution ein beschleunigter („exponentieller") Anstieg zu verzeichnen, der erst auf einer logarithmischen Skala linear erscheint (Morris 2010, S. 189–197, 2011, S. 160–170).

Das traditionelle Beispiel für den Effekt exponentiellen Wachstums ist das vom Schachbrett und den Weizenkörnern, bekannt unter den Namen „Weizenkornlegende" und „Schachbrettaufgabe". Sissa ibn Dahir lebte angeblich im dritten oder vierten Jahrhundert n. Chr. in Indien und gilt Legenden zufolge als der Erfinder einer Urform des Schachspiels. Ein indischer König tyrannisierte seine Untertanen und stürzte sein Land in Not und Elend. Um dessen Aufmerksamkeit auf seine Fehler zu lenken, ohne seinen Zorn zu entfachen, schuf Sissa ein Spiel, in dem der König als wichtigste Figur ohne Hilfe anderer Figuren und Bauern nichts ausrichten kann. Der Plan ging auf. Als Dank für die anschauliche Lehre von Lebensweisheit und zugleich Unterhaltung gewährte der König Sissa einen freien Wunsch. Dieser wünschte sich Weizenkörner: Auf das erste Feld eines Schachbretts wollte er ein Korn, auf das zweite Feld das Doppelte, also zwei, auf das dritte wiederum die doppelte Menge (= vier) und so weiter. Der König lachte und war gleichzeitig erbost über die vermeintliche Bescheidenheit.

Das Prinzip einer derartigen exponentiellen Steigerung wurde bereits in Kap. 1 beim CRT angesprochen (Seerosenwachstum in Frage 3), und ein Taschenrechner leistet bei der Berechnung gute Dienste. Die Anzahl der für Feld 64 benötigten Weizenkörner wäre $2^{64}-1$ (wobei wir das eine Korn unter den Tisch fallen lassen können). Das entspricht rund 18,5 Trillionen und hätte bei einer durchschnittlichen Masse von 40 mg pro Korn eine erforderliche Weizenmenge von fast 740 Mrd. Tonnen bedeutet – das Tausendfache der heutigen weltweiten Weizenernte eines Jahres (Wikipedia 2021b). Die Hofmathematiker waren eine Weile mit der Rechenaufgabe beschäftigt. Das Schicksal von Sissa ibn Dahir ist nicht überliefert. ◄

Archaische Ängste
In Zusammenhang mit der Überschätzung kleiner Zahlen und Wahrscheinlichkeiten möchte ich an die Verfügbarkeitsverzerrung erinnern (siehe Abschn. 1.4). Und diese generiert Angst vor Haien (im Urlaub) und Wölfen (daheim). Eine entscheidende Rolle spielt dabei die **Vorstellungsheuristik** *(Simulation Heuristic)*, eine mentale Strategie, wonach Menschen die Wahrscheinlichkeit eines Ereignisses darüber beurteilen, wie leicht es ihnen fällt, sich dieses vorzustellen (Kahneman und Tversky 1982). Zumindest einen der Weißer-Hai-Filme hat nahezu jeder gesehen, und mit Grimms Märchen ist zumindest meine Generation noch aufgewachsen. Doch wann haben Sie Ihren letzten Wolf beim Joggen in freier Wildbahn gesehen (oder einen Hai beim Schwimmen)?

Beispiel: Angst vor Wölfen

Die tiefsitzende Angst des Menschen vor Wölfen ist seit Jahrhunderten bekannt. Als Kind bekommt man mit Märchen wie „Rotkäppchen und der böse Wolf" und „Der Wolf und die sieben jungen Geißlein" eine Vorstellung davon eingeimpft, zu was diese Bestien fähig zu sein scheinen. (Angesichts der Größe typischer Wölfe habe ich mich immer gefragt, wie in ein solch kleines Kraftpaket ganze Menschen oder ein halbes Dutzend Ziegennachwuchs hineinpassen sollen …) Abenteuergeschichten wie der 1906 erschienener Roman *Wolfsblut (Whitefang)* des US-Schriftstellers Jack London haben den Grusel später möglicherweise fortgesetzt.

9.4 Kleine, große und falsche Zahlen

Bereits die alten Griechen konnten dem „bösen Tier" in ihrer Mythologie nicht viel abgewinnen. Im 18. Jahrhundert war der Wolf in den meisten Regionen des heutigen Deutschlands dann ausgerottet. Ab der zweiten Hälfte des 19. Jahrhunderts wanderten aus dem Osten erneut Wölfe zu, und im Jahr 2000 wurde im sächsischen Teil der Lausitz erstmals wieder eine Welpenaufzucht in freier Wildbahn nachgewiesen. Seitdem nahm der Bestand an Wölfen kontinuierlich zu. Das Verbreitungsgebiet hat sich beständig vergrößert und auf weite Teile der Bundesrepublik ausgedehnt.

Dieses Comeback des Wolfs mit derzeit ca. 130 Rudeln und 1000 Tieren und das erneute Zusammenleben mit Deutschlands größtem Raubtier läuft keineswegs konfliktfrei: Knapp 3000 Nutztiere, vor allem Schafe, wurden zuletzt pro Jahr durch Wölfe getötet oder verletzt. Auch Menschen fühlen sich regelmäßig bedroht, wenn Wölfe in ihrer Nähe leben. Zu Recht?

Der norwegische Biologe John Linnell erfasste und untersuchte in einer Studie für den Zeitraum 2000–2020 weltweit 489 Wolfsangriffe auf Menschen. 26 Personen starben dabei. 87 % der Attacken gingen von tollwütigen Wölfen aus. (Deutschland gilt seit 2008 als tollwutfrei.) Auch die weiteren dominanten Ursachen sind bei uns nicht gegeben: Mangel an Nahrungstieren (Rehe, Wildschweine; leider auch domestizierte Schafe) und große Armut. In der EU gab es in zwei Jahrzehnten nur sechs – nichttödliche – Angriffe auf Menschen, davon keinen in Deutschland. Die Gefahr, durch einen Wespen- oder Zeckenstich oder bei einem Autounfall mit Wildtieren getötet zu werden, ist um Zehnerpotenzen höher als die einer Wolfsattacke (Krumenacker 2021). ◄

Vielleicht noch diese Zahlen zur Wahrscheinlichkeit einzelner Todesursachen: Jedes Jahr sterben in Deutschland mehr Menschen (etwa 800.000), als in Frankfurt a. M. leben (765.000). Äußere Gründe liegen bei 4 % vor; dabei kommen mehr Menschen durch Stürze von Leitern ums Leben (jährlich rund 100) als durch Gifte, Tierangriffe jeglicher Art und Naturkatastrophen zusammen (Pfaffenzeller 2016).

Gehen wir zwei Größenordnungen nach oben. Auf unseren Straßen verunglücken jährlich ca. 3000 Menschen tödlich, was als Kollateralschaden billigend hingenommen wird, obwohl effektive Gegenmaßnahmen getroffen werden könnten – die bekannt und praktisch durchführbar wären, gäbe es nicht starke Lobbys dagegen. Im Gegensatz zu Flugpassagieren haben die Teilnehmer am Straßenverkehr sehr wohl einen Einfluss auf Häufigkeit und Schwere von Unfällen. An der Spitze der Unfallursachen liegen überhöhte Geschwindigkeit und Alkoholeinfluss des Fahrers. Neben Autoinsassen werden pro Jahr auch jeweils etwa 500 Fußgänger, Fahrrad- und Kraftradfahrer getötet, oft durch die Unachtsamkeit „stärkerer" Verkehrsteilnehmer.

▷ **Tipps**

- Beachten Sie die Verkehrsregeln – sie wurden nicht ohne Grund formuliert. Gerade Männer neigen bei Geschwindigkeit und Alkohol gerne zur Selbstüberschätzung.

- Und aus eigener Erfahrung als Rennradfahrer: Fahren Sie nur schnell, wenn Sie Ihr Gefährt sicher beherrschen und die Wegstrecke gut einsehen können. Achten Sie – neben anderen Verkehrsteilnehmern – auf Unebenheiten, Sand in Kurven und feuchte Fahrbahnmarkierungen.

Völlig absurd erscheint die Angst vor Wölfen, wenn man nochmals zwei Zehnerpotenzen in der Betrachtung draufpackt: Mit über 120.000 Todesfällen pro Jahr stellt das Rauchen das größte vermeidbare Gesundheitsrisiko in Deutschland dar. Weltweit verlieren jährlich 8 Mio. Menschen dadurch ihr Leben. An den direkten und indirekten Folgen ihres übermäßigen Alkoholkonsums sterben bei uns im 12-Monats-Zeitraum 74.000 Menschen und weltweit ca. 3 Mio. Laut Weltgesundheitsorganisation kosten Luftverschmutzung und Rauch jährlich weltweit weitere mindestens 7 Mio. Menschen das Leben, die meisten von ihnen in Ostasien.

9.5 Technik, Flughäfen und Schiffe

Der Umgang mit drohenden Unfällen, Krisen und Katastrophen lässt sich mit kognitiven und verhaltensökonomischen Methoden besser gestalten als mit emotional bzw. intuitiv begründeten diffusen Ängsten. In Abschn. 7.6 wurde mit Blick in die Vergangenheit bereits die Desaster-Myopie erwähnt, die Tendenz, Erinnerungen an schlimme Vorfälle und Unglücke auszublenden, nachdem diese ausgestanden sind. Außerdem sei an den Regressionsfehlschluss erinnert (Abschn. 3.2): Erinnerungen sind nicht ausreichend extrem, und man unterschätzt und verniedlicht gerne die Auswirkungen vergangener Katastrophen.

Die Konsequenz daraus ist der **Normalcy-Bias** (*Normalcy Bias* oder *Normality Bias*; „Normalitätsfehlschluss") (Omer und Alon 1994). Dabei handelt es sich um die fatale Weigerung, für ein Desaster zu planen oder darauf adäquat und schnell zu reagieren, das nie zuvor stattgefunden hat – „Es wird schon nicht so schlimm werden!" Der Ausbruch des Vesuvs 79 n. Chr., Hurrikan Katrina 2005 in den USA oder die Hochwasser in Deutschland im Juli 2021 sind anschauliche Beispiele. Man geht davon aus, dass dieser *Freeze* 70 % der Bevölkerung betrifft, Leute, die zudem die in Desasterfällen richtig reagierende Personen und Hilfskräfte manchmal noch behindern. Trotz aller scheinbar wirkungsvollen Vorkehrungen und Alarmpläne zeigt sich in echten Krisenfällen oft, dass die Nagelprobe nicht bestanden wird. Einleuchtende Vertreter dieser Kategorie sind die bisherigen zwei Kernreaktorkatastrophen mit INES-Werten von 7 (= Katastrophaler Unfall: Tschernobyl 1986, Fukushima 2011), die angesichts jahrelanger Warnungen unzureichende Vorbereitung auf eine Pandemie wie Covid-19 sowie zahlreiche Naturkatastrophen, von denen nahezu wöchentlich in den Nachrichtentickern berichtet wird. Der mit dem Normalcy-Bias eng verwandte Vogel-Strauß-Effekt drängt sich ins Bewusstsein.

9.5 Technik, Flughäfen und Schiffe

Das Gegenteil des Normalcy-Bias nennt man Überreaktion oder *Worst Case Scenario Bias*. Vielfach ist es nicht verkehrt, sich für ein solches schlechtmöglichstes Szenario vorzubereiten. In mancher Hinsicht staunt man bei genauerem Hinsehen, welche Vorbereitungen auf Krisen und Kriege, Unfälle und befürchtete Katastrophen zwar nicht heimlich, jedoch still und leise getroffen werden, ohne dass die Öffentlichkeit davon groß Notiz nimmt – wie folgendes Beispiel zeigt.

> **Beispiel: Emergency Runways in Singapur**
>
> Ich erinnere mich noch gut an einen kuriosen privaten Rückflug 2011 mit Singapore Airlines von Christchurch (Neuseeland) über Singapur nach München. Alles war auf dem ersten Überseeflug im Plan, und meine Frau und ich freuten uns auf knapp fünf Stunden Aufenthalt auf meinem Lieblingsflughafen Changi zum Shoppen und Relaxen. Allerdings tobte während unserer Ankunftszeit über dem Flughafen ein heftiges Gewitter, und dieser war für 30 Minuten komplett gesperrt. Wer schon einmal in Singapur war, mag erahnen, was das bedeutet: Da das Verhältnis zu den Nachbarn Malaysia und Indonesien nicht das herzlichste ist, steht kein nahe liegender ziviler Ausweichflughafen zur Verfügung.
>
> Die Folge war, dass unsere Boeing 777 auf einem der beiden Militärflughäfen von Singapur, *Tengah Air Base,* landen musste – wie drei oder vier weitere zivile Maschinen. Und das schuf große logistische Probleme, obwohl dieses Flugfeld nur zehn Autominuten von Changi entfernt liegt. Mit dem Bus durften wir nicht aus dem militärischen Sperrgebiet heraus, und das Flugzeug musste ja auch irgendwie weiter. Nach einigen Stunden erhielt unsere Maschine die Freigabe zu starten, flog eine große Kurve über die Nachbarländer und das Meer und landete in Changi. Wir erreichten so noch knapp unseren Deutschlandflug – aus dem Shoppen wurde leider nichts.
>
> Singapur ist für verschiedenste Notfälle und Verknappungen gerüstet – sei es hinsichtlich der Versorgung mit Trinkwasser oder Sand *[sic!]* oder wie im geschilderten Fall mit der Wahl der Alternativen für Verkehrsflugzeuge. Im echten (militärischen) Ausnahmezustand geht die Bereitstellung alternativer Flugfelder noch weiter: So ist der südöstliche Teil des East Coast Parkway (ECP), der Autobahn zwischen Innenstadt und Changi Airport, als zusätzliche Notfall-Landebahn für Krisenzeiten mit mobilen Pflanztrögen auf dem Mittelstreifen vorgesehen. Eine weitere Option stellt die Lim Chu Kang Road parallel zur Tengah Air Base dar (Abb. 9.2).
>
> Auf Deutsch nennt man solche auch in unserem Land vorgehaltenen *Highway Strips* bzw. *Emergency Runways* „Autobahn-Behelfsflugplatz" oder „-Notlandeplatz". Ein solcher ist 2–3 km lang und durch einen geraden, ebenen Fahrbahnverlauf ohne Überführungen und Stromleitungen gekennzeichnet. Der Mittelstreifen wird betoniert oder asphaltiert und die Mittelleitplanke leicht demontierbar ausgeführt. Damit steht die volle Breite der Autobahntrasse als Start- oder Landebahn zur Verfügung; angebundene Parkplätze dienen als Abstellfläche für Flugzeuge.

Abb. 9.2 Militärjet vor dem Take-off von der Lim Chu Kang Road während der Übung *Exercise Torrent 2016*. (Foto: Alert5. CC BY-SA 4.0, Wikipedia 2021d)

Notlandeplätze sind nicht die einzigen baulichen Maßnahmen an Autobahnen, die im Notfall zum Einsatz kommen oder Katastrophen verhindern sollen. Erwähnenswert sind ebenfalls die Notfallspuren nach Gefällen *(Runaway Truck Ramp)*. Diese Kiesstreifen können benutzt werden, wenn bei einer Talfahrt ein Kraftfahrzeug (vor allem Lkw) aufgrund eines technischen Defekts nicht mehr gebremst werden kann.

Der Anfang der 1930er-Jahre mit der heutigen A555 zwischen Köln und Bonn begonnene Bau des deutschen Autobahnnetzes wurde vom Naziregime beschleunigt, um den schnellen Straßentransport von kriegswichtigen Gütern und Militärfahrzeugen zu ermöglichen – auch dies also eine Vorbereitung auf kommende Katastrophen (mehr zu diesem Thema in Abschn. 11.4 bis 11.6). ◄

Von übertriebener Vorsicht bei Risikoentscheidungen war mit Null-Risiko-Fehler und Subjektiver Risikowahrnehmung in Abschn. 6.1 bereits die Rede. Mit Blick auf die Vorbereitungen spielt ein *Exaggerated Expectation* (oder kurz **Exaggeration**) genannter kognitiver Effekt eine Rolle, der sich mit „Übertriebene Erwartungen" oder „Katastrophisierung" ins Deutsche übertragen lässt. Dies beschreibt die Tendenz zu extremeren Entwicklungen oder Erwartungen in die Zukunft, als in Wirklichkeit auftreten. In dieselbe Richtung deutet die fälschliche Überhöhung des Negativen, **Magnification** genannt („aus einer Mücke einen Elefanten machen"): die falsche

Annahme, dass das Schlimmste, weil es vorstellbar ist, mit hoher Wahrscheinlichkeit auch tatsächlich eintreten wird. Dies trifft vor allem Pessimisten über den **Überpessimismus** *(Pessimism Bias)*, dem Gegenspieler zum mehrfach erwähnten Überoptimismus: Depressive Menschen neigen dazu, die Wahrscheinlichkeit, dass ihnen negative Dinge widerfahren, zu überschätzen.

Zwar geht es den meisten Menschen zumindest in der ersten Welt heute besser als früher. Dennoch mehren sich die Klagen darüber, dass sich die Welt zum Negativen hin entwickelt: Inflation, Klimawandel, Brüssel und jetzt auch noch Corona. Was früher „Winter" hieß, nennt sich jetzt *Schneekatastrophe.* Im schlimmsten Fall vermuten einige Verwirrte, dass ein „tiefer Staat" besteht und dass „unser Volk ausgetauscht werden soll", wie Verschwörungstheoretiker, Rechtspopulisten und Neofaschisten gerne verkünden. Mir drängt sich dabei die Frage auf, wie Letzteres geplant und umgesetzt werden soll in einem Land, in dem die Digitalisierung der Verwaltung noch in den Kinderschuhen steckt und die Gesundheitsämter mit Faxgeräten und handgeschriebenen Listen arbeiten.

Doch scheint sich die Welt gerade deshalb zum Negativen zu entwickeln, weil die Empfindlichkeiten für die Widrigkeiten des Lebens stetig verfeinert werden. Interessanterweise zieht sich dieser Effekt quer durch alle Lager: Progressive wie Konservative neigen zur Magnification (Herrmann 2021).

▶ **Tipp** Wenn sich die Dinge zum Besseren entwickeln, ernennen Menschen gerne kleinere Anlässe zur Katastrophe. Sehen Sie davon ab, in diesem Chor mitzusingen.

Der Untergang der Titanic wurde in Abschn. 5.2 bereits in Zusammenhang mit dem Overconfidence-Effekt als mögliche Begründung für die Katastrophe erwähnt. Die Titanic war bei der Indienststellung am 2. April 1912 das größte Schiff der Welt und galt als unsinkbar. Letzteres stellte sich allerdings keine zwei Wochen später nach Kollision mit einem Eisberg südöstlich von Neufundland als Fehleinschätzung heraus. Von dieser Katastrophe leitet sich der **Titanic-Effekt** *(Titanic Effect)* ab, der im englischen Sprachraum nicht sehr verbreitet ist und dort meist über Peltzman-Effekt und Risikokompensation beschrieben wird (die Tendenz, größere Risiken einzugehen, wenn die gefühlte Sicherheit steigt).

Nach Wikipedia 2021c und dort zitierten Quellen werden unter dem Titanic-Effekt verschiedene Konstellationen zusammengefasst, die alle einen Bezug zum historischen Ereignis besitzen. Beispiele sind der Blick auf Mechanismen, die zu einer Katastrophe führen, die Unaufhaltsamkeit einer Katastrophe oder Verschlechterung oder die fatale Auswirkung der Angst vor einer Katastrophe. Beschreibungen des Titanic-Effekts sind:

- Eine unvorstellbare Katastrophe kann gerade deswegen eintreten, weil man sie für ausgeschlossen hält.
- Die schlimmsten Unfälle ereignen sich oft in Systemen, die man für völlig sicher gehalten hat.

- Der größte Teil eines Problems, das zur Katastrophe führen wird, ist nicht erkennbar.
- Die Selbsttäuschung von Menschen, die ihre fast aussichtslose Lage nicht erkennen oder verdrängen, führt zur Katastrophe.

▶ Eine der prägnantesten Formulierungen des Titanic-Effekts lautet: *„If it can't sink you don't need lifeboats."* (Wenn sie unsinkbar ist, warum hat sie dann Rettungsboote?)

Die wichtigsten kognitiven Effekte in Kap. 9
Eine nicht geringe Anzahl von Menschen hat ein gestörtes Verhältnis zu Zahlen, Wahrscheinlichkeiten und Risiken. Ihnen ist dieses Kapitel gewidmet.

Ambiguity-Bias und *Ambiguity-Aversion:* Wir scheuen Mehrdeutigkeit und Unsicherheit und lassen daher Chancen ungenutzt, die sich im Unbekannten bieten. Doch auch hinter dem Horizont geht's noch weiter.

Basisratenfehler und *Regression zur Mitte:* Ohne zusätzliche Informationen liegt man mit einer Prognose immer am besten, wenn man den Durchschnitt der Vergangenheit nimmt.

Missachtung des Maßstabs: Fragen Sie sich manchmal auch, warum über junge Eisbären und Pandas in Zoos mehr berichtet wird als über Abschmelzen der Polareiskappen und Naturzerstörung?

Exponentielles Wachstum: Die Bundeskanzlerin und die Experten hatten das Phänomen während der Covid-19-Pandemie verstanden – viele andere Verantwortliche leider nicht.

Normalcy-Bias, Exaggeration und *Magnification:* Der Mensch weigert sich einerseits, für noch nicht aufgetretene Katastrophen zu planen, übertreibt bei anderen Unglückswahrscheinlichkeiten jedoch maßlos.

Literatur

Beck H (2014) Behavioral Economics. Eine Einführung. Springer Gabler, Wiesbaden. https://doi.org/10.1007/978-3-658-03367-5

Berndt C (2021) Tod trotz Corona-Impfung. Süddeutsche Zeitung, 2. Juli

Christensen B, Christensen S (2015) Achtung: Statistik. Springer Spektrum, Berlin. https://doi.org/10.1007/978-3-662-45468-8

Dobelli R (2014) Die Kunst des klaren Denkens. dtv, München

Ellsberg D (1961) Risk, ambiguity, and the savage axioms. Q J Econ 75–4:643–669. https://doi.org/10.2307/1884324

Fritsche O (2018) Gibt es Geisterschiffe? Die Wahrheit hinter den Meeres-Mythen. Rowohlt, Reinbek bei Hamburg

Gilovich T (1991) How we know what isn't so: the fallibility of human reason in everyday life. Free Press, New York

Heckman JT (1979) Sample selection bias as a specification error. Econometrica 47–1:153–161. https://doi.org/10.2307/1912352

Herrmann S (2021) Alles immer schlimmer. Süddeutsche Zeitung, 31. März, 14

Indeed (2021) In Bremen arbeiten die glücklichsten Erwerbstätigen in Deutschland. Indeed Blog, Internet-Veröffentlichung 27. April. https://blog.de.indeed.com/2021/04/27/1413/. Zugegriffen: 5. Mai 2021

John A (2021) Wie Corona den Schlaf raubt. Interview mit Schlafforscher Hans-Günter Weeß, tagesschau.de, Internet-Veröffentlichung 13. Februar. https://www.tagesschau.de/inland/gesellschaft/schlafforscher-101.html. Zugegriffen: 6. Juli 2021

Kahneman D (2012) Schnelles Denken, langsames Denken. Penguin, München

Kahneman D (2000) Evaluation by moments, past and future. In: Kahneman D, Tversky A (Hrsg) Choices, values and frames. Cambridge University Press, Cambridge. https://doi.org/10.1017/CBO9780511803475.039

Kahneman D, Tversky A (1972) Subjective probability: a judgment of representativeness. Cogn Psychol 3–3:430–454. https://doi.org/10.1016/0010-0285(72)90016-3

Kahneman D, Tversky A (1973) On the psychology of prediction. Psychol Rev 80–4:237–251. https://doi.org/10.1037/h0034747

Kahneman D, Tversky A (1982) The simulation heuristic. https://doi.org/10.1017/CBO9780511809477.015 In: Kahneman D, Slovic P, Tversky A (Hrsg) Judgment under uncertainty: heuristics and biases. Cambridge University Press, Cambridge, S 201–208. https://doi.org/10.1017/CBO9780511809477

Krumenacker T (2021) Der Wolf ist kein Dämon. Süddeutsche Zeitung, 20. April

Kunz P (2021) „Corona ist auch eine Chance". Interview mit Risikoforscher Gerd Gigerenzer. ZDF heute, Internet-Veröffentlichung 06. Juli. https://www.zdf.de/nachrichten/panorama/corona-unsicherheit-risikoforscher-100.html. Zugegriffen: 7. Juli 2021

Morris I (2010) Social Development. Stanford University, Internet-Veröffentlichung Oktober. https://web.archive.org/web/20120330231438/http://www.ianmorris.org/docs/social-development.pdf. Zugegriffen: 11. Sept. 2021

Morris I (2011) Why the west rules – for now: the patterns of history and what they reveal about the future. Profile Books, London. https://doi.org/10.1017/S1740022811000623

Omer H, Alon N (1994) The continuity principle: a unified approach to disaster and trauma. Am J Community Psychol 22–2:273–287. https://doi.org/10.1007/BF02506866

Pfaffenzeller M (2016) Trügerische Statistik Todesursache Schwerelosigkeit. Der Spiegel, Internet-Veröffentlichung am 25. November. https://www.spiegel.de/gesundheit/diagnose/todesursache-schwerelosigkeit-truegerische-statistik-a-1122570.html. Zugegriffen: 10. Juli 2021

Read D (2001) Is time-discounting hyperbolic or subadditive? J Risk Uncertainty 23:5–32. https://doi.org/10.1023/A:1011198414683

SZ (2021) Im Schlaraffenland der Berufstätigen. Süddeutsche Zeitung, Internet-Veröffentlichung 3. Mai. https://www.sueddeutsche.de/wirtschaft/arbeitszufriedenheit-deutschland-bundeslaender-bremen-1.5282777. Zugegriffen: 5. Mai 2021

Tversky A, Koehler DJ (1994) Support theory: a nonextensional representation of subjective probability. Psychol Rev 101–4:547–567. https://doi.org/10.1037/0033-295X.101.4.547

van Winssen KPM, van Kleef RC, van de Ven WPMM (2016) The demand for health insurance and behavioural economics. Eur J Health Econ 17:653–657. https://doi.org/10.1007/s10198-016-0776-3

Welsh MB, Navarro DJ (2012) Seeing is believing: priors, trust, and base rate neglect. Organ Behav Hum Decis Process 119–1:1–14. https://doi.org/10.1016/j.obhdp.2012.04.001

Wenski G (2021) Selbstmanagement im Beruf. Springer, Wiesbaden. https://doi.org/10.1007/978-3-658-33249-5

Wikipedia (2021a) Base rate fallacy. https://en.wikipedia.org/wiki/Base_rate_fallacy. Zugegriffen: 6. Juli 2021

Wikipedia (2021b) Sissa ibn Dahir. https://de.wikipedia.org/wiki/Sissa_ibn_Dahir. Zugegriffen: 6. Juli 2021

Wikipedia (2021c) Titanic-Effekt. https://de.wikipedia.org/wiki/Titanic-Effekt. Zugegriffen: 6. Juli 2021

Wikipedia (2021d) Category: highway strips. https://commons.wikimedia.org/wiki/Category:Highway_strips?uselang=de. Zugegriffen: 15. Sept. 2021

Witsch K (2020) Klimakiller Beton: So will die deutsche Zementindustrie CO_2-neutral werden. Handelsblatt, Internet-Veröffentlichung 25. November. https://www.handelsblatt.com/unternehmen/energie/klimaschutz-klimakiller-beton-so-will-die-deutsche-zementindustrie-co2-neutral-werden-/26652040.html?ticket=ST-2969341-lLeeQJQOJrgIW4XaWiIE-ap2. Zugegriffen: 1. Sept. 2021

WR (2016) Bergischer Fall in „Aktenzeichen XY… ungelöst": Wer tötete Hanaa S.? Wuppertaler Rundschau, Internet-Veröffentlichung 29. März. https://www.wuppertaler-rundschau.de/lokales/wer-toetete-hanaa-s_aid-37224911. Zugegriffen: 4. Juli 2021

Youtube (2012) Horst Hrubesch bedankt sich. https://www.youtube.com/watch?v=zYy3HPQzJUw. Zugegriffen: 4. Juli 2021

10 Einflüsse auf Entscheidungsfindungen

Ein wesentliches Arbeitsfeld der Verhaltensökonomik ist der Versuch zu verstehen, wie Menschen Entscheidungen unter Risiko treffen. Heuristics-and-Biases-Konzept und Prospect Theory aus den 1970er-Jahren sind dabei nach wie vor aktuell. Ob es sich um die Beurteilung von Chancen in Lotterien oder die Bewertung wirtschaftlich relevanter Entscheidungen handelt: Stets wird der theoretisch-rationale Ansatz des Homo oeconomicus durch intuitive Falscheinschätzungen oder sogar bewusste Fehlkalkulationen konterkariert und infrage gestellt.

Neben den klassischen Themengebieten Repräsentativität, Verfügbarkeit und Anpassung an Anker, Verlustaversion und Hyperbolische Abzinsung wurden in den bisherigen Kapiteln dieses Buchs bereits zahlreiche weitere Biases behandelt, die mit der Problematik von Entscheidungsfindungen zu tun haben; zunächst eine kleine Auswahl wichtiger Vertreter. Weitere folgen auf den nächsten Seiten.

- Mit der *Wiedererkennungsheuristik* nutzt man bei der Entscheidung zwischen mehreren Objekten oder Optionen deren Wiedererkennung als alleiniges Kriterium.
- *Certainty-Effekt* und *Pseudocertainty-Effekt* zeigen, dass Menschen bei erwartetem positivem Resultat zu risikoscheuem Verhalten neigen (und umgekehrt) und ungern Gewinnrisiken eingehen, wenn ihnen kleine Gewinne sicher sind.
- *Enttäuschungsaversion* und *Regret-Aversion* (die Abneigung gegen Bedauern) belegen den Einfluss von Emotionen auf Auswahl und Vorgehen.
- Der *Ambiguity-Bias* führt bei Entscheidungsfindungen unter Informationsmangel dazu, Optionen auszuwählen, die ein positives Ergebnis erwarten lassen, und solche mit unbekannter Erfolgswahrscheinlichkeit zu vernachlässigen.

- Das *Less-is-more-Muster* besagt, dass unter bestimmten Umständen weniger Wissen bessere Ergebnisse ermöglicht. Vermutlich würden sich noch mehr Menschen gegen Covid-19 impfen lassen, wenn sie nicht jahrelang mit teils widersprüchlichen Informationen zur Pandemie überfüttert worden wären.

10.1 Intuitive Entscheidungen

Von Intuition war bereits an mehreren Stellen die Rede, unter anderem beim Buchmotto *(Vertrauen Sie Ihrer Intuition, nachdem Sie sich mit den Fakten vertraut gemacht haben)*. Noch deutlich öfter habe ich über intuitives Vorgehen bei Entscheidungsfindungen berichtet und zahlreiche kognitive Effekte erläutert, die den Begriff im Namen tragen. Das erwähnte Less-is-more-Muster bildet eine geeignete Überleitung zu den Heuristiken, die für Situationen mit unvollständiger Information eine schnelle Lösung bieten können. Grund genug, dass wir uns an dieser Stelle kurz mit der genauen Bedeutung ebenso auseinandersetzen wie mit dem entsprechenden Gegenstück, dem *Algorithmus*.

In Zusammenhang mit Problemlösetechniken unterscheidet man generell Algorithmen und Heuristiken. Algorithmen sind die Domäne der Computer: klar, nachvollziehbar, aufwendig und fehlerfrei. Heuristiken sind die Spezialität des Menschen: schlampig, voller Fehler und irrational, aber dafür kreativ und effizient. Das menschliche Gehirn arbeitet nicht mit digitalen Programmen, sondern auf heuristischer Basis. Während wir uns einreden, wir „analysieren" einen Sachverhalt – beispielsweise im Hinblick auf eine Investition am Aktienmarkt –, ist dies keineswegs der Fall.

▷ Ein **Algorithmus** verarbeitet alle zu einem Problem vorhandenen Informationen, um daraus die optimale Lösung zu errechnen.

▷ **Heuristik** bezeichnet die Kunst, mit begrenztem Wissen und wenig Zeit dennoch zu wahrscheinlichen Aussagen oder praktikablen Lösungen zu kommen. In anderen Worten, es handelt sich um mentale Abkürzungen, die mit minimaler Denkenergie auf unvollständiger Informationsbasis schnell zu einem passablen Ergebnis führen. Neben Menschen können sich auch Tiere und sogar Maschinen bestimmter Heuristiken bedienen.

▷ **Intuition** ist die Fähigkeit, ohne bewussten Gebrauch des Verstands zu Einsichten und Entscheidungen zu gelangen.

„Heuristik" kennzeichnet also ein analytisches Vorgehen, bei dem mit Mutmaßungen Aussagen über ein System getroffen werden, die sich dann mithilfe empirischer Analysen und Rechnungen verifizieren lassen, um die Korrektheit der Vorstellung zu überprüfen. In der Informatik kommen, ähnlich wie in der Mathematik, heuristische Methoden zum Einsatz, um mit geringem Rechenaufwand und kurzer Laufzeit durch einen Kompromiss zwischen Komplexität der Kalkulation und Güte des gefundenen

10.1 Intuitive Entscheidungen

Resultats Lösungen für ein bestimmtes Problem zu erhalten. Auch in Chemie, Psychologie, Wirtschaftswissenschaften und anderen Disziplinen spielen heuristische Verfahren heutzutage eine bedeutende Rolle; Faustregeln und Intuition haben wichtige Funktionen. Die bekannteste und einfachste Heuristik ist die Lösung eines Problems mittels Versuch und Irrtum.

Heuristiken sollen die bestmögliche Antwort mit dem geringstmöglichen Aufwand ermitteln und erfüllen damit eine gestellte Anforderung, ohne übermäßig präzise zu sein; es handelt sich schließlich nicht um Ergebnisse quantitativer Berechnungen und rein logischer Betrachtungen. Jedoch sind viele für den Alltagsgebrauch sinnvoll und liefern brauchbare Ergebnisse, während in anderen Fällen der Erfolg situationsabhängig ist, wie wir an zahlreichen Beispielen gesehen haben.

> **Faust- und Daumenregeln**
> Weniger wissenschaftlich werden Heuristiken auch als Faustregeln, Faustformeln oder Daumenregeln bezeichnet. Man versteht darunter allgemein eine Methode zur schnellen Ermittlung eines mathematischen oder technischen Wertes, ohne präzise Kalkulationen durchzuführen. Liegen der Abschätzung Berechnungen zugrunde, sind diese immer so einfach, dass sie sich im Kopf durchführen lassen. Andere Faustregeln basieren aus Erfahrungswerten, ohne dass es ein exaktes Rechenverfahren gibt – nach der Redensart „Pi mal Daumen".
>
> Für die Entfernung eines Blitzeinschlags bei Gewitter gibt es die Faustformel „Sekunden zwischen Blitz und Donner geteilt durch drei gleich Entfernung in Kilometer". In der Chemie haben viele anorganische weiße Pulver etwa die Dichte 2,3 g/cm^3 und entflammbare Flüssigkeiten eine Dichte um 0,8 g/cm^3. Auch die Pareto-Verteilung (80/20-Regel) stellt eine Faustregel dar.
>
> „Daumenregel" ist die Übersetzung der englischsprachigen *Rule of Thumb*. Wie bei „Faustregel" lässt sich die Herkunft dieser Bezeichnung nicht völlig klären, doch es existieren verschiedene Anhaltspunkte. So wurde die Daumenbreite als ungefähres Maß für ein Inch (bzw. Zoll; 2,54 cm) verwendet. Außerdem diente der Daumen vermutlich zur Abschätzung der Temperatur im Braukessel bei der Bierherstellung, die für das Gelingen des Suds kritisch ist. Als nicht haltbar hat sich die Daumenregel in Verbindung mit häuslicher Gewalt im England und Amerika früherer Zeiten erwiesen: Lange kursierte das Gerücht, es gäbe ein Gesetz, wonach ein Mann seine Ehefrau mit einem Stock züchtigen dürfe, der nicht dicker als sein Daumen ist.

▶ **Tipp** Nutzen Sie im täglichen Leben hilfreiche „persönliche" Daumenregeln, z. B. Ihre Schrittlänge (wie ein Fußballschiedsrichter) oder den Abstand der gespreizten Hand von der Daumenspitze bis zur Spitze des kleinen Fingers zum groben Messen.

Es soll an dieser Stelle nicht versäumt werden, auf die Verbindung zwischen Preisankern und Heuristik hinzuweisen, die in der Wissenschaft etabliert ist. Die Ankerheuristik beschreibt die Tatsache, dass Menschen bei bewusst gewählten, jedoch irrelevanten Zahlenwerten von momentan vorhandenen Umgebungsinformationen unbewusst beeinflusst werden. Eine systematische Verzerrung in Richtung des Ankers kann die Folge sein. Anker können auf zwei verschiedene Weisen wirken:

- durch suggestive Aktivierung der dazu passenden Assoziationen, welche im Anschluss die Urteilsfindung beeinflussen, also über den Mechanismus des Primings;
- als Ausgangspunkt oder Startwert für einen bewussten Gedankengang, der zu einem rational begründeten Urteil führen soll. Dann spricht man auch von Anpassungsheuristik *(Adjustment)*.

Der Themenkomplex um Heuristik und Ankerung ist heute umfassend beschrieben und wird in Verkaufsseminaren explizit behandelt. Es sind zahlreiche Praxisversuche zum Einfluss von Intuition und neurologischen Aspekten beispielsweise auf die Preisbildung am Markt beschrieben, denn die Kenntnis der maximalen Zahlungsbereitschaft von Kunden entscheidet letztlich über die Gewinnspanne. Dabei hat sich gezeigt, dass das menschliche Gehirn unterschiedliche Ansätze teilweise parallel verfolgt. Größenvergleiche oder arithmetische Berechnungen werden im niedrigen oder höheren Zahlenraum angestellt – oftmals, ohne dass wir uns dessen überhaupt bewusst sind. Das Resultat ist wiederum vielfach ein intuitives Preisempfinden, das sich nie ganz konkret vorhersagen lässt. Jedoch gelten bestimmte wiederkehrende Muster als verifiziert, und Preisberater machen sich diese in der Regel zunutze.

▶ **Tipps**

- Gehen Sie mit klaren Preisvorstellungen zum Einkaufen, insbesondere wenn es sich um höherwertige Güter handelt.
- Holen Sie Preisinformationen und -vergleiche vor einer Kaufentscheidung ein und berücksichtigen Sie neben der Qualität alle Nebenkosten (Lieferung, Installation, Service etc.).
- Lassen Sie sich von Lockangeboten nicht zu Schnellschüssen verleiten.

Beim spontanen Shoppen, ohne vorherigen Preisvergleich oder Ankerbildung, entscheidet sich der Käufer meist in Millisekunden für oder gegen ein Produkt und sucht danach nur noch nach Gründen, die seine Entscheidung stützen. Beim Kauf schüttet das Belohnungszentrum des Gehirns Dopamin aus. Es geht also zunächst ganz entscheidend darum, das Preisimage zu verbessern.

Selektive Wahrnehmung

Von der Wiedererkennungsheuristik (Abschn. 1.3) war im Text mit Blick auf die Produktauswahl in Supermarkt bereits die Rede. Auch die Bevorzugung von Aktien von uns bekannten Unternehmen fällt darunter und gilt als Baustein einer gelungenen Anlagestrategie. Wenn wir zwischen Möglichkeiten auswählen sollen (oder müssen), wählen wir meist das aus, was wir (er-)kennen.

Bei derartigen Auswahlprozessen ist ebenfalls das Problem der selektiven Wahrnehmung zu beachten, das eingangs von Kap. 7 angesprochen wurde: Die Wahrnehmung ist in diesem Fall durch begrenzte, unterschiedliche oder einseitige Aufmerksamkeit angesichts der angebotenen Informationen oder Reize eingeschränkt. Wir wählen aus einer Fülle von Informationen und statistischen Daten das aus, was zur Geschichte passt, die wir sehen und hören wollen. Die Selektive Wahrnehmung ist die – vielfach unbewusste – Suche des Gehirns nach einem bestimmten Muster. Ein einleuchtendes Beispiel wurde von Christensen und Christensen (2015, S. 121–124) angeführt: die weit verbreitete Wahrnehmung, dass der Vollmond sich stark auf Mensch und Natur auswirkt. Bei näherem Hinsehen hingegen liegen die Einflussgrößen oft ganz woanders:

- Einzelne Studien zeigten, dass Testpersonen bei Vollmond schlechter geschlafen hatten. Allerdings mangelte es in diesen Studien an größeren Testpersonenanzahlen, sodass der Zufall eine zu große Rolle spielte (das Gesetz der kleinen Zahlen). So fiel der Vollmond während einer Testphase auf das Wochenende, und der Grund lag vielmehr in damit verbundenen Phänomenen wie Aufregung, Essen und Alkoholgenuss.
- Auch bei anderen dem Vollmond zugeschriebenen Einflüssen handelt es sich meist um Mythen. So zeigen wissenschaftliche Untersuchungen, dass dann weder mehr Kinder geboren werden, egal wie hartnäckig dies behauptet wird, noch ein erhöhtes Komplikationsrisiko bei Operationen vorliegt.
- Kommen wir nochmals auf die im Vorwort thematisierte Forstwirtschaft zurück. Die Sache mit dem bei Vollmond geschlagenen Holz, das sogenannte Mondholz, ist ein weiteres Beispiel: Mondholz weist nämlich häufig tatsächlich eine bessere Qualität auf als nicht bei Vollmond geschlagenes Holz. Sowohl Waldarbeiter als auch Kunden glauben fest an den Effekt. Tatsächlich lässt sich nachweisen, dass diese überdurchschnittliche Qualität des Mondholzes ihren Ursprung einzig in der besseren Auswahl und der anschließenden Behandlung der Stämme hat und nicht im Zeitpunkt des Schlagens.

10.2 Kognitive Effekte bei Entscheidungsfindungen

In Abschn. 7.5 konnten Sie erfahren, wie das vorschnelle Handeln auf dem Aktienmarkt, bedingt durch den Action-Bias, mit Blick auf das Ergebnis oftmals eher schadet als nützt. Privatinvestoren treffen spontane, aber teilweise wenig durchdachte Anlageentscheidungen und setzen diese mittels sofortiger Geschäfte an der Börse um. Auch im Management kennt man dieses Verhalten blinden Aktionismus, indem – statt mit Ruhe und Besonnenheit zu führen – hektische Entscheidungen getroffen werden, die die Belegschaft nicht nachvollziehen kann und umso weniger mitträgt.

Doch nicht immer trifft es zu, dass wir uns schnell für oder gegen etwas entscheiden. Und dies ist wieder eine der Konstellationen, in denen die Psychologie zu einem bestimmten Befund gleich den Gegenspieler mitliefert: den Omission-Bias (Abschn. 7.6). Der Begriff bezeichnet den Unterlassungsfehler durch Überschätzung der Risiken bei Handlungen im Vergleich zu Nichthandlungen: die Tendenz, Entscheidungen und Handlungen aus dem Weg zu gehen und darauf zu bauen, dass sich Dinge ohne aktives Zutun erledigen. Dieser führt angesichts der (Nicht-)Entscheidungsfreudigkeit von Menschen zu zwei weiteren Effekten:

- **Vermeidung von Entscheidungen** *(Decision Avoidance)* bezeichnet die vielfach beobachtbare Neigung, dass sich Zeitgenossen vor einer Entscheidung drücken und dieser aus dem Weg gehen – weil sie sich einfach nicht entscheiden können (van Winssen et al. 2016; Abb. 10.1).
- Der **Default-Effekt** *(Default Effect; Default* bedeutet hier „vorgegebener Wert" oder „Voreinstellung"; streng genommen hieße das Phänomen also „Voreinstellungsüberzeugung") steht in inhaltlicher Verbindung zum Nudging und zur Status-quo-Verzerrung. Er führt zur übermäßigen Bevorzugung derjenigen Option, die in Kraft tritt, wenn ein Akteur keine aktive Entscheidung trifft (siehe Goldstein et al. 2008). Jeder Internetnutzer kommt damit in Berührung, wenn der Betreiber einer Seite nach der Installation von Cookies fragt. Der Effekt darf nicht verwechselt werden mit dem juristischen Term *Default Judgment* (= Versäumnisurteil).

Wozu man tendiert, hängt vom jeweiligen Naturell und natürlich auch von den Umständen ab. Die Schwierigkeit, sich zu entscheiden, das Herauszögern und letztlich die Verweigerung einer Auswahl oder die Bestätigung von Voreinstellungen beruht auf einer ausgeprägten Entscheidungsschwäche *(Decision Fatigue)* vieler Menschen, die sich auf verschiedenste Lebenslagen auswirken kann (vgl. Dobelli 2013, Kap. 53).

> **Tipp** Die wenigsten Probleme verschwinden von allein! Gehen Sie imminente Probleme konsequent an und führen Sie sie einer Lösung zu, damit sie nicht erneut in Ihrer Einflusssphäre oder auf Ihrem Schreibtisch landen.

Abb. 10.1 Manchmal ist es gar nicht so einfach, sich zu entscheiden

In bestimmten Fällen nicht viel besser als die Vermeidung von Entscheidungen ist **Defensives Entscheiden** *(Defensive Decision Making)*, das Verhalten von Menschen, den Weg des geringsten Widerstands einzuschlagen. Wir bevorzugen Entscheidungen, die wir besser rechtfertigen und verteidigen können, gegenüber solchen, die am besten für uns selbst sind oder für das von uns vertretene Unternehmen. Im Englischen spricht man bei diesem fragwürdigen Vorgehen von C. Y. A. = *Cover Your Ass* (die Übersetzung überlasse ich Ihnen; Artinger et al. 2019).

Für fundierte Entscheidungsfindungen ist die Verfügbarkeit einer soliden Informationsbasis essenziell – ohne dass durch ein Zuviel das Less-is-more-Muster bedient wird. Dabei sind diejenigen, die aktiv an einem Sachverhalt bzw. einer Aktion beteiligt sind, üblicherweise im Vorteil, da sie so etwas wie Insiderinformationen besitzen (was beim Aktienhandel streng reglementiert ist). In diesem Fall spricht man von einer **Akteur-Beobachter-Divergenz** *(Actor Observer Asymmetry* oder *Bias)*. Während situative Faktoren für Beobachter oft nicht erkennbar sind, kennt sie der Akteur sehr wohl. Auch ist die Aufmerksamkeit für gewöhnlich nach außen, auf die Situation gerichtet. Daher wird der Attributionsfehler (Abschn. 4.3) nur bei der Erklärung des Verhaltens anderer gemacht (Jones und Nisbett 1972).

Die Problematik der Entscheidungsfindung unter Risiko war dem Altmeister Herbert A. Simon bereits bewusst, und er erfand den Begriff **Satisficing** (auf Deutsch Satisfizierung oder Anspruchserfüllung): ein Kofferwort aus den englischen Wörtern *Satisfying* (= befriedigend) und *Suffice* (= genügen) (Simon 1956). Das Satisficing stellt eine Heuristik für Mehrzielentscheidungen dar, beispielsweise wie ein Unternehmen aus den gebotenen Möglichkeiten mit teilweise gegenläufigen Effekten die möglichst optimale Maßnahme auswählt oder wie ein Budget zum Kauf verschiedener Güter eingesetzt werden sollte. Derartige Entscheidungsprobleme haben einerseits eine hohe Komplexität, andererseits gibt es oft eine Vielzahl von pareto-optimalen Lösungen (Wikipedia 2021c). Parallel gilt es, nicht dem **Opportunitätskosteneffekt** *(Opportunity Costs Effect)* zum Opfer zu fallen, einer Verhaltensanomalie, wonach diese Kosten bei Entscheidungen systematisch niedriger bewertet werden als direkte Geldkosten gleicher Größe.

▶ **Opportunitätskosten** (z. B. Kaufkraftverluste) sind keine echten Kosten im Sinne der Kostenrechnung, sondern stellen entgangenen Gewinn oder entgangenen Nutzen dar, der bei der Entscheidung für eine von mehreren Alternativen im Vergleich zur besten Alternative ganz ausbleibt oder nur gemindert anfällt.

Hier noch drei weitere Effekte mit möglichen negativen Folgen bei Entscheidungsfindungen unter Unsicherheit:

- Der **Disjunction-Effekt** *(Disjunction Effect,* „Effekt der Oder-Verknüpfung") besagt, dass Entscheidungen zum gegenwärtigen Zeitpunkt durch ein in der Zukunft liegendes Geschehen oder eine Entwicklung erschwert oder sogar gänzlich verhindert werden. Der Grund ist nach Tversky und Shafir (1992), dass Menschen unter dem Eindruck der Unsicherheit zögern, jede der möglichen Optionen hinsichtlich ihrer Auswirkungen zu durchdenken, und dadurch für sie vorteilhafte Entscheidungen versäumen.
- Der **Unterscheidungseffekt** *(Distinction Bias)* ist in der Entscheidungstheorie die Tendenz, zwei Optionen bei gleichzeitiger Betrachtung als deutlich unterscheidungsfähiger anzusehen als bei Bewertung nacheinander (Hsee und Zhang 2004).
- Nach einer schlechten Erfahrung im Anschluss an eine Entscheidung besteht die Tendenz, einer solchen Entscheidung zukünftig aus dem Weg zu gehen – selbst wenn die Entscheidung optimal war. Der entsprechende Denkfehler nennt sich **Nonadaptive Choice Switching** („Gebranntes Kind scheut das Feuer"; im Englischen auch als *„Once bitten, twice shy"* und *„Hot Stove Effect"* bezeichnet; Marcatto et al. 2015).

10.3 Problematik von Prognosen

Was beim Wetter noch kurzfristig mit einigermaßen hoher Erfolgswahrscheinlichkeit gelingt, ist in anderen Bereichen des Lebens schon deutlich schwieriger. Wie oft haben Wahlforscher mit ihren Prognosen danebengelegen. Ein möglicher Grund: Einige Wähler extremer Parteien bekennen sich bei Wahlbefragungen ebenso wenig zu ihrer Entscheidung wie die Leser von Deutschlands bekanntester Boulevardzeitung zu ihrer Medienauswahl. Bei der Rückmeldung an die Meinungsforscher schlägt ein psychologischer Effekt namens „Soziale Erwünschtheit" zu und spielt eine wichtige Rolle. Der **Social-Desirability-Bias** *(Social Desirability Bias)* ist eine Antworttendenz bzw. -verzerrung vor allem bei Befragungen in Sozialwissenschaft und Marktforschung sowie psychologischen Testverfahren (Edwards 1959). Soziale Erwünschtheit liegt vor, wenn Befragte bevorzugt Antworten geben, von denen sie glauben, sie träfen eher auf soziale Zustimmung als die wahre Antwort, bei der sie soziale Ablehnung befürchten – z. B. als AfD-Wähler oder Bild-Leser. Umfrageinstitute wenden aus diesem Grund empirische Korrekturfaktoren an.

▶ **Tipp** Wir kommen noch dazu, aber bereits hier ein Tipp: Wählen Sie im eigenen Interesse keine verfassungsfeindlichen Parteien und lesen Sie keine Zeitungen, denen verkaufsfördernde Schlagzeilen wichtiger sind als seriöser Journalismus.

Andere Beispiele für falsche Voraussagen gefällig? Die demografischen Konsequenzen von Antibabypille und Ein-Kind-Politik in China. Oder das reale Szenario einer Pandemie wie Covid-19 und die damit verbundenen gravierenden Effekte und Verwerfungen. Der Misserfolg der westlichen Truppen im Mittleren Osten und der russische Überfall auf die Ukraine. Ein weiteres fälschlicherweise Mark Twain zugeschriebenes Zitat:

▶ „Prognosen sind schwierig, besonders wenn sie die Zukunft betreffen."
Dänische Redensart aus den 1930/40er Jahren.

Was haben „Experten" nicht alles prognostiziert – rein statistisch betrachtet muss natürlich eine Menge darunter sein, das später Wirklichkeit wird. (Das Gros der Fehlversuche vergessen wir an dieser Stelle mal …) Im Jahr 2000 sagte die Simpsons-Folge *Barts Blick in die Zukunft* Trumps Präsidentschaft voraus, 1927 Fritz Lang im Film *Metropolis* Roboter und das Bildtelefon. Um den Übergang 18./19. Jahrhundert prophezeite der „Mühlhiasl", ein angeblicher Seher aus dem Bayerischen Wald, wundersame Entwicklungen in recht abstrakter Form: „Auf der Donau werden stolze Häuser schwimmen", „Der Kleine fangt den Krieg an, der Große überm Wasser macht ihn aus" oder „Gesetze werden gemacht, die niemand achtet. Das Geld wird ungültig" – und zahlreiche weitere, ebenfalls äußerst vage Voraussagen (Bekh 1992). Dabei sei an den Barnum-Effekt erinnert, der bei der Interpretation derartiger Weisheiten weiterhilft (Abschn. 2.3): Die Neigung von Menschen, in vage und allgemeingültige Aussagen eine tiefere Bedeutung hinzuinterpretieren, ist nicht nur auf Beschreibungen und Eigenschaften von Personen anwendbar, sondern auch auf politische, gesellschaftliche, technische und sonstige Entwicklungen.

Über die Schwierigkeit, belastbare Vorhersagen zu machen, haben wir uns bereits angesichts der teilweise irrationalen Entwicklung an den Finanzmärkten unterhalten. Die Aktienbörsen sind ein Paradebeispiel für die Erstellung und Überprüfung von

Abb. 10.2 Hier könnte eine Berufsunfähigkeits- und Lebensversicherung auf dasselbe hinauslaufen. Berlin, um 1948. (Bundesarchiv Bild 183-19000-2168. CC-BY-SA 3.0)

Prognosen. Letztlich bildet der aktuelle Kurs einer Aktie im Wesentlichen deren Gewinnerwartung für die nächsten 6–12 Monate ab, doch ist auf dieser Basis eine relativ sichere Gewinnerzielung nahezu unmöglich. Wer hat schon die Finanzkrise 2008/2009 und den Corona-bedingten Einbruch im März 2020 vorhergesehen? Overconfidence-Effekt und Kenntnisillusion führen dabei zu einer falschen Prognosesicherheit, was sich wirtschaftlich und finanziell deutlich rächen kann. Scheinkausalitäten und Super-Bowl-Indikator tun ihr Übriges.

Ein anderer Effekt, der mit Prognosen in Zusammenhang steht, wurde in Abschn. 2.2 erwähnt: die Truthahnillusion. Man neigt dazu, einen Trend fortzuschreiben, ohne ihn zu hinterfragen, und die scheinbare Sicherheit wächst permanent mit dem Trend. Geschäftszahlen der Vergangenheit werden in die Zukunft extrapoliert, ohne Vorsichtsmaßnahmen gegen plötzliche Krisen zu treffen. Auf eine Haftpflicht- oder Berufsunfähigkeitsversicherung wird verzichtet, weil bisher ja auch nichts passiert ist (Abb. 10.2). Und da einen Raucher das Schicksal des Lungenkrebses bisher nicht ereilt hat, wird dies wohl auch in Zukunft so bleiben. Soso!

Dazu passt die **Broken Leg Rule** („Beinbruchregel"): Experten sind mit ihren Prognosen Algorithmen in der Regel unterlegen, auch bei Kenntnis der zugrunde liegenden Formel. Erst sehr seltene – aber einschneidende – Ereignisse wie der namensgebende Beinbruch vor einem geplanten Theaterbesuch können dies ändern (Meehl 1954; Wikipedia 2021a). Truthahnillusion und Broken Leg Rule lassen sich wiederum am Beispiel Auto leicht vergegenwärtigen: Sie können zwar die Lebensdauer eines Kraftfahrzeugs unter Berücksichtigung der Nutzung und Pflege einigermaßen vorhersagen, ahnen jedoch nicht einmal, ob und wann ein Verkehrsunfall dem Besitzerglück (und manchmal Gesundheit und Leben gleich mit) ein jähes Ende bereitet – selbst wenn Sie das *statistische* Risiko dafür kennen.

> **Black-Swan-Theorie**
>
> Bleiben wir noch für einen Seitenaspekt beim Geflügel und wenden uns dem sehr seltenen Trauerschwan oder *Schwarzschwan* zu, wie er auch genannt wird. Dieser Vogel ist der einzige fast völlig schwarze Schwan, hat außerdem den längsten Hals aller Schwäne und stammt aus Australien. Kein Mensch wusste vor der Besiedlung Australiens, dass es schwarze Schwäne gibt.
>
> Es handelt sich also bei der Tierart um etwas Besonderes, Außergewöhnliches. Vor allem in der Wirtschaft versteht man unter der verbreiteten Metapher *Black Swan* im übertragenen Sinn ein unerwartetes und unwahrscheinliches zukünftiges Ereignis mit erheblichen Auswirkungen.
>
> Die **Black-Swan-Theorie** *(Black Swan Theory)* besagt, dass das, was man nicht weiß, viel wichtiger ist als das, was man weiß. Sie können Ihr ganzes Wissen einsetzen, um sich auf alle Eventualitäten vorzubereiten, von denen Sie glauben, dass sie eintreten können, nur um dann durch ein Ereignis wie den schwarzen Schwan widerlegt zu werden.

Der erste Autor, der diese Black-Swan-Theorie beschrieb, war der ehemalige Börsenhändler und Statistiker Nassim Taleb. *Der Schwarze Schwan: Die Macht höchst unwahrscheinlicher Ereignisse* ist das bekannteste Buch seiner Pentalogie (Taleb 2008).[1] Es gibt keine Einschränkungen für die Art von Black-Swan-Ereignissen, von Naturkatastrophen bis zu Kriegen, einem Finanzcrash oder dem Ausbruch eines Virus – Covid-19 und Ukraine-Krieg sind aktuelle Beispiele. Beide Weltkriege, der Untergang der Sowjetunion, der Aufstieg der islamischen Fundamentalisten, 9/11, die Begleiterscheinungen der Verbreitung des Internets und die Finanzkrisen von 1987 und 2008 lassen sich ebenfalls als Black-Swan-Ereignisse auffassen. Rechtzeitige Prognosen: Fehlanzeige!

Nach Taleb, der die Theorie darüber formulierte, wie extreme und überraschende Ereignisse eine überdimensionale Rolle im Leben spielen können, haben sie drei Merkmale gemeinsam:

- Sie sind Ausreißer und liegen außerhalb der normalen Erwartungen.
- Sie besitzen eine schwere und extreme Auswirkung auf die Gesellschaft oder die Welt.
- Sie sind zwar nicht erwartbar, jedoch erklärbar und vorhersehbar, *nachdem* sie eingetreten sind.

Black-Swan-Ereignisse können auch dazu eingesetzt werden, um hochwahrscheinliche Ereignisse zu beschreiben, die *nicht* eintreten. Taleb argumentiert, dass die meisten wissenschaftlichen oder technologischen Durchbrüche entweder zufällig erfolgen oder das Ergebnis von schwarzen Schwänen sind. Er führt aus, dass die Menschen – fest davon überzeugt, es gebe nur weiße Schwäne – regelmäßig Black Swans ignorieren und damit folgenden Irrtümern unterliegen:

1. **Narrative Verzerrung** *(Narrative Fallacy)* – das nachträgliche Schaffen einer Erzählung, um einem Ereignis einen plausiblen Grund zu verleihen (Stichwort Framing).
2. **Ludische Verzerrung** *(Ludic Fallacy)* – der Glaube daran, dass die strukturierten Abläufe und Regeln, wie sie in Spielen anzutreffen sind, dem unstrukturierten Zufall im Leben gleichen (ludisch bedeutet „spielerisch").
3. **Statistisch-regressive Verzerrung** *(Statistical Regress Fallacy)* – die Fehleinschätzung, dass sich das Wesen einer Zufallsverteilung aus einer Messreihe erschließen lässt (eine Folge der bereits an mehreren Stellen diskutierten falschen Zufallskonzepte).

---

[1] Selbst Daniel Kahneman räumt ein, dass er von Talebs Ideen in seinen Sichtweisen zu Prognosen maßgeblich beeinflusst wurde (Kahneman 2012, S. 26).

10.3 Problematik von Prognosen

▶ **Tipp** Rechnen Sie auch bei Ihrer persönlichen Zukunftsplanung mit dem Black-Swan-Effekt (Stichwort Berufsunfähigkeitsversicherung), ohne jedoch den Null-Risiko-Fehler zu machen.

Zwei weitere kognitive Effekte, Prognosen betreffend, verdienen ebenfalls Erwähnung:

- **Illusion des Verstehens** *(Illusion of Understanding):* Wir glauben, die Vergangenheit zu verstehen, woraus folgt, dass auch die Zukunft erkennbar sein sollte. In Wirklichkeit verstehen wir die Vergangenheit nur in geringem Maße (Kahneman 2012, S. 247–258). Als Beispiele mögen Geschichten von erfolgreichen und nichterfolgreichen Unternehmen dienen, wobei der Einfluss des Zufalls ignoriert wird. Sie erinnern sich an den Survivorship-Bias, der in Abschn. 7.2 vorgestellt wurde?

Politisch-gesellschaftliche Kräfte, die die demokratische Grundordnung infrage stellen und die Migration in ihr Land unterbinden wollen, scheinen im Geschichtsunterricht beim Kapitel Naziherrschaft oder schon bei der Völkerwanderung gefehlt zu haben. Sie sind damit allerdings nicht einmal qualifiziert für den nun folgenden zweiten Effekt.

- **Historikerirrtum** *(Outcome Bias):* Darunter versteht man Fehler bei der Bewertung der Qualität einer Entscheidung, nachdem die Konsequenzen dieser Entscheidung bereits bekannt sind. Dabei besteht eine Ähnlichkeit zum Rückschaufehler, der späteren verfälschten Erinnerung an eigene Vorhersagen (Abschn. 3.2; Baron und Hershey 1988).

Beispiel: Private Krankenversicherung

Zurück zum angesprochenen Versicherungswesen. Viele junge Leute mit gutbezahlten Jobs machen sich nach Überschreiten der Beitragsbemessungsgrenze Gedanken darüber, in eine private Krankenversicherung (PKV) zu wechseln, die wesentlich niedrigere Beiträge verlangt als die gesetzlichen Kassen (GKV). Vor dieser Entscheidung stand Gottfried Krause, inzwischen leitender Vertriebsmitarbeiter in der Halbleiterindustrie, vor vielen Jahren. Er hatte sich Angebote von mehreren privaten Versicherungen machen lassen, war jedoch – auf Anraten von Kollegen, Freunden und Verwandten – in der GKV geblieben. Zu Recht, wie sich später zeigte: Nach Familiengründung waren seine Kinder und für mehrere Jahre auch seine Frau ohne Mehrkosten über die Familienversicherung mitversichert gewesen.

Nun beobachtet der Mittfünfziger seine Mitmenschen, die bei Annäherung an den Ruhestand hohe Beiträge für ihre PKV aufbringen müssen, und eine gewisse Selbstzufriedenheit schleicht sich ein: „Gut, dass ich so schlau war, mich nicht aus der Solidargemeinschaft zu verabschieden." Das kann man als Rückschaufehler und gleichzeitig das Übersehen anderer Möglichkeiten betrachten, sogenannten **Alternative Pfade** *(Alternative Paths):*

- Rückschaufehler deshalb, da er sich einredet, er habe die damalige Entscheidung seinem eigenen Urteilsvermögen zu verdanken, und somit eine frühere Situation mit heutigem Wissen beurteilt
- Übersehen der alternativen Pfade deshalb, weil es auch ganz anders hätte kommen können, er darüber allerdings nicht nachdenkt: Sein Umfeld hätte ihm anders als geschehen zur PKV raten können, oder durch eine andere Biografie wäre der Vorteil der Familienversicherung nicht nutzbar gewesen.

Wer in der Gegenwart urteilt, jemand wie Gottfried Krause hätte beim Übertritt in die PKV – gewöhnlich eine versicherungstechnische Einbahnstraße – die falsche Entscheidung getroffen, erliegt dem Historikerirrtum. Schließlich ist ein schlechtes Ergebnis nicht zwangsläufig die Folge einer schlechten Entscheidung, und für den Einzelnen mag die kurzfristige finanzielle Entlastung durchaus wichtig und richtig gewesen sein. Es gibt darunter zweifelsfrei Personen, die durch geschickte Investition der anfänglichen Sparbeträge insgesamt ein deutliches Plusgeschäft gemacht haben (frei nach Flavia 2016; siehe auch Dobelli 2014, S. 161–163). ◄

Tipp Sie ahnen es bereits: Auch wenn manche Leistungen in der PKV umfassender sind und möglicherweise schnellere Facharzttermine erhältlich sind, sollten Sie es sich *sehr* genau überlegen, aus der GKV auszutreten.

10.4 Schwierigkeiten bei Studien

Es bietet sich an, die Diskussion zu Entscheidungen mit einigen Anmerkungen zur Durchführung und Auswertung von Studien abzurunden, bevor es in Kap. 11 und 12 um die wirklich wichtigen Themen im heutigen Leben geht. Zusammenfassend soll zunächst an die bereits besprochenen Biases erinnert werden, die im Kontext von Studien eine Rolle spielen können und sich in Fehlschlüssen manifestieren:

- *Recall-Bias* und *Berichtsirrtum* sind berüchtigte Fehlerquellen gerade in retrospektiven Studien.
- *Antwortverzerrung* und *Höflichkeitsverzerrung* verursachen systematische Abweichungen in jeder Art von Studie und Erhebung.
- Bei der *Stichprobenverzerrung,* einer Variante der Vernachlässigung der Ausdehnung, beinhaltet das Untersuchungsdesign eine inadäquate Auswahl von Stichprobeneinheiten, was vor allem durch das *Gesetz der kleinen Zahlen* zu empfindlichen Störungen der Aussagekraft führen kann.
- Gemäß *Hawthorne-Effekt* ändern Studienteilnehmer ihr Verhalten durch das bloße Wissen, *dass* sie an einer Studie partizipieren.
- Und letztlich soll nochmals an den *Super-Bowl-Indikator* erinnert werden, ein typischer Fehler gezielter Datensuche *(Data Mining Error).*

10.4 Schwierigkeiten bei Studien

Doch es ist eine Reihe weiterer kognitiver Phänomene bekannt und untersucht, die bei der Planung, Durchführung und Auswertung von Studien relevant sein können:

Die **Beobachtungsverzerrung** *(Observer Bias)* (Mahtani et al. 2018) ist wie die Erinnerungsverzerrung ein statistisches Phänomen, das allerdings ebenfalls einen psychologischen Hintergrund aufweist (für weitere Beispiele siehe Wikipedia 2021b). Der Effekt verursacht Fehler in der Sammlung z. B. von Studiendaten durch subjektive Beobachtung bzw. Erfassung von Informationen, etwa durch Anwendung verschiedener subjektiver Kriterien durch unterschiedliche Beobachter oder Beeinflussung durch kognitive Verzerrungen.

> **Berksons Paradox**
>
> **Berksons Paradox** *(Berkson's Paradox,* auch *Bias* oder *Fallacy)* fällt in dieselbe Kategorie statistischer Fehlerquellen und wurde nach dem US-Arzt Joseph Berkson benannt (vgl. Berkson 1946). Der Effekt hätte angesichts des Namensgebers somit auch bereits in Abschn. 2.3 untergebracht werden können, passt jedoch besser an diese Stelle. Er ist nicht zu verwechseln mit dem Berkson-Fehler, einem statistischen Messfehler vor allem in epidemiologischen Studien (Berkson 1950).
>
> Man versteht unter Berksons Paradox die kontraintuitive Einschätzung, dass Vorgänge und Ergebnisse (in der Regel negativ) korrelieren, die in Wirklichkeit *nicht* korrelieren. Das Paradox ist begründet in den in Abschn. 7.3 erläuterten Irrtümern Illusorische Korrelation und Scheinkausalität: der Korrelation zweier Größen, zwischen denen kein Kausalzusammenhang besteht, sondern nur eine zufällige oder indirekte Beziehung. Es handelt sich um ein Phänomen der kontraintuitiven Wahrnehmung, einem „wahrheitsgemäßen Widerspruch" *(Veridical Paradox)*. Die Begründung besteht darin, dass die Wahrscheinlichkeit für einen Befund A höher ist in Gegenwart eines Befunds B, weil Fälle mit gleichzeitigem Befund A *und* B aus der Statistik ausgeschlossen werden. Klingt kompliziert? Ist es aber nicht. Folgende Beispiele verdeutlichen den Effekt:
>
> - In einer klassischen Studie wurden Autopsiedaten analysiert. Dabei fand man weniger Fälle als erwartet, in denen die Verstorbenen sowohl Krebs als auch Tuberkulose hatten. Dies könnte den Schluss nahelegen, dass Tuberkulose in gewisser Weise gegen Krebs schützt. In Wirklichkeit resultiert der Befund jedoch aus der Tatsache, dass nicht alle Autopsien in der Studie berücksichtigt wurden: Bei parallelem Auftreten beider Krankheiten war statistisch seltener obduziert worden.
> - Nehmen wir an, Talent und gutes Aussehen von Menschen korrelieren *nicht* bei einem Querschnitt durch die Bevölkerung. Allerdings sieht dies anders aus, wenn man nur Berühmtheiten aus Film und Fernsehen betrachtet und somit eine

> Vorauswahl der Probanden trifft: In diesem Fall lässt sich beobachten, dass mit zunehmender Attraktivität das durchschnittliche Talent sinkt, also eine negative Korrelation vorliegt.

Der negative Einfluss weiterer kognitiver Verzerrungen im Rahmen von Studien droht gerade dann, wenn die Durchführenden bzw. Autoren zu sehr im Blick haben, wie sie die Ergebnisse später zu vermarkten gedenken, und die Ergebnisse und vor allem Schlüsse daher an Objektivität verlieren. Die Verfälschungen und tendenziösen Auswertungen erfolgen in den meisten Fällen unbewusst und nicht in offensichtlicher Betrugsabsicht (anders als bei manchen publicityträchtigen Wissenschaftsskandalen). Vielmehr handelt es sich hierbei um ein intuitives Vorgehen, das das Motto dieses Buchs missachtet und nicht zuerst auf die Fakten schaut.

Der **Kongruenzfehler** *(Congruence Bias)* ist die Tendenz, sich übermäßig auf die Bestätigung einer ursprünglichen Hypothese zu konzentrieren, die es zu belegen galt, und alternative Hypothesen zu vernachlässigen (Wason 1960). Die Nähe zum Bestätigungsfehler als Folge des Barnum-Effekts liegt auf der Hand.

Der englische Begriff *Belief* steht für „Überzeugung" und ist namensgebend für drei Fehlerquellen, die Studienergebnisse verfälschen können. Unter **Überzeugungsirrtum** *(Belief Bias)* wird die Tendenz verstanden, glaubwürdige Schlussfolgerungen zu akzeptieren, unabhängig davon, ob sie logisch korrekt aus den Prämissen hergeleitet werden können. Die beiden weiteren Denkfehler lassen sich nicht so griffig ins Deutsche übertragen. **Belief Perseverance** (Beharren auf Überzeugungen, auch „Konzeptueller Konservatismus" genannt) ist die Unfähigkeit, eine erste Hypothese anzupassen oder zu revidieren, obwohl neue Informationen vorliegen, die dieser Überzeugung widersprechen (können). Und letztlich bezeichnet **Belief Revision** (Anpassen von Überzeugungen, „Glaubensrevision") die Änderung oder Anpassung von Überzeugungen auf der Basis neuer Informationen, was in wissenschaftlichen Untersuchungen eher vorteilhaft ist.

> **Tipp** Begegnen Sie allen reißerisch dargestellten Studienergebnissen zunächst mit einer gewissen gesunden Skepsis, bis die Schlüsse durch andere Studien bzw. Experten bestätigt werden.

Ein letzter Effekt soll hier vor allem mit Blick auf Forscher unter Publikationsdruck nicht unterschlagen werden: der **Publication-Bias** *(Publication Bias,* Publikationsverzerrung), eine mögliche Konsequenz aus der Beobachtung, dass Studien mit „positiven" bzw. signifikanten Ergebnissen von wissenschaftlichen Zeitschriften bevorzugt zur Veröffentlichung angenommen werden: Es besteht das Risiko einer statistisch verzerrten Darstellung der Datenlage in Auswertung, Beschreibung und Schlussfolgerung (Sterling 1959). Daher verwundert es nicht, dass sich die Ergebnisse vieler psychologischer Studien bei einer Überprüfung nicht verifizieren ließen. Im Buch sind einige Beispiele von zunächst spektakulär klingenden, jedoch nicht reproduzierbaren Studienergebnissen enthalten; die entsprechenden Biases lauten:

- *Priming-Effekt* (Abschn. 1.3),
- *Hawthorne-Effekt* (Abschn. 2.4),
- *Bizarreness-Effekt* (Abschn. 3.4),
- *Processing-Difficulty-Effekt* (Abschn. 3.4),
- Gerichtsurteile und *Zeitumstellungsanomalie* (Abschn. 7.2) und
- die Attraktivität von Bremen (Abschn. 9.4).

Nach Latzel (2020, S. 68) bestünde ein Weg, den Publication-Bias zu reduzieren, darin, Studien vor ihrer Durchführung registrieren zu lassen, um ihre Veröffentlichung unabhängig von den Ergebnissen sicherzustellen. Und in der Tat haben Forscher im Frühjahr 2021 das GRN gegründet *(German Reproducibility Network)*, um Forschung künftig transparenter zu machen (Schwenkenbecher 2021).

> **Die wichtigsten kognitiven Effekte in Kap. 10**
> Wie man's macht, ist es verkehrt – mag mancher denken. Doch unter Berücksichtigung typischer psychologischer Denkfehler tut man sich leichter; dabei hilft ein Gefühl für die mehrfach erwähnten Wahrscheinlichkeiten.
> *Vermeidung von Entscheidungen* und *Default-Effekt:* Entscheidungen sind mit mentalem Aufwand und teilweise auch Risiko verbunden, und so sitzen wir einige Dinge lieber aus.
> *Illusion des Verstehens* und *Historikerirrtum:* Viele Leute behaupteten im Anschluss an die Finanzkrise 2008, diese sei zwangsläufig aufgetreten und sie hätten sie kommen gesehen. Allerdings dürfte dies ehrlicherweise fast nur Robert Shiller für sich reklamieren (Abschn. 7.3).
> *Kongruenzfehler* und *Belief Perseverance:* Menschen suchen nur nach Belegen für ihre Hypothesen und sind nicht bereit, diese trotz widersprechender neuer Informationen zu revidieren.

Literatur

Artinger FM, Artinger S, Gigerenzer G (2019) C. Y. A.: frequency and causes of defensive decisions in public administration. Bus Res 12:9–25. https://doi.org/10.1007/s40685-018-0074-2

Baron J, Hershey JC (1988) Outcome bias in decision evaluation. J Pers Soc Psychol 54–4:569–579. https://doi.org/10.1037/0022-3514.54.4.569

Bekh WJ (1992) Mühlhiasl. Der Seher des Bayerischen Waldes. Deutung und Geheimnis. Ludwig, München

Berkson J (1946) Limitations of the application of fourfold table analysis to hospital data. Biometrics Bulletin 2–3:47–53. https://doi.org/10.2307/3002000

Berkson J (1950) Are there two regressions? J Am Stat Assoc 45–250:164–180. https://doi.org/10.1080/01621459.1950.10483349

Christensen B, Christensen S (2015) Achtung: Statistik. Springer Spektrum, Berlin. https://doi.org/10.1007/978-3-662-45468-8

Dobelli R (2013) The art of thinking clearly: better thinking, better decisions. Hodder Stoughton, London. http://xqdoc.imedao.com/166eb7278f3556e3fe9dc3ef.pdf. Zugegriffen: 30. Aug. 2021

Dobelli R (2014) Die Kunst des klaren Denkens. dtv, München

Edwards AL (1959) Social desirability and personality test construction. In: Bass BM, Berg IA (Hrsg), Objective approaches to personality assessment. Van Nostrand, New York. https://doi.org/10.1037/11117-006. S 100–118

Flavia (2016) Einmaleins des bewussten Handelns 27. Erinnern – Alternative Pfade. FLAVIA IT-Management GmbH. Internet-Veröffentlichung. https://einmaleins.flavia-it.de/effect/alternative-pfade/. Zugegriffen: 11. Juli 2021

Goldstein DG, Johnson EJ, Herrmann A, Heitmann M (2008) Decision making: nudge your customers toward better choices. Harvard Business Review, Internet-Veröffentlichung Dezember. https://hbr.org/2008/12/nudge-your-customers-toward-better-choices. Zugegriffen: 22. Aug. 2021

Hsee C, Zhang J (2004) Distinction bias: misprediction and mischoice due to joint evaluation. J Pers Soc Psychol 86–5:680–695. https://doi.org/10.1037/0022-3514.86.5.680

Jones EE, Nisbett RE (1972) The actor and the observer: divergent perceptions of the causes of behavior. In: Jones EE, Kanouse DE, Kelley HH, Nisbett RE, Valins S, Weiner B (Hrsg) Attribution: perceiving the causes of behavior. General Learning Press, Morristown, New Jersey, S 79–94

Kahneman D (2012) Schnelles Denken, langsames Denken. Penguin, München

Latzel C (2020) Verhaltenssteuerung, Recht und Privatautonomie. Springer, Berlin. https://doi.org/10.1007/978-3-662-60315-4

Mahtani K, Spencer EA, Brassey J, Heneghan C (2018) Catalogue of bias: observer bias BMJ. Evid Based Med 23–1:23–24. https://doi.org/10.1136/ebmed-2017-110884

Marcatto F, Cosulich, Ferrante D (2015) Once bitten, twice shy: experienced regret and non-adaptive choice switching. Peer J 3:e1035. https://doi.org/10.7717/peerj.1035

Meehl PE (1954) Clinical versus statistical prediction: a theoretical analysis and a review of the evidence. https://doi.org/10.1037/11281-000

Schwenkenbecher J (2021) Offen für alle. Süddeutsche Zeitung, 16. Juli

Simon HA (1956) Rational choice and the structure of the environment. Psychol Rev 63–2:129–138. https://doi.org/10.1037/h0042769

Sterling TD (1959) Publication decisions and their possible effects on inferences drawn from tests of significance – or vice versa. J Am Stat Assoc 54–285:30–34. https://doi.org/10.2307/2282137

Taleb NN (2008) Der Schwarze Schwan: Die Macht höchst unwahrscheinlicher Ereignisse. Hanser, München

Tversky A, Shafir E (1992) The disjunction effect in choice under uncertainty. Psychol Sci 3–5:305–310. https://doi.org/10.1111/j.1467-9280.1992.tb00678.x

van Winssen KPM, van Kleef RC, van de Ven WPMM (2016) The demand for health insurance and behavioural economics. Eur J Health Econ 17:653–657. https://doi.org/10.1007/s10198-016-0776-3

Wason P (1960) On the failure to eliminate hypotheses in a conceptual task. Q J Exp Psychol 12:29–140. https://doi.org/10.1080/17470216008416717

Wikipedia (2021a) Paul E. Meehl. https://en.wikipedia.org/wiki/Paul_E._Meehl. Zugegriffen: 5. Juli 2021

Wikipedia (2021b) Bias (statistics). https://en.wikipedia.org/wiki/Bias_(statistics). Zugegriffen: 14. Juli 2021

Wikipedia (2021c) Satisficing. https://de.wikipedia.org/wiki/Satisficing. Zugegriffen: 23. Aug. 2021

Diskriminierung und Demokratiegefährdung

11

Ich durfte Sie bis zu dieser Stelle auf einen Streifzug durch die Vielfalt an kognitiven Irrtümern, Verzerrungen, Denkfehlern und Fehleinschätzungen mitnehmen, denen der moderne Mensch tagtäglich unterliegt. Es ging um relevante Aspekte wie Geld und Job, Erinnerungen, Emotionen und Entscheidungen. Auch von ersten Krisen und Katastrophen sprachen wir schon. Die nun folgenden beiden Kapitel befassen sich mit noch deutlich ernsteren Themen als die bisherigen Erörterungen. Ich wage den Versuch, den beschriebenen Erfahrungsschatz der Psychologie und Verhaltensökonomik auf akute Herausforderungen unserer Zeit anzuwenden – was in den meisten Fällen recht einfach gelingt. Dies liefert eine fachliche Begründung für die eine oder andere massive Fehlentwicklung.

Essen Sie im Wirtshaus ab und zu ein Zigeunerschnitzel? Und holen Ihre Medikamente aus der Mohrenapotheke? Dann sollten Sie unbedingt weiterlesen. In diesem Kapitel wird erläutert, welche kognitiven Effekte bei Fremdenfeindlichkeit und Rassismus, Antisemitismus und Antiziganismus oder Ablehnung und Diskriminierung von LGBTQ+-Personen (*Lesbian, Gay, Bisexual, Transgender, Queer* und weitere) eine Rolle spielen.

11.1 Gruppeneffekte und kognitive Irrtümer

Die Diskriminierung von Randgruppen, Andersartigen, Fremden oder ganz allgemein Minderheiten betrifft eine Konstellation, bei der sich viele gegen wenige positionieren. Doch unter den Vielen ist es in der Regel nur eine relativ überschaubare Anzahl von Aufwieglern und Meinungsbildnern, die anderen ihre ablehnende Haltung aufdrängen. So sorgen sie dafür, dass sich ihre Ansichten und Meinungen verbreiten und andere in ihren Bann ziehen. Und damit sind wir bereits mittendrin im Phänomen der Gruppendynamik. Dabei wirken immer wieder dieselben Mechanismen, die im Rahmen unserer Zielsetzung hier mit verhaltensökonomischen Methoden erfasst und kritisch hinterfragt werden sollen.

Die Interaktion in privaten, gesellschaftlichen und beruflichen Kollektiven ist ein hervorragendes Beobachtungs- und Aktionsfeld für angewandte Psychologie und Soziologie. In Gruppen können sich ihre Mitglieder gegenseitig sowohl im positiven Sinn zu Höchstleistungen antreiben oder auch negativ beeinflussen und herunterziehen. Das Urteilsvermögen von Individuen wird unter Umständen durch eine (sogar falsche) Mehrheitsmeinung beeinflusst, wie zuerst das bekannte Konformitätsexperiment von Solomon Asch 1951 gezeigt hat. Seine Untersuchungen belegten eindrucksvoll, wie Gruppenzwang eine Person so zu manipulieren vermag, dass sie eine offensichtlich falsche Aussage als richtig bewertet; es ging um eine so simple Aufgabe wie den Vergleich der Länge von Linien (Asch 1956). Kritiker, die Mehrheitsmeinungen oder tradierte Vorstellungen anzweifeln, sind nicht selten unbeliebt.

▶ Sich gegen die eigene Gruppe zu stellen kann den Ausschluss bedeuten, was in früheren Zeiten oft einem Todesurteil gleichkam.

Und so versuchen viele Menschen, mit dem Strom zu schwimmen und sich in ihren Anschauungen und Taten den Gruppen anzupassen, zu denen sie gehören – oder in die sie hineinkommen wollen. Doch Gruppen agieren anders als Individuen, auf der Basis unterschiedlicher Gesetze. Das Bestreben nach Solidarisierung und Anpassung an Gruppenmeinungen bildet den Ausgangspunkt für das Verständnis vieler negativer Auswüchse, die im Folgenden behandelt werden.

Einige Biases wurden bereits eingeführt, die eine Rolle bei der Gruppenpsychologie spielen.

- *Adaptive Attitudes* beschreibt das Annehmen derselben Haltungen wie die der Menschen, die uns umgeben, in derselben sozialen Gruppe oder dem Arbeitsumfeld. Diese „Anpassungsfähigen Haltungen" sind eine Erklärung für die Ergebnisse des Konformitätsexperiments von Asch.
- *Social Proof* in Verbindung mit dem *Mitläufereffekt*. Ich verhalte mich richtig, wenn ich mich wie andere verhalte. Wahrgenommener Erfolg erhöht die Bereitschaft, sich voraussichtlich erfolgreichen Handlungsweisen anzuschließen.
- *Social Loafing:* Einzelne Mitglieder verstecken sich hinter der Leistung der Gruppe und strengen sich weniger an.
- Der *Ultimate Attribution Error* bezeichnet den Denkfehler, einem Kollektiv bestimmte Eigenschaften zuzuschreiben, anstelle der Einzelpersonen in dieser Gruppe.
- *Cheerleader-Effekt:* Jemand wirkt in einer Gruppe von Menschen attraktiver als für sich allein betrachtet.

11.1 Gruppeneffekte und kognitive Irrtümer

Der Cheerleader-Effekt bedeutet letztlich, die Mitglieder anderer Gruppen als homogener wahrzunehmen, als diese in mit ihren variierenden Individuen wirklich sind. Mit Blick auf die eigene Gruppe besteht eine Verwandtschaft zum **Outgroup-Homogeneity-Bias** *(Outgroup Homogeneity Bias)*, was sich etwa mit „Verzerrung bei der Wahrnehmung der Homogenität außerhalb der Gruppe" übersetzen lässt. Demgemäß wird die Einheitlichkeit in Fremdgruppen als deutlich ausgeprägter wahrgenommen als diejenige innerhalb der Eigengruppe. Vereinfacht ausgedrückt: *„Die* sind alle gleich, *wir* sind divers." (Quattrone und Johns 1980) Dieser Fehlschluss bildet die Quelle zahlreicher Ausgrenzungen und Anfeindungen, weil beispielsweise Randgruppen nach gewissen Stereotypen stigmatisiert werden und statt des Blicks auf Einzelpersonen eine Generalisierung erfolgt. Salopp ausgedrückt werden alle über einen Kamm geschoren.

> **Eigengruppe und Fremdgruppe**
> Diese voreingenommene Sichtweise führt dazu, dass hinsichtlich der Eigengruppe und der Fremdgruppe völlig verschiedene Maßstäbe angelegt werden. Das resultiert unter anderem in der archaischen Denk- und Verhaltensweise, die eigene Gruppe mit ihren Mitgliedern zu erhöhen und die anderen zu diskriminieren. Die zugrunde liegenden kognitiven Effekte sind:
>
> - **Eigengruppenbevorzugung** *(Ingroup Favoritism Bias* oder kurz *Ingroup Bias)*, die Verzerrung durch Bevorzugung der Gruppenzugehörigkeit; die Tendenz von Menschen, denjenigen anderen eine bevorzugte Behandlung zu gewähren, die sie zu ihrer eigenen Gruppe zählen. Dieser signifikante und stabile Effekt ist umso gravierender, je stärker man sich der Eigengruppe zugehörig fühlt (Mullen et al. 1992).
> - **Fremdgruppenabwertung** *(Outgroup Bias)*, der Effekt, dass willkürliche Unterscheidungsmerkmale binnen Minuten zu Vorurteilen, Stereotypen und Diskriminierung gegenüber einer Fremdgruppe führen können. Es scheint mitunter die eigene Selbstzufriedenheit zu steigern, wenn positive Eigenschaften der Eigengruppe überbetont und/oder Fremdgruppen abgewertet werden (Brewer 2002).

Der **Social-Comparison-Bias** *(Social Comparison Bias,* „Vergleich mit anderen") beschreibt die Tendenz zu Wettbewerb, negativer Haltung oder gar feindseligen Gefühlen anderen gegenüber, die physisch oder mental besser situiert sind als man selbst. Dieses Phänomen lässt sich tagtäglich in der Gesellschaft beobachten und ist eine verbreitete Ursache von Neid, Missgunst und sozialem Unfrieden – teils berechtigt angesichts überhöhter Vergütungen und Boni in bestimmten Branchen, teils jedoch völlig unangebracht. Andererseits kann der Social-Comparison-Bias das Treffen vorteilhafter Entscheidungen zugunsten anderer fördern, die aufgrund ihrer Stärken *nicht* mit uns konkurrieren und intuitiv als unterlegen eingeordnet werden.

Gendergerechtigkeit

In diese Liste der Gruppeneffekte passen weitere Vertreter, die mit der systematischen Benachteiligung nichtmännlicher Protagonisten zu tun haben. Etwa **Labeling** („Etikettierung"): sich selbst oder andere mit einer abwertenden, pauschalen und fixen Bezeichnung versehen, wie „Verlierer", wodurch selbsterfüllende Prophezeiungen entstehen können. Ich will diese kognitive Verzerrung am Beispiel der Gleichstellung von Frauen erläutern. „Gelabelt" wird bereits im Kindesalter beim Spielzeug: Jungen bekommen Autos geschenkt, Mädchen Puppen. In Schule und Hochschule geht es nahtlos weiter (Jungen sollen sich für Werken bzw. MINT-Fächer eignen, Mädchen für Handarbeiten bzw. nichttechnische Fächer) und erreicht so schließlich das professionelle Umfeld. Vielfach zeichnet die familiäre Prägung durch die Eltern hier bereits den späteren Weg der Kinder vor. Ganz schlimm und inzwischen glücklicherweise sehr selten: „Du brauchst nicht zu studieren, du heiratest sowieso und bekommst Kinder."

Der **Gender-Bias** *(Gender Bias,* „geschlechtsbezogener Verzerrungseffekt") bringt die Problematik auf den Punkt und besteht aus einem Satz von Vorurteilen, die einzelne Geschlechter systematisch benachteiligen. Man versteht darunter unter anderem die Neigung, *generische* als *biologische* Maskulina zu lesen und mittels Rollenklischees entsprechende Vermutungen anzustellen (z. B. Baggerführer = Mann, Flugbegleiterin = Frau). Durch den Gender-Bias werden ebenfalls LGBTQ+-Personen regelmäßig diskriminiert (Jung und Krebs 2016, S. 202–208).

Ein **Vorurteil** *(Prejudice)* (vgl. Plous 2003) ist ein Urteil, das einer Person, einer Gruppe, einem Sachverhalt oder einer Situation vor einer gründlichen und umfassenden Untersuchung, Abklärung und Abwägung zuteilwird. Meist ist es als (Ver-)Urteilung negativ gemeint und wird auch so verstanden, wenn nicht ausdrücklich „positiv" als Eigenschaft vorangestellt wird. Auch dem weiblichen Geschlecht werden unberechtigt eine Reihe von Vorurteilen angedichtet, denen es entgegenzutreten gilt: „Mädchen sind nicht gut in Mathematik und Technik", „Frauen sind für Führungspositionen zu emotional" usw.

▶ **Tipps**

- Allein volkswirtschaftlich betrachtet wäre es Unsinn, die Potenziale der Frauen zu ignorieren. Es sollte ein dringendes Anliegen von Männern *und* Frauen in unserer Gesellschaft sein, dies zu verhindern.
- Zeigen Sie Ihr Bekenntnis zur Gleichberechtigung im praktischen Leben und nicht (nur) durch Verwendung gendergerechter Sprache.

Ein weiterer kognitiver Effekt, den es bei der Beurteilung von Gruppendynamik und deren Auswüchsen zu beachten gilt, ist die **Gruppenpolarisierung** *(Group Polarization)* und einem Ableger davon, die **Attitude Polarization** („Haltungspolarisierung") (Myers und Lamm 1975; Myers 1975). Danach neigt eine Gruppe dazu, extremere Positionen einzunehmen und Entscheidungen zu treffen, als die einzelnen Gruppenmitglieder es tun würden; die Nähe zum Social Proof liegt auf der Hand. Eine gegenseitige Verstärkung ist möglich, und vor allem negative Gefühle können sich aufschaukeln. Dies bietet eine veritable Arbeitsgrundlage für das Verständnis, warum Partys, Ansammlungen von gewaltbereiten Fußball-„Fans" (besser: *Hooligans*), Demonstrationen und Kundgebungen – nicht zuletzt unter dem Einfluss von Alkohol – an einem bestimmten Punkt aus dem Ruder laufen und sich die betreffenden Gruppen in einen unkontrollierbaren Mob verwandeln. Hier schlägt der Attributionsfehler der Akteur-Beobachter-Divergenz (Abschn. 10.2) in negativem Sinne zu: Was jeder Außerstehende mit Entsetzen beobachtet, scheint den meisten Beteiligten keineswegs peinlich zu sein.

▶ **Tipp** Lassen Sie sich durch einen Gruppenzwang nicht zu negativen Taten verleiten, die Ihre Prinzipien, moralische und/oder gesetzliche Standards verletzen.

Ein sehr anschauliches Beispiel für die beschriebenen Gruppeneffekte ist der Sturm auf das US-Kapitol in Washington, D. C. am 6. Januar 2021, ein gewaltsamer Angriff von Anhängern des damals noch amtierenden, aber bereits abgewählten US-Präsidenten Donald Trump auf den Kongress der Vereinigten Staaten. Trump wird als Auslöser dafür angesehen: Er forderte seine Unterstützer bei einer nahen Protestversammlung auf, mit ihm zum Kapitol zu ziehen, um den Kongress zu veranlassen, das Wahlergebnis zu widerrufen. Die Psychologie hat dazu wieder etwas anzubieten: den **Persuasion-Bias** (*Persuasion Bias,* „Überredungsverzerrung"), ein durch soziales Umfeld und vor allem Meinungsmacher befeuerter Fehlschluss, neue Information als wahr und korrekt einzuordnen, ohne ihren Ursprung und Wahrheitsgehalt näher zu überprüfen bzw. zu hinterfragen. Auch außerhalb der Trumpschen Fantasiewelt ist der Effekt relevant, z. B. in Zusammenhang mit Propaganda, Zensur und Marketing (DeMarzo et al. 2003).

Doch wir Deutsche müssen gar nicht so weit schauen und sollten zunächst vor der eigenen Haustür kehren. Schon am 30. August 2020 stürmten Demonstranten mit schwarz-weiß-roten Reichsflaggen auf die Treppe des Berliner Reichstags, nachdem eine Aktivistin aus dem Milieu der Verschwörungstheoretiker, die Heilpraktikerin Tamara K., auf einer nahen Bühne dazu aufgerufen hatte. Falschmeldungen spielten eine zentrale Rolle, um die Menge aufzuhetzen. So wurden immer wieder Gerüchte verbreitet, vor der russischen Botschaft hätten Polizisten ihre Helme abgenommen und seien „übergelaufen", und US-Präsident Trump sei in Berlin, um Deutschland zu „befreien".

Wir sind thematisch an dieser Stelle bereits mittendrin im Dschungel gesellschaftlicher Fehlentwicklungen, die von bestimmten Gruppen oder sogar einzelnen Agitatoren ausgehen und sich ohne entschiedenes Entgegentreten von entschlossenen Bürgern, Repräsentanten, Ordnungsmacht und Gesellschaft schnell zu einer wesentlichen Gefahr für Randgruppen, Struktur und die Demokratie und Freiheit an sich entwickeln können. Damit werden wir uns in den folgenden Abschnitten beschäftigen (müssen).

11.2 Fremdenfeindlichkeit und Minderheiten

Der Homo sapiens ist ein Gesellschaftswesen, und die meisten Menschen befinden sich in einem mehr oder weniger verzweigten Beziehungsgeflecht mit anderen und fühlen sich hoffentlich wohl darin. Während der mit Abstand längsten Zeit ihres Daseins lebten unsere Vorfahren ausschließlich in Gruppen und Dorfgemeinschaften, die sich nach außen abschotteten. Die Gründe dafür waren einleuchtend und basierten auf purem Überlebenswillen: Fremde brachten Unfrieden und Zwist, waren Nahrungs- und Revierkonkurrenten und bargen – was man früher natürlich nicht zu deuten wusste, aber wohl dennoch ahnte – das Risiko, todbringende Infektionskrankheiten in die eigene Gemeinschaft einzuschleppen. Leider haben viele Zeitgenossen dieses evolutionsgeschichtlich sinnvolle Verhalten der Abschottung auch in unserer modernen technisierten und globalisierten Welt bisher nicht ablegen können. Anders lässt sich die verbreitete Fremdenfeindlichkeit in der Gesellschaft kaum erklären.

Fremdenfeindlichkeit
Fremdenfeindlichkeit fußt heute vielfach auf Unkenntnis der Fremden als Individuen und ist als Resultat negativer subjektiver Einschätzungen zu bewerten. Mehrere der in Abschn. 11.1 erläuterten kognitiven Verzerrungen lassen sich zum Verständnis heranziehen, etwa Fremdgruppenabwertung, Labeling und Vorurteile. Diese Phänomene können zur Ausgrenzung aller Personen und Gruppen führen, die nicht aus dem unmittelbaren Umfeld stammen. Und das trifft in besonderem Ausmaß Fremde, die nicht nur anders sprechen als die lokale Bevölkerung, sondern darüber hinaus auch noch anders aussehen. Seit dem Höhepunkt der Flüchtlingskrise 2015 und dem Appell der Bundeskanzlerin („Wir schaffen das") konnte man feststellen, wieweit es um die Menschenfreundlichkeit der Menschen und Parteien (besonders die mit dem „C" im Namen) bestellt war. Die heftigste Ablehnung von Geflüchteten gab es in den östlichen Bundesländern mit ihrem historisch bedingten niedrigen Migrationsanteil, was dem dortigen kometenhaften Anstieg der AfD-Wählerschaft Vorschub leistete. Von **Illicit Transference** („Unerlaubte Übertragung") spricht man mit Blick auf einen Trugschluss, der auftritt, wenn ein Argument darauf basiert, dass kein Unterschied existiert zwischen allen Einzelmitgliedern einer Gruppe und der Gruppe als Ganzes.

▶ „Burkas, Kopftuchmädchen und alimentierte Messermänner und sonstige Taugenichtse werden unseren Wohlstand, das Wirtschaftswachstum und vor allem den Sozialstaat nicht sichern."
AfD-Fraktionsvorsitzende Alice Weidel am 16.05.2018 im Deutschen Bundestag (Bundestag 2018, S. 2972D).

Die AfD-Spitzenpolitikerin Weidel gehört paradoxerweise als Mitglied der LGBTQ+-Community selbst zu einer Minderheit. Doch die Migrationsfrage zählt bekanntlich zum rechtspopulistischen Markenkern der AfD. Dazu passt die Klage der AfD-Landtagsfraktion 2021 am Bayerischen Verfassungsgerichtshof über die Mitgliedschaft des Landtags im „Bündnis für Toleranz". Das Bündnis aus mehr als 78 Vereinen, Gewerkschaften, Stiftungen und Verbänden, darunter neben dem bayerischen Landtag auch mehrere Ministerien, eint das Ziel, rechtsextremes, antisemitisches und rassistisches Gedankengut zu bekämpfen – wovon sich die AfD natürlich sofort angesprochen fühlte. Man ist in diesem Kontext geneigt, die Holocaust-Überlebende Hanni Lévy zu zitieren: „Früher hat man gesagt, die Juden sind an allem schuld, heute sind es die Flüchtlinge." (Bartsch 2018)

Umgang mit Minderheiten
Eine Minderheit ist nach gängiger Definition ein numerisch geringerer Teil einer Gesamtheit, der sich durch personale oder kulturelle Merkmale von der Mehrheit unterscheidet. Nachfolgende Diskussion fußt auf dieser Begriffsbestimmung:

▶ Im herkömmlichen Sinn meint man mit **Minderheiten** ethnische, religiöse oder nationale Minderheiten, das heißt Bevölkerungsgruppen auf dem Territorium eines Staates im Gegensatz zu einer bestimmten Bevölkerungsmehrheit.

Die Problematik gesellschaftlicher Minderheiten ist seit jeher ein fester Teil des öffentlichen Diskurses. Sie müssen nur eine seriöse Tageszeitung aufschlagen und finden gleich mehrere Beispiele, die belegen, dass Minderheiten rund um den Erdball von Mehrheiten diffamiert, drangsaliert und unterdrückt werden. Um Rechtfertigungen und Ausreden sind die Wortführer und Aktivisten der Mehrheiten nicht verlegen, seien es Gottes Wille, eine Rückkehr zu bewährten konservativen Werten, die Korrektur historischen Unrechts und andere machtpolitische Verirrungen. Damit werden die beschämenden Auswüchse auch in Deutschland gerechtfertigt, die sich inzwischen leider wieder häufen. Doch bevor wir später wieder vor der eigenen Türe kehren und den Baukasten der verhaltensökonomischen Effekte dazu nutzen, ist mir die Erläuterung eines Beispiels wiederum von jenseits des großen Teichs wichtig, dessen Begleiterscheinungen bereits gewürdigt wurden. Obwohl ich selbst mehrere Jahre in den USA gelebt habe, sind mir die dortigen Entwicklungen der letzten Jahre nach wie vor ein Rätsel.

Männer haben bisher in den meisten Kulturen und Gesellschaften dominiert und streben in einigen Ländern eine Rückkehr zu konservativen Werten, weg von fortschrittlichen Idealen an. Dies nennt man **Backlash-Effekt** (*Backlash Effect*, auf Deutsch auch „Rückschlag" oder „Gegenbewegung"). Er drückt sich heute vor allem in sozialen und zum Teil wirtschaftlichen Sanktionen für nichtstereotypenkonformes Verhalten, z. B. gegen Frauen, aus (Rudman und Phelan 2008). Der Backlash-Effekt wird uns durch die restlichen Abschnitte begleiten und steht in enger Verbindung mit dem Konservatismus-Fehlschluss. Das ist die bereits in Abschn. 1.6 eingeführte Tendenz, bei Vorliegen neuer Erkenntnisse die eigene Position und Sichtweise nur unzureichend daran anzupassen.

US-Konservative: Leuchtfeuer für den Backlash-Effekt

Während der achtjährigen Amtszeit von US-Präsident Barack Obama 2009–2017 widersetzten sich die Vertreter der Republikanischen Partei, der *Grand Old Party* (GOP), generell Ansätzen zur Zusammenarbeit von Präsident, Regierung und Demokraten. Dies machte mit Blick auf die Vergangenheit durchaus Sinn, denn die Wähler der Minderheitsfraktion würdigen derartige parteiübergreifende *(„bipartisan")* Kooperation erfahrungsgemäß nicht. In den 1980er-Jahren profitierten die Demokraten, die auch lange nach der Wahl von Präsident Reagan die Mehrheit im Repräsentantenhaus stellten, von diesem Effekt. Erst mit der knallharten Linie von Sprecher Newt Gingrich in Opposition zu Bill Clinton änderte sich dies. Später konnten die Demokraten gegen die Republikaner von Präsident George W. Bush zunächst mit Verständigungsbereitschaft nichts ausrichten und gewannen Haus und Senat erst nach massivem Widerstand gegen die Privatisierung der Sozialsysteme und den Irakkrieg zurück (Obama 2020, S. 258–259).

Einer der seit vielen Jahren entscheidenden Köpfe hinter der Verweigerungshaltung und extrem konservativen Ausrichtung der GOP ist der inzwischen 80-jährige Mitch McConnell, der seit 1985 den Bundesstaat Kentucky im US-Senat vertritt und dort seit 2007 Fraktionsvorsitzender der Republikaner ist. Barack Obama (2020) schildert im bisher veröffentlichten ersten Teil seiner Biografie ausführlich, welcher Tricks und Methoden sich die GOP dabei bedient hat (und gegenwärtig immer noch bedient).

Die Medien bezeichnen den Top-Republikaner McConnell als einen der gewieftesten Strippenzieher in Washington, der jenen Politikstil verkörpert, der tiefes Misstrauen schürt. Unter seiner Führung und in Zusammenarbeit vor allem mit dem Sprecher des Repräsentantenhauses John Boehner blockierten die Republikaner konsequent die Initiativen der Regierung Obama. So blieben mehr als hundert Richterstellen an Bundesgerichten und eine Position am Obersten Gerichtshof zwangsweise unbesetzt. Seit dem Beginn der Präsidentschaft von Donald Trump 2017 bemühte er sich intensiv darum, die seit Jahren angekündigten politischen Reformvorhaben der Republikaner umzusetzen. Die vakanten und viele weitere Richterstellen wurden mit McConnells Hilfe nun sukzessive mit konservativen Kandidaten besetzt sowie eine umstrittene Steuerreform im Senat verabschiedet.

Im Juni 2021 blockierten die Republikaner unter McConnells Führung eine von der Biden-Regierung geplante Wahlrechtsreform durch Bundesgesetzgebung. Bei einer Abstimmung im Senat stimmten die oppositionellen Republikaner geschlossen dagegen, überhaupt über das Gesetzespaket zu debattieren. Durch diesen *For the People Act* hätte verhindert werden sollen, dass Minderheiten (die eher für demokratische Kandidaten stimmen) nach der Trumpschen Wahlniederlage durch Gesetze einzelner Bundesstaaten (wie mehrfach geschehen) gezielt an

11.2 Fremdenfeindlichkeit und Minderheiten

der Stimmabgabe gehindert werden. Die Konservativen begründen dies mit angeblicher Betrugsanfälligkeit der Wahlen – ein Echo von Trumps unhaltbaren und vielfach widerlegten Manipulationsvorwürfen mit Blick auf die Präsidentschaftswahl vom 3. November 2020.

Politik läuft in den USA wie folgt: Wenn die Wähler nicht so abstimmen, wie es sich die Konservativen wünschen, werden die Regeln geändert – durch *Gerrymandering*,[1] Beschränkung von Briefwahl, Reduktion der Anzahl von Wahllokalen und weitere Werkzeuge aus dem Giftschrank der Ergebnismanipulation. So sorgt die GOP dafür, dass der US-Kongress mit seinen Kammern Senat und Repräsentantenhaus nach wie vor von traditionell orientierten älteren weißen Männern dominiert und kontrolliert wird. Der Backlash-Effekt in Reinkultur – eine Denk- und Handlungsweise heute wie zuzeiten der Unabhängigkeitserklärung und Verfassungsgebung vor fast 250 Jahren. Wahlkampf und Politik in Deutschland erscheinen dagegen trotz einiger Quertreiber wie ein gesitteter Kindergeburtstag.

Mitch McConnell ist also so etwas wie die Personifizierung des rückwärtsgewandten Rechtskonservatismus. Seine Strategie scheint nur möglich in einem reinen Verhältniswahlrecht, wie es in den USA (und auch in Großbritannien) existiert. Die fragwürdige Rolle vor allem der Republikanischen Partei im US-amerikanischen Politsystem zum Nachteil vieler Bürger und mit dem Risiko, dass der Pluralismus verloren geht, ist symptomatisch für viele weitere rechtskonservative Politiker und Staatsführungen (und deren Wähler). Es lässt sich psychologisch und auch verhaltensökonomisch mit den genannten Denkfehlern vor allem aufseiten der Wähler leicht erklären.

Neben dem Backlash-Effekt spielt eine Reihe weiterer kognitiver Irrtümer und Verzerrungen eine Rolle bei dieser rückwärtsgerichteten politischen Haltung. Ein wichtiger Effekt ist sicherlich die Status-quo-Verzerrung, wegen der die konservativen Weißen einen stärker werdenden politischen Einfluss von nichtweißen Amerikanern kategorisch ablehnen und bei den Gegenmaßnahmen sehr weit gehen. Die Radikalisierung besonders der männlichen weißen Bevölkerung ist inzwischen deutlich erkennbar, wie z. B. Michael Kimmel in seinem Buch *Angry White Men* (2013) schreibt. Danach sind die Schuldigen für jegliche Misere ausgemacht: Frauen, Linke, Schwarze, Ausländer und Homosexuelle.

---

[1] Erhöhung der eigenen Wahlchancen durch Zuschnitt von Wahlkreisgrenzen in einem Mehrheitswahlsystem; Kofferwort aus *Gerry* (nach US-Gouverneur Elbridge Gerry, der 1812 das Gesetz dazu unterzeichnete) und *Salamander* (nach der eigentümlichen Form des ersten betroffenen Wahlkreises). Dabei wird das **Will-Rogers-Phänomen** *(Will Rogers Phenomenon,* auch *Stage Migration)* ausgenutzt, ein Effekt bei der Mittelwertbildung von Gruppen.

Konservatismusfehlschluss, Hostile-Attribution-Bias, Implizite Verzerrung, Agent-Detection-Bias (etwa bei den militanten Abtreibungsgegnern) und wiederum die in Abschn. 11.1 zusammengefassten kognitiven Effekte innerhalb von Gruppen können helfen, das bizarre und rückwärtsgerichtete Vorgehen der „wütenden weißen Männer" in den heutigen USA zu verstehen – besser und klüger wird es dadurch nicht. Dieses Verhalten mit der zugrunde liegenden Denkweise bildet die Brücke zum verdeckten und sogar offenen Rassismus (Abschn. 11.3).

▶ **Tipp** Ressentiments gegen Fremde und Angehörige von Minderheiten sind primitiv und in unserer modernen Gesellschaft nicht mehr zeitgemäß.

Doch es geht auch anders.

Beispiel: Koexistenz in Neuseeland

Neuseeland (auf Māori *Aotearoa*) ist ein geografisch isolierter Inselstaat im südlichen Pazifik und Mitglied des *Commonwealth of Nations* mit demokratisch-parlamentarischer Verfassung. Das Land wurde im späten 13. Jahrhundert von Polynesiern entdeckt und in mehreren Einwanderungswellen besiedelt; ihre Nachkommen begründeten die Māori-Kultur. Der niederländische Seefahrer Abel Tasman entdeckte die Inseln 1642 als erster Weißer, und es kam gleich zu einer blutigen Begegnung mit den „Ureinwohnern". Ein Jahr später wurde die Inselgruppe nach der niederländischen Provinz Zeeland *Nieuw Zeeland* benannt und später unter James Cook kartografiert und Informationen zu den Māori gesammelt.

Nachdem in der Folgezeit erste Europäer mit den Māori zusammenlebten und Handel trieben, sah die erste Hälfte des 19. Jahrhunderts eine ausgeprägte Welle der Gewalt. Bei Kämpfen der Stämme untereinander, die teilweise mit europäischen Schusswaffen geführt wurden, starben rund 20.000 Menschen. In den 1820er-Jahren kam es zudem zu ersten bewaffneten Auseinandersetzungen zwischen Māori und Weißen. Die Erklärung der Unabhängigkeit 1835 scheiterte, und im Wettstreit mit Frankreich wurde das Land 1840 vom Britischen Weltreich offiziell annektiert. Neuseeland bildete 1841 eine eigene Kolonie, erhielt 1907 den Status einer *Dominion* und wurde folglich fast unabhängig von Großbritannien.

Um das Vorgehen als rechtmäßig zu erklären, versammelte der britische Generalgouverneur bereits kurz nach der Koloniegründung 1841 zahlreiche Māori-Häuptlinge, die den *Vertrag von Waitangi* unterzeichneten (Abb. 11.1). Dieser Vertrag, der das Land mit der britischen Krone verband, gilt als die Geburtsstunde des modernen Neuseelands. Gleichzeitig gaben die Māori damit ihre Souveränität auf und bekamen dafür Bürgerrechte zugesichert. Sie durften die Ländereien behalten, die vor Unterzeichnung des Vertrags in ihrem Besitz waren. Allerdings kam es zu Ungerechtigkeiten, die mit dem *Māori Affairs Amendment Act 1974* ausgeräumt werden sollten. Dieser brachte den Māori eine verbesserte Rechtslage und erweiterte

11.3 Rassismus früher und heute

Abb. 11.1 Waitangi Treaty House, „Geburtsort" von Neuseeland

kulturelle Selbstbestimmung. Im Jahr 1975 wurde schließlich das *Waitangi Tribunal* eingesetzt, das bei Unstimmigkeiten und Vertragsverletzungen Regelungen trifft und sich auch für Wiedergutmachungen einsetzt. Erst 1985 durfte das Tribunal historische Ungerechtigkeiten bis 1840 bewerten. Im Jahr 2008 einigten sich die Regierung Neuseelands und ein Maori-Kollektiv aus siebenStämmen nach über 20 Jahren Verhandlungszeit auf eine umfassende Entschädigung für die Ureinwohner (Wikipedia 2021d; Boast 2015).

Der Anteil der Māori an der neuseeländischen Bevölkerung liegt heute bei rund 15 %. Das Zusammenleben zwischen Europäern und Maori in Neuseeland gilt weltweit als vorbildhaft. In kaum einem anderen von Europäern kolonisierten Landstrich funktioniert das Miteinander zwischen den ethnischen Gruppen besser, auch wenn die Māori (noch) nicht völlig gleiche Chancen beispielsweise auf dem Arbeitsmarkt besitzen. Leider lässt sich Ähnliches von Australien, Brasilien oder den Vereinigten Staaten von Amerika nicht berichten. Doch auch in Deutschland ist die Einstellung zu und der Umgang mit Minderheiten keineswegs vorbildlich. ◄

11.3 Rassismus früher und heute

Die Ablehnung von Fremden und die Ausgrenzung und womöglich Diskreditierung und Diffamierung von Minderheiten sind der erste Schritt zu verdecktem oder auch offenem Rassismus gegen viele ethnische Gruppen.

Es gibt keine Menschen-„Rassen"

Alltagsrassismus (als Abgrenzung zum Rassismus von Politikern, Autoren, Organisationen und Medien) lässt sich im täglichen Leben problemlos finden, ohne dass man gezielt danach sucht. Wer erinnert sich im Rahmen der Fußball-Europameisterschaft 2020 (gespielt im Juli 2021) nicht an Anfeindungen französischer Spieler in Ungarn oder die Diffamierung der glücklosen englischen Elfmeterschützen – hier wie dort dienten farbige Sportler als Zielscheibe für Hassattacken und Anfeindungen, und das war beileibe keine Ausnahme. In den USA ist – eine Nachwirkung der Sklaverei – das Thema Rassismus und Segregation aktueller denn je, und die Gräben innerhalb der Gesellschaft sind durch Donald Trump vertieft statt zugeschüttet worden. Insbesondere Afroamerikaner stehen in vielerlei Aspekten auf der Schattenseite der Gesellschaft.

▶ **Rasse** ist eine umstrittene Bezeichnung für eine Gruppe von Individuen der gleichen (Tier-)Art, die anhand willkürlich gewählter Ähnlichkeiten des Phänotyps klassifiziert werden. Der Begriff ist in der Zoologie kaum mehr gebräuchlich und wird fast vollständig durch den Terminus (Unter-)Art ersetzt (Kattmann 1999).

▶ Biologisch lässt sich eine Unterteilung der Menschen in Rassen bzw. Unterarten nicht rechtfertigen. Alle ethnischen Gruppen gehören der Art Homo sapiens an.

Wie in Kap. 6 angedeutet, herrschte bis vor etwa 10.000 Jahren vermutlich ein ausgeprägter Rassismus zwischen den gleichzeitig den Planeten bewohnenden Menschenarten, bei dem es zuweilen recht gewalttätig zugegangen sein dürfte. Zwar ist „Rassismus" für eine Ideologie auch gegenwärtig noch *en vogue*, nach der Menschen wegen äußerlicher Merkmale – die eine bestimmte Abstammung vermuten lassen – als Rasse kategorisiert und beurteilt werden. „Rasse" sollte allerdings niemals für Asiaten, Europäer und vor allem Afrikaner verwendet werden.

Dies ist insofern bezeichnend, da der Rassebegriff bisher auch in Artikel 3 des Grundgesetzes der Bundesrepublik Deutschland enthalten ist: „Niemand darf wegen seines Geschlechtes, seiner Abstammung, seiner Rasse … benachteiligt oder bevorzugt werden." Die Formulierung ist vor dem Hintergrund des Nationalsozialismus und dessen rassistischer Diskriminierung entstanden. Heute wird daran kritisiert, dass unsere Verfassung mit der bisherigen Formulierung weiterhin die Vorstellung transportiert, dass es menschliche Rassen gäbe. Daher wurde eine politische Initiative zur Änderung des Wortlauts gestartet.

Die Diskussion um politisch korrekte Sprache betrifft den erwähnten Alltagsrassismus und die darunterfallende sprachliche Abwertung von Randgruppen und Minderheiten in besonderem Maße. Gerade in den USA bereitet – ungeachtet aller Diskriminierung dieser Gruppe – die politisch korrekte Bezeichnung von Schwarzen stets Anlass zum Nachdenken. Das N-Wort, das noch in den frühen 1970er-Jahren üblich war, ist absolut tabu. Selbst „Schwarze" für *African Americans* steht auf dem Prüfstand, da für die Einordnung nicht nur die Hautfarbe entscheidend ist, sondern eine sozial konstruierte Einteilung darstellt (vgl. Wikipedia 2021h und dort aufgeführte Quellen).

▶ **Tipp** Im Englischen spricht man heute korrekterweise von *People of Color* (*PoC,* Singular: *Person of Color*) bzw. *Black and People of Color (BPoC).* Auch im Deutschen sind Begriffe wie „Farbige" oder „Dunkelhäutige" unangebracht – *Schwarze* scheint bei uns noch gesellschaftsfähig.

Derzeit gibt es keine Übersetzung für das passendere PoC, mit dem sich viele Minderheiten in Deutschland zudem nicht anfreunden können (AI 2017; Wikipedia 2021g; Marinić 2021). Aktuelle Bestrebungen, das Wort „schwarz" aufgrund entsprechender negativer Konnotation (wie im Beispiel „Schwarzfahren") aus der deutschen Sprache zu verdrängen, scheinen übertrieben.

Offener und versteckter Rassismus ist in der Gesellschaft leider immer noch omnipräsent. Die Mehrzahl der Menschen scheint um *Political Correctness* bemüht und versucht, in dieser Hinsicht alles richtig zu machen. Wie bei vielen anderen Themen sind Übertreibungen an der Tagesordnung, insbesondere wenn sie es ermöglichen, mit dem Finger auf andere zu zeigen. Ein gutes Beispiel dafür ist der Moderator und Kabarettist Matthias Matuschik, der im Februar 2021 in seiner Radioshow bei Bayern 3 klarmachte, dass er sich über eine südkoreanische Boygroup ärgere, die einen seiner Lieblingshits gecovert hatte. Zwar war seine Wortwahl fragwürdig, doch der darauf folgende Shitstorm im Netz mit massiven Rassismusvorwürfen, der letztlich zur Einstellung seiner Sendung führte, sicherlich massiv überzogen. Hier wurde aus einer Mücke ein Elefant gemacht, der in Abschn. 9.5 aufgeführte kognitive Effekt der Magnification.

▶ **Tipp** Bevor Sie in sozialen Netzwerken jemanden des Rassismus bezichtigen, sollten Sie den Roman *Onkel Toms Hütte* von Harriet Beecher Stowe (1852) lesen, der das Schicksal afroamerikanischer Sklaven in den 1840er-Jahren in den USA schildert und letztlich zur Abschaffung der Sklaverei beigetragen hat.

Antisemitismus und Antiziganismus
Antisemitismus und Antiziganismus werden als Ausprägungen von Rassismus aufgefasst. Gerade wir Deutschen sollten eine starke historische Verantwortung empfinden, konsequent gegen beide moralischen (und juristischen) Verfehlungen vorzugehen: Unter nationalsozialistischer Herrschaft wurden ca. 6 Mio. Juden und bis zu 200.000 Sinti und Roma ermordet.[2] Sowohl die Shoah („Katastrophe") bzw. der Holocaust („vollständig

---

[2] Die publizierten Zahlen für die Toten jüdischen Glaubens schwanken zwischen 5,6 und 6,3 Mio. In der Gedenkstätte Yad Vashem in Jerusalem sind über 4 Mio. Opfer namentlich erfasst. Die Zahl der ermordeten Sinti und Roma lässt sich nur sehr ungenau rekonstruieren.

verbrannt") als auch der Porrajmos („Verschlingen"; Bezeichnung für Völkermord an den europäischen Roma) sind einzigartige Beispiele für industrialisierten Genozid.

▶ Mit dem im 19. Jahrhundert geprägten Begriff **Antisemitismus** werden heute alle Formen von pauschalem Judenhass, pauschaler Judenfeindlichkeit oder Judenfeindschaft bezeichnet.
  Antiziganismus steht für die von Stereotypen, Abneigung und/oder Feindschaft geprägten Einstellungskomplexe gegenüber Roma, Sinti, Fahrenden, Jenischen und anderen Personen und Gruppen, die von der Mehrheitsgesellschaft als „Zigeuner" stigmatisiert werden.

Die Internationale Allianz für Holocaust-Gedenken (IHRA) hat folgende allgemein anerkannte Definition erarbeitet: „Antisemitismus ist eine bestimmte Wahrnehmung von Juden, die sich als Hass gegenüber Juden ausdrücken kann. Der Antisemitismus richtet sich in Wort oder Tat gegen jüdische oder nicht-jüdische Einzelpersonen und/oder deren Eigentum sowie gegen jüdische Gemeindeinstitutionen oder religiöse Einrichtungen."

Pauschale Judenfeindschaft hat eine rund 2500 Jahre alte Tradition und speist sich aus einer Vielzahl von Bildern, Gerüchten, Klischees, Vorurteilen, Ressentiments und Stereotypen zur Glaubensgemeinschaft der Juden oder individuellen Vertretern (wie am Beispiel der Pharisäer in Abschn. 4.2 erläutert). Darunter fällt neben der Holocaustleugnung ebenfalls Antizionismus, der sich gegen den 1948 gegründeten Staat Israel richtet, sein Existenzrecht bestreitet und judenfeindliche Stereotype in delegitimierender Absicht auf Israel überträgt. Jedoch darf Kritik an der Politik der israelischen Regierung, etwa in Zusammenhang mit Palästinenserpolitik und Siedlungsbau in den besetzten Gebieten, nicht generell mit Antisemitismus gleichgesetzt werden. Allerdings ist der Grat zwischen berechtigter Israelkritik und getarntem Antisemitismus schmal. Laut IHRA ist eine Kritik an Israel, die sich auf einem Niveau bewegt, wie sie ein beliebiges anderes Land treffen könnte, nicht als antisemitisch anzusehen (IHRA 2016).

▶ **Tipp** Distanzieren Sie sich von jeder Art von Rassismus, Antisemitismus, Antiziganismus, aber auch Islamfeindlichkeit und ähnlichen Diskriminierungen weiterer Gruppen, und tolerieren Sie dieses Verhalten nicht bei anderen.

Kognitive Effekte, die zu Rassismus führen
In Abschn. 11.4 und 11.5 soll betrachtet werden, welche Denkfehler eine Rolle beim Aufstieg faschistischer und totalitärer Systeme und ihren Untaten eine Rolle spielen können und wie die psychologische Wirkung von Verschwörungstheorien und gezielter Propaganda wirken. Zunächst will ich die kognitiven Irrtümer bei der Diskriminierung ethnischer Minderheiten analysieren. Dabei sind die meisten relevanten Verzerrungen im einen oder anderen Kontext bereits erwähnt und diskutiert worden. Lediglich zwei neue Effekte drängen sich auf, die zielgenau auf die Rassismusproblematik passen:

11.3 Rassismus früher und heute

Der **Cross-Race-Bias** (*Cross Race Bias,* wörtlich „Fremdgruppen-Gesichter-Verzerrung"; vgl. Gehrke 2005) bezeichnet die schlechtere Wiedererkennungsleistung von Gesichtern, die nicht der eigenen Ethnie entstammen, im Vergleich zu Gesichtern der eigenen ethnischen Gruppe (Feingold 1914). Für weiße Europäer sehen z. B. alle Japaner oder Koreaner mehr oder weniger ähnlich aus, und es fällt auch schwer, die Gesichter von denen anderer Ostasiaten zu unterscheiden. Dasselbe trifft auf Schwarzafrikaner und *African Americans,* Inder und Pakistaner zu, und etwas abgeschwächt sogar auf Bewohner des Mittelmeerraums. Dies kann dazu führen, dass wir Vertreter anderer Ethnien eher als integralen Teil einer homogenen Gruppe wahrnehmen denn als Einzelpersonen mit individuellen Eigenschaften – und so wird den in Abschn. 11.1 aufgeführten Gruppeneffekten möglicherweise Tür und Tor geöffnet: Es greifen die archaischen Reflexe von Eigengruppenbevorzugung und Fremdgruppenabwertung, und die Parole lautet: „Die oder wir!" (Geier 2021).

Das **Missing-white-woman-Syndrom** (*Missing-white-woman Syndrome;* „Vermisste-weiße-Frau-Syndrom") beschreibt ein Phänomen, das in uralten rassistischen Klischees wurzelt und von der afroamerikanischen Nachrichtensprecherin Gwen Ifill erstmals so bezeichnet wurde. Tatsächlich haben Studien inzwischen gezeigt, dass US-Medien überproportional intensiv darüber berichten, wenn eine junge weiße Frau aus der Mittelschicht verschwunden ist. Bei schwarzen Opfern ist der erste Impuls zu glauben: Wird schon mitverantwortlich sein für sein/ihr Schicksal. (Liebler 2010; Sommers 2016).

Daneben unterstützen und fördern eine Reihe weiterer Biases aus verschiedenen bereits behandelten Kategorien den Alltagsrassismus. Als Gedankenstütze nur einige Beispiele:

- Die *Verlustangst* beschreibt die natürliche und verhaltensökonomisch begründete Scheu und Sorge, Eigentum im weitesten Sinn abgeben zu müssen – Geld, Zeit, Lebensraum, Privilegien oder soziale und auch Teile der ethnischen Identität. Mit Blick auf unsere eigenen Ressourcen stufen wir Randgruppen vor allem mit vermeintlich niedrigerem sozialem Status und anderem Aussehen als Bedrohung und „Nahrungskonkurrenz" ein. Kulturelle Vielfalt und Ausgleich des Bevölkerungsschwunds hin oder her: Viele Menschen kämpfen vehement für den Status quo, und diese Beharrungskräfte sind sehr stark.
- Auch hier lassen sich wieder *Backlash-Effekt, Konservatismusfehlschluss* und *Status-quo-Verzerrung* anführen: rückwärtsgerichtete Denk- und Handlungsweisen, die verkennen, dass wir nicht mehr in isolierten Dörfern leben, deren Gemeinschaft wir gegen äußere Einflüsse verteidigen müssen.
- *Stereotyping, Labeling* und *Vorurteile* können verhindern, dass wir uns ethnischen Minderheiten annähern, mit ihren Vertretern in persönlichen Kontakt treten und sie mit ihren Sitten, Gebräuchen und Denkweisen kennenlernen. Was im Urlaub „bei denen" als landestypische Folklore hochwillkommen ist, betrachten wir im eigenen Land mit ausgeprägter Skepsis.

- Die *Frequenzillusion* bewirkt, dass wir fremdländisch aussehende Individuen, vor allem Schwarze, jedoch auch Menschen vom indischen Subkontinent und aus Ostasien, bewusster wahrnehmen als Vertreter unserer eigenen Ethnie. Das führt zu der intuitiven Fehleinschätzung, dass mehr Menschen anderer Ethnien in unserer Gesellschaft leben, besonders in unserer eigenen Umgebung, als dies in Wirklichkeit der Fall ist. (In Afrika oder Asien fallen wir Europäer hingegen besonders auf.)
- Bewusste Stimmungsmache bestimmter Kreise, etwa von Populisten und extremistischen Parteien, erfolgt gerne mit Falschinformationen oder Halbwahrheiten. Die „alimentierten Messermänner" von AfD-Weidel erfüllen die Voraussetzungen für den *Hostile-Attribution-Bias*. Gleichzeitig befördern derartige Diffamierungen eine *Implizite Verzerrung* zuungunsten der beurteilten Gruppe. Jeder statistisch irrelevante Einzelfall eines Vergehens von Minderheiten und anderer ethnischer Gruppen wird mittels Berichterstattung in den Medien über die *Verfügbarkeitsverzerrung* gerne verallgemeinert, was den Boden für rassistische Klischees bereitet.
- Trägt die Stigmatisierung von Randgruppen erst einmal Früchte, ist dem Rassismus mit seinen Varianten Tür und Tor geöffnet. Denn Menschen bevorzugen einfache Wahrheiten auf der Basis glaubwürdiger, doch nicht immer logisch hergeleiteter bzw. belegbarer Schlussfolgerungen. Einige fehlgeleitete Zeitgenossen lassen sich davon leider nicht mehr so leicht abbringen, auch wenn Gegenargumente und kontroverse Fakten vorliegen. Das wird durch Überzeugungsirrtum und *Belief Perseverance,* das Beharren auf Überzeugungen, ausgedrückt.

Um letztlich nochmals auf das Thema Judenhass und Shoa zurückzukommen, quasi als Überleitung zu den weiteren Ausführungen: Die Juden haben in den 1930er-Jahren die Gefahr durch die Nazis nicht richtig eingeschätzt und sind größtenteils in Deutschland geblieben, obwohl es zunehmende Anzeichen für den beginnenden Genozid gab. Sie waren damit dem *Normalcy-Bias,* dem Normalitätsfehlschluss erlegen: „Es wird schon nicht so schlimm werden." Wurde es leider jedoch (Abb. 11.2).

> **Tipp** Ob gläubig oder nicht: Führen Sie ein Leben, das hohen moralischen Standards genügt und alle Menschen und ihre Würde achtet.

11.4 Fake News 1: Basis für Propaganda

In den vorangehenden Kapiteln habe ich bereits mehrfach geraten, nicht alles zu glauben, was Sie tagtäglich hören oder lesen. Vielfach werden Fake News zu Desinformationszwecken bewusst erzeugt. Der mittlerweile übliche englischsprachige Begriff für Falschmeldungen bezeichnet ein ganzes Arsenal propagandistischer Waffen. Oft haben solche gezielt irreführenden Behauptungen einen wahren Kern, beispielsweise eine reale Größenangabe, die aber aus dem jeweiligen Kontext gerissen und damit jeder Aussagekraft beraubt wird. Teilweise sind Zahlen und Fakten auch erfunden und glatt

11.4 Fake News 1: Basis für Propaganda

Abb. 11.2 Jüdischer Friedhof in Burghausen

gelogen. Zitate werden gerne mutwillig so zerfleddert, dass ihre Aussage ins Gegenteil verkehrt wird. Fake News begleiten und beeinflussen die politischen Entscheidungen unserer Zeit: die US-Wahlen 2016 und 2020, die *Leave*-Kampagne im Vereinigten Königreich, Referenden in Katalonien, Schottland und den Niederlanden, die Kriege in Syrien und der Ukraine sowie die Politik in Deutschland (Lamberty und Gensing 2021).

Es ist in Zeiten von Internet und sozialen Netzwerken einfach, eine Falschmeldung in Umlauf zu bringen. Und Fake News klingen reißerischer, spannender und interessanter als trockene Realnachrichten – der in Abschn. 3.4 erwähnte Bizarreness-Effekt. Manchen Menschen ist es egal, ob alle Fakten stimmen, wenn sie eine Nachricht teilen, solange der Inhalt in ihre Weltsicht passt. Vor diesem Hintergrund lässt sich seit Jahrzehnten der Erfolg von reißerischen Boulevardzeitungen nachvollziehen; einen Erklärungsansatz liefert der Continued-Influence-Effekt (Abschn. 11.5). Faktenchecks und Korrekturen, die eine Falschmeldung richtigstellen, verbreiten sich wesentlich langsamer und erreichen längst nicht so viele Menschen.

Eine Übersicht über aktuelle Fake News würde hier den Rahmen sprengen – allein die Fehlinformationen zur Covid-19-Pandemie liefert Stoff für ein eigenes dickes Buch (siehe z. B. Hohlfeld et al. 2021). Das Weltjudentum, Bill Gates, der „digital-finanzielle Komplex" und der „tiefe Staat" sind häufig bearbeitete Themenfelder für

Populisten und Verschwörungstheoretiker. Hier soll es vielmehr darum gehen, den kognitiven Grundlagen auf die Spur zu kommen, die den Verhau an Halbwahrheiten und Falschmeldungen der Gegenwart erklären können. Allerdings beschäftigt das Phänomen die Welt schon länger, obwohl es erst um die Jahrtausendwende so richtig bekannt geworden ist: „Fake News" bezeichnete im Englischen Ende des 19. Jahrhunderts gelegentlich bewusste Falschmeldungen in Zeitungen – neben „Querdenker" ein weiteres Beispiel für die in Abschn. 3.3 vorgestellte Recency-Illusion.

> **Beispiel: Nemmersdorf (Ostpreußen)**
>
> Zunächst ein Blick zurück, um zu zeigen, wie staatliche Falschmeldungen zu Propagandazwecken genutzt werden. Meine Vorfahren väterlicherseits stammen aus Ostpreußen und flüchteten Anfang 1945 aus der deutschen Enklave. Nachdem die sowjetischen Truppen Ostpreußen eingekesselt hatten, versuchten zahlreiche panische Menschen, einen der Häfen zu erreichen, um dort an Bord eines Schiffes zu gelangen. Mehr als die Hälfte der bei Kriegsende etwa 2,4 Mio. Einwohner machte sich beim Vordringen der Roten Armee auf den Weg in den Westen; bis zu 300.000 sind auf der Flucht ums Leben gekommen. Die Geschehnisse in Ostpreußen werfen die Frage auf, was so viele Menschen veranlasste, sich ohne Weisung durch eine Behörde und ohne Rücksicht auf das Ungewisse in großer Angst auf- und davonzumachen. Immerhin war die russische Armee bereits vor 1944 mehrfach in Ostpreußen eingefallen (1807, 1813 und 1914), ohne dass es zu einer derartigen Völkerwanderung gekommen wäre. Die „Flucht vor der Roten Armee" ist nach dem Historiker Bernhard Fisch (2015, S. 231–232) als Hauptgrund inzwischen wissenschaftlich nicht mehr haltbar.
>
> Ein zentraler Punkt für das Verständnis des panischen Fluchtverhaltens zu Kriegsende liegt für ihn im „Massaker von Nemmersdorf", das durch die nationalsozialistische Propaganda instrumentalisiert wurde (Fisch 2015, S. 184–223; s. auch Wikipedia 2021e). Was war geschehen? Am 20. Oktober 1944 nahmen zwei sowjetische Bataillone den ostpreußischen Ort Nemmersdorf ein, das erste Zusammentreffen der Roten Armee mit der deutschen Zivilbevölkerung. Die Rückeroberung fand am bereits 23. Oktober unter großen Verlusten auf sowjetischer Seite statt. Die deutschen Truppen fanden vor Ort einige tote Zivilisten, die vermutlich erschossen worden waren.
>
> Das deutsche Reichsministerium für Volksaufklärung und Propaganda versuchte in der Folge, die Geschehnisse in der Ortschaft im Sinne des nationalsozialistischen Regimes zu deuten. Ziel war es, die Reserven der deutschen Bevölkerung gegen die vorrückenden Sowjettruppen zu mobilisieren, indem man sie als grausame Invasoren darstellte. Zu diesem Zweck wurden nachträglich Aufnahmen mit Erschossenen unbekannter Herkunft angefertigt und propagandistische Berichte verbreitet, die von methodischen Folterungen, Vergewaltigungen und Morden sprachen (Abb. 11.3).
>
> Die Aussage eines Volkssturmoffiziers von sechs nackten, gekreuzigten Frauen und von der Schändung aller weiblichen Wesen konnten keine weiteren Zeugen

11.4 Fake News 1: Basis für Propaganda

Abb. 11.3 Nemmersdorf-Berichterstattung im Dritten Reich. (Braunschweiger Tageszeitung vom 27. Oktober 1944)

bestätigen. Trotzdem wird seine Version auch heute noch in Medien und Büchern kolportiert (Fisch 2015, S. 194–195). In der jungen Bundesrepublik Deutschland honorierte das Bundesministerium für Vertriebene, Flüchtlinge und Kriegsgeschädigte derartige Berichte von Gräueltaten. In der DDR und in der Sowjetunion wurde das Massaker von Nemmersdorf tabuisiert bzw. als bloße Propagandaaktion des NS-Regimes dargestellt. ◄

Propaganda ist eine Form von Desinformation durch das gezielte Verbreiten von Falschinformationen und der Versuch der gezielten Beeinflussung des Denkens, Handelns und Fühlens von Menschen. Wer Propaganda betreibt, verfolgt damit immer ein bestimmtes Interesse. In Verbindung mit dem Krieg machen Politiker und Militärs von Propaganda Gebrauch, um z. B. die eigene Bevölkerung von einem Krieg zu überzeugen oder – wie in Ostpreußen – zum Durchhalten und Widerstand zu bewegen. Ein typisches Mittel ist, die Bedrohlichkeit des Feindes hervorzuheben, um Aggressionen gezielt auf ihn zu lenken. So erfuhr die Öffentlichkeit erst 2021, dass bei der Tankerexplosion im afghanischen Kundus am 4. September 2009, die ein deutscher Oberst angeordnet hatte, keineswegs 100 Menschen und darunter viele Zivilisten ums Leben kamen. „Diese Darstellung ist hinsichtlich der Opferzahl und -eigenschaft sowie der angeblich unterbliebenen Warnung schlicht falsch und beruht letztlich wohl auf einem Propagandaerfolg der Taliban", schreiben die BGH-Richter Herrmann und Reiter (2021) – die ISAF-Truppen fanden lediglich Spuren von 12 oder 13 getöteten Kämpfern.

Charakteristisch für Propaganda ist, dass sie die verschiedenen Seiten einer Thematik verschweigt und Meinung und Information vermischt. Wer Propaganda betreibt, möchte nicht diskutieren und mit Argumenten überzeugen, sondern mit allen Tricks die Emotionen und das Verhalten der Menschen beeinflussen. Propaganda nimmt dem Menschen das Denken ab und gibt ihm stattdessen das Gefühl, mit der übernommenen Meinung richtig zu liegen. Hier zeigt sich der große Unterschied etwa zur journalistischen Information: Journalisten betreiben Aufklärung, indem sie alle verfügbaren Fakten und Hintergründe darlegen und die Menschen selbst entscheiden lassen, was richtig und was falsch ist (bpb 2011).

Diese Art von Pluralität wird in autoritär geführten Staaten systematisch unterdrückt, und dort gehören Propaganda und Falschmeldung zum täglichen Handwerkszeug. Aussagen, Unterstellungen und Zurückweisungen von Anschuldigungen aus Russland, China oder Nordkorea (und vielen anderen Staaten ohne freie Meinungsvielfalt) sollten generell misstraut werden. Landkarten und Stadtpläne vor allem in totalitär regierten Staaten weisen oft gezielte Ungenauigkeiten und bewusste Fehler auf. Ich besitze selbst noch einen Berliner Stadtplan von 1970 in der DDR-Version, auf dem West-Berlin quasi nicht existent ist. Doch auch einige westliche Regierungen gehen mit der Wahrheit teilweise recht großzügig um. So fehlten beispielsweise während des Kalten Kriegs zahlreiche Militärflughäfen auf den Landkarten, und bis 2000 wurde die GPS-Positionsbestimmung durch pseudozufälliges Rauschen *(Selective Availability)* absichtlich verschlechtert.

In demokratischen Staaten besteht immerhin die Chance, dass bewusste Irreführungen und Lügen durch seriöse journalistische Arbeit mit Recherchenetzwerken und Faktenchecks aufgedeckt und publiziert werden. In den letzten Jahren macht das privat organisierte investigative Recherchenetzwerk *bell¿ngcat* von sich reden, das gerade Russland in mehreren Fällen gravierende Lügen nachweisen konnte (siehe Wikipedia 2021b und dort aufgeführte Quellen).

▶ **Tipp** „Nur wer Propaganda als solche erkennt, kann sich dagegen wehren" (bpb 2011).

„*Fake News* und *postfaktisch:* Das sind zwei Schlagwörter, die für eine bedenkliche Entwicklung stehen", schreibt die Bundeszentrale für politische Bildung zu ihrem Sonderheft *Propaganda.* „Einerseits wird klassischen Medien vorgeworfen zu lügen – andererseits werden im Internet Gerüchte verbreitet, die Menschen beschädigen oder sogar Wahlen beeinflussen. Und manchen Menschen ist dann wieder völlig egal, ob die Fakten stimmen oder nicht" (bpb 2017).

In längst vergangenen Zeiten wurde ein passendes Narrativ gefunden, wenn sich die Menschen etwas nicht erklären konnten: Naturkatastrophen, kosmische Phänomene und das Wunder des Lebens an sich. Dies führte unter anderem in vielen Kulturen über eine Agent Detection zur Entstehung von Religionen (siehe z. B. Bertolotti und Magnani 2010). Geschichten wurden erfunden oder so verändert, dass sie mangels wissenschaftlicher Erkenntnisse einen Erklärungsansatz für unbegreifliche Beobachtungen bieten konnten. Als Beispiel mag die christliche Schöpfungsgeschichte dienen.

Fake News sind im Gegensatz dazu in manipulativer Absicht bewusst verbreitete Falschmeldungen, vorgetäuschte Nachrichten, die sich vor allem über Internet und besonders soziale Netzwerke deutlich schneller verbreiten als korrekte Nachrichten. Diese im Stil echter Nachrichten gezielt in die Welt gesetzten Unwahrheiten dienen der Effekthascherei, aber auch der Schaffung von Verwirrung, Chaos und innerem Unfrieden bis hin zur Anstiftung zu Aufständen und Sturz von Regierung und demokratischem Staatssystem.

11.5 Fake News 2: Kognitive Analyse

Falschmeldungen bedienen sich der Prinzipal-Agent-Problematik und erzeugen gezielt eine asymmetrische Informationslage: Der Verfasser ist besser informiert als der Empfänger, der sich seines Nachteils oft überhaupt nicht bewusst ist und gerne übersieht, dass er mit Fake News konfrontiert ist. Einen ersten Hinweis, der Menschen aus niedrigeren Bildungsschichten leider verborgen bleibt, kann die im Gegensatz zu seriösen Nachrichten einfache Sprache dieser Lügengebilde bieten. Die zunehmende Verbreitung speziell in den sozialen Netzwerken folgt verhaltensökonomischen Mustern, wie auch in Wikipedia (2021c) und den dort aufgeführten Quellen dargestellt ist. Dabei werden Bestätigungsfehler (Abschn. 2.3), Konsistenzfehlschluss (Abschn. 3.2) und Verfügbarkeitsverzerrung (Abschn. 1.4) zur Erklärung für die verbreitete Leichtgläubigkeit herangezogen. Vielfach machen sich die Menschen in unserer schnelllebigen Zeit einfach nicht die Mühe, Nachrichten vor der Kenntnisnahme und Weitergabe kritisch auf ihren Wahrheitsgehalt und ihre Plausibilität zu prüfen.

> **Fake News und „alternative Fakten"**
> Das Schlimme an Falschnachrichten ist, dass wir intuitiv meinen, im Gegensatz zu anderen Menschen nicht so leicht zum Opfer zu werden – ähnlich wie bei der Beeinflussung durch Werbung. Unter dem Oberbegriff „Above-Average-Effekt" habe ich dazu in Abschn. 5.3 zwei kognitive Glaubenstendenzen eingeführt, die auch bei Fake News eine Rolle spielen.
>
> - *Third-person-Effekt:* Massenmedien beeinflussen andere stärker als uns selbst.
> - *Naiver Realismus:* Wir nehmen die Welt um uns herum objektiv wahr, und Leute, die nicht mit uns übereinstimmen, sind uninformiert, irrational oder voreingenommen.

Für den sogenannten **Truth-Effekt** (*Truth Effect;* Hashier et al. 1977) existieren gleich mehrere alternative Bezeichnungen: im Deutschen Wahrheitseffekt, Wiederholungseffekt und Stichhaltigkeit, auf Englisch auch *Illusory Truth Effect, Reiteration Effect* und *Validity Effect.* Er beschreibt den Fehler, Aussagen, die zuvor bereits gehört oder gelesen wurden, einen größeren Wahrheitsgehalt zuzusprechen als solchen, die erstmals gehört werden. Dies steht in Verbindung mit dem Effekt der bloßen Darbietung (Abschn. 1.3): Allein die wiederholte Wahrnehmung einer anfangs neutral beurteilten Sache kann ihre positivere Bewertung zur Folge haben. Wenn man Falschnachrichten oft genug hört, wirken sie glaubhafter als anderslautende Darstellungen selbst für den Fall, dass sie unplausibel klingen.

Auf diese kognitive Verzerrung hat der erwähnte Donald Trump gebaut, als er – vermutlich wider besseres Wissen – über Monate verkündete, ihm sei die US-Präsidentschaftswahl 2020 „gestohlen worden", was letztlich zum Sturm auf das Kapitol und zu einem zweiten (wiederum von der GOP blockierten) Amtsenthebungsverfahren führte. So schloss sich ein Kreis von Absurditäten aus dem Weißen Haus unter dem 45. Präsidenten, der im Januar 2017 mit der Definition „alternativer Fakten" (zur Teilnehmerzahl bei der Amtseinführung) begann und über die in Abschn. 5.1 erwähnten mehr als 30.000 Falschaussagen, glatten Lügen und irreführenden Behauptungen zu besagtem Showdown führte.

Alternative Fakten werden wie Fake News als neuartige Phänomene wahrgenommen. Vielfach scheint der betreffende Autor an das zu glauben, was er sagt, und er bastelt sich aus realen Fakten in Verbindung mit seiner Wunschvorstellung ein Narrativ, das beides vereinigt – also keine blanke Lüge wie die Fake News. Dies entspricht einem **Story-Bias** (*Story Bias;* Dobelli 2014, S. 53–55): Geschichten werden verdreht und vereinfachen so die Wirklichkeit; der Urheber verdrängt alles, was nicht in das Bild hineinpasst. In Deutschland und in Österreich wurde „alternative Fakten" zum Unwort des Jahres 2017 gewählt.

Darüber hinaus sind in Verbindung mit Propaganda, Verschwörungstheorien und Fake News weitere psychologische und verhaltensökonomische Effekte bekannt, von denen nachfolgend noch einige Vertreter erläutert sind. Die meisten dienen dazu, bestimmte Botschaften in den Köpfen der Menschen zu verankern, sei es durch reißerische Aufmachung und Inhalte, Redundanz, Gruppeneffekte, Ausnutzung persönlicher Betroffenheit u. v. m. Für die Detektion, Einschätzung und den Umgang mit derartigen Falschnachrichten ist entscheidend, wer dahintersteckt und welche Absichten damit verfolgt werden.

▶ **Tipp** Melden bzw. kennzeichnen Sie zweifelhafte Inhalte in sozialen Netzwerken, und teilen Sie offensichtliche Fake News keinesfalls mit anderen und senden Sie diese nicht kommentarlos weiter.

Der **Backfire-Effekt** *(Backfire Effect)* ist mit Bumerang-Effekt und Bestätigungsfehler verwandt: die Neigung, Fakten, die der eigenen Überzeugung widersprechen, als Verifizierung der eigenen Überzeugung zu betrachten und diese noch vehementer zu vertreten. (Mir fallen dabei sofort Corona-Leugner und Impfgegner ein …) Konfrontation mit Fakten und Argumenten soll demnach bei Menschen, die einer politischen Ideologie anhängen, oftmals zum Gegenteil des Angestrebten führen (Nyhan und Reifler 2010). Die aktuelle Forschungslage ist allerdings, dass es sich um kein besonders robustes empirisches Phänomen handelt, und die Existenz des Effekts wird in Verhaltensstudien sogar angezweifelt. Besteht also noch Hoffnung bei der Pandemiebekämpfung?

Die Verfügbarkeitsverzerrung *(Availability Bias)* haben wir schon kennengelernt, der systematische Urteilsfehler, der entsteht, wenn die Bewertung der Wahrscheinlichkeit eines Ereignisses von leicht verfügbaren Beispielen geprägt ist. Die **Verfügbarkeitskaskade** *(Availability Cascade)* ist ein sich selbst verstärkender Prozess, bei dem eine kollektive Annahme mehr und mehr Plausibilität gewinnt, indem sie öffentlich ständig wiederholt wird. „Wiederhole etwas lange genug, und es wird wahr", lautet eine Grundlage für die Wirkung von Propaganda (Kuran und Sunstein 1999).

Im selben Kontext wäre der **Continued-Influence-Effekt** *(Continued Influence Effect,* CIE; „Nachwirkung von Falschinformation") zu erwähnen. Dieser ebenfalls bereits erwähnte Effekt, mit dem die Boulevardpresse gezielt arbeitet, basiert auf der Tendenz, eine Falschinformation weiterhin zu glauben, obwohl eine Richtigstellung erfolgt ist. Der erste Kick der Fake News wirkt wesentlich stärker als die dezent präsentierte korrekte Information drei Tage später an unauffälliger Stelle im Blatt (Johnson und Seifert 1994; Lewandowsky et al. 2020).

Der **Proportionalitätsfehlschluss** *(Proportionality Bias)* ist ein kognitiver Irrtum, der einen gravierenden Einfluss auf die Akzeptanz von Verschwörungstheorien besitzt. Man versteht darunter die Tendenz anzunehmen, dass für große Entwicklungen vergleichbar große und wichtige Gründe verantwortlich sein müssen (Leman und Cinnirella 2007). Während für die normale Influenzawelle im Winter natürliche Ursachen angenommen werden, muss für viele fehlgeleitete Geister hinter der „geplanten" Covid-19-Pandemie mit sechs Millionen Toten schon eine gezielte weltweite Verschwörung stecken – kleiner geht's für die Verfechter solcher Thesen nicht.

Nach dem 1837 veröffentlichten Märchen von Hans Christian Andersen ist das **Des-Kaisers-neue-Kleider-Syndrom** *(Emperor's-new-clothes Syndrome)* benannt. Es beschreibt die Beobachtung, dass ein Denkmodell oder eine Glaubensstruktur ohne Grundlage und unterstützende Fakten nur dann bestehen und überleben kann, wenn jeder gewillt ist, daran zu glauben (Gross 1971; Born 1998). Dieses Phänomen lässt sich in verschiedensten Bereichen des gesellschaftlichen und privaten Lebens finden, etwa in Zusammenhang mit so unterschiedlichen Themen wie Religion und Sekten, Marktwirtschaft/Kapitalismus, Schneeballsystemen, Homöopathie oder Mondholz (Abschn. 10.1) – und ebenso bei Verschwörungstheoretikern und Opfern geschickter und erfolgreicher Propaganda.

Letztlich sollte noch die **Psychologische Reaktanz** *(Psychological Reactance)* erwähnt werden, einer Art Trotz auf die Beschneidung von Freiheiten, die als kognitive Grundlage der zahlreichen Demonstrationen gegen Corona-Schutzmaßnahmen angesehen werden kann. (Bemerkenswert und irgendwie paradox ist, dass sich bei diesen Demos regelmäßig neben gesetzestreuen besorgten Bürgern auch jede Menge subversive Elemente einfinden, von denen einige das Ziel haben, durch Abschaffung der Demokratie die Freiheit *generell* einzuschränken.) Reaktanz ist die Motivation zur Wiederherstellung eingeengter oder eliminierter Freiheitsspielräume, ausgelöst in der Regel durch psychischen Druck (z. B. Nötigung, Drohungen, emotionale Argumentation) oder die Einschränkung von Freiheitsspielräumen (durch Verbote und Zensur) (siehe Brehm 1966; Steindl et al. 2015).

Die Clustering-Illusion wurde bereits in Abschn. 9.2 erwähnt: die Tendenz, in Datenströmen Muster zu sehen, selbst wenn gar keine vorhanden sind. Auch diese Fehleinschätzung leistet ganze Arbeit beim Ersinnen von Narrativen, auf die oft kein normaler Mensch kommen würde. Bei pathologischen Varianten der Clustering-Illusion unterscheidet man zwei psychotische Varianten: **Pareidolie** *(Pareidolia)* ist das Phänomen, in Dingen und Mustern vermeintliche Gesichter und vertraute Wesen oder Gegenstände zu erkennen. **Apophänie** *(Apophenia)* bezeichnet bei einer Schizophrenie die Erfahrung, scheinbare Muster und Beziehungen in zufälligen, bedeutungslosen Einzelheiten der Umwelt wahrzunehmen. Ein von dieser Erkrankung Betroffener war der geniale Mathematiker und Nobelpreisträger John Nash, der im Film *A Beautiful Mind* porträtiert wurde.

> **Tipp** Auf die Gefahr hin, dass ich mich wiederhole: Befolgen Sie das Motto dieses Buchs und vergessen Sie über Ihr Bauchgefühl nicht den sorgfältigen Tatsachencheck. *Intuition meets facts.*

11.6 Gefahren für die Demokratie

Was war das Leben früher einfach und überschaubar. Und mit dem „früher" in diesem bewusst pointiert formulierten Satz mit einem Schuss Ironie meine ich die Zeit meiner Jugend in den 1960er- und 1970er-Jahren. Es gab keine Computer und Handys, und viele Haushalte hatten (wie wir) zu Hause anfangs nicht einmal einen Festnetzanschluss und mussten beim Nachbarn telefonieren oder Briefe bzw. Telegramme schreiben. Im Fernsehangebot waren drei Sender verfügbar, und man hatte mit dem Programm des Vorabends in der Schule ein gemeinsames Gesprächsthema. Im Bundestag saßen drei Fraktionen (CDU/CSU, SPD und FDP); man sprach in den Medien gewöhnlich von der *Koalition* (die Seite mit der FDP) und der *Opposition*. Im auf 736 Sitze aufgeblähten 20. Deutschen Bundestag sitzen acht Parteien, und die Mehrheitsverhältnisse sind kompliziert. 83 Sitze sind dabei an eine Partei gegangen, mit der zu Recht niemand koalieren will und deren Wähler wie in Abschn. 10.3 angedeutet im Geschichtsunterricht anscheinend nicht aufgepasst haben.

AfD – Abschaffung nicht nur des Euros?
Im Herbst 1989 hat die ostdeutsche Bevölkerung während der „friedlichen Revolution" den DDR-Obrigkeitsstaat eliminiert, eine weltweit anerkannte mutige und begrüßte Aktion. Am 11. September 2001 entführten islamistische Terroristen in den USA

11.6 Gefahren für die Demokratie

Passagierflugzeuge und zerstörten das World Trade Center in New York. Im Dezember 2010 begann der „Arabische Frühling" mit einer Serie von Protesten, Aufständen und Revolutionen in der arabischen Welt; die noch andauernden Bürgerkriege in Syrien, Libyen und Jemen sind eine Spätfolge davon. In allen drei Fällen sowie durch die jüngsten Erfolge von Taliban und Daesh (im Westen als sogenannter „Islamischer Staat" bekannt) zeigt sich, dass organisierte Gruppen in der Lage sind, Staaten und Regierungen mit löblichen oder weniger löblichen Zielen herauszufordern und in die Knie zu zwingen. Der Zusammenschluss über Smartphones und Netzwerke ermöglicht heute viel einfacher als vor Jahrzehnten die Information und Mobilisierung größerer Anhängerzahlen. Und so haben die sozialen Medien die Radikalisierung auch der „Querdenken"-Bewegung ermöglicht, gefördert und als Brandbeschleuniger geradezu angefacht (siehe z. B. Eckert und Schmidt 2021; Gensing 2021).

Nur so lassen sich Großdemonstrationen nicht nur staatstreuer Bürger für erstrebenswerte Ziele erklären, sondern ebenso die zunehmende Zusammenrottung vor allem rechtsradikaler Mobs. Seien es PEGIDA, „Vollende die Wende", Verschwörungstheoretiker und Querdenker 711 oder der Sturm auf Reichstag und US-Kapitol – immer findet sich auf den Straßen eine unheilvolle Mischung aus Unzufriedenen, Wutbürgern, berufsmäßigen Störern, Hooligans, Reichsbürgern und Neonazis, die teilweise nur mitmachen, weil sie es eben können und dabei Macht verspüren. Die Folge: Entgegen dem allgemein sinkenden Kriminalitätsaufkommen sind im Bereich der rechtsmotivierten Straftaten einschließlich Rechtsterrorismus in den letzten Jahren beachtliche Zunahmen zu verzeichnen (Bund 2021, S. 13–14).

▷ „Hitler und die Nazis sind nur ein Vogelschiss in über 1000 Jahren erfolgreicher deutscher Geschichte."
AfD-Vorsitzender Alexander Gauland am 02.06.2018 auf dem Bundeskongress der AfD-Nachwuchsorganisation, zwei Wochen nach der Rede von Alice Weidel (Abschn. 11.2)

Mit anderen Worten: Gräueltaten und Kriegsverbrechen – war alles nicht so entscheidend. 6 Mio. tote Juden, 60 Mio. Weltkriegstote, davon 1,8 Mio. in deutschen Lagern verhungerte sowjetische Kriegsgefangene usw. – na und? Die Relativierung dieser Verbrechen lässt Schlimmes befürchten, sollte diese Partei jemals politische Entscheidungsbefugnisse erhalten (Abb. 11.4).

Aussagen und Sprache rechtsextremer Populisten sind inzwischen auch von der Wissenschaft gut untersucht. Man hat es hier nicht mehr nur mit offen agierenden braunen Horden von Neonazis, Reichsbürgern etc. zu tun, die mitunter auch schon mal das Parlament stürmen wollen. Populistische Politiker (und Populismus findet man nahezu ausnahmslos im rechten Spektrum) bedienen sich einer oft mit dem „Volksbegriff" in Verbindung stehenden Rhetorik und malen das vage Bild der reinen „Volksherrschaft", die Minderheiten nicht einbindet. Es besteht eine ganze Reihe von

Abb. 11.4 Geburtshaus Adolf Hitlers in Braunau (Oberösterreich) mit Gedenkstein

Anknüpfungspunkten zwischen populistischem Kernkonzept und jener Familie von Weltanschauungen, die landläufig als „rechtsextrem" eingeordnet werden (Decker und Lewandowsky 2009).

> **AfD „nicht auf dem Boden des Grundgesetzes"**
> Den Politikern der sogenannten „Alternative für Deutschland" (AfD) wird seit Jahren in den Medien (zu) viel Beachtung geschenkt – ähnlich wie sie Ex-US-Präsident Trump zuteilwurde. Der illustre Kreis der Abgeordneten und Funktionäre versteht sich in Szene zu setzen und ist stets für Schlagzeilen gut. Das Verwaltungsgericht Meiningen hat 2019 in einem Eilverfahren entschieden, dass der thüringische AfD-Chef Björn Höcke als *Faschist* bezeichnet werden darf (allerdings Höcke damit *nicht* gerichtlich zum Faschisten erklärt). Der Wikipedia-Artikel zur AfD-Fraktion im 19. Deutschen Bundestag (Wikipedia 2021a und dort zitierte Quellen) liest sich wie ein Bericht des Verfassungsschutzes (von dem die Partei inzwischen als „Verdachtsfall für extremistische Bestrebungen" beobachtet wird): Unter den Mitarbeitern von AfD-Abgeordneten und -Fraktion waren mindestens

27 Aktivisten und Anhänger rechtsextremer, teilweise verbotener Organisationen. Gegen fast jeden zehnten AfD-Abgeordneten lagen strafrechtliche Ermittlungen oder Verurteilungen vor.[3] Am 18. November 2020 fanden auf Einladung von AfD-Fraktionsmitgliedern Verschwörungstheoretiker Einlass in den Bundestag, die Abgeordnete anderer Parteien bedrängten, verfolgten und beschimpften.

Die AfD artikuliert bis ins Reaktionäre reichende konservative und (neo-)liberale Politikinhalte. Ihre Standpunkte werden über Chiffren für eine Ansprache des rechten Rands eingesetzt (Bebnowski 2015, S. 39). Mit regelmäßigen, kalkulierten Tabubrüchen beschäftigt die Partei Politik wie Medien und setzt die Agenda. Ein Effekt der Tabubrüche ist, dass sich die Grenzen des Sagbaren, aber auch des Machbaren ständig verschieben, ein weiterer, dass sie die Polarisierung der Gesellschaft vorantreiben. Das AfD-Wahlprogramm für die Bundestagswahl 2021 hat dazu eine Menge Lesestoff geboten. So ging es gezielt gegen EU, Einwanderung, Islam und Klimaschutz. Die innere Sicherheit sollte durch verstärkte Anstrengungen im Kampf gegen den Linksextremismus erhöht werden[4] (AfD 2021). Dies ist eine Strategie, mit der rechtspopulistische Parteien inzwischen weltweit Erfolge erzielen. Die sachliche Diskussion rückt dabei jeweils in den Hintergrund.

Ein Bericht des Deutschen Instituts für Menschenrechte stellt klar, dass die AfD *nicht* auf dem Boden des Grundgesetzes steht und als rassistische und rechtsextreme Partei einzuordnen ist. Derartige Positionen sind Bestandteil des AfD-Programms, der AfD-Strategie sowie der Positionierungen von AfD-Führungspersonen und Mandatsträgern. Sie richten sich damit gegen die in Artikel 1 Absatz 1 Grundgesetz verankerten unabdingbaren Grundlagen der Menschenrechte (Cremer 2021; siehe auch Pfahl-Traughber 2020).

Derartiges Gedankengut teilen viele Anhänger der Partei. Die AfD-Wählerschaft besteht laut Bertelsmann-Studie aus deutlich mehr Rechtsextremen als die anderer Parteien. Fast drei Viertel vertreten populistische Einstellungen. Knapp ein Drittel der AfD-Wähler sind „manifest rechtsextrem" (Vehrkamp und Bischoff 2021). Doch an die Adresse aller demokratischen Volksvertreter gerichtet sei gemahnt: Solange sich viele Bürger weiterhin nicht ausreichend ernstgenommen fühlen, werden rechtspopulistische Parteien erfolgreich bleiben (Wolf 2017, S. 35).

---

[3] Im 2021 gewählten Parlament sieht es durch den Einzug des Abgeordneten Matthias Helferich, der in der Vergangenheit mehrfach mit radikal rechtsextremistischen Positionen und Äußerungen mit Anspielungen auf den Nationalsozialismus aufgefallen war, auch in der kleiner gewordenen Fraktion nicht besser aus.

[4] Es ist von „Gewaltexzessen der Antifa und migrantischer Jugendbanden" als Hauptproblem die Rede.

Wählerstimmen für Rechtsextreme – ein kognitiver Erklärungsversuch

Was bietet unser inzwischen enorm angewachsener Baukasten mit kognitiven Effekten an Erklärungen, warum Anhänger und Wähler auf die oft kruden und reaktionären Thesen und Vorstellungen der Populisten und Extremisten hereinfallen? Warum hat die AfD bei der Bundestagswahl 2021 10,3 % der Zweitstimmen erhalten und ist in Sachsen und Thüringen mit fast 25 % stärkste Partei? Was macht solche Sammelbecken aus Nationalisten, Faschisten, Reichsbürger, Euro- und Demokratiefeinde in der Tradition von NPD, Republikanern und DVU so interessant?

▶ „61-mal am Tag wird in Deutschland jemand von Rechtsextremisten angegriffen, bedroht, terrorisiert. … Einer Nation, die am Holocaust-Gedenktag ‚Nie wieder' mahnt, aber eine in weiten Teilen rechtsextreme Partei zweimal hintereinander in den Bundestag wählt." (Nieberding und Stephan 2021)

Und was veranlasst die Wähler in Brasilien, Polen, Ungarn, der Türkei oder Russland (um nur eine Handvoll unter vielen zu nennen), rechtsextremistischen Parteien und Führern ihr Vertrauen auszusprechen, die sich eher wie Schulhofschläger[5] als wie Staatsmänner benehmen?

Im Prinzip ist dazu schon alles gesagt; hier noch einmal die wichtigsten Biases in gebündelter Form:

- Es wurde bereits auf den *Regressionsfehlschluss* hingewiesen: Erinnerungen sind nicht ausreichend extrem, und Menschen unterschätzen die Begleiteffekte vergangener Katastrophen, selbst wenn sie Teil davon waren. Dies betrifft vornehmlich Kriege, Bürgerkriege und Diktaturen, Hunger und Völkermord – was die meisten lebenden (West-)Deutschen nicht miterlebt haben. Und wer bereits derartiges Unheil mitgemacht hat: Da gibt es immerhin noch die *Desaster-Myopie* mit der Folge, Erinnerungen daran später auszublenden.
- Dass sich die Welt und auch Deutschland verändert, können und wollen einige Mitbürger nicht einsehen: Deutschland ist heute ein Einwanderungsland, die Bevölkerungszahl ohne Migrationsgeschichte (das sind zurzeit drei Viertel) geht zurück.[6] Die Wirtschaft wächst nicht mehr weiter wie gewohnt, und unsere Kinder werden es vermutlich nicht mehr besser haben als wir. Und das Experiment mit dem „starken Mann" im Dritten Reich hat sich ebenfalls nicht bewährt. *Erinnerungsverfälschung* und *Falsche Erinnerung* können zu einer Verklärung der Vergangenheit führen. Dies alles drückt sich in bereits mehrfach aufgeführten Effekten wie

---

[5] Diese Bezeichnung ist inzwischen recht verbreitet (siehe z. B. Franke 2014; Kister 2017).
[6] Um hier präzise zu bleiben, sei betont, dass auch EU-Bürger z. B. aus Österreich als Migranten zählen.

11.6 Gefahren für die Demokratie

Konservatismusfehlschluss, Status-quo-Verzerrung, Besitztumseffekt und *Verlustaversion* aus.

- Vor diesem Hintergrund entsteht ein Klima der Unsicherheit, das empfänglich macht für scheinbar plausible Narrative, Fake News und Verschwörungstheorien. Und so schalten Anhänger und Wähler gemäß *Autoritätsfehlschluss* in Gegenwart einer solchen ihr Denken gerne einen Gang zurück und verlassen sich auch auf die einfachen Wahrheiten falscher Propheten. Diese beherrschen die Techniken der Meinungsmanipulation durch geschicktes *Framing* und *Priming* und nutzen dabei weitere diverse kognitive Effekte aus: *Story-Bias, Backfire-Effekt, Truth-Effekt, Continued-Influence-Effekt, Verfügbarkeitskaskade* usw.
- Falschmeldungen und Meinungsmache durch Faktenverdrehung oder -erfindung werden erst dadurch möglich, dass Menschen auf einfache, spektakuläre Botschaften viel mehr anspringen als auf seriöse, wahre, jedoch langweilige Informationen. *Clustering-Illusion, Illusorische Korrelation, Scheinkausalität, Belief-Bias* und *Barnum-Effekt* (die in Horoskopen genutzte persönliche Validierung) werden geschickt zur Produktion von Fake News oder „alternativer Fakten" benutzt. Auch der *Bestätigungsfehler* kommt zu Hilfe: die Neigung, Informationen so auszuwählen, zu ermitteln und zu interpretieren, dass diese die eigenen Erwartungen erfüllen bzw. diese bestätigen.
- Zur Wirkungsweise von Falschmeldungen gehören immer zwei Parteien: der Autor und der Adressat. Als Konsequenz des *Linda-Problems* besitzen Menschen ein intuitives Verständnis für plausible und stimmige Geschichten und hören als unkritischer Empfänger mehr auf diese Geschichten, als die Fakten eines Sachverhalts zu prüfen.
- Und wenn zahlreiche Personen auf diese Weise erreicht werden, kann es sein, dass sich diese in ihrer (verzerrten oder falschen) Ansicht gegenseitig verstärken. Derartige Gruppeneffekte sind in Abschn. 11.1 diskutiert, etwa *Persuasion-Bias, Adaptive Attitudes, Social Proof* und *Gruppenpolarisierung*. Darüber hinaus besteht für Mitglieder, die sich mit einer Gruppe verbunden fühlen, jedoch manche Ansichten und Interpretationen von Fakten bisher nicht teilen, das Risiko des *Mitläufereffekts*.

▶ **Tipps**

- Es wäre paradox, Kandidaten und Parteien zu *wählen*, die die Demokratie begrenzen oder gar komplett *abschaffen* wollen.[7] Äußern Sie Ihre Opposition im eigenen Interesse nicht durch eine Protestwahl mit ungewissem Ausgang, sondern besser auf konstruktive Art und Weise, etwa durch Mitarbeit in Organisationen.

---

[7] Ähnlich sieht es bei Parteien aus, die Deutschlands Austritt aus der EU befürworten und gleichzeitig gut bezahlte Vertreter als Parlamentarier nach Brüssel schicken, wie es die UKIP von Nigel Farage in Großbritannien vorgemacht hat.

- Gehen Sie aktiv gegen Diskriminierung, Rassismus, Falschmeldungen und Demokratiefeinde vor und nennen Sie das Kind beim Namen. Sich still und bescheiden zu verhalten, wenn die Todfeinde das Messer wetzen, ist taktisch sehr unklug, heißt es in einer Redensart.

Die wichtigsten kognitiven Effekte in Kap. 11

Eine Fülle von in früheren Kapiteln behandelten Illusionen, Irrtümern und Verzerrungen ist bereits oben aufgeführt. Von den hier erläuterten verhaltensökonomisch relevanten Effekten darf ich Ihnen die nachfolgenden besonders ans Herz legen.

Eigengruppenbevorzugung und *Fremdgruppenabwertung:* Sie stellen den Schlüssel zum Verständnis jeder Art von Diskriminierung anderer dar.

Truth-Effekt und *Story-Bias:* Redundanz und spannende Geschichten ermöglichen nicht nur effiziente Produktwerbung, sondern sind auch die Basis erfolgreicher Propaganda.

Continued-Influence-Effekt: Boulevardblätter leben davon, dass Richtigstellungen von Falschnachrichten kaum wahrgenommen werden.

Psychologische Reaktanz: Für mich komplett unverständlich ist, dass Wähler faschistischer Parteien davon ausgehen, dadurch ihre vermeintlich eingeengten oder eliminierten Freiheitsspielräume wiederherstellen zu können – die Geschichte lehrt das genaue Gegenteil.

Pareidolie und *Apophänie:* Die beiden Varianten der Clustering-Illusion stellen klinische Befunde dar, die bei manchen Verschwörungstheoretikern vermutlich zu unterstellen sind.

Literatur

AfD (2021) „Deutschland. Aber normal." Programm der Alternative für Deutschland für die Wahl zum 20. Deutschen Bundestag. https://www.deutschlandfunk.de/bundestagwahl-2021-mit-welchem-programm-die-afd-in-den.2897.de.html?dram:article_id=495575. Zugegriffen: 14. Juli 2021

AI (2017) Glossar für diskriminierungssensible Sprache. Amnesty International, Internet-Veröffentlichung 28. Februar. https://www.amnesty.de/2017/3/1/glossar-fuer-diskriminierungssensible-sprache. Zugegriffen: 2. Sept. 2021

Asch SE (1956) Studies of independence and conformity: I. A minority of one against a unanimous majority. Psychol Monogr Gen Appl 70(9):1–70. https://doi.org/10.1037/h0093718

Bartsch L (2018) Michel Friedman – „Wer noch sagt: ‚Wehret den Anfängen', begreift nichts". Welt, Internet-Veröffentlichung 28. Januar. https://www.welt.de/kultur/buehne-konzert/article172938083/Michel-Friedman-Wer-noch-sagt-Wehret-den-Anaengen-begreift-nichts.html. Zugegriffen: 19. Juli 2021

Bebnowski (2015) Die Alternative für Deutschland. Springer, Wiesbaden. https://doi.org/10.1007/978-3-658-08286-4

Beecher Stowe H (1852) Uncle Tom's Cabin; or, life among the Lowly. John P. Jewitt, Boston. https://books.google.com/books?id=yEIeAAAAMAAJ&pg=PR3. Zugegriffen: 19. Juli 2021 Deutscher Titel: Onkel Toms Hütte. Zahlreiche Ausgaben und Nachdrucke

Bertolotti T, Magnani L (2010) The role of agency detection in the invention of supernatural beings. In: Magnani L, Carnielli W, Pizzi C (Hrsg) Model-based reasoning in science and technology. Studies in Computational Intelligence. Springer, Berlin. S 314. https://doi.org/10.1007/978-3-642-15223-8_13

Boast R (2015) 'Te tango whenua – Māori land alienation. 9 Teile. Te Ara – the Encyclopedia of New Zealand. Internet-Veröffentlichung 24.11.2008; Update 01.07.2015. http://www.TeAra.govt.nz/en/te-tango-whenua-maori-land-alienation/page-9 Zugegriffen: 19. Juli 2021

Born JD (1998) The Emperor's new clothes syndrome. Description of a new epidemic. National Library of Medicine, Internet-Review des frz. Artikels Rev Med Liege 53(7):393–398. https://pubmed.ncbi.nlm.nih.gov/9926021/. Zugegriffen: 1. Mai 2021

bpb (2011) Was ist Propaganda? Bundeszentrale für politische Bildung, Internet-Veröffentlichung 01. Oktober. https://www.bpb.de/gesellschaft/medien-und-sport/krieg-in-den-medien/130697/was-ist-propaganda. Zugegriffen: 23. Juli 2021

bpb (2017) Achtung! Die anderen Medien wollen Ihre Gehirnzellen zerstören! Deshalb lest: Fluter. Propaganda. Bundeszentrale für politische Bildung, Heft 63, Internet-Veröffentlichung Sommer. https://www.fluter.de/sites/default/files/magazines/pdf/fluter_heft_63_propaganda.pdf. Zugegriffen: 23. Juli 2021

Brehm JW (1966) A theory of psychological reactance. Academic, New York

Brewer MB (2002) The psychology of prejudice: ingroup love and outgroup hate? J Soc Issues 55(3):429–444. https://doi.org/10.1111/0022-4537.00126

Bund (2021) Dritter Periodischer Sicherheitsbericht. Bundesministerium des Innern, für Bau und Heimat und Bundesministerium der Justiz und für Verbraucherschutz, Berlin. Internet-Veröffentlichung November. https://www.bmjv.de/SharedDocs/Downloads/DE/Service/StudienUntersuchungenFachbuecher/Dritter_Periodischer_Sicherheitsbericht_Langfassung.pdf;jsessionid=048B7A9B78AAAAA1E80034B7E1335A8D.2_cid324?__blob=publicationFile&v=2. Zugegriffen: 6. Nov. 2021

Bundestag (2018) Deutscher Bundestag, Stenografischer Bericht der 32. Sitzung am 16. Mai. Plenarprotokoll 19/32, Berlin. https://dip21.bundestag.de/dip21/btp/19/19032.pdf. Zugegriffen: 28. Okt. 2021

Cremer H (2021) Nicht auf dem Boden des Grundgesetzes: Warum die AfD als rassistische und rechtsextreme Partei einzuordnen ist. Deutsches Institut für Menschenrechte, Berlin, Internet-Veröffentlichung Juni. https://www.ssoar.info/ssoar/handle/document/73597. Zugegriffen: 7. Sept. 2021

Decker F, Lewandowsky M (2009) Rechtspopulismus als (neue) Strategie der politischen Rechten. Arbeitsheft 108 der Juso-Hochschulgruppen „Was ist heute rechts? Die politische Rechte zwischen Konservatismus und Rechtsextremismus", 54–65. https://library.fes.de/pdf-files/akademie/online/08320.pdf. Zugegriffen: 22. Juli 2021

DeMarzo PM, Vayanos D, Zwiebel J (2003) Persuasion bias, social influence, and unidimensional opinions. Q J Econ 118(3):909–968. https://doi.org/10.1162/00335530360698469

Dobelli R (2014) Die Kunst des klaren Denkens. dtv, München

Eckert S, Schmidt C (2021) Radikalisierung im Netz: Brandbeschleuniger Social Media. tagesschau.de, Internet-Veröffentlichung 19. Juli. https://www.tagesschau.de/investigativ/ndr/querdenker-radikalisierung-telegram-103.html. Zugegriffen: 24. Juli 2021

Feingold GA (1914) Influence of environment on identification of persons and things. J Crim Law Police Sci 5(1):39–51. https://doi.org/10.2307/1133283

Fisch B (2015) Inferno Ostpreußen – Elemente eines Verlusts. Aufsätze und Vorträge. Anthea, Berlin

Franke T (2014) Ein entwürdigendes Schauspiel: Präsident Putin raubt einer ganzen Nation ihre Würde. Deutschlandfunk Kultur, Internet-Veröffentlichung 26. Juli. https://www.deutschlandfunkkultur.de/russland-ein-entwuerdigendes-schauspiel.996.de.html?dram:article_id=292745. Zugegriffen: 20. Aug. 2021

Gehrke J (2005) „Die sehen ja alle gleich aus!": Einflussfaktoren der unterschiedlichen Wiedererkennensleistung von Gesichtern der eigenen Ethnie und Gesichtern anderer Ethnien (Cross-Race Bias). Inaugural-Dissertation, Justus-Liebig-Universität Gießen. https://web.archive.org/web/20051217193907/http://geb.uni-giessen.de/geb/volltexte/2005/2274/pdf/GehrkeJuergen-2005-05-24.pdf. Zugegriffen: 6. Mai 2021

Geier M (2021) Alle auf einen. Süddeutsche Zeitung, 26. Oktober

Gensing P (2021) „Querdenken"-Bewegung: Nahezu ausgedacht? tagesschau.de, Internet-Veröffentlichung 21. Juli. https://www.tagesschau.de/inland/querdenken-109.html. Zugegriffen: 24. Juli 2021

Gross F (1971) The Emperor's clothes syndrome. New Engl J Med 285(15):863. https://doi.org/10.1056/NEJM197110072851524

Hashier L, Goldstein D, Toppino T (1977) Frequency and the conference of referential validity. J Verbal Learn Verbal Behav 16(1):107–112. https://doi.org/10.1016/S0022-5371(77)80012-1

Herrmann U, Reiter H (2021) Leserforum. Neue Juristische Wochenzeitschrift 32, 10. https://augengeradeaus.net/2021/08/luftangriff-von-kundus-bgh-richter-beklagen-propagandaerfolg-der-taliban/. Zugegriffen: 11. Aug. 2021

Hohlfeld R et al. *[24 Coautoren]* (2021) Communicating COVID-19 against the backdrop of conspiracy ideologies: how public figures discuss the matter on Facebook and Telegram. Disinformation Research Lab, University of Passau, Working Paper 1/2021. Internet-Veröffentlichung Mai. https://doi.org/10.13140/RG.2.2.36822.78406

IHRA (2016) Working Definition of Antisemitism. International Holocaust Remembrance Alliance, Berlin, Internet-Veröffentlichung 27. Juni. https://holocaustremembrance.com/de/resources/working-definitions-charters/arbeitsdefinition-zur-leugnung-und-verfaelschung Zugegriffen: 1. Sept. 2021

Johnson HM, Seifert CM (1994) Sources of the Continued Influence Effect: When Misinformation in Memory Affects Later Inferences. J Exp Psychol: Lear, Mem, Cogn 20(6):1420–1436. https://doi.org/10.1037/0278-7393.20.6.1420

Jung S, Krebs P (2016) Die Vertragsverhandlung: Taktische, strategische und rechtliche Elemente. Springer Gabler, Wiesbaden. https://doi.org/10.1007/978-3-658-11204-2

Kattmann U (1999) Lexikon der Biologie: Menschenrassen. Spektrum.de, Internet-Veröffentlichung, Akademischer Verlag, Heidelberg. https://www.spektrum.de/lexikon/biologie/menschenrassen/42123. Zugegriffen: 25. Aug. 2021

Kimmel M (2013) Angry white men: American masculinity at the end of an era. Nation Books, New York

Kister K (2017) Was Erdoğan und die AfD gemein haben. Kommentar, Süddeutsche Zeitung, Internet-Veröffentlichung 10. März. https://www.sueddeutsche.de/politik/nazi-vergleiche-was-erdogan-und-die-afd-gemein-haben-1.3414331 Zugegriffen: 20. Aug. 2021

Kuran T, Sunstein C (1999) Availability cascades and risk regulation. Stanford Law Rev 51(4):683–768. https://doi.org/10.2307/1229439

Lamberty P, Gensing P (2021) Verbreitung von Fake News: Ältere besonders anfällig? tagesschau. de, Internet-Veröffentlichung 29. April. https://www.tagesschau.de/faktenfinder/podcast/was-sind-fake-news-101.html. Zugegriffen: 22. Juli 2021

Leman PJ, Cinnirella M (2007) A major event has a major cause: evidence for the role of heuristics in reasoning about conspiracy theories. Soc Psychol Rev 9(2):18–28. https://doi.org/10.3389/fpsyg.2013.00378

Lewandowsky S et al *[21 Coautoren]* (2020) Widerlegen, aber richtig – 2020. The Debunking Handbook 2020, Internet-Veröffentlichung. https://doi.org/10.17910/b7.1182

Liebler CM (2010) Me(di)a culpa?: the "Missing White Woman Syndrome" and media self-critique. Commun, Cult & Critique 3:549–565. https://doi.org/10.1111/j.1753-9137.2010.01085.x

Marinić J (2021) Triell ohne uns. Meinung, Süddeutsche Zeitung, 03. September

Mullen B, Brown R, Smith C (1992) Ingroup bias as a function of salience, relevance, and status: an integration. Eur J Soc Psychol 22(2):103–122. https://doi.org/10.1002/ejsp.2420220202

Myers DG, Lamm H (1975) The polarizing effect of group discussion. Am Sci 63(3):297–303. https://www.jstor.org/stable/27845465

Myers DG (1975) Discussion-induced attitude polarization. Hum Relat 28(8):699–714. https://doi.org/10.1177/001872677502800802

Nieberding M, Stephan B (2021) Was nie vergeht. Süddeutsche Zeitung Magazin 40, 08. Oktober, 10–25

Nyhan B, Reifler J (2010) When corrections fail: the persistence of political misperceptions. Polit Behav 32:303–330. https://doi.org/10.1007/s11109-010-9112-2

Obama B (2020) A promised land. Penguin Random House, New York

Pfahl-Traughber A (2020) Die AfD ist (mittlerweile) eine rechtsextremistische Partei. Eine Einschätzung aus demokratietheoretischer Sicht. Sozial Extra 2:87–91. https://doi.org/10.1007/s12054-020-00264-9

Plous S (2003) The psychology of prejudice, stereotyping, and discrimination: An overview. In: Plous S (Hrsg) Understanding Prejudice and Discrimination. McGraw-Hill, New York. S 3–48. https://secure.understandingprejudice.org/apa/english/. Zugegriffen: 23. Aug. 2021

Quattrone GA, Jones EE (1980) The perception of variability within in-groups and out-groups: Implications for the law of small numbers. J Pers Soc Psychol 38(1):141–152. https://doi.org/10.1037/0022-3514.38.1.141

Rudman LA, Phelan JE (2008) Backlash effects for disconfirming gender stereotypes in organizations. Res Organ Behav 28:61–79. https://doi.org/10.1016/j.riob.2008.04.003

Sommers Z (2016) Missing white woman syndrome: an empirical analysis of race and gender disparities in online news coverage of missing persons J Crim Law Criminol 106(2):275–314. https://scholarlycommons.law.northwestern.edu/cgi/viewcontent.cgi?article=7586&context=jclc. Zugegriffen: 28. Okt. 2021

Steindl C, Jonas E, Sittenthaler S, Traut-Mattausch E, Greenberg J (2015) Understanding Psychological Reactance. Z Psychol 223(4):205–214. https://doi.org/10.1027/2151-2604/a000222

Vehrkamp R, Bischoff L (2021) Rechtsextreme Einstellungen der Wähler:innen vor der Bundestagswahl 2021. Studie, Bertelsmann-Stiftung, EINWURF 1/2021. https://www.bertelsmann-stiftung.de/de/unsere-projekte/monitoring-der-demokratie/projektnachrichten/rechtsextreme-einstellungen-der-waehlerinnen-vor-der-bundestagswahl-2021. Zugegriffen: 22. Juli 2021

Wikipedia (2021a) AfD-Fraktion im Deutschen Bundestag. https://de.wikipedia.org/wiki/AfD-Fraktion_im_Deutschen_Bundestag. Zugegriffen: 22. Juli 2021 und 16. Okt. 2021

Wikipedia (2021b) Bellingcat. https://de.wikipedia.org/wiki/Bellingcat. Zugegriffen: 25. Sept. 2021

Wikipedia (2021c) Fake News. https://de.wikipedia.org/wiki/Fake_News. Zugegriffen: 22. Juli 2021

Wikipedia (2021d) Māori. https://de.wikipedia.org/wiki/Māori. Zugegriffen: 19. Juli 2021

Wikipedia (2021e) Massaker von Nemmersdorf. https://de.wikipedia.org/wiki/Massaker_von_Nemmersdorf. Zugegriffen: 7. Juni 2021

Wikipedia (2021f) Neuseeland. https://de.wikipedia.org/wiki/Neuseeland. Zugegriffen: 19. Juli 2021

Wikipedia (2021g) Person of Color. https://de.wikipedia.org/wiki/Person_of_Color. Zugegriffen: 2. Sept. 2021

Wikipedia (2021h) Schwarze. https://de.wikipedia.org/wiki/Schwarze. Zugegriffen: 2. Sept. 2021

Wolf T (2017) Rechtspopulismus – Überblick über Theorie und Praxis. Springer, Wiesbaden. https://doi.org/10.1007/978-3-658-16971-8

Ein Blick voraus 12

Ab hier werden Sie nur noch eine überschaubare Anzahl weiterer kognitiver Effekte und Verzerrungen kennenlernen. Der psychologische und verhaltensökonomische Baukasten, den ich Ihnen anbiete, ist nahezu komplett, und in den bisherigen elf Kapiteln wurde so gut wie alles Wissenswerte gesagt, was bei der Systematik und zur Einordnung der kleinen und großen Surrealitäten des Lebens relevant ist. Die fehlende Einsicht einzelner Menschen für emotionale, mathematische und wirtschaftliche Zusammenhänge sowie Ursache-Wirkungs-Prinzipien sind in Kap. 1 bis 10 thematisiert, die Ausgrenzung von Randgruppen und die Vorgehensweise zur Aushebelung der demokratischen Grundordnung in Kap. 11.

Doch jenseits von Unterdrückung, politischen Scharmützeln und Kriegen lauern Gefahren für die gesamte Menschheit, die auch heute in unserer aufgeklärten Gegenwart immer noch nicht ausreichend beachtet, die ausgesessen und teilweise sogar negiert und abgestritten werden. Auch diese lassen sich mit den erörterten Phänomenen erklären und – hoffentlich – in absehbarer Zeit auch bekämpfen.

Insofern reicht ein einziges Problemfeld aus, dieses Kapitel mit Leben zu füllen, bevor es mit einigen einordnenden – und auch Mut machenden – Schlussbemerkungen auf die Zielgerade geht: der Beobachtung, dass die Menschheit systematisch den Ast absägt, auf dem sie sitzt. (Das Holz lässt uns nicht los …) Der Verlauf der Zustimmungswerte von Bündnis 90/Die Grünen im Bundestagswahlkampf 2021 hat als virtuelle Fieberkurve gezeigt, was Umweltschutz und Begrenzung der Erderwärmung den Menschen wert ist. Nach der Nominierung von Parteichefin Annalena Baerbock zur Kanzlerkandidatin im April 2021 wurden Umfrageergebnisse oberhalb von 25 % gemeldet, die in den Folgemonaten stetig in Richtung FDP-Niveau bröckelten. Die Gründe liegen sicherlich in Anfängerfehlern in Wahlkampf und in der Person einer weiblichen, relativ unerfahrenen Bewerberin um das Amt. Gleichermaßen dürfte jedoch auch die Tatsache zu Buche geschlagen haben, dass die Wähler gemerkt haben, dass konsequenter Umweltschutz nicht ohne persönliche Opfer möglich ist. Und soweit wollen diejenigen, die mit dem SUV zum Bioladen fahren, nun wirklich nicht gehen.

12.1 Umweltzerstörung und Klimawandel

Dies bildet die Überleitung zu den angesprochenen zukünftigen Herausforderungen im Bereich der Umweltökonomik. Und auch hier sammeln sich die Beharrungskräfte hinter dem bewährten Slogan, Wirtschaft und Arbeitsplätze in Deutschland müssen gesichert werden. Es weht ein teilweise hefiger Gegenwind, wenn es um grüne Politik an sich geht. Die beiden maßgeblichen Veranstaltungen im Herbst 2021 (G20-Gipfel in Rom und UN-Klimakonferenz in Glasgow) ließen nur wenig ambitionierte Pläne der beteiligten Länder erkennen, und die Staatschefs von China und Russland, Jinping Xi und Wladimir Putin, waren erst gar nicht angereist. Der Planet hat *Homo sapiens,* wie es in einem Kalauer heißt – doch das vergeht möglicherweise.

Aufwärts in den Abgrund?
Der Mensch hat sich auf der Erde schon einiges zulasten zukünftiger Generationen geleistet: Ausrottung vieler Tier- und Pflanzenarten,[1] Vernichtung von Wäldern, irreversible Freisetzung radioaktiver Isotope durch Atomwaffentests und Kernreaktorunfälle, Verschmutzung der Weltmeere mit Plastikmüll und des Orbits mit Weltraumschrott, Veränderung von Fluss-Sedimenten durch Staudämme und die irreversible Freisetzung genetisch veränderter Ackerpflanzen. Dies alles sind Auswirkungen der unten erklärten „Tragik der Allmende".

▶ Die Menschheit hat die Erde bereits so stark verändert, dass ein neues Erdzeitalter, das *Anthropozän* (aus dem Griechischen: „Das menschliche Neue"), begonnen hat.

Der CO_2-Gehalt der Atmosphäre ist von 280 ppm vor der industriellen Revolution auf inzwischen 420 ppm angestiegen; dabei hat sich die Erdatmosphäre bis heute um 1 °C erwärmt. Neben Kriegen und der Corona-Pandemie ist dies laut der Welthungerhilfe der Hauptgrund für eine wachsende Zahl hungernder Menschen. Studien besagen, dass bereits ein Wert von 350 ppm nicht dauerhaft überschritten werden dürfe, wenn das Ziel einer weiteren Erwärmung um 2 °C mit den immer noch drastischen Folgen erreicht werden soll. Selbst bei einem baldigen Ende der Emission klimaschädlicher

---

[1] Nach wissenschaftlichen Schätzungen stirbt im Mittel alle 10–20 Minuten eine Tierart aus. Ein Großteil davon ist noch gar nicht beschrieben und charakterisiert.

Gase es wird mehrere *Jahrtausende* dauern, bis der Anstieg der Meeresspiegel – durch Erwärmung tiefer Ozeanschichten und Abschmelzen den Polkappen – zum Stillstand kommen wird.

China, die USA und Indien sind für die Hälfte des weltweiten anthropogenen CO_2-Ausstoßes (2021: 36,3 Mrd. Tonnen) verantwortlich, China allein für ein Drittel. Während die Menge in den USA mit gut 5 Mrd. Tonnen seit den 1970er-Jahren in etwa konstant geblieben ist, hat sich die Emission in China seit 1970 verzehnfacht. Leider sind die Anstrengungen der USA als weltgrößter Wirtschaftsmacht im Klimaschutz bisher mehr als überschaubar, und insbesondere die letzte GOP-Administration bewilligte eine Fülle von Maßnahmen – Genehmigungen für Fracking, Pipelines, Öl- und Gasbohrungen –, die den Klimaschutz ad absurdum führen. In seiner Amtszeit hat Klimawandelleugner und Kohlefan Donald Trump rund 100 Klima- und Umweltregeln abgeschafft oder gelockert, was von der Biden-Regierung nach und nach korrigiert werden soll. Stärkere Hurrikans im Südosten der USA, extreme Hitze im Westen und Nordwesten mit zahlreichen Waldbränden, aber auch Schneekatastrophen und Starkregen im Nordosten des Landes werden in ihrer zunehmenden Häufigkeit als Konsequenz der Erderwärmung angesehen.

Doch auch in Deutschland sind die Folgen nach übereinstimmenden Expertenmeinungen unübersehbar: Dürreperioden, die zu gefährlichem Absinken der Grundwasserpegel führen, wechseln sich mit Starkregenfällen ab, die hohe Sach- und teilweise auch Personenschäden bewirken. Dennoch ist vielfach zu hören, dass Deutschlands Anteil von gut 2 % am weltweiten Primärenergieverbrauch „der Rede nicht wert ist und drastische Maßnahmen nichts bringen, aber die Wirtschaft abwürgen". Doch einzelne Länder und Staatenbünde müssen nun mal den Anfang machen, und wie soll unser Staat ein Vorbild etwa für die Entwicklungs- und Schwellenländer sein, wenn wir uns selbst nicht signifikant bewegen?

▶ Laut *Sechstem Weltklimabericht* kann der Meeresspiegel bis 2100 um 1–2 m, bis 2150 um 5 m und bis 2300 um bis zu 15 m steigen. Der Spruch „Nach mir die Sintflut" bekommt damit eine ganz neue Bedeutung.

Im Juli 2021 wurde in den Medien berichtet, dass gemäß Energieverband BDEW für Klimaschutz pro Jahr 1500 neue Windräder nötig sein werden (Abb. 12.1). Doch aktuell werden in unserem Land immer noch etwa 50 Mrd. € jährliche Subventionen für fossile Energie ausgegeben. Umso bemerkenswerter sind die Ansichten vieler Zeitgenossen, die auch und vor allem in Bayern ihrem Unverständnis über notwendige Maßnahmen zum Klimaschutz (ungefiltert) in sozialen Netzwerken und (zumindest in sprachlich einigermaßen geordneter Form) in Leserbriefen an die Zeitungen Luft machen. Dabei fallen immer wieder folgende (Schein-)Argumente:

Abb. 12.1 Windräder oder fossile Brennstoffe? Davon hängt die Zukunft ab

- Regenerative Energien sind nicht verlässlich. Windrädern erzeugen nur dann Strom, wenn der Wind entsprechend weht, und Solarkraftwerke arbeiten nur bei Sonnenschein.
- Windräder führen zu einer zunehmenden Verschandelung (oder „Verspargelung") der schönen Landschaft.
- Bei gleichzeitiger Abschaltung von Kern- und Kohlekraftwerken drohen Stromausfälle in größerem Umfang.
- Industrien wie Chemie, Elektronik usw. sind zwingend auf eine konstante, stabile und kostengünstige Stromversorgung angewiesen und wandern in andere Länder ab, etwa mit inhärent sicherer und sauberer Kernkraft.
- Durch die immer weiter ausufernde grüne Ideologie ist eine Demontierung des Wirtschaftsstandorts Deutschland zu befürchten.

Ich sollte noch anmerken: Diese Sichtweise hat vor dem Angriffskrieg Russlands in der Ukraine und den westlichen Sanktionen gegolten. – Nun wird gerade Bayern mit seiner 10 H-Regel[2] bundesweit als größter Bremser des Ausbaus der sauberen Windenergie angesehen, an der nach Meinung der Fachleute auch an Land kein Weg vorbeiführt, um die geforderten Energieeinsparziele zu erreichen. Widersacher der Energiewende

---

[2] Diese seit 2014 in Bayern geltende Regel besagt, dass ein Windrad mindestens das Zehnfache seiner Höhe von Wohnbebauung entfernt sein muss.

12.1 Umweltzerstörung und Klimawandel

gehen – mit Fakten und Halbwahrheiten aus ihrer Sicht gut begründet – davon aus, dass Stromerzeugung durch Kernenergie der aus Windkraft vorzuziehen ist, weil sie „sauber" ist, konstant erfolgen kann, Arbeitsplätze in Deutschland hält und die schöne, z. B. bayerische, Landschaft nicht „verschandelt". (Haben Sie schon einmal in der Nähe eines Kern- oder Kohlekraftwerks gewohnt oder zumindest eines von Nahem bestaunt?) Zudem schloss Ministerpräsident Markus Söder bereits 2019 ein Atommüllendlager in Bayern aus und fürchtet Ende 2021 Nachteile für Bayern bei der Standortsuche durch die neue Bundesregierung.

▷ „Klimaforscherinnen und Klimaforscher rufen seit Jahrzehnten: Der Kaiser ist ja nackt. Aber sie werden weggedrängt: Nein, ist er nicht. Schau doch, wie schön das Auto ist."
Astrophysiker und Wissenschaftsjournalist Harald Lesch im Interview (Wetzel 2021; vgl. Des-Kaisers-neue-Kleider-Syndrom in Abschn. 11.5).

Die Menschheit wäre mit der konsequenten Einführung technisch möglicher Einsparmaßnahmen in der Lage, den Primärenergieverbrauch sofort drastisch zu senken. Stattdessen werden neue Entwicklungen sichtbar, die ihn entgegen den Erwartungen eher in die Höhe treiben, und letztlich wird trotz Havarierisiko und Endlagerproblematik eine Renaissance der Kernenergie herbeigeredet und seit 2022 durch die EU sogar forciert. Dies stellt eine Bestätigung des Jevons-Paradox dar, demzufolge technischer Fortschritt, der die effizientere Nutzung eines Rohstoffs erlaubt, letztlich zu einer erhöhten Nutzung dieses Rohstoffs führt (Abschn. 2.4). Lesen Sie folgendes anschauliches Beispiel.

Beispiel: Kryptowährungen

Im Jahr 2008 wurde unter dem Pseudonym eines gewissen „Satoshi Nakamoto" der *Bitcoin* geschaffen: der erste erfolgreiche Versuch, digitales Bargeld zu etablieren. Seitdem hat der Einheitswert dieser Kryptowährung um viereinhalb Zehnerpotenzen zugelegt – eine gigantische Steigerung mit hohen Schwankungen, von der viele Investoren profitiert haben. Das Bitcoin-Netzwerk fußt auf einer von den Teilnehmern gemeinsam verwalteten dezentralen Datenbank, der *Blockchain,* in der alle Transaktionen verzeichnet sind. Anders als bei Ausgabe neuer Banknoten durch eine Zentralbank werden neue Bitcoin-Einheiten durch die computerbasierte Lösung kryptografischer Aufgaben *(Mining)* produziert.

Mal von einigen anderen Schwächen des Bitcoins abgesehen (wie fehlender Kontrolle durch Staaten und Zentralbanken oder verlorenen Zugangscodes), hat der Energieverbrauch für das „Schürfen" bedenkliche Ausmaße angenommen. Es gilt die Faustregel: Je höher der Marktwert des Bitcoins ist, desto mehr Energie wird zur Erzeugung zusätzlicher Einheiten benötigt. Dies hat wiederum mehrere negative Auswirkungen: Zum einen tragen die dafür benötigten Hardwareergänzungen, die überwiegend aus asiatischen Fabriken kommen, zur aktuellen Halbleiterknappheit bei.

Zum anderen verbraucht der Bitcoin inzwischen 174 TWh elektrische Energie pro Jahr: Das ist mehr als der Bedarf der Ukraine 2021 und gleichzeitig 0,6 % des weltweiten Stromverbrauchs. Ein großer Anteil davon wird mit fossilen Brennstoffen erzeugt. Eine einzige Bitcoin-Transaktion erzeugt umgerechnet 272 g Elektroschrott. Und der Bitcoin ist nur die bekannteste unter Hunderten von Digitalwährungen. Damit werden Anstrengungen zur Rettung des Klimas systematisch unterminiert: Energieintensive Spezialcomputer verpulvern gigantische Mengen an wertvoller Energie, ohne dass sich der Nutzeffekt für die Menschheit erschließt, ohne Besteuerung und hoheitliche Aufsicht – und währenddessen steigt die Durchschnittstemperatur der Erde unaufhaltsam weiter an. Höchste Zeit, etwas dagegen zu unternehmen. China und Singapur haben im Frühjahr 2021 mit Beschränkungen bereits den Anfang gemacht. ◄

Kognitive Effekte und Umwelt
Ein Bauer hat seit Jahrhunderten gelernt, seinen Kindern die Felder in einem gleichguten oder besseren Zustand zu vermachen, als er sie von seinem Vater erhalten hat. Der Acker ist das Kapital eines jeden Hofs. Und so sollte es ebenfalls mit der gesamten Welt sein, die wir unseren Nachfahren übergeben. Dieses hehre Vorhaben klappt heute weder bei den einzelnen Landwirten (die ihre Äcker, Flora, Fauna und das darunterliegende Grundwasser mit Giftstoffen und durch Überdüngung nachhaltig schädigen) noch beim globalen Klima- und Umweltschutz.

Kann es vermutlich wohl auch gar nicht, denn dem steht der verbreitete Irrtum entgegen, dass Gemeingut weniger schützenswert sei als Individualgut: die **Tragik der Allmende** *(Tragedy of the Commons)*. Die Allmende („gemeine Mark") ist eine Form gemeinschaftlichen Eigentums, eine Art Gemeindewiese oder Weideland, auf der das Vieh der Bewohner gemeinsam grasen kann. Im Alpenraum funktioniert das System meist ganz gut, doch steht die *Tragik* für ein sozialwissenschaftliches Modell, nach dem frei verfügbare, aber begrenzte Ressourcen nicht effizient genutzt werden und durch Übernutzung bedroht sind, was auch die Nutzer selbst bedroht (Lloyd 1833; Hardin 1968).

Ein populäres Beispiel ist die These des Raubbaus an den natürlichen Ressourcen der Osterinsel, der zur Störung des ökologischen Gleichgewichts auf der isolierten Insel geführt haben soll und damit zu einer extremen Dezimierung ihrer Bevölkerung (Diamond 2005). Ein weiteres Beispiel unter vielen betrifft die Abholzung der Regenwälder. Grundsätzlich fallen Weltmeere (Verschmutzung und Überfischung), Erdoberfläche (Klimaerwärmung, Umweltschäden, Tierartensterben) und Stratosphäre (Ozonloch, Weltraum) in den Geltungsbereich der Tragik der Allmende: Warum soll ein Land durch einseitige Einschränkungen etwas zum Gemeinwohl beitragen, wenn alle anderen so weitermachen wie bisher? Das Killerargument unseres 2 %-Anteils also.

Kognitive Effekte – nachteilig für Umwelt und Klima
Natürlich schlagen hier wieder die üblichen Verdächtigen unter den Biases zu:

- *Konservatismusfehlschluss*
- *Status-quo-Verzerrung*
- *Besitztumseffekt*
- *Verlustaversion*

Es ist dasselbe Prinzip wie beim privaten Wohnraum: aus der elterlichen Wohnung in ein eigenes Appartement, von dort in eine Wohnung mit dem Lebenspartner und als Krönung ein Eigenheim. Der Schritt zurück in eine Wohnung und eventuell in ein Zimmer im Seniorenheim fällt entsprechend schwer. Es bereitet vielen Menschen erhebliche Probleme, erhaltene Privilegien wieder abzugeben: SUV, zwei jährliche Flugreisen und täglich großzügige Mengen Fleisch auf dem Teller. Dazu kommen

- *Titanic-Effekt,*
- *Normalcy-Bias,*
- *Overconfidence-Effekt,*
- *Pseudocertainty-Effekt,*
- *Selektive Wahrnehmung,*
- *Ankerheuristik*
- und vor allem die *Vermeidung von Entscheidungen*, die verbreitete Neigung, unangenehmen Weichenstellungen aus dem Weg zu gehen.

In der Mikroökonomie kennt man den Begriff „Zeitpräferenz", die Neigung von Konsumenten, Konsum in der Gegenwart gegenüber künftigem Konsum vorzuziehen. Das steht in Beziehung zur bereits mehrfach erwähnten Hyperbolischen Abzinsung: Die Verschiebung eines Konsums in die Zukunft wird emotional zunächst rasch und dann immer langsamer diskontiert. Gesamtwirtschaftlich produziert das Phänomen also möglicherweise ein zu optimistisches Zukunftsbild und damit folgendes Paradox: Wachstumserwartung und technischer Fortschritt morgen rechtfertigen einen höheren Ressourcenverbrauch heute. Doch diese Form von Abzinsung führt zu unzureichenden Maßnahmen gegen Klimawandel und Umweltzerstörung und vernichtet damit die Lebensgrundlage zukünftiger Generationen. Es entsteht ein Generationenkonflikt. Am 29. April 2021 hat das Bundesverfassungsgericht das Klimaschutzgesetz der Bundesregierung mit Verweis auf eben jene Generationengerechtigkeit als in Teilen verfassungswidrig erklärt (BVG 2021).

Zwei weitere Denkfallen stehen einer Abkehr von der Ressourcenzerstörung im Weg.

- **Plant Blindness** („Pflanzenblindheit"): Dies ist ein informell vorgeschlagener Trugschluss, dass Menschen Pflanzen in ihrer natürlichen Umgebung nicht ausreichend beachten und ihre Nützlichkeit für das Leben auf der Erde verkennen und nicht wertschätzen (Wandersee und Schussler 1999).
- **Anthropozentrisches Denken** *(Anthropocentric Thinking):* Der Mensch versteht sich selbst als den Mittelpunkt der weltlichen Realität und sieht die Welt nur unter dem Aspekt des Nutzens für ihn.[3] Und genau das Problem. Es fehlt die Ehrfurcht vor den biologischen und entwicklungshistorischen Zusammenhängen (und bei manchen das Verständnis für und die Akzeptanz von wissenschaftlichen Erkenntnissen).

Mit Virusinfektionen wie AIDS, SARS, MERS, Ebola, der Schweinegrippe und vor allem Covid-19 könnte man den Eindruck bekommen, dass die Natur gegen den Homo sapiens zurückschlägt: Kleine DNA-Stränge entwickeln eine immense Flexibilität und ein zerstörerisches Potenzial, das sogar hochtechnisierte Industrieländer in Atem hält. Die Süddeutsche Zeitung (Bartens 2020) brachte es zu Beginn der zweiten (bzw. dritten) Corona-Welle auf den Punkt:

- Die Risikowahrnehmung, sich mit dem Virus zu infizieren, sinkt in Gegenwart von Bekannten.
- Laut *Dissonanztheorie* sind Menschen keine rationalen,[4] sondern rationalisierende Wesen. Sie verringern ihre Angst durch Verdrängung, Verniedlichung und Projektion auf andere, um negatives Behagen (= Dissonanz) zu reduzieren.
- Wunschdenken spielt ebenfalls eine gewichtige Rolle: Wir fahren besser Auto als der Durchschnitt. Die Chancen, selbst beim Steuerbetrug ertappt zu werden, schätzen wir niedriger als bei anderen ein. Wir erkranken seltener an ernsten Leiden wie Krebs, haben aber höhere Gewinnchancen im Lotto. Wenn schon Covid-19, dann als leichte Erkältung – wie bei positiv Getesteten im Freundeskreis beobachtet. Der Lake-Wobegon-Effekt!
- Wir unterliegen der Kontrollillusion, dass bisher ja auch alles weitegehend gut gegangen ist. Das Risikoverhalten in Gruppen steigt, man erlebt sich als weniger verwundbar: Der Vordermann fährt im Nebel ja genauso schnell.

---

[3] Kopernikus (Abschn. 8.2) war einer der ersten, die damit aufgeräumt haben.
[4] Dies dürfte dem Leser inzwischen dämmern …

▶ **Tipps**

- Wertschätzen Sie das Wunder der Natur und ihrer Kreisläufe und helfen Sie, diese zu bewahren.
- Reduzieren Sie Ihren ökologischen Fußabdruck, um die Erde in passablem Zustand an die Nachkommen übergeben zu können.
- Und nehmen Sie die Covid-19-Pandemie und andere Virusinfektionen ernst.

12.2 Catch-22

Die zuletzt angerissenen Problemfelder dürften niemanden in Euphorie versetzen – zu ernst sind die befürchteten Folgen von Klimawandel, Umweltzerstörung und Bevölkerungsexplosion, zu menschenverachtend Diskriminierung, Unterdrückung und Faschismus. Ignoranz und Egoismus haben uns dahin gebracht, wo wir heute stehen. Und Besserung scheint nicht in Sicht.

Wirklich nicht?

Ich habe Ihnen eine strukturierte Darstellung von kognitiven Effekten – insbesondere reproduzierbare Denkfehler, Irrtümer und Verzerrungen – an die Hand gegeben und diese mit Alltagsbeispielen illustriert. Mit den teils überraschenden, teils aber auch naheliegenden Tipps stehen Sie nicht machtlos vor den Konsequenzen der zahlreichen Biases.

▶ Mit dem Motto *Vertrauen Sie Ihrer Intuition, nachdem Sie sich mit den Fakten vertraut gemacht haben* dürfte ich weder den deutschen Risikoforscher Gerd Gigerenzer gegen mich aufbringen noch im Widerspruch zu den amerikanischen Nobelpreisträgern Herbert A. Simon, Daniel Kahneman, Richard Thaler und Robert Shiller stehen.

Diese haben wie erläutert die Forschungsgebiete *Behavioral Economics* und *Behavioral Finance* entscheidend geprägt. Sie alle sind gern gesehene Talkshowgäste und Interviewpartner, und ihre populärwissenschaftlichen Bücher verkaufen sich wie geschnitten Brot – ein hochaktuelles Thema. Das vorliegende Sachbuch knüpft an die wissenschaftlichen Erkenntnisse zu psychologischen Phänomenen an und zeigt inhärente thematische Beziehungen zur Betriebs- und Volkswirtschaft auf.

Sie halten erstmalig ein verhaltensökonomisch ausgerichtetes Buch in Händen, in dem mehr als 300 unabhängige kognitive Effekte auf Deutsch erläutert sind. Betrachten Sie diese Sammlung als Baukasten, der Ihnen für die unterschiedlichsten Lebenslagen Hinweise und Anregungen gibt, worauf Sie achten sollten, wie Sie eine bessere Position erreichen und wie Sie Geld sparen bzw. verdienen können. Und vor allem, wie Sie die Welt ein kleines bisschen besser machen können, jeder für sich (und gleichzeitig für alle).

Abb. 12.2 Flutkatastrophe von 1953: Blick über das überflutete Oude-Tonge auf Goeree-Overflakkee. (Foto: National Archives Identifier 541705)

Denn es muss nicht immer das, was der eine gewinnt, ein anderer verlieren – seien es Verhandlungspartner, Umwelt, die Länder der Dritten Welt. Oder die gesamte Menschheit, die sich heute zu Beginn des Anthropozäns an den Rand des Abgrunds bewegt hat, der ihr gesamtes Dasein in absehbarer Zukunft gefährdet. Doch als Verhandler habe ich früh gelernt und stets beherzigt: Die Chance auf eine Win-Win-Situation ist öfter vorhanden, als man meint.

> **Deichbau in den Niederlanden**
> Wenn sich die Niederländer mit Blick auf die geografischen Herausforderungen in ihrem Land so ignorant verhalten würden wie die Weltgemeinschaft angesichts von Umweltzerstörung und drohender Klimakatastrophe, hätten sie bereits jetzt ein massives Problem. 33.760 km^2 sind die Niederlande groß. Gut die Hälfte der Gesamtfläche liegt weniger als einen Meter über und rund ein Viertel sogar unterhalb des Meeresspiegels. Ohne ausgeklügelte Deichanlagen, die das flache und fragile Land auf einer Länge von etwa 3000 km schützen, wäre der Kampf gegen das Wasser, gegen Sturmfluten und Überschwemmungen aussichtslos. Das ganze Ausmaß der Bedrohung zeigte sich im Februar 1953 in erschreckender Deutlichkeit, als nach der schwersten Nordseesturmflut des 20. Jahrhunderts die Deiche in den Provinzen Zeeland, Zuidholland und Noord-Brabant brachen. 2000 km^2 Kulturland standen unter Wasser, 72.000 Menschen mussten evakuiert werden, 1835 ertranken (Abb. 12.2).

> Um einer erneuten Flutkatastrophe vorzubeugen, riefen die Niederlande das Delta-Projekt ins Leben. Es sieht vor, alle Meeresarme vollkommen durch Dämme (die „Deltawerke") abzuriegeln und die Küstenlinie erheblich zu verkürzen. Zugleich sollten sämtliche Hochwasserschutzanlagen den Meeresspiegel um 5 m überragen. Die Bauarbeiten für den aus zahlreichen Einzeldämmen gefügten und insgesamt 6 Mrd. € teuren Schutzwall zogen sich nahezu 40 Jahre hin. Sie begannen 1958 und konnten erst 1997 abgeschlossen werden (Eklkofer et al. 2012).

Daher ist es dringend notwendig zu kooperieren, zwischen Individuen und Staaten, zwischen Menschen und Völkergemeinschaft, um die angesprochene Win-Win-Situation zu schaffen, die einen Zugewinn bewirkt und nicht mittelfristig nur Verlierer produziert. Staats- und Bankenrettung, Pandemiefolgen und vor allem die Behebung von Kriegsfolgen sind sehr teuer, jedoch wird der Aufwand, der durch das fortwährende Ignorieren von Klimaerwärmung und Umweltzerstörung auf uns zukommt, um Zehnerpotenzen höher sein. Für diese Erkenntnis muss man kein Prophet sein. Leider gelingt es bisher nur unzureichend, dies in die Köpfe der Entscheidungsträger und der Wähler, die diese letztlich mit einem Mandat beauftragen, hineinzubekommen. Und so viel Zeit zu warten, bis eine neue Generation heranwächst und die akuten Probleme ernstnimmt und Lösungen implementiert, haben wir definitiv nicht.

▶ **Tipps**

Investieren Sie das Geld und die Ressourcen, die Sie durch Befolgung einiger der Tipps im Buch gespart haben, zumindest anteilig in die Zukunftssicherung:
- Kaufen Sie bewusst ein, langlebige Produkte aus fairer, nachhaltiger Erzeugung und Lebensmittel aus ökologischer Landwirtschaft.
- Investieren Sie in energiesparende Technologien, regenerative Energien und nachhaltig agierende Unternehmen.
- Spenden Sie für Vereine und Organisationen, die für Gerechtigkeit, Nachhaltigkeit, Transparenz und Friedenssicherung stehen.
- Antifeminismus, Mobbing, Rassismus, Antisemitismus und Fremdenfeindlichkeit entgegenzutreten kostet ebenso wenig Geld wie die Wahlentscheidung für demokratisch orientierte Parteien.
- Treten Sie gegen politischen und religiösen Fanatismus ein. Nicht umsonst heißt es: *Wehret den Anfängen!* Der Satz des römischen Dichters Ovid ist auch heute noch sehr aktuell.

Das Erkennen kognitiver Verzerrungen und Irrtümer ist der erste Schritt zur Vermeidung, ihnen auf den Leim zu gehen. Damit kann der Verzicht auf unzutreffende Faustregeln gelingen: die grundlegende Botschaft von Tverskys und Kahnemans Heuristics-and-

Biases-Konzept (1974) für Entscheidungen unter Unsicherheit. Nachdem wir durch Selbstüberschätzung gepaart mit einem falschen Verständnis von Wahrscheinlichkeiten in Schwierigkeiten geraten sind, können die Überwindung von Verlustangst und die Abschreibung von Sunk Costs oft wieder aus dem Schlamassel heraushelfen. Auch wenn es häufig schmerzhaft ist und das eigene Ego Kratzer abbekommt. In zahlreichen Fällen existiert kaum ein Ausweg aus einer verzwickten Situation. Davon können leider sehr viele Menschen berichten, die Hunger leiden, verfolgt werden, in Krisengebieten leben oder zu den aktuell 82 Mio. Geflüchteten zählen. Gemessen daran sind die Herausforderungen in der Ersten Welt Luxusprobleme.

Ein letzter Effekt sei an dieser Stelle noch erwähnt, der es bisher nicht in die typischen Sammlungen kognitiver Irrtümer und Verzerrungen geschafft hat, jedoch eine gewisse Relevanz für Katastrophen wie Krieg oder totalitäre Gewalt besitzt. Und auch für ausweglose Situationen im eigenen Umfeld, für die es keine – zumindest kurzfristigen – Lösungen zu geben scheint, trifft er den Nagel auf den Kopf.

Beispiel: Catch-22

Catch-22 ist der Titel eines satirischen Romans des US-amerikanischen Autors Joseph Heller, der 1961 veröffentlicht wurde. „Catch" lässt sich sinngemäß als „Falle", „Dilemma", „Zwickmühle" oder „Haken" übersetzen; man spricht gewöhnlich vom **Catch-22-Dilemma** *(Catch-22 Dilemma)*. Erste Kapitel hat Heller bereits 1955 als „Catch-18" verbreitet, den Namen jedoch wegen der Ähnlichkeit mit Leon Uris' Titel *Mila 18* geändert. Ausschlaggebend hierfür war wohl die Euphonie (= Wohlklang) der Zahl, und die 22 hat sonst keine weitere Bedeutung; daher spricht man auch im Deutschen bei einer Zwickmühle von „Catch-Twenty-two" (Aldridge 1986).

Worum geht es im Roman? Die Handlung spielt 1944 in einer amerikanischen Fliegerkaserne auf der fiktiven Mittelmeerinsel Pianosa, acht Meilen südlich von Elba. Von dort starten Kampfflieger zu ihren Einsätzen gegen die Deutschen. Mit zunehmender Kriegsdauer macht sich Frustration breit. Die Zusage, dass die Piloten nach 40 Einsätzen zurück in die Heimat dürfen, wird mangels Personals von den Vorgesetzten nicht eingehalten, und so steigt die Anzahl der Flüge für die Betroffenen zunehmend.

Die Hauptfigur, Navigator Captain John Yossarian, beantragt, aus dem Kampfdienst entlassen zu werden, da er geisteskrank und gemäß Vorschrift deshalb untauglich zum Fliegen sei. Damit beißt sich die Katze in den eigenen Schwanz: Der Catch-22 ist, dass jeder, der aus der Kampfpflicht herauskommen will und einen entsprechenden Antrag stellt, wegen genau dieser Motivation nicht wirklich verrückt ist. „*Sure there is a catch*", wird Yossarian vom Stabsarzt erläutert, „*Catch-22. Anyone who wants to get out of combat duty isn't really crazy.*" (Heller 1961, S. 46) Daher sorgt ein Catch-22 dafür, dass kein Pilot jemals entlassen werden kann, auch wenn er tatsächlich geisteskrank ist – ein perfider Zirkelschluss. Das Leitmotiv wird in diesem rabenschwarzen Buch immer wieder in unterschiedlichster Form durchexerziert.

(Natürlich gibt den Catch-22 in der amerikanischen Luftwaffe nicht, aber im Roman glauben alle Beteiligten an seine Existenz.)

„Es handelt sich um eine Art Karikatur militärischer Logik, doch wie bei allen guten Karikaturen wird der Kern der Sache getroffen: Die Wirklichkeit des Kriegs oder jede andere, auf totalitärer Gewalt beruhende Wirklichkeit ist von einem Wahnwitz, dem sich niemand entziehen kann, und in dieser Wirklichkeit wird Normalität zum Ausdruck von Wahn oder Heimtücke umgedeutet", schreibt der österreichisch-amerikanische Psychotherapeut Paul Watzlawick (1976). ◄

Catch-22-Situationen erkennt man in vielen militärischen Konflikten als Folge unklarer Erwartungshaltung und mangelhafter Strategiedefinition. Die sowjetische Intervention in Afghanistan (1979–1989) dauerte mangels nachhaltiger Erfolgsaussichten weniger als zehn Jahre. Die von den USA geführten Truppen benötigten für diese Erkenntnis und den überhasteten Abzug der letzten Einheiten mehr als den doppelten Zeitraum (2001–2021 – der längste von den USA geführte Krieg und eine weitere bittere Niederlage). Allerdings hat im Nachhinein jeder gewusst, dass es nicht klappen konnte, ein derart fremdes und kompliziert strukturiertes Land aus der Ferne zu befrieden: der typische Rückschaufehler (Abschn. 3.2). Nahezu zeitgleich mit dem Abzug der westlichen „Besatzer" haben sich die Taliban – wie zwei Jahrzehnte vorher – mit ihrem stammesgeprägten, frauenverachtenden, fundamentalistisch-sunnitischen Weltbild als selbsterklärte Vertreter des afghanischen Volks als dessen Herrscher etabliert, unter Zustimmung von größeren – männlichen – Teilen der Bevölkerung. Die meisten Zusicherungen zur Einhaltung von Frauen- und Menschenrechten sind inzwischen ad absurdum geführt worden. Übertroffen (und herausgefordert) in ihrer Radikalität werden sie nur noch vom mit ihnen verfeindeten Daesh.

Auch im wirtschaftlichen Sektor lassen sich viele Projekte benennen, die das Prädikat Catch-22 verdienen und sich als gigantische Fehlinvestitionen erweisen. Nord Stream 2 (Abschn. 6.2) war nur ein Beispiel. Das Jevons-Paradox passt ebenfalls zu diesem Schema. In demokratischen Staaten tendieren heutzutage immer mehr Wähler zu rechtskonservativen und ultranationalistischen Parteien, eine mögliche Folge des Backlash-Effekts. Würde eine Regierung jedoch ein radikales Programm mit überfälligen Korrekturen in der Klima- und Umweltpolitik planen, wäre sie auf Betreiben von Bewahrern und Interessenvertretern in Nullkommanichts abgestraft (siehe Bündnis 90/Die Grünen) und später sogar abgewählt. Diese und Unmengen weiterer Paradoxe und Anomalien, die der Catch-22-Logik folgen, lassen sich mit verhaltensökonomischen Mitteln begründen oder zumindest besser verstehen.

▷ Es gibt im täglichen Leben viele triviale, teilweise lustige Catch-22-Situationen, z. B. wenn an einem Schaltkasten oder Wartehäuschen ein Plakat klebt mit der Aufschrift „Plakate ankleben verboten".

Neben Gruppen und ganzen Staaten werden natürlich auch Einzelpersonen leicht Opfer von Catch-22. Dies kann weitgehend harmlose Umstände betreffen, jedoch auch sehr ernste und riskante Dinge, und dann sind Freiheit und Leben in Gefahr. Danken Sie an die erwähnten Geflüchteten, Blogger und Regimekritiker in totalitär geführten Staaten, Erpressungsopfer oder Mitglieder der Mafia und anderen kriminellen Organisationen. Und an Enthüller von Missständen.

> **Whistleblower**
>
> Die oft ausweglose Situation von *Whistleblowern*, im deutschen Sprachraum auch als Hinweisgeber oder Aufdecker bezeichnet, fällt ebenfalls unter das Prinzip von Catch-22. Dies sind Personen, die wichtige Informationen aus einem geheimen oder geschützten Kontext bzw. Datenraum veröffentlichen, etwa Fehlverhalten oder Straftaten wie Korruption, Insiderhandel, Menschenrechtsverletzungen, Datenmissbrauch oder generelle Gefahren, von denen der Whistleblower an seinem Arbeitsplatz oder in anderen Zusammenhängen erfährt. Im Allgemeinen betrifft dies vor allem Vorgänge in der Politik, in Behörden und in Wirtschaftsunternehmen. Zuletzt wurden die Praktiken des Facebook-Konzerns von der früheren Mitarbeiterin Frances Haugen an die Öffentlichkeit gebracht.
>
> Whistleblower genießen in Teilen der Bevölkerung ein hohes Ansehen, werden allerdings von Arbeitgebern und Kollegen gemobbt und von selbst demokratisch legitimierten Regierungen verfolgt. Denken Sie an die Schicksale beispielsweise von Edward Snowden, Bradley (später Chelsea) Manning oder Julian Assange. Barack Obama sprach vor seiner Wahl zum US-Präsidenten bewundernd über Whistleblower als „wertvollste Quelle" für Informationen über Regierungsfehlverhalten und kündigte an, die Transparenz des Regierungshandelns zu steigern. Kritiker haben jedoch angemerkt, die von Obama betriebene Geheimhaltung übertreffe deutlich die der Bush-Regierung (Harwood 2012).
>
> Der in Abschn. 9.1 mit seinem Paradox gewürdigte Daniel Ellsberg ist einer der bekanntesten Whistleblower der US-Geschichte. Er brachte 1971 die geheimen Pentagon-Papiere ans Licht, die die Täuschung der Bürger über den Vietnamkrieg durch mehrere US-Regierungen enthüllten. Der anschließende Rechtsstreit ging bis vor das oberste Gericht der USA und führte zu einem Grundsatzurteil, in dem die Veröffentlichung erlaubt und die Pressefreiheit gestärkt wurde. Ellsberg stand dennoch wegen Spionage vor Gericht, ihm drohten 115 Jahre Haft. Der Prozess platzte durch einen von der republikanischen Nixon-Regierung veranlassten Einbruch von Geheimdienstmitarbeitern in die Praxis des Psychiaters und durch seine illegale Überwachung. Der bis heute auch politisch aktive Ellsberg sieht die 2013 bekannt gewordenen Geheimdienstüberwachungsprogramme als Verstoß gegen die US-Verfassung an (Wikipedia 2021a).

> US-Präsident Richard Nixon musste letztlich 1974 wegen der Watergate-Affäre zurücktreten, die maßgeblich aufgrund der vom Whistleblower Mark Felt gelieferten Informationen an die Öffentlichkeit gelangte. Die CIA-Agentin Valerie Plame wurde als Racheakt für das Whistleblowing ihres Mannes, des Diplomaten Joseph Wilson, von Mitgliedern der Regierung von George W. Bush enttarnt – was nach US-Gesetzen ein schweres kriminelles Vergehen darstellte (Wikipedia 2021b, c und dort zitierte Quellen). Ein amerikanischer Bekannter von mir prangerte signifikante Missstände in einem Krankenhaus an, in dem er als Pfleger beschäftigt war; ihm wurde fristlos gekündigt, und er hatte in seinem Heimatbundesstaat keine Chance mehr auf eine adäquate Anstellung.

Nüchtern betrachtet könnte man die steile These aufstellen, dass sehr früh in der Entwicklungsgeschichte des Homo sapiens etwas gravierend schiefgegangen ist. Mit dem signifikanten Umbruch der Agrarrevolution um 10.000 v. Chr., dem Übergang von den Jägern und Sammlern zur Agrargesellschaft, verbesserte sich zwar das Nahrungsangebot und wurde über das Jahr besser planbar, jedoch mit den Folgen von Bodenübernutzung, einer deutlich höheren Vermehrungsrate sowie ernsthaften körperlichen Beschwerden durch die ungewohnte Feldarbeit, die sich an Knochenfunden nachweisen lässt. Die letztlich durch die Entwicklung der Dampfmaschine ausgelöste industrielle Revolution verschärfte die Situation der abhängig Beschäftigten durch überlange Arbeitszeiten in düsteren Fabriken („Manchesterkapitalismus") und der Stadtbewohner durch katastrophale sanitäre Zustände.

Bereits der im 8. Jahrhundert in Ostasien erfundene Buchdruck, der ab dem 15. Jahrhundert in Europa das Monopol der katholischen Kirche brach, und ebenso die Entwicklung der Halbleiterelektronik Mitte des 20. Jahrhunderts haben völlig neue Kommunikationskanäle eröffnet, die gravierende weitere Entwicklungen erst ermöglichten. Zur in Kap. 2 angesprochenen, viel früheren kognitiven Revolution, während der auch die Sprache im heutigen Sinn entstand, schreibt Noel Harari (2013, S. 21):

▶ „Viele Katastrophen der Menschheitsgeschichte lassen sich mit dieser überhasteten Entwicklung *[dass sich der Mensch dadurch plötzlich an der Spitze der Nahrungspyramide wiederfand]* erklären, angefangen von der Massenvernichtung in Kriegen bis hin zur Zerstörung unserer Ökosysteme."

Auch ein paar Nummern kleiner sind Catch-22-Situationen zu finden, beruflich und auch privat. Doch lassen Sie sich nicht entmutigen, auch wenn zunächst keine Lösung erkennbar ist: Oft tut sich trotz negativer Einschätzung dennoch ein Ausweg auf, und den sollten Sie nutzen. *Unclutter your Life* (Abschn. 4.3) war einer dieser vagen Tipps, räumen Sie in Ihrem persönlichen Umfeld auf. Der Mensch trägt in seinen Genen noch

Eigenschaften aus der Zeit der Jäger und Sammler, was sich im Aufbewahren unnützer Dinge oder dem Aufheben von zu vielen Urlaubstagen bis zum Jahresende manifestiert.

▸ **Die letzten Tipps**

- Akzeptieren Sie, was nicht zu ändern ist, und schreiben Sie eventuelle Verluste ab.
- Ändern Sie Dinge im Rahmen Ihrer Möglichkeiten zum Besseren.
- Wagen Sie eine Neuausrichtung und vielleicht sogar einen kompletten Neuanfang.
- Prüfen Sie gemäß des Buchmottos sorgfältig die Fakten und entwickeln Sie einen Plan B, bevor Sie sich intuitiv dazu entschließen, als *Whistleblower* tätig zu werden.

Captain John Yossarian ist am Ende von *Catch-22* desertiert.

12.3 Ein Schlusswort

Der im Vorwort begonnene Weg durch die kognitiven Irrtümer und verhaltensökonomischen Fehlleistungen endet an dieser Stelle, und ich möchte Sie fragen: Erkennen Sie nun die einzelnen Bäume, die für die harten Fakten stehen, etwas besser? Oder sehen und begreifen Sie den Wald intuitiv nach wie vor nur als Ganzes? Hoffentlich gelingt Ihnen nach der Lektüre im echten Leben beides: der Intuition zu gehorchen, nachdem Sie die Faktenlage geprüft haben.

Denn eines scheint sicher: Reines Faktenwissen und schiere Rechenleistung, mit der beispielsweise die angesprochene künstliche Intelligenz (KI) operiert und Bestehendes weiterentwickelt und optimiert, führt in der Regel nicht zu Quantensprüngen in der Entwicklung von Neuem. Hierzu ist *Out-of-the-Box*-Denken gefragt, kreative Lösungsansätze, die aus der Intuition heraus entstehen und vielfach ins Leere führen – und in seltenen Fällen bahnbrechende Erfindungen und Umwälzungen nach sich ziehen. KI wäre trotz Zugriff auf alle verfügbaren Daten nicht in der Lage gewesen, die Idee zur Dampfmaschine oder dem Computerchip zu liefern oder den Rock'n' Roll zu erfinden.[5] Doch ohne grundlegende Kenntnisse in Ingenieurtechnik oder Musik wären diese Durchbrüche ebenfalls unmöglich gewesen. Erst Bauchgefühl und Intuition für die Vision, dann Daten und Fakten zu deren Realisierung. Ein Mathematiker oder Physiker hat zunächst meist nur eine vage Idee zu bestimmten Zusammenhängen und geht dann

---

[5] Die Kritiken für die auf der Basis von Beethovens Skizzen mit KI vor Kurzem produzierte 10. Sinfonie waren nicht sehr positiv.

12.3 Ein Schlusswort

daran, die Vermutung zu beweisen. Dies stellt streng genommen eine Variation des Buchmottos dar, Intuition mit Fakten zu verifizieren. Nicht immer ist klar abzugrenzen, ob zunächst die Intuition und dann der Faktencheck kommt oder umgekehrt – wichtig ist, dass beides Hand in Hand gehen muss.

Von den zahlreichen unterscheidbaren kognitiven Effekten, die in Kap. 13.1 nach ihren englischsprachigen Bezeichnungen sortiert aufgeführt und kurz definiert sind, habe ich die meisten im Text aufgegriffen und anhand anschaulicher Beispiele erläutert. Dabei ist deutlich geworden, dass zwischen einzelnen Vertretern eine nahe Verwandtschaft bestehen kann, ohne dass es sich exakt um dasselbe Phänomen handelt. Die Verhaltensökonomik unterteilt die Effekte in Abkömmlinge von Ähnlichkeits- oder Repräsentativheuristik, Verfügbarkeitsheuristik, Verankerungs- oder Anpassungsheuristik sowie der Prospect Theory. Das vorliegende Buch orientiert sich an einer alternativen, praktisch orientierten Einteilung. Beides hat seine Berechtigung.

Sie konnten zunächst miterleben, wie viele kognitive Irrtümer in einer einfachen Alltagssituation, nämlich der Heimfahrt von Heinz-Walter Nelles, verborgen sein können (Kap. 1). Relevante Phänomene wie Ankereffekt, Framing und Priming, Overconfidence-Effekt, Verfügbarkeitsheuristik, Verlustangst, Vernachlässigung von Wahrscheinlichkeiten u. v. m. tauchen an späterer Stelle nochmals in anderem Zusammenhang auf. Einige weitere Verzerrungen, die nach Tieren, Toren und Menschen benannt sind, wurden in Kap. 2 vorangestellt.

Kap. 3, 4 und 5 führen in die Vergangenheit, die Welt der Gefühle und zum populären Fehlschluss der Selbstüberschätzung. Hier steht das Individuum mit seinem subjektiven Empfinden und dem entsprechenden Handeln im Fokus. Ich habe erläutert, dass Erinnerungen nie absolut korrekt sind, Emotionen immer einer Rolle spielen und ein zu hohes Selbstvertrauen mehr schadet als nutzt.

Monetäre Aspekte dominieren Kap. 6 mit einem genaueren Blick auf die Verhaltensökonomik (die heute zur BWL gehört) und Kap. 7 mit Fehlern, Phänomenen und Tipps zum Aktienmarkt. Auch in der modernen Arbeitswelt spielen kognitive Effekte eine wichtige Rolle; Kap. 8 schaut mit offenen Augen auf den Bürokosmos und die Kooperation in Kollektiven. Und wir bleiben zunächst bei den harten Realitäten: In Kap. 9 geht es um konkrete Zahlen und Wahrscheinlichkeiten. Kap. 10 beleuchtet die typisch menschliche Schwierigkeit, Entscheidungen zu treffen.

Leider wirken die genannten Themen nebensächlich im Vergleich dazu, was in den letzten beiden Kapiteln dargestellt ist. Darin geht es nicht um so harmlose Konsequenzen wie, sein Vermögen auf dem Festgeldkonto zu parken und nicht zu investieren, sondern um existenzbedrohende Themen wie die Zerstörung der Lebensgrundlagen. Kap. 11 wendet sich gegen Ausgrenzung und Diffamierung ethnischer und religiöser Gruppen und die Abschaffung der Demokratie durch Wähler, die populistischen, völkischen und faschistischen Parteien freiwillig ihre Stimme geben. (Damit hat gerade Deutschland schon einmal schlechte Erfahrungen gemacht.) Abschn. 12.1 warnt vor den gravierenden Folgen einer irreversiblen Veränderung der Erdoberfläche durch Überbeanspruchung,

Verschmutzung und Erwärmung, wenn das globale Klein-Klein wie bisher weitergeht und keine weltweiten konzertierten Aktionen durchgezogen werden.

Der *Club of Rome* veröffentlichte bereits 1972 seine bekannte Studie „Die Grenzen des Wachstums" (Meadows et al. 1972). Darin machte er deutlich, dass, falls die (damalige) Zunahme von Weltbevölkerung, Industrialisierung, Umweltverschmutzung, Nahrungsmittelproduktion und Ausbeutung von natürlichen Rohstoffen unverändert anhält, die absoluten Wachstumsgrenzen auf der Erde in naher Zukunft erreicht werden. (Man schätzte 1972 optimistisch „im Laufe der nächsten hundert Jahre".) So viel Zeit hat die Menschheit definitiv nicht. Die Textzeile *„How do we sleep while our beds are burning"* der australischen Rockband *Midnight Oil* von 1984 (wobei es ursprünglich um einen australischen Aborigines-Stamm ging) hat mit Blick auf die hier dargestellte Problematik inzwischen eine völlig neue Bedeutung gewonnen.

Statt Kriegen zwischen Nachbarländern um Gebiete oder zwischen Parteien der Blöcke des Kalten Kriegs, um religiösen Ideologien willens, zur Kontrolle von Handelswegen oder einfach um Öl werden zukünftige Auseinandersetzungen aus Ressourcenknappheit (angefangen mit Wasser und Nahrung bis hin zu Rohstoffen) *und* wegen der Folgen des Klimawandels geführt. Diese Kriege finden nur noch teilweise auf dem Schlachtfeld, aber parallel automatisiert und über das Internet statt: die hybride Kriegsführung. Der Mensch folgt in seinem Tun niederen Instinkten aus seiner prähistorischen Vergangenheit, nutzt allerdings den aktuellen Stand des technologischen Fortschritts. Verlustangst, Besitztumseffekt, Status-quo-Verzerrung und Overconfidence-Effekt sind nur vier der Handicaps, die einem vernünftigen Handeln im Weg stehen. Sie führen zu Gier, Ignoranz und Blockadehaltung.

Längst scheint der *Point of no Return* überschritten, der Zeitpunkt für effektive Gegenmaßnahmen. Doch ich habe meine rheinische Zuversicht noch nicht verloren, dass eine kollektive und konsequente Bekämpfung der Bedrohungen *jetzt* möglich ist – ohne darauf zu warten, dass die *Fridays-for-Future*-Schüler in der organisatorischen Verantwortung stehen. Zumal auch die junge Generation keineswegs zu großen Teilen und rückhaltlos hinter radikalen Schritten etwa zum Umwelt- und Klimaschutz steht, wie etwa die Analysen zur Bundestagswahl 2021 gezeigt haben. Die konsequente Gegenrede gegen Fake News und Populismus, gegen kognitive Irrtümer und verhaltensökonomische Verzerrungen wird dabei ebenso helfen wie die daraus resultierenden Taten.

> **Die wichtigsten kognitiven Effekte in Kap. 12**
> Mit dem vorgestellten Baukasten an Denkfehlern lassen sich Gegenmaßnahmen auch zur Lösung der Probleme definieren, die sich der Homo sapiens mit der sukzessiven Zerstörung seines Lebensraums selbst geschaffen hat. Weitere Effekte runden das Portfolio ab.
> *Gender-Bias* und *Backlash-Effekt:* Die rückwärtsgewandten Entwicklungen im Mittleren Osten, jedoch auch näher an unserer Heimat sollten aufgeklärte

Menschen aufrütteln und die Gleichberechtigung der Geschlechter vor allem im realen Leben sicherstellen.

Tragik der Allmende: Wir vergreifen uns an den natürlichen Ressourcen, ohne uns über die dramatischen Folgen Gedanken zu machen.

Anthropozentrisches Denken: Der Mensch denkt, und Gott (bzw. die Natur) lenkt. Langfristig betrachtet wird sich die Natur an die neuen Gegebenheiten des Anthropozäns anpassen können, der Mensch aber vermutlich nicht.

Catch-22: Für einige Probleme gibt es keine einfache Lösung – insbesondere wenn ein Zirkelschluss involviert ist.

„Was kümmert es die Eiche, wenn sich die Sau an ihr reibt", lautet eine bekannte Redensart, nach der die Menschheit als Gast auf der Erde zurzeit verfährt. Doch aus der Fabel kennt man das hinterlistige Wildschwein, das täglich die Erde aufwühlt, um die mächtige Eiche zu Fall zu bringen und leichter an die Eicheln zu kommen. Darüber sollten wir nachdenken.

Literatur

Aldridge JW (1986) The Loony Horror of it all – 'Catch-22' Turns 25. New York Times, Internet-Veröffentlichung vom 26. Oktober. https://archive.nytimes.com/www.nytimes.com/books/98/02/15/home/heller-loony.html. Zugegriffen: 5. Juli 2021

Bartens W (2020) Ich doch nicht. Warum es immer die anderen sind, die sich nicht an die Regeln halten und die Pandemie verzögern. Süddeutsche Zeitung, 01. Dezember

BVG (2021) Verfassungsbeschwerden gegen das Klimaschutzgesetz teilweise erfolgreich. Bundesverfassungsgericht, Pressemitteilung Nr. 31/2021 vom 29. April. Internet-Veröffentlichung. https://www.bundesverfassungsgericht.de/SharedDocs/Pressemitteilungen/DE/2021/bvg21-031.html. Zugegriffen: 25. Juli 2021

Diamond J (2005) Kollaps. Warum Gesellschaften überleben oder untergehen. Fischer, Frankfurt a. M.

Eklkofer V, Demmelhuber S, Linder C (2012) Ebbe und Flut: Das Leben der Niederländer unter dem Meeresspiegel. ARD alpha, Internet-Veröffentlichung vom 10. Februar. https://www.br.de/fernsehen/ard-alpha/sendungen/schulfernsehen/wasser-niederlande-deiche102.html. Zugegriffen: 5. Juli 2021

Harari YN (2013) Eine kurze Geschichte der Menschheit. Pantheon, München

Hardin G (1968) The tragedy of the commons. Science 162–3859:1243–1248. https://doi.org/10.1126/science.162.3859.1243

Harwood M (2012) NSA whistle-blower: Obama "worse than Bush". Thomas Drake on life inside the national security agency and the price of truth telling. Internet-Veröffentlichung 07. März. https://www.salon.com/2012/03/07/nsa_whistle_blower_obama_worse_than_bush/. Zugegriffen: 7. Juli 2021

Heller J (1961) Catch-22. Taschenbuchausgabe 2004. Simon & Schuster, New York

Lloyd WF (1980). W. F. Lloyd on the checks to population. Popul Dev Rev 6–3:473–496. https://doi.org/10.2307/1972412. (Erstveröffentlichung 1833)

Meadows DH, Meadows DL, Randers J, Behrens WW III (1972) The limits to growth. Universe Books, New York. http://www.donellameadows.org/wp-content/userfiles/Limits-to-Growth-digital-scan-version.pdf. Zugegriffen: 2. März 2020

Tversky A, Kahneman D (1974) Judgment under uncertainty: heuristics and biases. Science, New Series 185 (4157), 27. September, 1124–1131. https://www.jstor.org/stable/1738360

Wandersee JH, Schussler EE (1999) Preventing plant blindness. Am Biol Teach 61–2:82–86. https://doi.org/10.2307/4450624

Watzlawick P (1976) Wie wirklich ist die Wirklichkeit? Wahn – Täuschung – Verstehen. Piper, München

Wetzel J (2021) „Wir haben jedes Maß verloren". Harald Lesch und Christian Holler im Interview mit der Süddeutschen Zeitung, 19. Oktober

Wikipedia (2021a) Daniel Ellsberg. https://de.wikipedia.org/wiki/Daniel_Ellsberg. Zugegriffen: 7. Juli 2021

Wikipedia (2021b) Plame-Affäre. https://de.wikipedia.org/wiki/Plame-Affäre. Zugegriffen: 17. Okt. 2021

Wikipedia (2021c) Whistleblower. https://de.wikipedia.org/wiki/Whistleblower. Zugegriffen: 7. Juli 2021

Anhang

13.1 Übersicht kognitive Irrtümer und Verzerrungen

Die nachfolgende Übersicht beschreibt bzw. definiert 320 unterscheidbare kognitive Irrtümer und Verzerrungen, mit denen Sie tagtäglich konfrontiert werden könnten, zusammen mit zahlreichen gebräuchlichen Synonymen. Da die englischsprachigen Bezeichnungen durchgehend verfügbar und international verbreitet sind, wurde danach alphabetisch sortiert. Die jeweils erste Bezeichnung in der Klammer ist der im Text verwendete Begriff. Deutschsprachige Übersetzungen von Begriffen und Definitionen wurden, soweit nicht verfügbar, von mir ergänzt; 32 mit * gekennzeichnete Effekte sind nach meinem Kenntnisstand erstmals in einer deutschsprachigen Publikation beschrieben.

Above Average Effect (Above-Average-Effekt) Effekt, sich selbst eine überdurchschnittlich hohe Leistungsfähigkeit zu zuschreiben; → *Abschn. 5.3; Gegenteil:* → *Below Average Effect;* → *Overconfidence Effect.*

Action Bias (Action-Bias; Handlungsneigung, „Fehleinschätzung zu handeln") Trugschluss, aktiv werden zu müssen, auch wenn es nichts nützt oder sogar schadet; → *Abschn. 7.5.*

Actor Observer Asymmetry (Akteur-Beobachter-Divergenz) Fehlschluss bei Verhaltensbeurteilungen je nachdem, ob man in der betreffenden Situation Akteur oder Beobachter ist; → *Abschn. 10.2.*

Adaptive Attitudes (Anpassungsfähige Haltungen)* Annehmen derselben Haltungen wie die der Menschen, die uns umgeben, etwa in derselben sozialen Gruppe oder dem Arbeitsumfeld; → *Abschn.* 8.1.

Affect Heuristic (Affektheuristik) Mentale Abkürzung zu schnellen und effizienten Entscheidungen und Problemlösungen auf emotionaler Basis; auch: Intuition, Bauchgefühl; → *Abschn.* 4.1, → *Availability Bias.*

Agent Detection Bias (Agent-Detection-Bias; „Fälschliche Erkennung eines Akteurs") (Un)begründete Annahme, dass in einer Situation das bewusste Eingreifen eines empfindungsfähigen oder intelligenten Akteurs stattfindet, etwa eines Feindes; → *Abschn.* 6.1.

Age-related Positivity Effect (Altersabhängiger Positivitätseffekt) → *Positivity Effect.*

Allais Paradox (Allais-Paradox) Experimentell beobachtbarer Verstoß gegen die Nutzentheorie: Änderung der Präferenz des Entscheiders durch Hinzu-/Wegnahme von gemeinsamen Konsequenzen einer Entscheidung; → *Abschn.* 2.4.

Alternative Paths (Alternative Pfade) Alternative Handlungsmöglichkeiten, die bei der Bewertung einer Situation übersehen werden; → *Abschn.* 10.3, → *Hindsight Bias.*

Ambiguity Aversion (Ambiguity-Aversion, Aversion gegen Mehrdeutigkeit) Tendenz, bekannte Risiken gegenüber unbekannten Risiken zu bevorzugen; → *Abschn.* 9.1.

Ambiguity Bias (Ambiguity-Bias, Mehrdeutigkeitsverzerrung) Kognitiver Irrtum bei einer Entscheidungsfindung unter Informationsmangel: Auswahl von Optionen, die bekanntermaßen zu einem positiven Ergebnis führen, und Vernachlässigung solcher mit unbekannter Erfolgswahrscheinlichkeit; → *Abschn.* 9.1.

Anchoring Bias (Ankereffekt) Fehlschluss, dass Menschen bei bewusst gewählten Zahlenwerten von momentan vorhandenen (auch irrelevanten) Umgebungsinformationen beeinflusst werden mit der Folge einer systematischen Verzerrung in Richtung des Ankers; → *Abschn.* 1.3.

Anthropocentric Thinking (Anthropozentrisches Denken) Selbstverständnis des Menschen als Mittelpunkt der weltlichen Realität; als Folge davon Tendenz, andere biologische Spezies über Analogien zum Menschen zu charakterisieren; → *Abschn.* 12.1.

13.1 Übersicht kognitive Irrtümer und Verzerrungen

Anthropomorphism (Anthropomorphismus; Personifizierung, Vermenschlichung) Zuschreiben menschlicher Eigenschaften in Gestalt und Verhalten gegenüber Tieren, Göttern, Naturgewalten und Ähnlichem; → *Abschn. 2.2.*

Apophenia (Apophänie) Bei einer Schizophrenie die Erfahrung, scheinbare Muster und Beziehungen in zufälligen, bedeutungslosen Einzelheiten der Umwelt wahrzunehmen; → *Abschn. 11.5; Variante der* → *Clustering Illusion.*

Arbitrary Coherence (Willkürliche Kohärenz) → *Anchoring Bias.*

Association Fallacy (Assoziationstrugschluss) Induktiver Trugschluss, zwei Dinge miteinander zu verknüpfen, die überhaupt nichts miteinander zu tun haben; → *Abschn. 1.3,* → *Abschn. 4.2,* → *Cognitive Ease,* → *Priming Effect.*

Attentional Bias (Attentional-Bias; „Fehlgeleitete Aufmerksamkeit") Wahrnehmungsbeeinflussung durch akute Faktoren, etwa einen beherrschenden Gedankengang, der alternative Gedanken blockiert; → *Abschn. 1.6,* → *Abschn. 4.1.*

Attitude Polarization (Attitude-Polarisation; „Haltungspolarisierung")* Phänomen im Rahmen der → *Group Polarization,* wonach sich die generelle Haltung einer Gruppe zu einer bestimmten Sache durch den gezielten Einfluss einzelner Mitglieder in Gruppendiskussionen verstärkt; → *Abschn. 11.1.*

Attraction Effect (Attraktionseffekt) → *Decoy Effect.*

Attribution Bias (Attributionsfehler, Korrespondenzverzerrung) Fälschliche Neigung, die Ursache für ein beobachtetes Verhalten in (feststehenden) Charaktereigenschaften der handelnden Person und zu selten in den (variablen) Merkmalen der jeweiligen Situation zu suchen; → *Abschn. 4.3.*

Authority Bias (Autoritätsfehlschluss) Befangenheit, die dazu führt, in Gegenwart einer Autorität das eigene Denken einen Gang zurückzuschalten; → *Abschn. 8.1.*

Automation Bias (Automationsfehlschluss) Tendenz, sich auf automatisierte Systeme zu verlassen, was dazu führen kann, dass falsche Informationen dieser Systeme korrekte Entscheidungen überschreiben; → *Abschn. 8.1.*

Availability Bias (Verfügbarkeitsverzerrung) Systematischer Urteilsfehler, der entsteht, wenn die Bewertung der Wahrscheinlichkeit eines Ereignisses von leicht verfügbaren Beispielen geprägt ist; → *Abschn. 1.4.*

Availability Cascade (Verfügbarkeitskaskade) Sich selbst verstärkender Prozess, bei dem eine kollektive Annahme mehr und mehr Plausibilität gewinnt, indem sie öffentlich ständig wiederholt wird; → *Abschn. 11.5,* → *Availability Bias.*

Aversion to Ambiguity (Aversion gegen Mehrdeutigkeit) → *Ambiguity Aversion.*

Baader-Meinhof Phenomenon (Frequenzillusion) → *Frequency Illusion.*

Babe Ruth Effect (Babe-Ruth-Effekt)* Effekt, dass gelegentliche, jedoch höhere Gewinne insgesamt mehr Profit erbringen als häufigere, jedoch niedrigere Gewinne; → *Abschn. 2.4.*

Backfire Effect (Backfire-Effekt) Neigung, Fakten, die der eigenen Überzeugung widersprechen, als Bestätigung der eigenen Überzeugung zu betrachten und diese noch vehementer zu vertreten; → *Abschn. 11.5,* → *Boomerang Effect,* → *Confirmation Bias.*

Backlash Effect (Backlash-Effekt; Rückschlageffekt, Gegenbewegung) Rückkehr zu konservativen Werten und damit weg von fortschrittlichen Idealen; → *Abschn. 11.2,* → *Gender Bias.*

Bandwagon Effect (Mitläufereffekt, Nachahmungseffekt, Herdentrieb) Durch wahrgenommenen Erfolg erhöhte Bereitschaft, sich voraussichtlich erfolgreichen Handlungsweisen anzuschließen; → *Abschn. 1.5.*

Barn Door Closing (Barn Door Closing; „Schließen des Scheunentors")* Tendenz, sich heute in einer Weise zu verhalten (z. B. Geschäfte abzuschließen), die in der Vergangenheit profitabel gewesen wäre; → *Abschn. 2.2.*

Barnum Effect (Barnum-Effekt, Täuschung durch persönliche Validierung) Neigung von Menschen, vage und allgemeingültige Aussagen über die eigene Person so zu interpretieren, dass sie als zutreffende Beschreibung empfunden werden; → *Abschn. 2.3.*

Base Rate Neglect (Basisratenfehler, Prävalenzfehler) Falsches Verständnis von Abweichungen vom Durchschnitt und Folge der Vernachlässigung von Wahrscheinlichkeiten; → *Abschn. 9.2,* → *Neglect of Probability.*

Beauty Effect (Beauty-Effekt, „Schönheitseffekt")* Zuordnung von Qualitäten aufgrund des Aussehens bzw. Erscheinungsbilds von Menschen; → *Abschn. 4.3,* → *Cheerleader Effect,* → *Women-are-wonderful Effect.*

Beginner's Luck (Anfängerglück) Nicht durch Talent bestimmte erste Erfolge, die mit der Zeit gewöhnlich verschwinden; → *Abschn. 9.1.*

Belief Bias (Überzeugungsirrtum) Tendenz, glaubwürdige Schlussfolgerungen zu akzeptieren, unabhängig davon, ob sie logisch korrekt aus den Prämissen hergeleitet werden können; → *Abschn. 10.4,* → *Belief Perseverance,* → *Belief Revision.*

Belief Perseverance (Belief Perseverance; Beharren auf Überzeugungen) Unfähigkeit, eine erste Hypothese anzupassen oder zu revidieren, obwohl neue Informationen vorliegen, die dieser Überzeugung widersprechen (können); → *Abschn. 10.4,* → *Belief Bias,* → *Belief Revision.*

Belief Revision (Belief Revision; Ändern von Überzeugungen) Änderung oder Anpassung von Überzeugungen auf der Basis neuer Informationen; → *Abschn. 10.4,* → *Belief Bias,* → *Belief Perseverance.*

Below Average Effect (Below-Average-Effekt)* Neigung, die eigenen Leistungen und Fähigkeiten im Vergleich zu denen anderer als zu gering einzuschätzen; → *Abschn. 5.3;* Gegenteil: → *Above Average Effect.*

Ben Franklin Effect (Benjamin-Franklin-Effekt) Psychologisches Phänomen, nach dem eine Person, die jemand anderem einen Gefallen getan hat, eher zur Gewährung eines weiteren Gefallens bereit ist, falls sie inzwischen von besagter Person selbst einen Gefallen erhalten hat; → *Abschn. 2.4,* → *Cognitive Dissonance.*

Berkson's Paradox (Berksons Paradox) Kontraintuitive Einschätzung, dass Vorgänge und Ergebnisse vor allem negativ korrelieren, die in Wirklichkeit nicht korrelieren; Fehlerquelle in statistischen Auswertungen; → *Abschn. 10.4,* → *Spurious Relationship,* → *Illusory Correlation.*

Bike Shedding Effect (Bike-Shedding-Effekt; „Kleinigkeitenstreiteffekt") Verwendung von zu viel Aufmerksamkeit auf unwichtige und zu wenig auf relevante Punkte; → *Abschn. 8.1,* → *Parkinson's Law of Triviality.*

Bird-in-the-hand Fallacy („Lieber den Spatz in der Hand …") → *Present Bias.*

Bizarreness Effect (Bizarreness-Effekt, „Bizarrheitseffekt") Umstand, dass man bizarre Sachverhalte und Objekte besser im Gedächtnis behält als gewöhnliche; → *Abschn. 3.4.*

Black Swan Theory (Black-Swan-Theorie, „Schwarzer-Schwan-Theorie") Theorie der verzerrten Denkweise hinsichtlich unwahrscheinlicher Ereignisse, wonach das, was man nicht weiß, viel wichtiger ist als das, was man weiß; → *Abschn. 10.3.*

Blemishing Effect („Verunstaltungseffekt") → *Pratfall Effect.*

Blind Spot Bias (Verzerrungsblindheit) Tendenz, sich für unbeeinflussbar zu halten und für kognitive Verzerrungen nicht zugänglich zu sein; → *Abschn.* 1.3.

Boiling Frog Syndrome (Boiling-Frog-Syndrom, „Syndrom des gekochten Froschs") Metapher für die Unfähigkeit von Menschen, auf signifikante Veränderungen, die allmählich auftreten, richtig zu reagieren; → *Status quo Bias.*

Boomerang Effect (Bumerang-Effekt) Beobachtung, dass eine Maßnahme zunächst Erfolg zu haben scheint, dieser Erfolg aber nach einiger Zeit wieder zunichtegemacht wird oder sich sogar ins Gegenteil verkehrt; → *Abschn.* 1.5.

Brinkmanship (Brinkmanship; „Spiel mit dem Feuer", „Politik am Rande des Abgrunds") Unsaubere und riskante Verhandlungstaktik, mit seinem Widersacher zur Klärung einer Streitfrage sinnbildlich bis an den Rand einer Felsklippe *(Brink)* zu gehen, wodurch der andere zum Nachgeben gebracht werden soll, bevor am Ende beide in den Abgrund fallen; → *Abschn.* 8.3.

Broken Leg Rule (Broken Leg Rule; „Beinbruchregel") Umstand, dass Experten mit ihren Prognosen Algorithmen entgegen der Regel dann nicht unterlegen sind, wenn es sich um sehr seltene – aber einschneidende – Ereignisse (wie ein Beinbruch vor einem geplanten Theaterbesuch) handelt; → *Abschn.* 10.3.

Bystander Effect (Zuschauereffekt) Phänomen, dass einzelne Augenzeugen eines Unfalls oder kriminellen Übergriffs seltener eingreifen oder Hilfe leisten, wenn weitere Zuschauer anwesend sind bzw. hinzukommen; → *Abschn.* 4.2.

Calendar Effects (Kalendereffekte, Saisoneffekte) Periodisch auftretende Anomalitäten in Kursverhalten, Preisbildung oder Gewinnerzielung etwa an der Börse oder bei Warengeschäften, z. B. durch Januareffekt oder am Hexensabbat; → *Abschn.* 7.2.

Catch-22 Dilemma (Catch-22-Dilemma; „Catch-Twenty-two"-Zwickmühle) Geflügeltes Wort aus dem Englischen für einen Zirkelschluss, aus dem ein Individuum aufgrund widersprüchlicher Regeln nicht entkommen kann; → *Abschn.* 12.2.

Certainty Effect (Certainty-Effekt; Sicherheitseffekt) Wesentlich höhere Bewertung des Unterschieds zwischen zwei Wahrscheinlichkeiten in einer Entscheidungssituation unter Unsicherheit, wenn dadurch absolute Gewissheit erreicht werden kann; → *Abschn.* 6.1, → *Zero Risk Bias.*

Cheerleader Effect (Cheerleader-Effekt) Beobachtung, dass eine einzelne Person (unabhängig vom Geschlecht) in einer Gruppe von Menschen attraktiver als für sich allein betrachtet wirkt; → *Abschn.* 4.3.

13.1 Übersicht kognitive Irrtümer und Verzerrungen

Choice Deferral ("Auswahlverzögerung", Verschleppung) → *Parkinson's Law of Inertia.*

Choice Overload ("Überladung mit Auswahlmöglichkeiten") → *Paradox of Choice.*

Choice-supportive Bias ("Auswahlstützende Verzerrung") → *Post-purchase Rationalization.*

Clever Hans Effect (Kluger-Hans-Effekt) Antwortverzerrung *(→ Response Bias)* benannt nach dem Pferd, das angeblich rechnen und zählen konnte; → *Abschn.* 2.2.

Clustering Illusion (Clustering-Illusion) Neigung, in Datenströmen Muster zu sehen, selbst wenn gar keine vorhanden sind; → *Abschn.* 9.2, → *Abschn.* 11.5, → *Apophenia,* → *Pareidolia.*

Cobra Effect (Kobraeffekt) Phänomen, dass Maßnahmen, die getroffen werden, um ein bestimmtes Problem zu lösen, dieses auch verschärfen können; → *Abschn.* 2.4, → *Jevons Paradox.*

Cognitive Dissonance (Kognitive Dissonanz) Als unangenehm empfundener Gefühlszustand, der dadurch entsteht, dass ein Mensch unvereinbare Kognitionen (bewusste oder unbewusste Wahrnehmungen) hat; → *Abschn.* 6.6.

Cognitive Ease (Kognitive Leichtigkeit, Verarbeitungsflüssigkeit) Verhaltensökonomisches Phänomen, wonach Bekanntes, Gewohntes, Klares oder durch → *Priming* Verankertes am ehesten als wahr und authentisch akzeptiert wird, was bestimmte unrealistische oder gar falsche Denkweisen fördern kann; → *Abschn.* 1.3, → *Abschn.* 6.6, → *Fluency Heuristic.*

Common-information Bias ("Fehleinschätzung allgemein bekannter Information") → *Shared Information Bias.*

Compassion Fade (Empathieabnahme) Veranlagung, sich gegenüber einer kleineren Anzahl identifizierbarer Opfer teilnahmsvoller zu zeigen als gegenüber einer größeren anonymen Zahl; → *Abschn.* 4.2.

Conceptual Conservatism (Konzeptueller Konservatismus) → *Belief Perseverance.*

Confirmation Bias (Bestätigungsfehler) Neigung, Informationen so auszuwählen, zu ermitteln und zu interpretieren, dass sie die eigenen Erwartungen bestätigen; Gegenteil: Disconfirming Evidence; → *Abschn.* 2.3.

Congruence Bias (Kongruenzfehler) Tendenz, sich übermäßig auf die Bestätigung einer ursprünglichen Hypothese zu konzentrieren und alternative Hypothesen zu vernachlässigen; → Abschn. 10.4, → Belief Perseverance, → Confirmation Bias.

Conjunction Fallacy (Verknüpfungstäuschung, Konjunktionsfehlschluss; Linda-Problem) → Linda Problem.

Consensus Bias (Übereinstimmungsverzerrung) Kognitiver Irrtum, das eigene Benehmen, seine Aktionen, Annahmen, Einschätzungen und Vorlieben als relativ verbreitet in der Bevölkerung anzusehen; → Abschn. 6.6.

Consensus Heuristic (Konsensheuristik) Annahme, dass sich Menschen eher von einer Mehrheit überzeugen lassen als von einer Minderheit, die im Einsatz von Trust-Elementen resultiert; → Abschn. 6.6, → Consensus Bias.

Conservatism Bias (Konservatismusfehlschluss)
a) Tendenz, bei Vorliegen neuer Erkenntnisse die eigene Position und Sichtweise nur unzureichend daran anzupassen; → Abschn. 1.6, → Belief Revision,
b) → Regressive Bias.

Consistency Bias (Konsistenzfehlschluss)* Verzerrung des Denkens durch nicht korrekte Erinnerung an vergangene Haltung und Verhalten im Vergleich mit gegenwärtiger Haltung bzw. Verhalten; → Abschn. 3.2.

Context Effect (Kontexteffekt) Effekt, dass Wahrnehmung und Erinnerung vom Kontext abhängen, was zur Folge hat, dass außerhalb des Kontextes liegende Erinnerungen oft nur bei Vorliegen von Hinweisen abrufbar sind; → Abschn. 1.3.

Continued Influence Effect (Continued-Influence-Effekt, CIE; „Nachwirkung von Falschinformation") Tendenz, eine Falschinformation weiterhin zu glauben, obwohl eine Richtigstellung erfolgt ist; → Abschn. 11.5.

Contrast Effect (Kontrasteffekt) Kognitive Verzerrung, die bei Personeneinschätzungen oder Sachentscheidungen zu einer intensiveren Wahrnehmung einer Information führt, die zusammen mit einer im Kontrast stehenden Information präsentiert wird; → Abschn. 4.3.

Correspondence Bias (Korrespondenzfehlschluss) → Attribution Bias.

Courtesy Bias (Höflichkeitsverzerrung) Tendenz, eine Meinung, z. B. zu einer Leistung oder einem Produkt, höflicher und sozial korrekter vorzubringen, als dies der eigenen Auffassung entspricht; → Abschn. 6.6; Gegenteil: Shitstorm; → Response Bias.

Creeping Determinism („Schleichende Zufallsunabhängigkeit") → *Hindsight Bias.*

Cross Race Bias (Cross-Race-Bias; „Fremdgruppen-Gesichter-Verzerrung") Schlechtere Wiedererkennungsleistung der Gesichter von Personen, die aus fremden Ethnien entstammen, im Vergleich zu Gesichtern der eigenen ethnischen Gruppe; → *Abschn.* 11.3.

Cryptomnesia (Kryptomnesie) Phänomen, dass vergessene oder verdrängte Erinnerungen und Ideen überraschend wiederkehren, ähnlich einem Déjà-vu; → *Abschn.* 3.4.

Curse of Knowledge (Curse of Knowledge; „Fluch des Wissens") Schwierigkeit besser informierter Personen, mit weniger Informierten zu kommunizieren, da sie unterbewusst vom selben Kenntnislevel ausgehen; → *Abschn.* 8.4.

Data Mining Error (Fehler gezielter Datensuche) → *Super Bowl Indicator.*

Daylight Saving Anomaly (Zeitumstellungsanomalie)* Inzwischen widerlegter Befund, dass Börsenmakler nach der Zeitumstellung durch Schlafmangel schlechtere Entscheidungen treffen; → *Abschn.* 7.2.

Dead Loss Aversion (Totalverlustaversion) → *Loss Aversion.*

Debt Aversion (Schuldenaversion) Präferenz von Individuen, für Konsum *vorher* zu zahlen und für geleistete Arbeit *nachher* bezahlt zu werden; → *Abschn.* 6.4, → *Loss Aversion,* → *Mental Accounting.*

Decision Avoidance (Vermeidung von Entscheidungen) Tendenz, Entscheidungen aufzuschieben oder ihnen aus dem Weg gehen; → *Abschn.* 10.2, → *Default Effect.*

Declinism (Declinism; „auf dem absteigenden Ast") Glaube, dass es mit einer Gesellschaft oder Institution abwärts geht; → *Kap.* 3, → *Rosy Retrospection Bias.*

Decoy Effect (Ködereffekt) Bevorzugung einer von zwei Optionen, wenn eine dritte Option (Köder) hinzugefügt wird, die einer der beiden Optionen in allen Belangen unterlegen ist; → *Abschn.* 6.5.

Default Effect (Default-Effekt) Übermäßige Bevorzugung derjenigen Option, die in Kraft tritt, wenn ein Akteur keine aktive Entscheidung trifft; → *Abschn.* 10.2, → *Nudging,* → *Status quo Bias.*

Defensive Decision Making (Defensives Entscheiden)* Bevorzugung einer Entscheidung, die man besser rechtfertigen und verteidigen kann, gegenüber einer Entscheidung, die am besten für einen selbst ist oder (bei Managern) für das vertretene Unternehmen; → *Abschn.* 10.2.

Déformation professionnelle (Berufliche Entstellung) → *Professional Deformation.*

Delmore Effect (Delmore-Effekt) Neigung, sich bevorzugt mit Zielen niedrigerer Wichtigkeit zu beschäftigen und daher die Möglichkeiten nicht voll auszunutzen, anstatt Ziele mit hoher Priorität zu definieren; → *Abschn.* 8.1.

Denomination Effect (Nennwerteffekt)* Verhalten, einen Geldbetrag in Form großer Banknoten zögerlicher auszugeben als denselben Wert in kleineren Stückelungen; → *Abschn.* 6.6.

Dilution Effect (Dilution-Effekt, Verwässerungseffekt)
a) „Verdünnung" des Aktienwerts bei Ausgabe neuer Aktien;
b) hier: falsche Genauigkeit von Vorhersagen durch das Bemühen, Bekanntes und (vermutlich) Relevantes bei einer Entscheidung zu berücksichtigen; → *Abschn.* 8.4, → *Information Bias.*

Disappointment Aversion (Bias) (Enttäuschungsaversion) Negativer Einfluss der Angst vor Enttäuschungen auf ökonomisch relevante Entscheidungen; → *Abschn.* 4.1, → *Allais Paradox.*

Disaster Myopia (Desaster-Myopie, „Kurzsichtigkeit für Katastrophen")* Tendenz, Erinnerungen an schlimme Vorfälle und Unglücke auszublenden, nachdem diese ausgestanden sind; systematische Unterschätzung von Schockwahrscheinlichkeiten; → *Abschn.* 7.6.

Disjunction Effect (Disjunction-Effekt; „Effekt der Oder-Verknüpfung") Beobachtung, dass Entscheidungen unter Unsicherheit zum gegenwärtigen Zeitpunkt durch ein in der Zukunft liegendes Geschehnis oder eine Entwicklung erschwert oder sogar gänzlich verhindert werden; → *Abschn.* 10.2.

Disposition Effect (Dispositionseffekt) Durch asymmetrische Risikoaversion (→ *Loss Aversion*) bedingte Neigung von Anlegern, jene Anteile abzustoßen, deren Wert gestiegen ist, und solche zu halten, deren Wert gesunken ist; → *Abschn.* 7.5.

Distinction Bias (Unterscheidungseffekt) Tendenz, zwei Optionen bei gleichzeitiger Betrachtung als deutlich unterscheidungsfähiger anzusehen als bei sukzessiver Betrachtung; → *Abschn.* 10.2.

13.1 Übersicht kognitive Irrtümer und Verzerrungen

Dread Aversion (Furchtaversion)* Analog zur Verlustaversion *(→ Loss Aversion)* etwa doppelt so starke Bewertung der Furcht vor einem negativen Resultat im Vergleich zum Genießen eines positiven Ergebnisses; → *Abschn. 1.6.*

Dunning-Kruger Effect (Dunning-Kruger-Effekt) Tendenz von wenig kompetenten Menschen, das eigene Können zu überschätzen und die Kompetenz anderer zu unterschätzen; → *Abschn. 2.4,* → *Overconfidence Effect.*

Duration Neglect (Vernachlässigung der Dauer) Psychologische Beobachtung, dass die Einschätzung unangenehmer und gar schmerzhafter Erfahrungen nur untergeordnet von deren Dauer abhängt; → *Abschn. 3.3,* → *Peak-end Rule.*

Eaton-Rosen Phenomenon (Eaton-Rosen-Phänomen) → *Rhyme-as-reason Effect.*

Effort Bias (Effort-Bias, Fleißtrugschluss) Tendenz, fälschlicherweise davon auszugehen, dass sich durch Zielstrebigkeit und Mühe eventuelle Unzulänglichkeiten wettmachen lassen; → *Abschn. 8.2.*

Effort Justification (Effort Justification; „Rechtfertigung des Einsatzes")* Kognitiver Irrtum, einem Gegenstand oder einer Leistung eine höhere Wertschätzung entgegenzubringen als objektiv gerechtfertigt, wenn man diese selbst hergestellt oder erbracht hat; → *Abschn. 8.2,* → *Endowment Effect,* → *IKEA Effect.*

Egocentric Bias (Egozentrik) Erinnerung der Vergangenheit in einer für einen selbst übertrieben vorteilhaften Weise; dadurch evtl. Beanspruchung eines überhöhten Anteils an einer gemeinsamen Leistung; → *Abschn. 3.2,* → *Ambiguity Aversion.*

Ellsberg Paradox (Ellsberg-Paradox) → *Abschn. 9.1;* → *Ambiguity Aversion,* → *Ambiguity Bias.*

Emotional Reasoning (Emotionale Beweisführung) Neigung, eine empfundene Emotion als konkreten Beweis für eine Annahme zu betrachten; → *Abschn. 4.1.*

Empathy Gap (Empathielücke) Kognitiver Irrtum, nach dem viszerale (= körperlich tiefsitzende) Einflüsse (wie Hunger, Durst, Schmerz, sexuelle Erregung oder starke Emotionen) auf Einstellungen, Vorlieben und Verhalten unterschätzt werden; auch Hot-cold Empathy Gap genannt; → *Abschn. 4.1,* → *Interoceptive Bias.*

Emperor's-new-clothes Syndrome (Des-Kaisers-neue-Kleider-Syndrom) Beobachtung, dass ein Denkmodell oder eine Glaubensstruktur ohne Grundlage und unterstützende Fakten nur dann bestehen und überleben kann, wenn jeder gewillt ist, daran zu glauben; → *Abschn. 11.5.*

End-of-history Illusion (End-of-history-Illusion; „Das war's") Psychologische Illusion von Menschen jeglichen Alters, dass sie sich ab jetzt nicht mehr entscheidend weiterentwickeln; → *Abschn. 1.2*.

Endowment Effect (Besitztumseffekt) Tendenz, ein Gut allein deshalb als wertvoller einzuschätzen, weil man es besitzt; → *Abschn. 6.1*, → *Abschn. 6.2*.

Enthusiasm Bias (Enthusiasm-Bias; Begeisterungstrugschluss) (Vielfach gefährliche) Einschätzung, dass man eine Sache automatisch gut beherrscht, wenn diese große Freude bereitet oder wichtig ist; → *Abschn. 8.2*.

Equity Premium Puzzle (Aktienprämienrätsel) Paradox im Anlegerverhalten auf Finanzmärkten, sichtbar durch einen übermäßig hohen Unterschied zwischen den Renditen aus risikobehafteten Anlageformen und als relativ sicher geltenden Wertpapieren; → *Abschn. 1.4*, → *Abschn. 7.2*, → *Loss Aversion*.

Escalation of Commitment (Eskalierende Hingabe) → *Irrational Escalation*.

Exaggeration, Exaggerated Expectation (Exaggeration; Übertriebene Erwartungen, Katastrophisierung) Tendenz zu extremeren Erwartungen an zukünftige Entwicklungen, als in Wirklichkeit auftreten oder als nach vorliegenden Informationen gerechtfertigt wäre; → *Abschn. 9.5*, → *Impact Bias*, → *Magnification*.

Exponential Growth (Exponentielles Wachstum) Mathematisches Prinzip, im Alltagsleben zwangsläufig verbunden mit der Beobachtung, dass die meisten Menschen kein intuitiv korrektes Gefühl für Wachstumsraten haben; → *Abschn. 9.4*.

Extension Neglect (Vernachlässigung der Ausdehnung) Kognitiver Irrtum durch Ignorierung der Stichprobengröße bei der Beurteilung einer Studie, obwohl diese für die Aussagekraft relevant ist; → *Abschn. 9.3; Basis für verschiedene weitere Effekte, z. B.* → *Base Rate Neglect*, → *Duration Neglect*, → *Law of Small Numbers*, → *Less-is-better Effect*, → *Scope Neglect*, → *Selection Bias*.

Extrinsic Incentives Bias (Extrinsic-Incentives-Bias; Irrtum über extrinsische Motivation) Attributionsfehler *(→ Attribution Bias)* bei der Beurteilung der Motive anderer, dass diese eher auf extrinsische als auf intrinsische Motivatoren ansprechen; → *Abschn. 8.1*, → *Attribution Bias*.

Fading Affect Bias (Fading-Affect-Bias, FAB; „Verzerrung wegen verblassender Gemütsregung") Verzerrung, der zufolge mit negativen Emotionen belastete Erinnerungen schneller verblassen als solche mit positiven Eindrücken; → *Abschn. 3.2*.

Fairness Principle (Fairnessprinzip) Beobachtung im Geschäfts- und Privatleben, dass das Ergebnis einer Einigung nur dann gut ist, wenn es von den Beteiligten als fair empfunden wird; → *Abschn. 4.2.*

Fallacy of Frequency (Frequenzirrtum) → *Clustering Illusion,* → *Frequency Illusion.*

False Consensus Effect („Falsche-Übereinstimmungs-Verzerrung") → *Consensus Bias.*

False Memory Syndrome (False-Memory-Syndrom, FMS; „Syndrom falschen Erinnerns") Feststellung, dass etwas, selbst wenn man davon zutiefst überzeugt ist, nicht zwingend auch wahr ist; → *Abschn. 3.1,* → *Memory Implantation;* → *Paramnesia.*

False Uniqueness Bias („Falsche-Eindeutigkeits-Verzerrung") → *Consensus Bias.*

Familiarity Principle (Vertrautheitsprinzip) → *Mere Exposure Effect.*

Faulty Generalization (Fehlerhafte Verallgemeinerung) → *Law of Small Numbers.*

Finagle's Law (Finagles Gesetz) → *Murphy's Law.*

Flatrate Bias (Flatrate-Trugschluss) Vorliebe für Einmalzahlungen mit anschließender unbegrenzter Nutzung; → *Abschn. 6.6.*

Florida Effect (Florida-Effekt) Ergebnis eines klassischen Experiments in der Psychologie von John A. Bargh, wonach Versuchsteilnehmer nach → *Priming* mit altersbezogenen Wörtern wie „Florida", „vergesslich", „Glatze", „grau" oder „Falte" eine definierte Gehstrecke langsamer zurücklegten als nach Verwendung neutraler Wörter; → *Abschn. 1.3.*

Fluency Heuristic (Fluency-Heuristik; Abruf-, Verarbeitungsflüssigkeit) Mentale Strategie, bei der, falls eine Sache flüssiger, schneller oder glatter als eine andere abläuft, bearbeitet werden kann oder kommuniziert wird, dieser ein höhere Wert bei der aktuellen Fragestellung zugemessen wird; → *Abschn. 1.3,* → *Cognitive Ease.*

Focusing Illusion (Fokussierungsillusion) Effekt, dass, je stärker man sich auf einen bestimmten Aspekt des Lebens konzentriert, desto größer dessen Einfluss auf das ganze Leben zu sein scheint; → *Abschn. 4.1,* → *Anchoring Bias.*

Forer Effect (Forer-Effekt) → *Barnum Effect.*

Form Function Attribution Bias (Form-Function-Attribution-Bias, FFAB; Trugschluss bei Mensch-Maschine-Interaktion) In der Interaktion Mensch-Maschine die Tendenz von Menschen, systematische Fehler zu machen; → *Abschn.* 8.1.

Framing Effect (Framing-Effekt, Präsentationseffekt; „Rahmensetzungseffekt") Folge davon, einen Sachverhalt durch ein Narrativ (= sinnstiftende Erzählung) so hervorzuheben und emotional zu belegen, dass eine Handlungsempfehlung gefördert wird; → *Abschn.* 1.3.

Frequency Illusion (Frequenzillusion) Kognitiver Irrtum, der eine Tendenz beschreibt, nachdem etwas zum ersten Mal bemerkt wurde, dieser Sachverhalt dann öfter bemerkt wird, was zur Einschätzung führt, dass dessen Frequenz höher ist als in Wirklichkeit; → *Abschn.* 1.3.

Functional Fixedness (Funktionale Fixierung) Beschränkung von Überlegungen und Handlungen auf die gewohnheitsmäßige Verwendung von Strategien und Objekten, was daran hindert, alternative Einsatzmöglichkeiten von Objekten und andere Strategien in Überlegungen miteinzubeziehen; → *Abschn.* 8.2.

Fundamental Attribution Error (Grundlegender Attributionsfehler) → *Attribution Bias.*

Galatea Effect (Galatea-Effekt) → *Pygmalion Effect.*

Gambler's Fallacy (Spielerfehlschluss)
a) Fehleinschätzung eines Spielers hinsichtlich seiner Gewinnchancen; → *Abschn.* 1.2*;*
b) logischer Fehlschluss, dem die falsche Vorstellung zugrunde liegt, ein zufälliges Ereignis werde wahrscheinlicher, wenn es längere Zeit nicht eingetreten ist, oder unwahrscheinlicher, wenn es kürzlich/gehäuft eingetreten ist.

Gender Bias (Gender-Bias; „Geschlechtsbezogener Verzerrungseffekt") Satz von Vorurteilen, die einzelne Geschlechter systematisch benachteiligen; → *Abschn.* 11.1, → *Prejudice.*

Generation Effect (Generierungseffekt)* Erinnerungsverzerrung, dass man selbst produzierte Informationen besser im Gedächtnis behält als solche, die von anderen stammen; → *Abschn.* 3.4.

Genovese Syndrome (Genovese-Syndrom) → *Bystander Effect.*

Google Effect (Google-Effekt; Digitale Amnesie) Tendenz, Informationen zu vergessen, die mithilfe von Internetsuchmaschinen leicht online gefunden werden können; → *Abschn.* 3.4.

Group Polarization (Gruppenpolarisierung) Tendenz in einer Gruppe, extremere Positionen einzunehmen und Entscheidungen zu treffen, als die einzelnen Gruppenmitglieder es tun würden; → *Abschn.* 11.1, → *Social Proof.*

Groupthink (Gruppendenken) → *Social Proof.*

Halo Effect (Halo-Effekt) Kognitive Verzerrung, bei der ein spezielles Merkmal oder eine besondere Fähigkeit andere Merkmale überstrahlt; → *Abschn.* 4.3.

Hard-easy Effect (Hard-Easy-Effekt; „Schwer-leicht-Effekt") Kognitiver Irrtum, der sich in der Tendenz manifestiert, die eigenen Fähigkeiten zur Erledigung einer schwierigen Aufgabe zu überschätzen und leichterer Aufgaben zu unterschätzen; → *Abschn.* 5.2.

Hawthorne Effect (Hawthorne-Effekt; Beobachtungseffekt) Effekt bei gruppenbasierten Beobachtungsstudien, wonach Teilnehmer ihr natürliches Verhalten ändern, weil sie wissen, dass sie an einer Studie teilnehmen und unter Beobachtung stehen, was zu einer falschen Interpretation der Ergebnisse führen kann; → *Abschn.* 2.4, → *Observer Bias.*

Healthy Worker Effect (Healthy-Worker-Effekt, HWE; „Arbeitnehmer sind gesünder") Nachvollziehbare Tatsache, dass man bei epidemiologischen Kohortenstudien einen besseren Gesundheitsstatus der Beschäftigten findet, weil Berufstätige einen gewissen Gesundheitszustand aufweisen müssen, um ihre Arbeit ausführen zu können, während in der Gesamtbevölkerung auch krankheitsbedingt Arbeitsunfähige zu finden sind; → *Abschn.* 8.2.

Hedonic Treadmill (Hedonic Treadmill; Hedonistische Tretmühle, „Zufriedenheitshamsterrad") Effekt, dass glückliche Menschen im Wesentlichen glücklich bleiben und unglückliche unglücklich, auch wenn sich die Verhältnisse und Möglichkeiten ändern; → *Abschn.* 8.2.

Herding (Herdentrieb) → *Bandwagon Effect.*

Hindsight Bias (Rückschaufehler) Verfälschte Erinnerung an eigene Vorhersagen, die bezüglich eines Ereignisses getroffen wurden, nach dem Eintreten des Ereignisses; → *Abschn.* 3.2.

Home Bias (Home-Bias; „Fehler des Heimspiels") Einseitige Vorgehensweise, dass Investoren bevorzugt in Anlageprodukte ihres eigenen Landes investieren; → *Abschn. 7.4.*

Hostile Attribution Bias (Hostile-Attribution-Bias; Annahme feindlicher Absichten) Tendenz, die Haltung bzw. das Verhalten anderer als ablehnend oder feindlich anzusehen und nicht als neutral oder wohlwollend; → *Abschn. 4.3.*

Hot Hand Fallacy (Hot-Hand-Phänomen) Trugschluss, eine zufällige Häufung von Erfolgen im Sport und Glücksspiel als „einen Lauf haben" oder als „Glückssträhne" anzusehen und zu erwarten, dass sich der Effekt fortsetzt; → *Abschn. 1.2,* → *Gambler's Fallacy.*

Humor Effect (Humoreffekt) Effekt, lustige Dinge leichter zu behalten als andere; → *Abschn. 3.4,* → *von Restorff Effect.*

Hyperbolic Discounting (Hyperbolische Abzinsung bzw. Diskontierung) Zeitinkonsistentes Modell einer verzögerten Abzinsung aus der Verhaltensökonomik, wonach die Verschiebung eines Konsums in die Zukunft zunächst rasch und dann immer langsamer (= hyperbolisch) diskontiert wird; → *Abschn. 6.4.*

Identifiable Victim Effect („Höhere Hilfsbereitschaft für Einzelopfer") → *Compassion Fade.*

IKEA Effect (IKEA-Effekt) Neigung, selbst entworfenen oder zumindest selbst zusammengebauten Gegenständen im Vergleich zu fertig gekauften Massenprodukten mehr Wertschätzung entgegenzubringen; → *Abschn. 1.2.*

Illicit Transference („Unerlaubte Übertragung")* Trugschluss, der auftritt, wenn ein Argument darauf basiert, dass kein Unterschied zwischen allem Einzelmitgliedern einer Gruppe (im distributiven Sinn) und der Gruppe als Ganzes (kollektiv) existiert; → *Abschn. 11.2.*

Illusion of Asymmetric Insight („Illusion des asymmetrischen Einblicks") → *Illusion of Transparency.*

Illusion of Competence (Kompetenzillusion) → *Overconfidence Effect.*

Illusion of Control (Kontrollillusion) Falsche Annahme, zufällige Ereignisse durch eigenes Verhalten kontrollieren zu können, wobei die Rolle des Zufalls vernachlässigt wird; → *Abschn. 1.6,* → *Overconfidence Effect.*

Illusion of Knowledge (Kenntnisillusion) Neigung zur Annahme, dass die Genauigkeit ihrer Vorhersagen durch das Vorliegen zusätzlicher Information steigt; → *Abschn. 8.4*, → *Overconfidence Effect*.

Illusion of Skill (Kompetenzillusion) → *Overconfidence Effect*.

Illusion of Transparency (Transparenzillusion) Tendenz zu überschätzen, wie sehr andere die eigene mentale Situation kennen und wahrnehmen.

Illusion of Understanding (Illusion des Verstehens) Illusion, dass durch ein Verständnis der Vergangenheit auch die Zukunft erkennbar sein sollte; → *Abschn. 10.3*.

Illusion of Validity (Prognoseillusion, falsche Prognosesicherheit; „Illusion der Gültigkeit") Überschätzung der Fähigkeit, durch Analyse eines Datensatzes ein Ergebnis zu interpretieren oder korrekt vorauszusagen, insbesondere wenn die Daten ein konsistentes Muster zeigen und dadurch eine kohärente Geschichte erzählen; → *Abschn. 6.5*.

Illusory Correlation (Illusorische Korrelation) Fälschliche intuitive Wahrnehmung einer Korrelation zweier Ereignisse und damit möglicher Grund für Vorurteile; → *Abschn. 7.3*, → *Spurious Relationship*, → *Prejudice*.

Illusory Pattern Recognition (Musterillusion) → *Apophenia*.

Illusory Superiority (Überlegenheitsillusion) → *Above Average Effect*.

Illusory Truth Effect (Illusorischer Wahrheitseffekt) → *Truth Effect*.

Impact Bias (Impact-Bias, Erwartungsverzerrung) Zu starke Erwartungen an Dauer und Tiefe der psychischen Auswirkungen eines vorgestellten negativen Ereignisses wie Verlust des Arbeitsplatzes oder Trennung vom Partner; → *Abschn. 4.1*, → *Exaggeration*.

Implicit Bias (Implizite Verzerrung) Beeinflussung der Beziehungen zu anderen durch unbewusste, automatische Anwendung unterschwelliger Haltungen und Stereotype auf diese; → *Abschn. 4.3*, → *Stereotyping*.

Incompatibility Bias (Incompatibility-Bias; „Wahrnehmung der Nichtkompatibilität") Häufige fälschliche Annahme, dass ihre eigenen Interessen nicht mit den Interessen der Gegenseite übereinstimmen, sondern ihnen diametral gegenüberstehen; → *Abschn. 8.3*.

Informational Social Influence (Einfluss sozialer Information) → *Social Proof*.

Information Bias (Information-Bias; „Bewertung unwichtiger Details") Tendenz, Information zu suchen und zu berücksichtigen, die das aktuelle Problem oder die Fragestellung nicht betreffen, wobei zusätzliche Informationen dabei vielfach nicht von Vorteil sind; → *Abschn. 8.4*, → *Dilution Effect*.

Information Overload (Informationsüberflutung) Zustand einer Person, die zu viele Informationen übermittelt bekommt, um diese zeitnah verarbeiten zu können; → *Abschn. 7.1*, → *Illusion of Knowledge*, → *Less-is-better Effect*, → *Paradox of Choice*.

Ingroup Favoritism Bias (Eigengruppenbevorzugung) Tendenz von Menschen, denjenigen anderen eine bevorzugte Behandlung zu gewähren, die sie zu ihrer eigenen Gruppe zählen; → *Abschn. 11.1*.

Insensitivity to Sample Size (Nichtberücksichtigung der Stichprobengröße) → *Law of Small Numbers*.

Intelligence Bias (Intelligenztrugschluss) Fehleinschätzung, dass sich allgemeine Intelligenz zwingend in spezifische Fähigkeiten umsetzen lässt.

Intentionality Bias (Intentionality-Bias; Irrtum über zugrunde liegende Absicht)* Tendenz, menschliche Aktionen so zu beurteilen, als ob sie bewusst und nicht zufällig erfolgen; → *Kap. 3*.

Interoceptive Bias (Interoceptive-Bias; Beeinflussung durch das periphere Nervensystem) Tendenz, dass sensorische Reize des eigenen Körpers die Urteilsfähigkeit über externe Umstände ohne Bezug dazu beeinflussen (Interozeptoren: Klasse von Rezeptoren, die über das periphere Nervensystem Sinnesinformationen über den Status des internen Körpermilieus liefern); → *Abschn. 7.2*, → *Empathy Gap*.

Irrational Escalation (Irrational Escalation; „Eskalierende Hingabe") Tendenz, sich gegenüber einer früher getroffenen Entscheidung verpflichtet zu fühlen und diese über die Bereitstellung zusätzlicher Ressourcen zu stützen, obwohl sich diese Entscheidung bisher als ineffektiv oder falsch erwiesen hat; → *Abschn. 6.2*, → *Sunk Cost Fallacy*.

Isolation Effect (Isolationseffekt) → *von Restorff Effect*.

Jevons Paradox (Jevons-Paradox) Ökonomische Beobachtung, der zufolge technischer Fortschritt, der die effizientere Nutzung eines Rohstoffs erlaubt, letztlich zu einer erhöhten Nutzung dieses Rohstoffs führt, anstatt sie zu senken; → *Abschn. 2.4*.

Job Conditioning („Prägung durch die Arbeit") → *Professional Deformation*.

Jumping-to-conclusion Bias, JTC (Voreilige Schlussfolgerung, Urteilssprung) → *Law of Small Numbers,* → *WYSIATI.*

Just-world Hypothesis (Gerechte-Welt-Glaube) Generalisierte Erwartung, dass es in der Welt grundsätzlich gerecht zugeht und dass Menschen im Leben das bekommen, was ihnen zusteht; → *Abschn. 4.2.*

Klaus Factor (Klaus-Faktor) Scherzhafte Maßeinheit für Rückwärtsgewandtheit und Angst vor Veränderungen; → *Abschn. 7.4,* → *Status quo Bias.*

Knew-it-all-along Phenomenon („Ich hab's schon immer gewusst!") → *Hindsight Bias.*

Labeling (Labeling; Etikettierung) Tendenz, sich selbst oder andere mit einer pauschalen und fixen, teils abwertenden Bezeichnung zu versehen, wodurch selbsterfüllende Prophezeiungen entstehen können; → *Abschn. 11.1.*

Lag Effect (Verzögerungseffekt) Effekt, dass Lernerfolge im Vergleich zu verbundenen längeren Lerneinheiten größer sind, wenn das Lernpensum zeitlich gestreckt wird; → *Abschn. 3.4,* → *Spacing Effect.*

Lake Wobegon Effect (Lake-Wobegon-Effekt) Nach einer fiktiven Stadt benannter Effekt, in der alle Kinder überdurchschnittlich leistungsfähig sind; → *Abschn. 2.3,* → *Abschn. 5.3,* → *Above Average Effect;* → *Pollyanna Principle.*

Law of Large Numbers (Gesetz der großen Zahlen) Stochastisches Gesetz, wonach sich die relative Häufigkeit eines Zufallsergebnisses in der Regel um die theoretische Wahrscheinlichkeit des Zufallsergebnisses stabilisiert, wenn das zugrunde liegende Zufallsexperiment immer wieder unter denselben Voraussetzungen durchgeführt wird; → *Abschn. 9.4,* → *Law of Small Numbers.*

Law of Parsimony (Gesetz der Sparsamkeit) → *Occam's Razor.*

Law of Small Numbers (Gesetz der kleinen Zahlen)
a) hier: falsche Vorstellung vom Zufall dadurch, dass Menschen auch kleinen Stichprobenumfängen eine hohe Repräsentativität beimessen; → *Abschn. 1.5,* → *Abschn. 9.4,*
b) Zwei-Drittel-Gesetz: Beim Roulettespiel werden bei 37 Spielen ungefähr zwei Drittel der 37 Zahlen getroffen.

Law of the Instrument (Maslows Hammer; „Gesetz des Instruments") Beobachtung, dass Menschen, die mit einem Werkzeug (oder einer Vorgehensweise) gut vertraut sind, dazu neigen, dieses Werkzeug auch dann zu benutzen, wenn ein anderes Werkzeug besser geeignet wäre; → *Abschn.* 8.2.

Leniency Error („Milde-Effekt"; „Fehler der Kronzeugenregelung") → *Above Average Effect.*

Less-is-better Effect (Less-is-better-Effekt; „Weniger ist besser")* Präferenzumkehr, die auftritt, wenn ein kleinerer oder weniger umfangreicher Alternativvorschlag bevorzugt wird, der separat, jedoch nicht gemeinsam mit dem ursprünglichen Vorschlag bewertet wird; → *Abschn.* 6.5, → *Recognition Heuristic.*

Less-is-more Pattern (Less-is-more-Muster: „Weniger ist mehr") Implikation der Wiedererkennungsheuristik *(→ Recognition Heuristic)*, dass unter bestimmten Umständen weniger Wissen – im Sinne von weniger erkannten Objekten – zu besseren Ergebnissen führen kann; → *Abschn.* 6.5.

Liberal Paternalism (Liberaler Paternalismus) → *Nudging.*

Liking Bias (Liking-Bias; „Ich-mag-Sie-Denkfehler") Unvernünftiges Handeln von Menschen, weil sie gemocht werden wollen; → *Abschn.* 4.3.

Linda Problem (Linda-Problem) Fehlerhafte Annahme, dass ein Resultat, das gleichzeitig mehrere Bedingungen erfüllt, wahrscheinlicher ist als eines, das nur eine Bedingung erfüllt; → *Abschn.* 6.5, → *Conjunction Fallacy,* → *Less-is-more Pattern.*

List-length Effect („Listenlängeneffekt")* Effekt, dass, je länger eine Liste mit zu merkenden Gegenständen ist, desto absolut gesehen mehr Gegenstände man sich merken kann.

Loss Aversion (Verlustaversion) Tendenz, ausgehend von einem bestimmten individuellen Referenzpunkt Verluste höher (meist um einen Faktor von ca. 2) zu gewichten als Gewinne, wobei der Referenzpunkt entweder einen Istzustand *(→ Status quo Bias)* oder einen Sollzustand darstellt; → *Abschn.* 1.4, → *Abschn.* 6.1.

Ludic Fallacy (Ludische Verzerrung) Trugschluss, dass die strukturierten Abläufe und Regeln, wie sie in Spielen anzutreffen sind, dem unstrukturierten Zufall im Leben gleichen; → *Abschn.* 10.3, → *Black Swan Theory.*

13.1 Übersicht kognitive Irrtümer und Verzerrungen

Magic Number 7±2 (Millersche Zahl) Tatsache, dass ein Mensch trotz Training gleichzeitig nur 7±2 Informationseinheiten *(Chunks)* im Kurzzeitgedächtnis präsent halten kann; → *Abschn. 2.4*.

Magnification (Magnification; Überhöhung des Negativen) Falsche Annahme, dass das Schlimmste, weil es vorstellbar ist, mit hoher Wahrscheinlichkeit auch tatsächlich eintreten wird; auch *„Make a mountain out of a molehill"* (Aus einer Mücke einen Elefanten machen); → *Abschn. 9.5*, → *Exaggeration*.

Maslow's Hammer (Maslows Hammer) → *Law of the Instrument*.

Meat Counter Effect (Fleischthekeneffekt)* (Realer oder lediglich subjektiv wahrgenommener) Effekt, dass Personen, die vor uns in einer Schlange bedient werden, diesen Vorgang unbewusst in die Länge ziehen, etwa indem sie noch weitere Kleinigkeiten ordern oder unnütze Fragen stellen *[Ergebnis langjähriger Beobachtungen des Autors]*.

Memory Implantation (Erinnerungsverfälschung) Technik in kognitiver Psychologie zur Untersuchung menschlichen Erinnerungsvermögens, bei der suggeriert wird, dass sie sich an ein Ereignis erinnern, das nie stattgefunden hat; → *Abschn. 3.1*, → *Abschn. 3.2*, → *False Memory Syndrome*.

Mental Accounting (Mentale Buchführung) Ökonomisches Konzept, nach dem Individuen ihre gegenwärtig und zukünftig verfügbaren finanziellen Mittel in verschiedene, nicht gegenseitig übertragbare „Portionen" (= Konten) unterteilen; → *Abschn. 6.2*.

Mere Exposure Effect (Effekt der bloßen Darbietung) Psychologischer Befund, dass allein die wiederholte Wahrnehmung einer anfangs neutral beurteilten Sache ihre positivere Bewertung zur Folge hat; → *Abschn. 1.3*.

Mere Ownership Effect (Besitztumseffekt) → *Endowment Effect*.

Misinformation Effect (Fehlinformationseffekt) Effekt, dass Erinnerungen an eine Begebenheit durch falsche Informationen, denen man nach dem Ereignis ausgesetzt wird, verzerrt werden; → *Abschn. 3.2*.

Missing-white-woman Syndrome (Missing-white-woman-Syndrom, „Vermissteweiße-Frau-Syndrom") Sozialpsychologische begründete Tendenz zur überproportional intensiven Berichterstattung der Massenmedien, vor allem des Fernsehens, in der Vermisstenfälle von jungen, weißen Frauen oder Mädchen aus der Mittelschicht behandelt werden; → *Abschn. 11.3*.

Money Illusion (Geldwertillusion) Nichtwahrnehmung oder Unterschätzung des Risikos der Geldentwertung durch Wirtschaftssubjekte (Überraschungsinflation); → *Kap. 7.*

Monte Carlo Fallacy (Monte-Carlo-Trugschluss) → *Gambler's Fallacy.*

Monty Hall Problem (Ziegenproblem, Drei-Türen-Problem, Monty-Hall-Dilemma) Aufgabe zur Wahrscheinlichkeitstheorie: die Frage, ob eine Wahl, die zunächst zufällig unter drei a priori gleich wahrscheinlichen Möglichkeiten getroffen wurde, geändert werden sollte, wenn zusätzliche Informationen gegeben werden; → *Abschn. 2.2.*

Mood Heuristic (Stimmungsheuristik) Beeinflussung der Einschätzung des eigenen allgemeinen Wohlbefindens durch eine einleitende Frage zu einem konkreten Lebensaspekt; → *Abschn. 4.2.*

Moral Credential Effect (Moralische Berechtigung) Unterpunkt zum → *Moral Self-licensing;* → *Abschn. 4.2.*

Moral Self-licensing (Moralische Lizenzierung, „Freifahrtschein") Psychologisches Phänomen, dass Menschen ohne Schuldgefühle eine schlechte Tat vollbringen können oder sich in Zukunft weniger gut verhalten, wenn sie zuvor eine gute Tat vollbracht haben; → *Abschn. 4.2.*

Moses Illusion (Moses-Illusion) Phänomen, dass Menschen beim Lesen oder Hören eine kleine Ungenauigkeit nicht wahrnehmen; → *Kap. 1.*

Murphy's Law (Murphys Gesetz) Lebensweisheit, die eine Aussage über menschliches Versagen bzw. über Fehlerquellen in komplexen Systemen macht, z. B. „Was schiefgehen kann, wird schiefgehen" (nach dem US-Ingenieur Edward A. Murphy jr.); → *Abschn. 2.1.*

Myopic Loss Aversion (Myopic-Loss-Aversion; „kurzsichtige" Verlustaversion) Verlustangst vor allem von Aktienanlegern, die ihr Anlageportfolio zu häufig überprüfen mit der möglichen Folge, Verluste zu schnell zu realisieren und damit zu wenig Mittel in Aktien zu investieren; erklärt das Aktienprämienrätsel; → *Abschn. 7.2,* → *Action Bias,* → *Equity Premium Puzzle,* → *Loss Aversion.*

Naïve Cynicism (Naiver Zynismus) Kognitiver Irrtum der Naivität zu glauben, dass andere Menschen egozentrischer sind, als der Wirklichkeit entspricht oder als man selbst ist; → *Abschn. 5.3.*

Naïve Realism (Naiver Realismus) Tendenz anzunehmen, dass wir die Welt um uns herum objektiv wahrnehmen und dass Leute, die nicht mit uns übereinstimmen, uninformiert, irrational oder voreingenommen sind; → *Abschn. 5.3*.

Narrative Fallacy (Narrative Verzerrung) Trugschluss durch das nachträgliche Schaffen einer Erzählung, um einem Ereignis einen plausiblen Grund zu verleihen; → *Abschn. 10.3*, → *Black Swan Theory*, → *Framing Effect*, → *Priming Effect*.

Negativity Bias (Negativitätsverzerrung) Verzerrung, dass jemandem negative Erinnerungen leichter wieder einfallen als positive; → *Abschn. 3.2*; *Gegenspieler:* → *Positivity Effect*.

Neglect of Probability (Vernachlässigung von Wahrscheinlichkeiten) Tendenz, die Eintrittswahrscheinlichkeiten vor allem kleiner Risiken falsch einzuschätzen, die entweder komplett ignoriert oder aber maßlos überschätzt werden; → *Abschn. 1.2*, → *Abschn. 9.2*, → *Base Rate Neglect*.

Next-in-line Effect (Next-in-line-Effekt; „Nächster an der Reihe") Phänomen in der Psychologie, das besagt, dass Menschen, wenn sie der Nächste in einer Reihe sind, sich so auf ihren eigenen Auftritt konzentrieren, dass sie es dadurch versäumen, die Äußerungen der vorherigen Person zu verarbeiten; → *Meat Counter Effect*.

Non-adaptive Choice Switching (Non-adaptive Choice Switching; „Gebranntes Kind …")* Tendenz, nach einer schlechten Erfahrung im Anschluss an eine Entscheidung einer solchen Entscheidung zukünftig aus dem Weg zu gehen, selbst wenn die Entscheidung optimal war; → *Abschn. 10.2*.

Normalcy Bias, Normality Bias (Normalcy-Bias; „Normalitätsfehlschluss") Intuitiv gesteuerte Weigerung, für ein Desaster zu planen oder darauf zu reagieren, das nie zuvor stattgefunden hat; → *Abschn. 9.5*.

Not-invented-here Syndrome (Not-invented-here-Syndrom; „Nicht hier erfunden") Abwertende Beschreibung der Nichtbeachtung von bereits existierendem Wissen durch Unternehmen oder Institutionen aufgrund des Entstehungsorts; → *Abschn. 1.2*, → *IKEA-Effekt*.

Nudging (Nudging; „Anstubsen") Methode, das Verhalten von Menschen zu beeinflussen, ohne auf Verbote und Gebote zurückgreifen oder ökonomische Anreize bieten oder verändern zu müssen; → *Abschn. 1.5*.

Observer Bias (Beobachtungsverzerrung, Beobachtungsfehler) Fehler in der Sammlung z. B. von Studiendaten durch subjektive Beobachtung bzw. Erfassung von

Informationen, etwa durch Anwendung verschiedener Kriterien oder Beeinflussung durch kognitive Verzerrungen; → *Abschn. 10.4*, → *Hawthorne Effect*.

Occam's Razor („Ockhams Rasiermesser"; Sparsamkeitsprinzip) Heuristisches Forschungsprinzip aus der Scholastik, das bei der Bildung von erklärenden Hypothesen und Theorien höchstmögliche Sparsamkeit gebietet (benannt nach dem mittelalterlichen Philosophen, Theologen und Schriftsteller Wilhelm von Ockham).

Omission Bias (Omission-Bias; Unterlassungsfehler) Überschätzung der Risiken bei Handlungen im Vergleich zu Nichthandlungen; → *Abschn. 7.6; Gegenstück zum* → *Action Bias*.

Opportunity Costs Effect (Opportunitätskosteneffekt) Tendenz, dass bei Entscheidungen Opportunitätskosten systematisch tiefer bewertet werden als direkte Geldkosten gleicher Größe; → *Abschn. 10.2*.

Optimism Bias (Überoptimismus) Tendenz zu übermäßiger Zuversicht, indem die Wahrscheinlichkeit unerwünschter Entwicklungen unterschätzt und die positiver, erwünschter Resultate überschätzt wird; → *Abschn. 1.2; Gegenspieler:* → *Pessimism Bias*.

Ostrich Effect (Vogel-Strauß-Effekt; „Kopf in den Sand stecken") Allegorie, die ausdrückt, eine drohende Gefahr nicht sehen zu wollen, die Augen vor unangenehmen Realitäten zu verschließen oder bestimmte Tatsachen einfach nicht zur Kenntnis nehmen zu wollen; → *Abschn. 2.2*.

Outcome Bias (Historikerirrtum) Fehler bei der Bewertung der Qualität einer Entscheidung, nachdem die Auswirkungen dieser Entscheidung bereits bekannt sind; → *Abschn. 10.3*, → *Hindsight Bias*.

Outgroup Bias (Fremdgruppenabwertung) Effekt, dass willkürliche Unterscheidungsmerkmale binnen Minuten zu Vorurteilen, Stereotypen und Diskriminierung gegenüber einer Fremdgruppe führen können; → *Abschn. 11.1*, → *Outgroup Homogeneity Bias*, → *Stereotyping*, → *Prejudice*.

Outgroup Homogeneity Bias (Outgroup-Homogeneity-Bias; „Verzerrung bei der Wahrnehmung der Homogenität außerhalb der Gruppe") Fehlschluss, in den Mitgliedern ihrer eigenen Gruppe mehr Variationen als außerhalb der Gruppe zu sehen; → *Abschn. 11.1*, → *Cross Race Bias*.

Overconfidence Effect (Overconfidence-Effekt; Selbstüberschätzungseffekt) Auf Deutsch auch Vermessenheitsverzerrung, überschätztes Selbstvertrauen bzw.

13.1 Übersicht kognitive Irrtümer und Verzerrungen

Kompetenzillusion: Überschätzung des eigenen Könnens und eigener Kompetenzen; → *Abschn. 1.3*, → *Abschn. 5.2*, → *Dunning-Kruger Effect*, → *Illusion of Control*, → *Optimism Bias*.

Paradox of Choice (Auswahlparadox) Paradox, dass zusätzliche Wahlmöglichkeiten nicht zu einer Zunahme an Zufriedenheit bzw. Lebensqualität führen; → *Abschn. 6.6*.

Paramnesia (Paramnesie, Wahn) Krankhafte Gedächtnisstörung, bei der die betroffene Person Erinnerungen an Ereignisse hat, die nicht stattgefunden haben; → *Abschn. 3.1*, → *False Memory Syndrome*.

Pareidolia (Pareidolie) Phänomen, in Dingen und Mustern vermeintliche Gesichter und vertraute Wesen oder Gegenstände zu erkennen; → *Abschn. 11.5*, → *Clustering Illusion*.

Parkinson's Law of Inertia (Parkinsons Trägheitsgesetz) „Verzögerung ist die tödlichste Form der Ablehnung"; → *Abschn. 8.1*.

Parkinson's Law of Triviality (Parkinsons Gesetz der Trivialität) „Die auf einen Tagesordnungspunkt verwendete Zeit ist umgekehrt proportional zu den jeweiligen Kosten"; → *Abschn. 8.1*.

Parkinson's Laws (Parkinson-Gesetze) Ironisierenden Darstellungen des britischen Historikers, Soziologen und Publizisten Cyril Northcote Parkinson zur Verwaltungs- und Wirtschaftslehre; → *Abschn. 8.1*, → *Parkinson's Law of Inertia*, → *Parkinson's Law of Triviality*.

Peak-end Rule (Peak-end Rule; „Höchststand-Ende-Regel") Bewertung von Erfahrungen nicht nach der mittleren Wahrnehmung, sondern nach den Spitzen und dem Ende; → *Abschn. 3.3*, → *Duration Neglect*, → *Primacy-recency Effect*.

Peltzman Effect (Peltzman-Effekt) Effekt der Risikokompensation über den Ausgleich eines bestehenden Risikos durch ein gegenläufiges Risiko im Rahmen der Risikobewältigung; → *Abschn. 2.4*, → *Risk Compensation*.

Perceptual Salience („Wahrnehmung eines herausragenden Merkmals") → *Salience Bias*.

Personal Validation Fallacy („Trugschluss durch persönliche Bestätigung") → *Barnum Effect*.

Personification (Personifizierung) → *Anthropomorphism*.

Persuasion Bias (Persuasion-Bias; „Überredungsverzerrung") Durch soziales Umfeld und vor allem Meinungsmacher befeuerter Fehlschluss, neue Information als wahr und korrekt einzuordnen, ohne ihren Ursprung und Wahrheitsgehalt näher zu überprüfen bzw. zu hinterfragen; relevant z. B. in Zusammenhang mit Propaganda, Zensur und Marketing; → *Abschn. 11.1.*

Pessimism Bias (Überpessimismus) Tendenz von depressiven Menschen, die Wahrscheinlichkeit zu überschätzen, dass ihnen negative Dinge widerfahren; → *Abschn. 9.5; Gegenspieler:* → *Optimism Bias.*

Picture Superiority Effect (Picture-Superiority-Effekt; „Bildüberlegenheitseffekt") Effekt, dass über Bilder vermittelte Inhalte besser im Gedächtnis haften bleiben als solche, die über präsentierten Text an andere vermittelt wurden; → *Abschn. 3.4.*

Placebo Effect (Placeboeffekt) Ursprünglich positive Veränderungen des Gesundheitszustandes durch Behandlung mit einem Scheinmedikament; auch im verallgemeinernden Sinn gebraucht; → *Abschn. 6.6; Gegenstück: Noceboeffekt.*

Plan Continuation Bias (Planfortführungsirrtum) → *Sunk Cost Fallacy.*

Planning Fallacy (Planungsfehlschluss) Tendenz von Menschen und Organisationen zu unterschätzen, wie viel Zeit und Geld sie zur Vollendung einer Aufgabe benötigen; → *Abschn. 1.2.*

Plant Blindness (Plant Blindness; „Pflanzenblindheit") Informell vorgeschlagener Trugschluss, dass Menschen Pflanzen in ihrer natürlichen Umgebung nicht ausreichend beachten und ihre Nützlichkeit für das Leben auf der Erde nicht erkennen und wertschätzen; → *Abschn. 12.1.*

Pollyanna Principle (Pollyanna-Prinzip) Prinzip, dass Menschen üblicherweise angenehme Dinge und Ereignisse effizienter und richtiger verarbeiten als unangenehme oder neutrale; → *Abschn. 2.3.*

Positivity Bias (Positivitätsverzerrung) → *Pollyanna Principle.*

Positivity Effect (Positivitätseffekt) Effekt, dass ältere Personen positive Erinnerungen in ihrem Gedächtnis bevorzugen; → *Abschn. 3.2; Gegenspieler:* → *Negativity Bias.*

Post-purchase Rationalization (Nachträgliche Begründungstendenz) Tendenz, getätigte, weniger sinnvolle Käufe im Nachhinein mit rationalen Argumenten zu begründen, eine im ökonomischen Bereich häufige Form der Rationalisierung; → *Abschn. 6.6.*

Pratfall Effect (Pratfall-Effekt, Ungeschicklichkeitseffekt; „Fall auf den Hintern") Positive Wahrnehmung kleiner alltäglicher Ungeschicklichkeiten bei vor allem übermächtigen Personen, weil sie diese als fehlbar und damit „menschlich" erscheinen lassen; → *Abschn.* 4.3.

Preference Reversal (Präferenzumkehr) Tendenz bei der Wahl zwischen Alternativen, z. B. zwei Lotterien, einmal die eine und einmal die andere Alternative zu wählen, wenn die Entscheidungssituation anders dargestellt, logisch jedoch absolut identisch ist; → *Abschn.* 6.5, → *Less-is-better Effect.*

Prejudice (Vorurteil) Urteil, das einer Person, einer Gruppe, einem Sachverhalt oder einer Situation vor einer gründlichen und umfassenden Untersuchung, Abklärung und Abwägung zuteilwird; meist negativ gemeint und verstanden; → *Abschn.* 11.1.

Present Bias (Gegenwartsfokussierung, Gegenwartseffekt) Tendenz, eher geringere Gewinne zum aktuellen Zeitpunkt zu realisieren, als auf größere zukünftige Gewinne zu warten; → *Abschn.* 7.5.

Primacy Effect (Primäreffekt, Vorrangigkeitseffekt) Psychologisches Gedächtnisphänomen, dass man sich an früher eingehende Information besser erinnert als an später eingehende Information; → *Abschn.* 3.3, → *Primacy-recency Effect.*

Primacy-recency Effect (Primacy-Recency-Effekt; Serieller Positionseffekt) Psychologisches Gedächtnisphänomen, welches dazu führt, dass bei einer Reihe dargestellter Urteilsobjekte oder Lernmaterialien die zu Beginn (→ *Primacy Effect*) und gegen Ende (→ *Recency Effect*) dargestellten Informationen besser im Gedächtnis behalten werden; → *Abschn.* 3.3, → *Peak-end Rule.*

Priming Effect (Priming-Effekt, Bahnungseffekt) Vorbereitung und Konditionierung, in eine bestimmte Richtung zu denken und zu handeln, die Menschen in der Regel nicht bewusst wahrnehmen, z. B. durch Körpersprache, Schlüsselwörter oder → *Framing;* → *Abschn.* 1.3.

Processing Difficulty Effect (Processing-Difficulty-Effekt; „Effekt der Bearbeitungsschwierigkeit")* Effekt, dass, je länger eine Information zum Aufnehmen bzw. zur Bearbeitung benötigt bzw. je schwieriger sie zu erfassen ist, desto besser sie im Gedächtnis behalten wird; → *Abschn.* 3.4.

Procrastination (Verschleppung) → *Parkinson's Law of Inertia.*

Professional Deformation (Professional Deformation; „Berufliche Entstellung")
Neigung, eine berufs- oder fachbedingte Methode oder Perspektive unbewusst über ihren Geltungsbereich hinaus auf andere Themen und Situationen anzuwenden; → *Abschn.* 8.2.

Pro-innovation Bias (Innovationstrugschluss) Trugschluss, dass Fürsprecher („Champions") einer Innovation Nutzen überbewerten und Vorteile und deren Nachteile unterbewerten; → *Abschn.* 8.1.

Projection Bias (Projektionsverzerrung) Falsche Einschätzung, was ein Gut später wert sein wird; → *Abschn.* 1.5.

Proportionality Bias (Proportionalitätsfehlschluss) Kognitiver Irrtum, dass für große Entwicklungen ebenso große und wichtige Gründe verantwortlich sein müsse; besitzt einen gravierenden Einfluss auf die Akzeptanz von Verschwörungstheorien; → *Abschn.* 11.5.

Prospective Cost Fallacy (Prospective Cost Fallacy; Angst vor erwarteten Kosten)* Scheu bzw. Abneigung vor erwarteten zukünftigen (evtl. zusätzlichen) Kosten, wenn eine Aktivität durchgeführt wird; → *Abschn.* 6.2, → *Irrational Escalation;* Gegenspieler: → *Sunk Cost Fallacy.*

Prototype Heuristic (Prototyp-Heuristik) Urteilsheuristik, die Mengen durch Normen und Prototypen repräsentiert und nicht integriert; → *Abschn.* 6.5, → *Representativeness Heuristic.*

Pseudocertainty Effect (Pseudocertainty-Effekt; Effekt der Pseudosicherheit) Tendenz zu risikoscheuem Verhalten bei erwartetem positivem Resultat und risikobehafteten Entscheidungen, falls negative Ergebnisse erwartet werden; → *Abschn.* 6.1.

Publication Bias (Publication-Bias; Publikationsverzerrung) Statistisch verzerrte Darstellung der Datenlage in wissenschaftlichen Zeitschriften infolge einer bevorzugten Veröffentlichung von Studien mit „positiven" bzw. signifikanten Ergebnissen; → *Abschn.* 10.4.

Puritanical Bias (Puritanische Verzerrung) Tendenz, die Ursache für das Fehlverhalten anderer deren moralischen Schwächen und mangelhafter Selbstkontrolle zuzuschreiben, anstatt den Einfluss breiterer sozialer Einflussgrößen in Betracht zu ziehen.

Pygmalion Effect (Pygmalion-Effekt) Psychologisches Phänomen, bei dem eine vorweggenommene Einschätzung einer Zielperson (etwa eines Schülers oder Mitarbeiters) sich derart auf seine Leistungen auswirkt, dass sie sich bestätigt; → *Abschn.* 2.3.

13.1 Übersicht kognitive Irrtümer und Verzerrungen

Reactance (Psychologische Reaktanz) Motivation zur Wiederherstellung eingeengter oder eliminierter Freiheitsspielräume, ausgelöst in der Regel durch psychischen Druck (z. B. Nötigung, Drohungen, emotionale Argumentation) oder die Einschränkung von Freiheitsspielräumen (z. B. Verbote, Zensur); → *Abschn.* 11.5.

Reactive Devaluation (Reaktive Abwertung) Abwertung eines Vorschlags, wenn er von einem Antagonisten kommt; → *Abschn.* 1.2, → *Kap.* 8.

Rebound Effect (Rebound-Effekt) → *Jevons Paradox.*

Recall Bias (Recall-Bias; Erinnerungsverzerrung) Fehlerquelle durch Verzerrungen vor allem in retrospektiven Studien dadurch, dass die Probanden sich nicht mehr korrekt an Begebenheiten erinnern oder Begebenheiten im Nachhinein mehr oder weniger Bedeutung als ursprünglich zumessen; → *Abschn.* 3.2.

Recency Bias (Recency-Bias; Rezenzverzerrung, „Nikolauseffekt") Kognitive Verzerrung durch den Effekt, dass die zeitlich letzten Eindrücke besser haften bleiben und etwa bei der Beurteilung von Leistungen mehr zählen als die zuvor erbrachte Leistung; Folge des → *Recency Effect;* → *Abschn.* 3.3.

Recency Effect (Recency-Effekt; Rezenzeffekt, „Nachrangigkeitseffekt") Psychologisches Gedächtnisphänomen, dass man sich an zuletzt eingehende Information besser erinnert als an zuvor eingehende Information; → *Abschn.* 3.3, → *Primacy-recency Effect.*

Recency Illusion (Recency-Illusion; Rezenzillusion)* Glaube oder Eindruck, dass ein bestimmtes Wort oder eine Phrase neueren Datums ist, während der Ausdruck bereits seit langer Zeit etabliert ist; → *Abschn.* 3.3, → *Frequency Illusion.*

Reciprocity Norm (Reziprozitätsnorm) Beobachtung, dass Menschen es meist nur schwer aushalten, bei anderen in der Schuld zu stehen; → *Abschn.* 4.2.

Recognition Heuristic (Wiedererkennungsheuristik) Urteilsheuristik der Kognitionspsychologie, die besagt, dass bei der Beurteilung von mehreren Objekten hinsichtlich eines Kriteriums unter bestimmten Umständen deren Wiedererkennung als alleinige Entscheidungshilfe genutzt wird; → *Abschn.* 1.3, → *Abschn.* 10.1.

Red Herring (Red Herring; Ablenkungsmanöver) Englischsprachiger Ausdruck von William Cobbett (1807) mit der Bedeutung, jemanden auf eine falsche Fährte zu locken; → *Abschn.* 8.3, → *Association Fallacy.*

Reflection Effect (Reflektionseffekt) Tendenz von Anlegern, sich im Gewinn- und Verlustfall unterschiedlich zu verhalten: in Verlustsituationen risikofreudig und in Gewinnsituationen risikoscheu; → *Abschn.* 7.5, → *Pseudocertainty Effect*, → *Risk Aversion*.

Regression Effect (Regressionseffekt) → *Regression toward the Mean*.

Regression toward the Mean (Regression zur Mitte) Phänomen, dass nach einem extrem ausgefallenen Messwert die nachfolgende Messung wieder näher am Durchschnitt liegt, falls der Zufall einen Einfluss auf die Messgröße hat; → *Abschn.* 9.3.

Regressive Bias (Regressionsfehlschluss) Tendenz, hohe Werte und Wahrscheinlichkeiten/Frequenzen als niedriger in Erinnerung zu behalten, als sie ursprünglich waren, und die niedrigeren entsprechend als höher; → *Abschn.* 3.2, → *Belief Revision*.

Regret Aversion Bias (Regret-Aversion; „Verzerrung durch Abneigung gegen das Bereuen") Sich auf die Folgehandlung auswirkende Tendenz, bei einer Entscheidung insbesondere finanzieller Natur einzukalkulieren, ob man im Nachhinein etwas bereuen könnte oder nicht; → *Abschn.* 4.1.

Reiteration Effect (Wiederholungseffekt) → *Truth Effect*.

Reminiscence Bump (Reminiscence Bump; „Erinnerungsbuckel") Autobiografischer Effekt, dass, je älter Menschen werden, sie sich desto mehr an Begebenheiten aus Jugend und jungem Erwachsenenleben erinnern; → *Abschn.* 3.2.

Reporting Bias (Berichtsirrtum) Selektive Offenbarung oder Unterdrückung von Informationen durch befragte Personen mit der Folge, dass die verfügbaren Informationen nicht vollständig wiedergegeben werden; → *Abschn.* 3.2, → *Recall Bias*, → *Response Bias*.

Representativeness Heuristic (Repräsentationsheuristik, Repräsentativitätsheuristik) Urteilsheuristik, in der die Wahrscheinlichkeit von Ereignissen danach bewertet wird, wie genau sie bestimmten Prototypen entsprechen; → *Abschn.* 6.5, → *Prototype Heuristic*.

Response Bias (Antwortverzerrung, Interviewereffekt) Systematische Abweichung der in Befragungen, Interviews, Meinungsumfragen und anderen sozialwissenschaftlichen Erhebungen, psychologischen Tests und Fragebogen erhaltenen Reaktionen; → *Abschn.* 2.2, → *Abschn.* 6.6.

13.1 Übersicht kognitive Irrtümer und Verzerrungen

Rhyme-as-reason Effect (Rhyme-as-reason-Effekt; „Reimungseffekt") Kognitive Verzerrung, bei der Aussagen, insbesondere Aphorismen, als eher zutreffend und wahr betrachtet werden, wenn diese gereimt sind; → *Abschn.* 1.3.

Risk Aversion (Risikoaversion, Risikoscheu) Risikoeinstellung in der Entscheidungstheorie, die die Tendenz eines Marktteilnehmers oder Entscheidungsträgers (z. B. eines Investors) angesichts der Wahl zwischen mehreren Alternativen gleichen Erwartungswerts wiedergibt, die Alternative mit dem geringeren Risiko hinsichtlich des Ergebnisses – und damit auch dem geringstmöglichen Verlust – zu bevorzugen; → *Abschn.* 7.4, → *Loss Aversion.*

Risk Compensation (Risikokompensation) Tendenz, größere Risiken einzugehen, wenn die gefühlte Sicherheit steigt; → *Abschn.* 2.4.

Romeo and Juliet Effect (Romeo-und-Julia-Effekt, Knappheitsirrtum) Effekt, dass der Verstand teilweise aussetzt, wenn es sich um ein knappes Gut handelt, das zu verteilen ist; → *Abschn.* 2.2.

Room Effect (Room-Effekt; Raumeffekt)* Effekt, dass man Dinge bei Verlassen eines Raums vergisst, sich jedoch wieder daran erinnert, wenn man zurückkehrt; → *Abschn.* 3.4.

Rosy Retrospection Bias (Rosige-Vergangenheit-Verzerrung) Psychologisches Phänomen, wonach Menschen die Vergangenheit unverhältnismäßig positiver beurteilen als die Gegenwart; → *Abschn.* 1.4.

Rumpelstiltskin Effect (Rumpelstilzchen-Effekt)
a) → *Planning Fallacy;*
b) Phänomen, dass die Parteien den richtigen Namen des Konflikts nennen müssen, um den Konflikt loszuwerden; → *Abschn.* 2.3.

Gegenspieler: umgekehrter Rumpelstilzchen-Effekt – „Gold zu Stroh spinnen" (Finanzwirtschaft).

Sadder-but-wiser Effect (Sadder-but-Wiser-Effekt; „Trauriger, aber klüger") Tendenz, dass Depressive und Ängstliche ihre Fähigkeiten nicht überschätzen, sondern Gefahren höher bewerten und immer damit rechnen, Opfer zu sein oder zu werden; → *Abschn.* 5.2; *Gegenspieler:* → *Overconfidence Effect.*

Salience Bias (Sichtbarkeitstrugschluss, „Hervorspringen") Fehleinschätzung dadurch, dass ein auffälliger („salienter") Reiz aus seinem Kontext hervorgehoben und so dem Bewusstsein leichter zugänglich ist als ein nichtsalienter Reiz; → *Abschn.* 6.6.

Satisficing (Satisficing; „Satisfizierung", Anspruchserfüllung) Kofferwort aus „satisfying" und „suffice"; Mehrzielentscheidung, aus verschiedenen Möglichkeiten mit teilweise gegenläufigen Effekten die möglichst optimale Maßnahme auszuwählen; → *Abschn.* 10.2.

Scarcity Error (Knappheitsirrtum) → *Romeo and Juliet Effect*.

Scope Neglect (Missachtung des Maßstabs) Kognitive Verzerrung, die auftritt, wenn die Bewertung eines Problems nicht in multiplikativer Beziehung zu seiner Größe gesetzt wird; → *Abschn.* 9.3.

Selection Bias (Stichprobenverzerrung) Statistische Verzerrung bei der Auswahl von Stichprobeneinheiten; Gegenmaßnahme: Heckman-Korrektur; → *Abschn.* 9.3.

Selective Perception (Selektive Wahrnehmung) Einschränkung der Wahrnehmung durch begrenzte, unterschiedliche oder einseitige Aufmerksamkeit im Hinblick auf die angebotenen Informationen oder Reize; → *Kap.* 7, → *Abschn.* 10.1.

Self-attribution Bias (Selbstzuschreibungsirrtum) → *Self-serving Bias*.

Self-enhancing Transmission Bias (Self-enhancing Transmission-Bias; „Fälschliche Selbstaufwertung")* Erzeugung einer verzerrten Wahrnehmung bei Zuhörern dadurch, dass Menschen über ihre Erfolge deutlich öfter sprechen als über ihre Misserfolge; → *Abschn.* 5.3.

Self-licensing (Selbstlizensierung) → *Moral Self-licensing*.

Self-reference Effect (Selbstreferenzeffekt) Effekt, dass die einen selbst betreffende Erinnerungen leichter abgerufen werden als solche, die andere betreffen; → *Abschn.* 3.4.

Self-relevance effect (Selbstrelevanzeffekt) → *Self-reference Effect*.

Self-selection Bias (Selbstselektionsfehler) → *Self-reference Effect*.

Self-serving Bias (Self-serving Bias; „Selbstwertdienliche Verzerrung") Fehlschluss, Erfolge sich selbst zuzuschreiben, Misserfolge jedoch anderen oder den begleitenden Faktoren; → *Abschn.* 5.3, → *Above Average Effect*.

Semmelweis Reflex (Semmelweis-Reflex) Vorgehen des wissenschaftlichen Establishments, eine neue Entdeckung quasi „reflexhaft" ohne ausreichende Überprüfung erst einmal abzulehnen und den Urheber eher zu bekämpfen als zu unterstützen, wenn sie verbreiteten Normen oder Überzeugungen widerspricht; → *Abschn.* 2.4.

13.1 Übersicht kognitive Irrtümer und Verzerrungen

Sense of Justice (Gerechtigkeitsempfinden) → *Fairness Principle;* → *Just-world Hypothesis.*

[Inadequate] Sensitivity to Probability (mangelnde Empfindlichkeit für Wahrscheinlichkeiten) Grundlegende Erkenntnis der Verhaltensökonomik, dass Menschen vielfach ein gestörtes Verhältnis zu Wahrscheinlichkeiten haben; → *Abschn. 1.2,* → *Neglect of Probability.*

Serial Position Effect (Serieller Positionseffekt) → *Primacy-recency Effect.*

Shared Information Bias (Verzerrte Informationsweitergabe)* Tendenz in einer Gruppe, mehr Zeit auf die Diskussion von Informationen zu verwenden, die allen geläufig sind, und weniger Zeit auf die nicht allen bekannten Informationen; → *Abschn. 8.1.*

Simulation Heuristic (Vorstellungsheuristik)* Mentale Strategie, wonach Menschen die Wahrscheinlichkeit eines Ereignisses danach beurteilen, wie leicht es ihnen fällt, sich dieses vorzustellen; → *Abschn. 9.4.*

Sleeper Effect (Sleeper-Effekt) Tendenz, dass in unserer Erinnerung die Quelle von Informationen schneller verblasst als der Inhalt; → *Abschn. 3.2.*

Social Comparison Bias (Social-Comparison-Bias; „Vergleich mit anderen") Tendenz, die Haltung anderen gegenüber daran auszurichten, ob diese besser situiert sind als man selbst (führt zu Wettbewerb bzw. Feindseligkeit) oder aufgrund ihrer Stärken nicht mit einem selbst konkurrieren (wirkt sich vorteilhafter aus); → *Abschn. 11.1.*

Social Desirability Bias (Social-Desirability-Bias; Soziale Erwünschtheit) Verzerrungstendenz bei Befragungen, wenn Befragte bevorzugt Antworten geben, von denen sie glauben, sie träfen eher auf soziale Zustimmung als die wahre Antwort, bei der sie soziale Ablehnung befürchten; → *Abschn. 10.3.*

Social Loafing (Social Loafing; „Soziales Faulenzen")
a) Schlechtleistung eines Einzelnen, die nicht auffällt, da er sich hinter der Leistung einer Gruppe verstecken kann (weshalb Individuen regelmäßig höhere Risiken eingehen als Gruppen); → *Abschn. 8.1,*
b) Tendenz, sozial erwünschte eigene Verhaltensweisen überzubetonen und gegenteilige zu verbergen; → *Bandwagon Effect.*

Social Proof (Social Proof; „Sozialer Beweis") Orientierung des Verhaltens an dem anderer; → *Abschn. 1.5.*

Source Confusion (Source Confusion; „Quellenverwirrung") Vermischung eigener Erinnerungen mit anderen Informationen; → *Abschn.* 3.2.

Spacing Effect (Abstandswirkung) Besseres Behalten von Merk- bzw. Lerninhalten, wenn sie über einen längeren Zeitraum verfügbar gemacht werden; → *Abschn.* 3.4, → *Lag Effect.*

Speculative Bubble Error (Speculative Bubble Error; „Hereinfallen auf Spekulationsblasen")* Tendenz zu Fehlinvestitionen in einer Marktsituation, in der temporär hohe Kurse oder Preise vor allem durch den Enthusiasmus von Investoren und weniger durch eine realistische Abschätzung der wahren Werte bestimmt sind; → *Abschn.* 7.6.

Spotlight Effect (Spotlight-Effekt; „Rampenlichteffekt") Phänomen in der Sozialpsychologie, demzufolge Menschen dazu neigen, die Aufmerksamkeit ihres sozialen Umfelds zur eigenen Person, im positiven wie im negativen Sinn, zu überschätzen; → *Abschn.* 5.3.

Spurious Relationship (Scheinkausalität, „Scheinkorrelation"; Cum hoc ergo propter hoc) Korrelation zwischen zwei Größen, der kein Kausalzusammenhang, sondern nur eine zufällige oder indirekte Beziehung zugrunde liegt; → *Abschn.* 7.3, → *Illusory Correlation,* → *Super Bowl Indicator.*

Stage Migration („Verschiebung der Bühne"; Will-Rogers-Phänomen) → *Will Rogers Phenomenon.*

Statistical Regress Fallacy (Statistisch-regressive Verzerrung) Trugschluss, dass sich das Wesen einer Zufallsverteilung aus einer Messreihe erschließen lässt; → *Abschn.* 10.3, → *Black Swan Theory,* → *Neglect of Probability,* → *Sensitivity to Probability.*

Status quo Bias (Status-quo-Verzerrung) Starke Neigung von Menschen und Organisationen, den gegenwärtigen Zustand jeglicher Veränderung vorzuziehen; → *Abschn.* 1.4; *Folge der* → *Loss Aversion.*

Stereotyping, Stereotypical Bias (Stereotypisierung, Stereotypische Verzerrung) Einordnung anderer Personen oder Gruppen in relativ starre, verbreitete Vorstellungsbilder, die meist einfach, einprägsam und bildhaft sind; → *Abschn.* 4.3, → *Prejudice.*

Story Bias (Story-Bias; Verdrehte Geschichten) Verdrehung von Geschichten zur Vereinfachung der Wirklichkeit, wobei alles verdrängt wird, was nicht in das Bild hineinpasst; → *Abschn. 11.5,* → *Conjunction Fallacy.*

St. Petersburg Paradox (Sankt-Petersburg-Paradox, auch Petersburger Paradoxon) Nach Daniel Bernoulli (1736) Paradox in einem Glücksspiel mit Zufallsvariable mit unendlichem Erwartungswert; Beispiel: Münzseite oder Roulettefarbe raten; → *Abschn. 7.3.*

Subadditivity Effect (Subadditivitätseffekt, Subadditives Diskontieren) Tendenz, die Gesamtwahrscheinlichkeit für ein Ereignis (z. B. Tod) niedriger einzuschätzen als die Summe der Einzelwahrscheinlichkeiten (die Haupttodesursachen); → *Abschn. 9.1.*

Subjective Risk Perception (Subjektive Risikowahrnehmung) Anwendung von Heuristiken im Bereich der Risikowahrnehmung, was etwa zur Überschätzung tendenziell kleiner Wahrscheinlichkeiten führt; → *Abschn. 6.1,* → *Availability Bias.*

Subjective Validation (Subjektive Validierung, Gültigkeitsprüfung) Kognitive Verzerrung, bei der eine Person eine Aussage oder eine andere Information als korrekt annimmt, wenn sie irgendeine persönliche Bedeutung oder Signifikanz für diese Person hat; → *Abschn. 2.3,* → *Barnum Effect.*

Sunk Cost Fallacy (Sunk Cost Fallacy; Angst vor versunkenen, irreversiblen Kosten) Scheu bzw. Abneigung vor der Abschreibung irreversibler Kosten, wenn eine Aktivität z. B. zur Geschäftsanbahnung ergebnislos abgebrochen wird oder werden sollte; → *Abschn. 6.2,* → *Irrational Escalation;* Gegenspieler: → *Prospective Cost Fallacy.*

Super Bowl Indicator (Super-Bowl-Indikator) Fälschliche Einschätzung, dass mit statistischen Effekten konkrete Entwicklungen vorhersagbar sind; das Phänomen hat seinen Namen von der US Football League und besagt, dass am Aktienmarkt beim Sieg eines AFC-Teams eine Baisse und beim Sieg eines NFC-Teams eine Hausse folgt; → *Abschn. 7.3.*

Superiority Bias (Überlegenheitsirrtum) → *Above Average Effect.*

Superstition (Aberglaube) Hier ist der Name Programm; → *Agent Detection,* → *Gambler's Fallacy,* → *Pessimism Bias.*

Survivorship Bias (Survivorship-Bias; „Überlebensirrtum") Verzerrung zugunsten der Überlebenden bzw. Erfolgreichen, wobei die Erfahrungen erfolgloser Individuen (oder Unternehmen) nicht gleichermaßen berücksichtigt werden; → *Abschn. 7.2.*

Swimmer's Body Illusion (Swimmer's Body Illusion; Irrtum bei Selektionskriterien) Illusion, bei der Selektionskriterium und Ergebnis vertauscht werden und ohne die Werbung nicht funktionieren würde; der Name bezieht sich darauf, dass es ohne Veranlagung trotz umfangreichem Trainingsprogramm nicht möglich ist, den Körper eines Modellathleten zu bekommen; → *Abschn.* 1.3.

System Justification („Rechtfertigung des Systems") → *Status quo Bias.*

Take-the-best Heuristic (Take-the-Best-Heuristik) Mentale Strategie zur Entscheidungsfindung zwischen bekannten Alternativen, nach der während eines Prozesses zur Entscheidung eine Rangfolge der relevanten Eigenschaften angelegt und nach einem Entscheidungsbaum entschieden wird; → *Abschn.* 6.5.

Telescoping Effect (Teleskopeffekt) Tendenz, weiter zurückliegende Begebenheiten zeitlich in die jüngere Vergangenheit einzustufen und umgekehrt; → *Abschn.* 3.3.

Texas Sharpshooter Fallacy (Zielscheibenfehler) Denkfehler, aus einer Häufung von Ereignissen auf einen kausalen Zusammenhang rückzuschließen; der Name bezieht sich auf einen Texaner, der seine Waffe zufällig auf ein Scheunentor abfeuert und dann um die größte Trefferhäufung eine Zielscheibe malt; → *Abschn.* 2.2, → *Frequency Illusion,* → *Hot Hand Fallacy.*

Third-person Effect (Third-person-Effekt; Effekt der dritten Person) Tendenz zu glauben, dass die Massenmedien andere stärker beeinflussen als einen selbst; → *Abschn.* 5.3.

Time Preference (Zeitpräferenz, Gegenwartspräferenz) Präferenz von Konsumenten, Konsum in der Gegenwart gegenüber künftigem Konsum vorzuziehen; → *Abschn.* 6.4, → *Hyperbolic Discounting.*

Time Saving Bias (Time-Saving-Bias; „Falsche Einschätzung möglicher Zeitersparnis")* Tendenz, mögliche Zeitersparnis (oder Zeitverlust) durch Erhöhung oder Reduktion der Geschwindigkeit falsch einzuschätzen; → *Abschn.* 8.1.

Tip-of-the-tongue Phenomenon (Zungenspitzenphänomen, TOT-Phänomen) Zustand, in dem ein eigentlich bekanntes Wort zu einem bestimmten Zeitpunkt im mentalen Lexikon nicht oder nur teilweise verfügbar ist; → *Abschn.* 1.3.

Titanic Effect (Titanic-Effekt) Sammlung verschiedener Effekte, die alle einen Bezug zur Schiffskatastrophe besitzen, z. B. mit Blick auf Mechanismen, die zu einer Katastrophe führen; die Unaufhaltsamkeit einer Katastrophe oder Verschlechterung; oder die fatale Auswirkung der Angst vor einer Katastrophe; → *Abschn.* 9.5, → *Peltzman Effect,* → *Risk Compensation.*

Too-much-choice Effect (Too-much-choice-Effekt; „Zu viel Auswahl") → *Paradox of Choice.*

Too-much-invested-to-quit Syndrome („Kein Zurück mehr") → *Sunk Cost Fallacy;* → *Irrational Escalation.*

Tragedy of the Commons (Tragik der Allmende) Modell, nach dem frei verfügbare, aber begrenzte Ressourcen nicht effizient genutzt werden und durch Übernutzung bedroht sind, was auch die Nutzer selbst bedroht (Allmende = Gemeindeflur); → *Abschn.* 12.1.

Trait Ascription Bias („Verzerrte Eigenschaftszuschreibung")* Tendenz von Menschen, sich selbst als relativ flexibel zu sehen, was ihre Persönlichkeit, Verhalten und Stimmungen betrifft, während sie andere als weitgehend vorhersehbar in verschiedenen Situationen sehen.

Travis Syndrome (Travis-Syndrom)* Tendenz, die Signifikanz der Gegenwart überzubewerten; → *Abschn.* 3.2.

Truth Effect (Truth-Effekt; „Wahrheitseffekt") Tendenz, Aussagen, die zuvor bereits gehört oder gelesen wurden, einen größeren Wahrheitsgehalt zuzusprechen als solchen, die erstmals gehört werden; → *Abschn.* 11.5.

Truthiness (Truthiness) Satirische Bezeichnung des US-Comedians Stephen Colbert für die Qualität einer intuitiven, instinktiven, vom Bauchgefühl gesteuerten Aussage ohne faktische, logische oder intellektuelle Grundlage.

Turkey Illusion (Truthahnillusion, Induktionsfehlschluss) Neigung, einen Trend zu extrapolieren, ohne ihn zu hinterfragen; der Name bezieht sich auf den bislang gut gefütterten Truthahn, der dies an Thanksgiving feststellen musste; → *Abschn.* 2.2.

Two-factor Theory of Emotion (Zwei-Faktoren-Theorie der Emotion) Neigung, situative Hinweisreize zur Kausalattribution von Emotionen heranzuziehen.

Ultimate Attribution Error (Ultimativer Attributionsfehler) Fehler, einer gesamten Gruppe bestimmte Eigenschaften zuzuschreiben anstelle der Einzelpersonen in dieser Gruppe; → *Abschn.* 4.3, → *Attribution Bias.*

Uncertainty Aversion (Aversion gegen Unsicherheit) → *Ambiguity Aversion.*

Unconscious Bias („Verzerrung durch unterbewusste Einflüsse") → *Implicit Bias.*

Unit Bias (Unit-Bias; Unterschätzung der Portionsgröße) Fehleinschätzung, im Alltag üblicherweise angebotene Portionsgrößen (z. B. bei Speisen) als angemessen zu betrachten mit der Folge, dass eine Person gewöhnlich die gesamte Portion konsumiert, selbst wenn sie für diese Person objektiv betrachtet zu groß ist; → *Abschn.* 1.5.

Unrealistic Optimism (Unrealistischer Optimismus) → *Optimism Bias.*

Validity Effect (Stichhaltigkeitseffekt) → *Truth Effect.*

Vampire Effect (Vampireffekt) Ungewollter Umstand des Aufmerksamkeitsverlusts vom eigentlich beworbenen Produkt durch Ablenkungs- und Nebeneffekte der Werbung; → *Humor Effect.*

Verbatim Effect (Verbatim-Effekt; „Effekt des gesprochenen Wortes", Wortgetreue Erinnerung) Effekt, dass Inhalt und Sinn einer Aussage besser in Erinnerung behalten werden als die exakte wörtliche Darstellung (*verbatim* = wortwörtlich); → *Abschn.* 3.4.

von Restorff Effect (Restorff-Effekt, Isolationseffekt) Faktum, dass man sich an die sich von der Umgebung unterscheidenden Inhalte besser erinnern wird; → *Abschn.* 2.4.

Weber-Fechner Law (Weber-Fechner-Gesetz) Formulierung einer psychophysischen Beziehung in der Sinnesphysiologie, die besagt, dass ein linearer Zuwachs der (psychisch) subjektiv empfundenen Stärke von Sinneseindrücken dem Logarithmus des Zuwachses der (physikalisch) objektiv messbaren Intensität des Reizes entspricht; → *Abschn.* 2.3.

Well-traveled Road Effect (Well-traveled-Road-Effekt; „Effekt der vielbenutzten Straße")* Kognitiver Irrtum, wonach Reisende die Zeit in Abhängigkeit von der Streckenkenntnis unterschiedlich einschätzen, die sie für eine Wegstrecke benötigt haben: Häufig benutzte Strecken erscheinen kürzer; → *Abschn.* 1.5.

Will Rogers Phenomenon (Will-Rogers-Phänomen) Erhöhung oder Reduktion des Mittelwerts in mehreren Gruppen durch den Wechsel von Elementen zwischen den Gruppen, etwa Wähler oder Patienten; benannt nach dem US-Humoristen und Entertainer Will Rogers und ironisch als „kriminelle Datenvereinigung" bezeichnet; → *Abschn.* 11.2.

Winner's Curse (Fluch des Gewinners) Bittere Erkenntnis des Gewinners einer Auktion, der sich als Verlierer entpuppt, weil er überboten hat; → *Abschn.* 2.2.

Wishful Thinking (Wunschdenken) → *Optimism Bias*.

Women-are-wonderful Effect (Women-are-wonderful-Effekt; „Frauen sind wundervoll"-Effekt) Effekt, dass Frauen im Allgemeinen positivere Eigenschaften zugeschrieben werden als Männern; → *Abschn.* 4.3.

Worse-than-average Effect („Schlechter-als-der-Durchschnitt-Effekt") → *Below Average Effect*.

WYSIATI = What you see is all there is (WYSIATI-Regel, „Es zählt nur das, was man gerade vor Augen hat"; Voreilige Schlussfolgerungen) Daniel Kahnemans verdichtete Beschreibung von voreiligen Schlussfolgerungen (Urteilssprüngen) auf beschränkter Datenbasis, die sehr wichtig für das Verständnis intuitiven Denkens sind; → *Abschn.* 5.2.

Zeigarnik Effect (Zeigarnik-Effekt) Psychologischer Effekt über die Erinnerung an abgeschlossene im Gegensatz zu unterbrochenen Aufgaben, der besagt, dass man sich an unterbrochene, unerledigte Aufgaben besser erinnert als an abgeschlossene, erledigte Aufgaben; → *Abschn.* 2.4.

Zero Risk Bias (Null-Risiko-Fehler) Fehleinschätzung, dass man bereit ist, übermäßig viel Geld zu investieren, um ein winziges, unverhältnismäßiges Restrisiko auszuschließen; → *Abschn.* 6.1, → *Certainty Effect*.

Zero Sum Bias (Nullsummenfehler) Trugschluss, dass eine Situation fälschlicherweise als Nullsummenspiel aufgefasst wird; → *Abschn.* 8.3.

Weitere Leseempfehlungen

Bücher

Ariely D (2012a) Wer denken will, muss fühlen. Die heimliche Macht der Unvernunft. Droemer Knaur, München

Ariely D (2012b) Die halbe Wahrheit ist die beste Lüge: Wie wir andere täuschen – und uns selbst am meisten. Droemer Knaur, München

Bartolini S (2018) Manifesto for Happiness – Shifting society from money to well-being. Internet-Veröffentlichung 16. März. https://docenti-deps.unisi.it/stefanobartolini/wp-content/uploads/sites/19/2018/03/MANIFESTO-FOR-HAPPINESS-1.pdf. Zugegriffen: 10. Dez. 2020

Collin C, Benson N, Ginsburg J, Grand V, Lazyan M, Weeks M (2012) Das Psychologie-Buch. Dorling Kindersley, München

Dobelli R (2020) Einfach abschalten – Die Kunst des digitalen Lebens. Piper, München

Döring T (2015) Öffentliche Finanzen und Verhaltensökonomik. Springer Gabler, Wiesbaden. https://doi.org/10.1007/978-3-658-09913-8

Durlauf SN, Blume LE (Hrsg) (2010) Behavioural and experimental economics. Palgrave Macmillan, London. https://doi.org/10.1057/9780230280786

Eckert S (2018) Wirkungsorientiertes Investieren in Deutschland – Anlagebereitschaft, Erfordernisse und Potenzial hochvermögender deutscher Investoren. Springer Gabler, Wiesbaden. https://doi.org/10.1007/978-3-658-21641-2

Ghisellini F, Chang BY (2018) Behavioral economics. Palgrave Macmillan, Cham. https://doi.org/10.1007/978-3-319-75205-1

Glaser C (2019) Risiko im Management. 100 Fehler, Irrtümer, Verzerrungen und wie man sie vermeidet. Springer Gabler, Wiesbaden. https://doi.org/10.1007/978-3-658-25835-1

Ikeda S, Kato HK, Ohtake F, Tsutsui Y (Hrsg) (2015) Behavioral economics of preferences, choices, and happiness. Springer, Tokio. https://doi.org/10.1007/978-4-431-55402-8

Kahneman D (2011) Thinking, fast and slow. Farrar, Straus and Giroux, New York. http://dspace.vnbrims.org:13000/jspui/bitstream/123456789/2224/1/Daniel-Kahneman-Thinking-Fast-and-Slow-.pdf Zugegriffen: 21. Apr. 2021

Kahneman D, Sibony O, Sunstein CR (2021) Noise. Was unsere Entscheidungen verzerrt – und wie wir sie verbessern können. Siedler, München

Lavecchia AM, Liu H, Oreopoulos P (2015) Behavioral Economics of Education: Progress and Possibilities. Forschungsinstitut zur Zukunft der Arbeit, IZA Discussion Paper No. 8853; Internet-Veröffentlichung Februar. http://ftp.iza.org/dp8853.pdf. Zugegriffen: 16. Apr. 2021

Mathis K (2015) European perspectives on behavioural law and economics. Springer, Cham. https://doi.org/10.1007/978-3-319-11635-8

Mittelstaedt M (2019) Konsumentenpsychologie und Konsumentenverhalten: Marketingpsychologie – Kunden verstehen und lesen. Scientific Economics, Wernigerode

Mukerji N (2017) Die 10 Gebote des gesunden Menschenverstands. Springer, Berlin. https://doi.org/10.1007/978-3-662-50339-3

Müller M, Precht J (Hrsg) (2019) Narrative des Populismus. Springer, Wiesbaden. https://doi.org/10.1007/978-3-658-22374-8

Ogaki M, Tanaka SC (2018) Behavioral economics. Springer, Singapur. https://doi.org/10.1007/978-981-10-6439-5

Pinker S (2021) Mehr Rationalität. Eine Anleitung zum bessern Gebrauch des Verstandes. S. Fischer, Frankfurt a. M. Das englischsprachige Original „Rationality: What It Is, Why It Seems Scarce, Why It Matters" (allen Lane, London 2021) basiert auf der 25-teiligen Harvard-Vorlesungsreihe „Gen Ed 1066: Rationality" von Steven Pinker (2019–2020 Spring), die im Internet vollständig abrufbar ist unter https://harvard.hosted.panopto.com/Panopto/Pages/Sessions/List.aspx#folderID=%2255a37adc-eaae-4aa6-8a06-ab25015a4ee8%22&maxResults=50. Zugegriffen: 8. Nov. 2021

Ransiek AC (2019) Rassismus in Deutschland. Springer, Wiesbaden. https://doi.org/10.1007/978-3-658-24056-1

Schiereck D, Ruß, J, Tilmes R, Haupt T (Hrsg) (2020) Ruhestandsplanung – Beratungsansatz für die Zielgruppe 50plus. Springer Gabler, Wiesbaden. https://doi.org/10.1007/978-3-658-28444-2

Schink A (2020) Verschwörungstheorie und Konspiration. Dissertation Universität Salzburg, 2019. Springer, Wiesbaden. https://doi.org/10.1007/978-3-658-31689-1

Schmid E, Pröll T (Hrsg) (2020) Umwelt- und Bioressourcenmanagement für eine nachhaltige Zukunftsgestaltung. Springer Spektrum, Berlin. https://doi.org/10.1007/978-3-662-60435-9

Schumann R, Oswald S, Gillen P (2021) Verhandeln mit System. Spieltheorie und Verhaltensökonomie im Einkauf – die Erfolgsformel für Profis. Springer Gabler, Wiesbaden. https://doi.org/10.1007/978-3-658-34055-1

Shepard RG (1990) Mind sights: original visual illusions, ambiguities, and other anomalies. W. H. Freeman & Co., New York

Sturm B, Vogt C (2018) Umweltökonomik. Eine anwendungsorientierte Einführung. Springer Gabler, Berlin. https://doi.org/10.1007/978-3-662-54127-2

Thaler RH, Sunstein CR (2008) Nudge: improving decisions about health, wealth, and happiness. Yale University Press, New Haven. https://www.researchgate.net/fle.PostFileLoader.html?id=53abe564cf57d7df1e8b45f4&assetKey=AS%3A273548994646025%401442230571326. Zugegriffen: 26. Jan. 2021

Udalov V (2019) Behavioural economics of climate change. Springer, Cham. https://doi.org/10.1007/978-3-030-03532-7

v Beyme K (2018) Rechtspopulismus – Ein Element der Neodemokratie? Springer, Wiesbaden. https://doi.org/10.1007/978-3-658-19767-4

von Holle V (2019) Eine ökonomische Revolution – Wie Verhaltensökonomie die Welt verändert. Springer, Wiesbaden. https://doi.org/10.1007/978-3-658-26358-4

Vorländer H, Herold M, Schäller S (2017) PEGIDA – Entwicklung, Zusammensetzung und Deutung einer Empörungsbewegung. Springer, Wiesbaden. https://doi.org/10.1007/978-3-658-10982-0

Zweifel P, Eisen R (2012) Insurance economics. Springer, Berlin. https://doi.org/10.1007/978-3-642-20548-4

Artikel

Ariely D, Loewenstein G, Prelec D (2003) "Coherent Arbitrariness": stable demand curves without stable preferences. Q J Econ 118–1:73–106. https://doi.org/10.1162/00335530360535153

Berg N, Gigerenzer G (2010) As-if behavioral economics: neoclassical economics in disguise? Munich Personal RePEc Archive (MPRA), Paper No. 26586. Internet-Veröffentlichung 02. Dezember. https://mpra.ub.uni-muenchen.de/26586/. Zugegriffen: 5. Apr. 2021

Escobar-Anel M, Lichtenstern A, Zagst R (2020) Behavioral portfolio insurance strategies. Fin Markets Portfolio Mgmt 34:353–399. https://doi.org/10.1007/s11408-020-00353-5

Frey BS, Benz M (2001) Ökonomie und Psychologie: eine Übersicht. Working Paper Series ISSN 1424–0459. Working Paper No. 92. University Zürich, Internet-Veröffentlichung Oktober. http://www.econ.uzh.ch/static/wp_iew/iewwp092.pdf. Zugegriffen: 15. Apr. 2021

Gigerenzer G (1991) How to make cognitive illusions disappear: beyond "Heuristics and Biases". Eur Rev Soc Psychol 2:83–115. https://citeseerx.ist.psu.edu/viewdoc/download?doi=10.1.1.336.9826&rep=rep1&type=pdf. Zugegriffen: 5. Apr. 2021

Gigerenzer G (1996) On narrow norms and vague heuristics: a reply to Kahneman and Tversky (1996). Psychol Rev 103–3:592–596. https://pages.ucsd.edu/~mckenzie/Gigerenzer1996PsychRev.pdf. Zugegriffen: 5. Apr. 2021

Gigerenzer G (2004) Striking a blow for sanity in theories of rationality. In: Augier M, March JG (Hrsg) Models of a man: essays in memory of Herbert A. Simon. MIT Press, 389–409. http://library.mpib-berlin.mpg.de/ft/gg/GG_Striking_2004.pdf. Zugegriffen: 17. Mai 2019

Gigerenzer G, Gaissmaier W (2012) Intuition und Führung – Wie gute Entscheidungen entstehen. Internet-Veröffentlichung, Bertelsmann Stiftung, Gütersloh. https://www.bertelsmann-stiftung.de/fileadmin/files/BSt/Publikationen/GrauePublikationen/GP_Intuition_und_Fuehrung.pdf. Zugegriffen: 5. Apr. 2021

Gillenkirch R (2018) Bernoulli-Prinzip. Gabler-Wirtschaftslexikon im Internet, Revision vom 19.02.2018. https://wirtschaftslexikon.gabler.de/definition/bernoulli-prinzip-30730/version-254306. Zugegriffen: 17. Mai 2019

Grunewald M (2017) Sieben typische Fehler bei der Geldanlage. Lösungsansätze der Behavioral Finance. Institut der deutschen Wirtschaft, Köln. IW policy paper 1/2017. Internet-Veröffentlichung Januar. https://www.iwkoeln.de/fileadmin/publikationen/2017/322392/IW_policy_paper_1_2017_Denkfehler_Finanzanlage.pdf. Zugegriffen: 5. März 2021

Heukelom F (2006) Kahneman and Tversky and the origin of behavioral economics. Tinbergen Institute Discussion Paper TI 2007–003/1, Internet-Veröffentlichung September 2006. Universität Amsterdam und Tinbergen-Institut. https://papers.tinbergen.nl/07003.pdf. Zugegriffen: 5. Apr. 2021

Jungermann H (2007) Das Aktienprämien-Rätsel. WISU-kompakt 5. https://www.ipa.tu-berlin.de/fileadmin/i14/Personen/Jungermann/Publikationen/WISU27.Equity_Premium.pdf. Zugegriffen: 17. Mai 2019

Kahneman D (2003a) A Perspective on Judgment and Choice: Mapping bounded rationality. Am Psychol 58–9:697–720. https://doi.org/10.1037/0003-066X.58.9.697

Kahneman D (2003b) Maps of bounded rationality: psychology for behavioral economics. Am Econ Rev 93–5:1449–1475. https://www.jstor.org/stable/3132137

Loschelder DD, Stuppi J, Trötschel R (2013) „€14,875?!": precision boosts the anchoring potency of first offers. Soc Psychol Pers Sci 54:491–499. https://doi.org/10.1177/1948550613499942

Loschelder DD, Swaab RI, Trötschel R, Galinsky AD (2014) The first-mover disadvantage: the folly of revealing compatible preferences. Psychol Sci 25–4:954–962. https://doi.org/10.1177/0956797613520168

Loschelder DD, Friese M, Schaerer M, Galinsky AD (2016) The too-much-precision effect: when and why precise anchors backfire with experts. Psychol Sci 27–12:1573–1587. https://doi.org/10.1177/0956797616666074

Mason MF, Lee AJ, Wiley EA, Ames DR (2013) Precise offers are potent anchors: conciliatory counteroffers and attributions of knowledge in negotiations. J Exp Soc Psychol 49–4:759–763. https://doi.org/10.1016/j.jesp.2013.02.012

Shefrin H (2002) Beyond greed and fear: understanding behavioral finance and the psychology of investing. Oxford University Press. Zitiert in Wikipedia (2019) „Verhaltensökonomik". Wikipedia – die freie Enzyklopädie, San Francisco, CA. https://de.wikipedia.org/wiki/Verhaltensökonomik. Zugegriffen: 17. Mai 2019

Shepard RG (1981) Psychological complementarity. In: Kubovy M, Pomerantz JR (Hrsg) Perceptual organization. Erlbaum, Hillsdale, S 279–341

Siedenbiedel C (2012) Denkfehler, die uns Geld kosten (20): Die Tragik von Monte Carlo. Frankfurter Allgemeine Zeitung, Internet-Veröffentlichung 30. Juni. https://www.faz.net/aktuell/finanzen/meine-finanzen/2.2465/denkfehler-die-uns-geld-kosten-20-die-tragik-von-monte-carlo-11805668.html. Zugegriffen: 17. Mai 2019

Simon HA (1955) A behavioral model of rational choice. Quarterly J. Economics 69:99–118. https://doi.org/10.2307/1884852

Stangl W (2019) Priming. Online-Lexikon für Psychologie und Pädagogik. http://lexikon.stangl.eu/1378/priming/. Zugegriffen: 17. Mai 2019

Tversky A, Kahneman D (1992) Advances in prospect theory: cumulative representation of uncertainty. J Risk Uncertainty 5:297–323. https://doi.org/10.1007/BF00122574

Wenski G (2022) Bonusmaterial zu diesem Buch. http://wenski-consulting.com/Bonusmaterial

GPSR Compliance

The European Union's (EU) General Product Safety Regulation (GPSR) is a set of rules that requires consumer products to be safe and our obligations to ensure this.

If you have any concerns about our products, you can contact us on

ProductSafety@springernature.com

In case Publisher is established outside the EU, the EU authorized representative is:

Springer Nature Customer Service Center GmbH
Europaplatz 3
69115 Heidelberg, Germany